Xibu Gaoxinqu Tigao Zizhu Chuangxin
Nengli yu Cujin Gaoxin Jishu Chanye
Fazhan Yanjiu

西部高新区
提高自主创新能力与
促进高新技术产业
发展研究

张克俊　唐琼　等　著

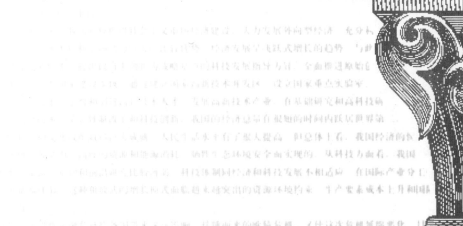

西南财经大学出版社
Southwestern University of Finance & Economics Press

图书在版编目(CIP)数据

西部高新区提高自主创新能力与促进高新技术产业发展研究/张克俊,唐琼等著.—成都:西南财经大学出版社,2011.12
ISBN 978 - 7 - 5504 - 0528 - 8

Ⅰ.①西…　Ⅱ.①张…②唐…　Ⅲ.①高技术产业—经济开发区—经济发展—研究—西北地区②高技术产业—经济开发区—经济发展—研究—西南地区③高技术产业—经济发展—研究—西北地区④高技术产业—经济发展—研究—西南地区　Ⅳ.①F127

中国版本图书馆 CIP 数据核字(2011)第 277074 号

西部高新区提高自主创新能力与促进高新技术产业发展研究

张克俊　唐　琼　等著

责任编辑:汪涌波
助理编辑:江　石
封面设计:杨红鹰
责任印制:封俊川

出版发行	西南财经大学出版社(四川省成都市光华村街55号)
网　　址	http://www.bookcj.com
电子邮件	bookcj@foxmail.com
邮政编码	610074
电　　话	028 - 87353785　87352368
印　　刷	郫县犀浦印刷厂
成品尺寸	170mm×240mm
印　　张	23
字　　数	420 千字
版　　次	2011 年 12 月第 1 版
印　　次	2011 年 12 月第 1 次印刷
书　　号	ISBN 978 - 7 - 5504 - 0528 - 8
定　　价	55.00 元

序 言

　　由张克俊同志主持的国家社科基金项目成果《西部高新区提高自主创新能力与促进高新技术产业发展研究》受到好评，并即将出版，这是一件很好的事情。

　　改革开放三十多年来，我国积极推进社会主义市场经济建设，大力发展外向型经济，充分利用国际分工和产业转移带来的机遇，依靠劳动力成本低和市场潜力巨大的比较优势，经济发展呈飞跃式增长的趋势。与此同时，我国通过制定和实施国家中长期科技规划纲要，提出以自主创新为战略基点的科技发展指导方针，全面推进原始创新、集成创新和引进消化吸收再创新，加快创新型国家建设步伐。通过建立国家高新技术开发区、设立国家重点实验室、实施高科技重大专项等手段，研究和开发高新技术，培育和引进高新技术人才，发展高新技术产业，在基础研究和高科技研究领域取得了一批重大成果，突破了一些关键技术。依靠体制改革和科技创新，我国的经济总量在很短的时间内跃居世界第二，贸易和科技迈入世界大国的行列。同时，我国社会和文化改革也取得了巨大成就，人民生活水平有了很大提高。

　　但从总体上看，我国经济的快速增长，相当程度上还是依靠廉价的劳动力、大量的资源和能源消耗、牺牲生态环境安全来实现的。从科技方面看，我国自主创新能力不强，产业技术水平偏低，基础和前沿研究比较薄弱，科技体制与经济和科技发展不相适应，在国际产业分工中基本上被锁定于价值链的中低端环节。这种粗放式的增长模式已面临越来越突出的资源环境约束、生产要素成本上升和国际贸易保护主义日趋激烈的压力。

　　2008年发生的世界性金融危机给各国带来了深远影响，接踵而来的欧债危机，又使这次危机更加恶化。目前国际金融市场动荡不安，全球经济复苏缓慢，并且出现下滑现象。在这种形势下，"西方各国在应对国际金融危机的同时，都在对本国科技和产业发展进行新的部署，开始了新一轮抢占科技和产业发展制高点的竞争。当今世界发展的不平衡，科技发展不平衡远远大于经济发展不平衡。无论是发达国家还是发展中国家，都在大幅度增加研究开发投入，把争夺科学技术制高点作为国家发展战略的重点，科技创新的竞争已经成为国际竞争空前激烈的一个重要特点和趋势"①。

为应对国际金融危机对我国造成的影响，解决国内经济发展中不平衡、不协调、不可持续等突出矛盾，在"十二五"规划中国家明确提出以科学发展为主题、转变经济发展方式为主线的战略方针，努力推动经济转型，谋求平稳较快发展。而这种转型升级能否成功，关键又在于我国的自主创新能力能否有大的提高，高新技术和战略性新兴产业能否有突破性的发展。站在未来国家宏观战略层次审视，提高自主创新能力、发展战略性新兴产业，是国家发展战略的核心，是提高我国综合国力的关键，是调整产业结构和转变经济发展方式的中心环节。

二十多年的实践证明：国家级高新技术开发区是我国转变经济发展方式的强大引擎和提高自主创新能力、建设创新型国家、发展战略性新兴产业的区域中枢。我国自 1988 年国务院批准建立第一个国家级高新区——北京新技术产业开发试验区以来，到 2010 年已经拥有 80 多个国家级高新区。二十余年来，国家高新区在政府宏观引导和政策支持下，已成为聚集创新资源、培育创新型企业、营造创新创业环境、推进科技成果转化、发展高新技术产业的重要基地，是我国经济增长最快、最活跃的区域，是引导现代化建设的一支重要力量，为推动我国经济发展方式转变和走新型工业化道路作出了积极贡献，探索出了一条中国特色的高新技术产业发展之路。

在我国国家级高新技术开发区区域总体布局中，西部地区到 2010 年增加到 20 个。经过 20 年的发展，已经培育出成都、西安等在自主创新能力、高新技术产业聚集发展、创新创业环境营造方面均走在全国前列的先进高新区。然而，总体而言，西部高新区的发展还比较缓慢，发展极不平衡，高新技术企业聚集的数量不多、高新技术产业发展的规模较小、对地方经济发展的贡献较低、聚集创新资源的程度不高、自主创新能力不强、创新创业环境还有待于进一步改善。

其实西部地区的四川、重庆、陕西等省市具有众多的科研院所和大专院校，尤其是在"三线"建设时期形成并经过改革开放三十余年发展的国防科研院所和军工企业蕴含着巨大的科研实力和丰富的技术成果，在电子、中医

---

① 温家宝. 关于科技工作的几个问题 [J/OL]. 求是，www.people.com.cn. 2011 - 07 - 17.

药、航空航天、重大装备、核技术、新材料、新能源等高新技术产业领域具有明显的特色和比较优势，拥有显著的发展高端技术和战略性新兴产业的条件，完全可以实现中央提出的建立"国家现代产业基地"的要求（见国务院发布的《成渝经济区区域规划》）。

但是，由于西部地区自身在区位、地理条件、发展水平、发展环境等方面与东部存在着很大差异，西部地区内部各高新区之间在区位、地理条件、产业经济发展状态、创新要素等方面也各不相同，这就决定了西部地区各个高新区创新与发展应具有自身特色。因此，研究西部地区在未来的区域发展中如何针对自身的特点优先在高新区形成自主创新能力和高新技术产业集聚发展的条件，具有重要的现实意义和长远意义。

本书的突出贡献在于体现了理论与应用的很好结合，具有较强的理论价值、应用价值、实践价值，对推动区域创新经济学的学科发展也具有较好的促进作用，主要体现在：

第一，本书分析了高新区动态演化的阶段性特征，揭示了高新区动态演化的路径依赖特征，研究了高新区演化的动力学机制；对高新区自主创新的动力机制与运行机理、高新区自主创新能力的内涵和生成路径、高新区自主创新系统进行了深度解析。这些理论研究，有利于人们从动态的角度认识高新区建设和发展的规律，掌握高新区自主创新的基本特点，从而制定切实有效的促进高新区创新和发展的政策。

第二，本书关于高新技术产业化过程的理论认识和产业化规律的概括、总结，具有较高的学术和应用价值，可以加深人们对技术研发与产业化的区别与联系的认识，树立提高自主创新能力，实现创新成果产业化的观念；对高新技术产业与战略性新兴产业的比较分析，可以使人们更加重视高新技术的转化和新兴产业的创新。

第三，本书对西部高新区的发展特点进行了详尽分析。其中，对产业演化、空间演化、创新演化的分析，对自主创新、产业化模式、产业集群与经济发展进行的实证研究，对高新区发展的不平衡性和所处阶段的差异性比较，对部分高新区既有较强的自主创新能力而总体产业集群又较脆弱的提示，深刻揭示了西部高新区自身发展的优势和缺陷，有利于西部高新区的发展。

第四，本书提出了西部高新区提高自主创新能力、促进优势高新技术产业发展的实现路径图，不仅对西部高新区在"二次创业"过程中具有指导作用，而且对全国其他高新区也有一定的指导参考作用。本书着重指出：西部地区要以高新区为载体，充分利用国防科技工业和大院大所的科研优势，实现军民融合，促进科技成果产业化，具有很强的现实针对性。

第五，该书分层次提出了促进西部高新区自主创新与高新技术产业集群发展的制度创新与政策选择，特别注意了国家、地方政府和园区管委会这三个层面各自应当发挥的不同作用，这就使对策建议更具有指导性、针对性和可操作性。

第六，该书还对成都、西安、重庆、昆明、包头稀土、兰州等西部部分高新区进行了个案研究，分析了这些高新区创新发展的成效、主要特色、存在的问题，提出了今后进一步提升自主创新能力、促进高新技术产业发展的对策建议，对这些高新区未来的创新发展具有一定的指导性、实用价值。

由于高新区发展很快，高新区的边界比较模糊，加之高新区的统计资料不完整，因而本书对西部高新区自主创新与发展状况的描述还不可能做到准确无误，对西部高新区自主创新能力的定量分析尚显不够。高新区的重要作用之一是技术扩散和辐射带动作用的发挥，本书在这方面的分析也还欠缺。高新技术开发区发展的最高目标，不仅是高新技术的不断创新，更重要的是高新技术产业的培育和高新技术产业化、市场化的形成。希望研究者、企业家、政府管理者高度重视这一点。

林凌

2011 年 11 月 1 日

目　录

1　导论 / 1

1.1　研究的背景和意义 / 1

1.1.1　研究的背景 / 1

1.1.2　研究的意义 / 3

1.2　国内外高新区理论研究述评 / 3

1.2.1　关于高新区的概念界定与功能演化研究 / 3

1.2.2　关于高新区整体研究进展 / 6

1.2.3　关于高新区自主创新能力研究 / 7

1.2.4　关于高新区产业发展研究 / 10

1.2.5　研究评价 / 13

1.3　高新区发展的主要理论基础 / 14

1.3.1　增长极理论——高新区建设的理论依据和原则 / 14

1.3.2　创新扩散理论——高新区技术创新机制 / 15

1.3.3　"三元参与理论"——高新区"官、产、学"协作机制 / 16

1.3.4　产业集群理论——高新区产业组织形式 / 17

1.3.5　苗床理论——高新区企业创新创业的初始条件 / 18

1.4　研究的基本思路和框架、方法 / 20

1.4.1　研究的基本思路和框架 / 20

　　　1.4.2　研究采用的主要方法 / 21

　　1.5　**可能的创新点和存在的不足** / 21

　　　1.5.1　可能的创新点 / 21

　　　1.5.2　存在的不足 / 23

2　**高新区动态演化的理论分析** / 25

　　2.1　**演化经济学的理论概述** / 25

　　　2.1.1　演化经济学的兴起及发展 / 25

　　　2.1.2　演化经济学中的生物学隐喻 / 26

　　　2.1.3　演化经济学的主要观点 / 27

　　2.2　**高新区动态演化的阶段性及路径依赖性** / 29

　　　2.2.1　高新区动态演化的理论研究评述 / 29

　　　2.2.2　高新区动态演化的阶段性分析 / 30

　　　2.2.3　高新区动态演化的路径依赖性 / 33

　　2.3　**高新区演化的动力学机制** / 35

　　　2.3.1　政府调控机制 / 36

　　　2.3.2　市场作用机制 / 36

　　　2.3.3　创新竞合机制 / 37

　　　2.3.4　自组织机制 / 37

　　　2.3.5　专业化分工机制 / 38

　　　2.3.6　聚集经济机制 / 38

3　**高新区自主创新动力、自主创新能力与自主创新系统的理论解析** / 40

　　3.1　**对创新与自主创新概念的理解** / 40

　　　3.1.1　对创新概念的理解 / 40

　　　3.1.2　对自主创新概念的理解 / 41

3.2 高新区自主创新的动力机制及运行机理 / 43

    3.2.1 自主创新的动力机制:高新区提高自主创新能力的核心 / 43

    3.2.2 基于以企业为核心的高新区自主创新动力要素 / 44

    3.2.3 高新区自主创新动力机制的运行机理 / 48

3.3 高新区自主创新能力的构成及生成路径 / 50

    3.3.1 高新区自主创新能力的概念及特征 / 50

    3.3.2 高新区企业自主创新能力与集群自主创新能力 / 51

    3.3.3 高新区自主创新能力的生成路径 / 55

3.4 高新区自主创新系统的概念、基本特征及要素结构 / 58

    3.4.1 国家创新系统与区域创新系统 / 58

    3.4.2 高新区自主创新系统的概念 / 61

    3.4.3 高新区自主创新系统的基本特征 / 62

    3.4.4 高新区自主创新系统的要素结构及相互关系 / 64

4 高新技术产业化与高新技术产业发展的理论认识 / 66

4.1 高新技术与高新技术成果 / 66

    4.1.1 关于高技术、新技术与高新技术 / 66

    4.1.2 高新技术成果的双重属性 / 67

    4.1.3 政策含义:大力推进高新技术成果的商品化、资本化、股份化 / 70

4.2 高新技术产业化的两个阶段 / 71

    4.2.1 高新技术成果的商业化 / 71

    4.2.2 高新技术产品的产业化 / 73

    4.2.3 商业化与产业化的区别与联系 / 74

4.3 高新技术产业化的规律 / 74

    4.3.1 产业化力量市场拉动规律 / 74

    4.3.2 产业化投资加速递增规律 / 76

4.3.3 产业化风险集中释放规律 / 76

4.3.4 产业化收益极不平衡规律 / 77

4.3.4 产业化资本特殊需求规律 / 78

4.3.6 产业化要素快速流动规律 / 78

4.3.7 产业化过程立体整合规律 / 79

4.4 **高新技术产业化的发展趋势** / 80

4.4.1 高新技术产业化的速度呈越来越快、周期越来越短的趋势 / 80

4.4.2 高新技术产业化的范围呈国际化、片段化趋势 / 81

4.4.3 高新技术产业化中政府的作用呈明显加强趋势 / 82

4.4.4 高新技术产业化呈系统化、网络化趋势 / 83

4.5 **高新技术产业的界定及基本特征** / 84

4.5.1 高新技术产业的界定 / 84

4.5.2 高新技术产业的基本特征 / 85

4.5.3 高新技术产业与战略性新兴产业 / 87

4.6 **高新技术产业集群发展规律** / 90

4.6.1 产业集群的概念和形成动因 / 90

4.6.2 高新技术产业更具有集群发展的基本规律 / 92

5 **西部高新区的演化实证分析** / 94

5.1 **高新区的建设和发展历程** / 94

5.1.1 我国高新区建立的背景及发展历程 / 94

5.1.2 西部高新区建设和发展历程 / 96

5.2 **西部高新区产业演化分析** / 96

5.2.1 产业结构的演化 / 96

5.2.2 产业价值链的演化 / 98

5.2.3 产业组织的演化 / 101

5.3　西部高新区的空间演化分析 / 103

　　5.3.1　空间演化的路径 / 103

　　5.3.2　空间演化的模式 / 103

5.4　西部高新区创新演化分析 / 105

　　5.4.1　创新模式的演化 / 105

　　5.4.2　创新主体关系的演化 / 106

5.5　西部高新区演化阶段判断 / 107

6　西部高新区自主创新与高新技术产业发展评价 / 109

6.1　西部高新区自主创新现状描述与不平衡特点分析 / 109

　　6.1.1　西部高新区自主创新现状描述 / 109

　　6.1.2　西部各高新区自主创新的不平衡性 / 114

6.2　西部典型高新区自主创新能力定量测度与比较

　　　——以成都、西安高新区为例 / 120

　　6.2.1　高新区自主创新能力评价指标的选择 / 120

　　6.2.2　评价方法的选择 / 123

　　6.2.3　定量测度与比较 / 126

　　6.2.4　基本结论 / 127

6.3　西部高新区高新技术产业化模式分析 / 127

　　6.3.1　孵化自成长模式 / 128

　　6.3.2　科研单位和高校衍生模式 / 129

　　6.3.3　传统企业转型模式 / 130

　　6.3.4　军转民模式 / 132

　　6.3.5　"产、学、研"合作模式 / 133

　　6.3.6　引进跨越模式 / 134

6.4 西部高新区产业发展与集群发育状况 / 134

　　6.4.1 西部各个高新区产业发展与集群发育状况 / 134

　　6.4.2 西部高新区产业集群的脆弱性特征 / 140

　　6.4.3 原因分析 / 142

6.5 西部高新区经济发展评价 / 143

　　6.5.1 西部高新区经济发展基本情况 / 143

　　6.5.2 西部各高新区经济发展的不平衡性 / 145

7 西部高新区优势高新技术产业领域的选择 / 149

7.1 当今高新技术发展动态 / 149

　　7.1.1 电子信息核心技术发展动态 / 149

　　7.1.2 生物技术发展动态 / 151

　　7.1.3 新材料技术发展动态 / 151

7.2 高新技术产业区域分工及转移特点 / 153

　　7.2.1 高新技术产业区域分工的特点 / 153

　　7.2.2 高新技术产业转移的特点 / 155

7.3 区域高新技术主导产业选择的基准和方法 / 156

　　7.3.1 区域高新技术主导产业选择基准 / 157

　　7.3.2 区域高新技术主导产业选择方法 / 159

7.4 西部各省、区、市优势高新技术主导产业选择的实证分析 / 161

　　7.4.1 数据的收集和各指标的计算 / 161

　　7.4.2 综合评价结果及分析 / 166

7.5 西部各高新区优势高新技术主导产业选择 / 169

　　7.5.1 成都、绵阳高新区优势高新技术主导产业选择 / 169

　　7.5.2 西安、宝鸡、杨凌高新区优势高新技术主导产业选择 / 170

　　7.5.3 昆明高新区优势高新技术主导产业选择 / 171

7.5.4　包头稀土高新区优势高新技术主导产业选择 / 171

7.5.5　南宁、桂林高新区优势高新技术主导产业选择 / 172

7.5.6　重庆高新区优势高新技术主导产业选择 / 173

7.5.7　乌鲁木齐高新区优势高新技术主导产业选择 / 173

7.5.8　贵阳高新区优势高新技术主导产业选择 / 174

7.5.9　兰州高新区优势高新技术主导产业选择 / 174

8　西部高新区提高自主创新能力、促进高新技术产业发展的
　　实现路径 / 176

8.1　基于"军民融合"的高新技术产业化路径 / 177

8.1.1　西部军工科研实力是促进西部高新技术产业发展的重要力量 / 177

8.1.2　西部军用高新技术民用化、产业化面临的障碍 / 178

8.1.3　促进军用高新技术成果民用化、产业化的路径 / 178

8.2　基于"三段式"的科技型企业内生成长路径 / 179

8.2.1　第一阶段：培育科技型创业企业的创业活力 / 180

8.2.2　第二阶段：培育高成长中小企业的加速发展能力 / 182

8.2.3　第三阶段：培育高技术大公司的国际竞争能力 / 183

8.3　基于"承接产业转移"的引进创新发展路径 / 185

8.3.1　承接产业转移对于促进西部高新区创新发展的重要作用 / 185

8.3.2　承接产业转移要与自身优势和特色产业发展相结合 / 186

8.3.3　承接产业转移要处理好引进与创新的关系 / 187

8.3.4　承接产业转移要注意设置一定的"门槛" / 187

8.3.5　承接产业转移要抓好环境营造 / 188

8.4　基于"五大转变"的产业集群竞争力提升路径 / 189

8.4.1　第一大转变：推进产业集群由一般向特色转变 / 189

8.4.2　第二大转变：推进产业集群由"扎堆"向分工协作机制转变 / 190

8.4.3　第三大转变：推进产业集群由低端向高端转变 / 191

8.4.4　第四大转变：推进产业集群由个体和组织内部学习向集群学习
　　　 转变 / 193

8.4.5　第五大转变：推进产业集群由生产驱动向创新驱动转变 / 194

8.5　基于"一大主体＋五大平台"构建的创新系统建设路径 / 195

8.5.1　一大主体：科技企业孵化器主体 / 196

8.5.2　平台之一：创新高端要素聚集平台 / 197

8.5.3　平台之二：自主创新科技平台 / 202

8.5.4　平台之三：科技投融资服务平台 / 203

8.5.5　平台之四：科技中介服务平台 / 205

8.5.6　平台之五："产、学、研"合作平台 / 207

8.6　基于"新型园区形态"打造的高新区建设路径 / 208

8.6.1　西部高新区发展新阶段必须构建新型园区形态 / 208

8.6.2　西部高新区构建新型园区形态的重要模式：科技新城 / 210

8.6.3　科技新城建设重点：推进园区的"七化" / 211

8.6.4　以现代城市理念搞好高新区的规划建设 / 212

9　政府作用：制度创新与政策选择 / 214

9.1　发挥政府作用的理由 / 214

9.1.1　创新知识的正外部性 / 214

9.1.2　自主创新的国家利益 / 216

9.1.3　高新技术产业的特性 / 218

9.1.4　西部高新区发展的滞后性和路径转换的艰难性 / 220

9.2　政府发挥作用存在的主要问题 / 220

9.2.1　从国家层面看政府发挥作用存在的主要问题 / 221

9.2.2　从地方层面看政府发挥作用存在的主要问题 / 222

9.2.3　从园区层面看政府发挥作用存在的主要问题 / 223

9.3　在高新区创新发展中发挥政府作用的原则与功能定位 / 225

9.3.1　政府发挥作用的原则 / 225

9.3.2　政府发挥作用的功能定位 / 227

9.4　促进西部高新区自主创新与发展的制度创新 / 231

9.4.1　改善宏观指导与管理制度 / 231

9.4.2　推进高新区立法 / 234

9.4.3　构建区域联合治理模式 / 235

9.4.4　创建"官、产、学"三重螺旋机制 / 236

9.4.5　建设虚拟高新区 / 238

9.4.6　建立创新驿站 / 239

9.5　促进西部高新区提高自主创新能力促进高新技术产业发展的
　　　政策选择 / 242

9.5.1　制定促使创新资源向西部高新区集聚的政策 / 242

9.5.2　制定创新集群培育的政策 / 244

9.5.3　制定鼓励高新区企业自主创新与创业的政策 / 245

9.5.4　制定促进高新区集约化发展的政策 / 247

专题报告：西部部分高新区提高自主创新能力与促进高新技术
　　　　　发展个案研究 / 250

专题报告一：成都高新区提高自主创新能力与促进高新技术产业发展
　　　　　　研究 / 250

专题报告二：西安高新区提高自主创新能力与促进高新技术产业发展
　　　　　　研究 / 267

专题报告三：重庆高新区提高自主创新能力与促进高新技术产业发展
　　　　　　研究 / 283

专题报告四：昆明高新区提高自主创新能力与促进高新技术产业发展
　　　　　　研究 / 293

专题报告五：包头稀土高新区提高自主创新能力与促进高新技术产业发展
　　　　　　研究 / 312

专题报告六：兰州高新区提高自主创新能力与促进高新技术产业发展
　　　　　　研究 / 329

参考文献 / 343

后记 / 351

1 导论

1.1 研究的背景和意义

1.1.1 研究的背景

我国西部地区经过十余年的大开发战略取得了很大成效，但由于区位条件、原有经济技术基础、体制机制以及社会环境等方面的原因，整体上落后于东部发达地区的局面仍没有得到根本改变。2009 年西部地区人均国内生产总值（GDP）仅 16 798 元，东部地区人均 GDP 达到了 40 159 元，是西部地区的 2. 39 倍；西部地区在 71. 54% 的国土面积上仅创造了占全国不到 15% 的 GDP，而东部地区则在不到 10% 的国土面积上，创造了占全国 58% 以上的 GDP。2009 年西部城镇居民人均可支配收入为 14 213 元，农民人均纯收入为 5 604 元，分别相当于东部地区的 67. 83% 、60. 06%[①]。由此看出，西部地区如果仅依托丰富的自然资源优势而实施大开发战略很难带来整体的经济竞争优势。在西部地区自然资源日益锐减、生态环境日趋退化的条件下，新一轮西部大开发战略必须转换对资源大开发的传统模式，从粗放式的资源开发模式向集约式开发模式转变；从低端的产业价值链向中高端的产业价值链转变；从过度依赖传统产业向重视高新技术产业和战略性新兴产业转变，从而提升西部地区的整体经济竞争力。

高新技术产业是资源消耗少、环境污染少、高技术含量、高附加值、高效益的产业，也是成长速度快、带动能力强、辐射范围广的先导产业。世界高新技术产业发展的历程和经验表明：建立高新技术产业开发区（简称"高新区"）是促进科技与经济相结合、促进高新技术产业发展的最主要载体。自 20

---

① 中国统计年鉴（2010）. 北京：中国统计出版社，2011.

世纪 80 年代末我国建立第一个国家级高新区——北京新技术产业开发试验区以来，我国高新区的开办取得了突飞猛进的发展。到 2009 年，我国已建有 56 个国家级高新区，聚集 53 692 家企业。其中高新技术企业 31 084 家、上市企业 927 家、收入上亿元的企业 6 780 家；聚集从业人员 810.5 万人，其中大专以上学历人员占从业人员总数的 47.5%，具有博士学位的人员 3.8 万名，留学归国人员 3.6 万人。2009 年实现高新技术产业总产值 47 948.03 亿元，占我国高新技术产业总产值的 1/2 以上。国家高新区聚集了全国 1/3 以上的研发（R&D）经费投入，R&D 在产品销售收入中的比重达到 2.1%；每万人拥有的发明专利数量近 75 件。国家高新区人均工业总产值达到 75.5 万元，是全国规模以上工业企业平均水平的 1.3 倍左右，而平均万元 GDP 能耗仅为全国平均水平的 1/3 左右。[①] 可以说，国家高新区经过 20 年的建设和发展，已成为聚集创新资源、培育创新型企业、营造创新创业环境、推进科技成果转化、发展高新技术产业的重要基地，是我国经济增长最快、最具活跃的区域，是引导现代化建设的一支重要力量，为推动我国经济发展方式转变和走新型工业化道路作出了积极贡献。

在我国国家级高新区区域布局的总体格局中，西部地区占有 13 个国家级高新区，它们分别是：西安高新区、成都高新区、重庆高新区、绵阳高新区、包头稀土高新区、南宁高新区、桂林高新区、贵阳高新区、昆明高新区、宝鸡高新区、杨凌高新区、兰州高新区、乌鲁木齐高新区。西部高新区经过 20 年的发展，也取得了很大成绩。在 2009 年，西部 13 个国家级高新区已聚集企业数 8 491 家，年末从业人员 138.6 万人，实现工业产值 9 396.3 亿元，工业增加值 2 682.1 亿元，总收入 11 325.1 亿元，净利润 575.6 亿元，上缴税额 588.2 亿元，出口创汇 153.1 亿美元，已培育出成都、西安等在自主创新能力、高新技术产业聚集发展、创新创业环境营造方面均走在全国前列的先进高新区。然而，总体而言，西部高新区的发展还比较缓慢，发展也极不平衡，高新技术企业聚集的数量不多、高新技术产业发展的总体规模比较小、对地方经济发展的贡献比较低、聚集创新资源的程度不高、自主创新能力不强、创新创业环境还有待于进一步改善。

但是，应当看到：西部地区的高新区发展具有很强的内生增长潜力。西部地区的四川、重庆、陕西等省市具有众多的科研院所和大专院校，尤其是在

---

① 科技部火炬高技术产业开发中心. 中国火炬统计年鉴（2010）. 北京：中国统计出版社，2011.

"三线"建设时期形成并经过改革开放三十余年发展的国防科研院所和军工企业蕴含着巨大的科研实力和丰富的技术成果，在电子、中医药、航空航天、重大装备、核技术、新材料、新能源等高新技术产业领域具有明显的比较优势，这意味着西部地区在某些高新技术产业领域的价值创造能力并不逊色于中东部。实际上，西部地区高新技术产业增加值率在 2007 年已达到 36.19%，远高于东部地区 21.15% 的水平。这说明：西部地区在某些高新技术产业领域具有显著的内生增长比较优势并蕴含竞争优势。西部地区以国家级高新区为主要载体提升自主创新能力、发展高新技术产业，不仅需要而且潜力巨大。因此，集中创新资源、营造良好的创新环境，使西部基本具备条件的 13 个国家级高新区首先形成自主创新能力和高新技术产业集聚发展的态势，是西部地区在高端领域占有"一席之地"、实现"跨越式"发展的战略选择。

1.1.2 研究的意义

尽管西部高新区近几年的主要经济指标发展增速很快，但经济规模总量小、辐射带动能力弱、主导产业雷同、重点产业不突出、创新要素集聚不够、自主创新能力不强、集群机制脆弱、产业竞争力不强等问题比较突出。所以研究并着手解决这些问题，是西部高新区转变发展方式、实现内生式发展的现实需要。同时，因西部地区自身在区位、地理条件、发展水平、发展环境等方面与东部存在很大差异，西部各高新区之间在区位、地理条件、产业经济发展状态、创新要素等方面也各不相同，这决定了西部各高新区创新与发展应具有自身特色，研究这些差异和特色意义重大。本课题研究的意义在于：丰富自主创新和高新区建设与发展理论，指导西部高新区在新阶段的实践，为整个西部地区提高自主创新能力和促进高新技术产业发展找到突破口和着力点，使西部各高新区建立具有根植性和开放互动的自主创新系统，促进各个高新区形成差异化的产业竞争势能，不断推动西部高新技术产业发展和传统产业的改造和升级，最终成为推动整个西部区域经济发展的增长极、技术极、创新极和扩散极。

1.2 国内外高新区理论研究述评

1.2.1 关于高新区的概念界定与功能演化研究

1.2.1.1 高新区的概念界定

世界各国发展高科技产业已有半个多世纪，但国际上对高科技产业依托的载体称谓却很不相同。有的根据园区的技术开发内容和地理位置的特点而取名，如硅谷、硅原、128公路高技术产业带等；有的根据园区的突出功能特点取名，如科学园、技术园、技术城、科技工业园、高新技术开发区、科学工业园、高技术产品加工区等。我国学界对高新区的称谓也各有千秋，如高科技园区、高技术园区、科技园区、科学城、智力资源密集区等，我国政府部门把高科技园区统一称为"高新技术产业开发区"，简称"高新区"。

已有文献中关于科技园区的定义很多，没有形成统一的认识，主要有以下几类：

（1）科技园区是集科研、教育、生产贸易、娱乐于一体的共生结构与高新技术产业孕育和成长的综合性基地；

（2）科技园区是一个以智力密集为依托，以开发高技术和开拓新产业为目标，促进科研、教育与生产相结合，推动科学技术与经济社会协调发展的综合基地；

（3）科技园区是一个创新地域综合体；

（4）科技园区是一个"自扩展机制、自繁殖机制、自适应机制和自稳定机制"的自组织系统。①

国际科学园区协会（IASP）指出科学园区是由专业人员管理，对大学、研发机构、公司和市场中的知识和技术的流动进行激励和管理，通过孵化和资产分派过程为创新型公司的创建和成长提供便利条件，提供高质量园区和设施的同时提供其他附加服务，其主要目的是促进相关企业和知识机构的创新，增强竞争力，从而增加该社区的财富。②

以上关于科技园区的定义从不同角度阐释了科技园区的内涵，基本表达了高新区技术创新的功能和作用。结合前人研究的成果以及我们对高新区的认识和理解，从生态学、经济地理学、产业经济学以及创新经济学视角来看，本研究认为：高新区是指在一定的区域文化和制度背景下，在市场机制和政府（主要是高新区管委会）引导下，创新型企业与大学、科研机构及相关机构通过竞争与合作，以专业化分工与协作的基本生产方式大量集聚在某一特定地区的创新网络综合有机体。高新区具有自组织与它组织融合，从简单到复杂、从低层次到高层次不断演化、螺旋上升的系统特征。"产、学、研"相结合构成区域创新网络是高新区最本质的功能，研究、孵化和产业化是高新区最主要的任务。

---

① 钟书华.科技园区管理 [M].北京：科学出版社，2004：2-3.
② 联合国经济社会委员会对科技园区的分类主要包括：科技极圈、科技园、科学研究和科学城、精英中心、科技创新中心等。

1.2.1.2　高新区的功能演化研究

从系统论的角度讲，功能是由系统的内部结构要素决定的，作为一个有机的系统，其内部结构和要素是不断演化和复杂化的，因此其功能也在不断地变化和多样化。从世界对高新区的战略定位看，高新区是一个他组织和自组织融合发展的综合系统，其系统的各要素不仅仅按市场机制运作，政府和园区管委会的宏观管理也起着很大的作用。从国内外学者对高新区功能的研究来看，尽管由于高新区的类型、规模或称谓、文化背景等差异很大，但是孵化功能是世界各国高新区的基本功能，这是高新区有别于经济技术开发区和一般性工业园区的重要体现。

高新区的功能在不同时期是动态演化的。就我国高新区而言，在1988年建立之初便明确预设了六大功能：

(1) 创立和发展高新技术产业的基地；

(2) 加速科技成果转化和创新的示范区；

(3) 深化改革的试验区；

(4) 对外开放的窗口；

(5) 培养和造就高新技术企业家的学校；

(6) 向传统产业扩散高新技术及其产品的基地。

从这些功能的内涵看，孵化功能是高新区的基本功能也是高新区的核心任务。但是，随着我国高新区的不断发展，受地理、政策和国际国内经济社会环境的变化，我国高新区的功能定位也在发生明显变化。针对我国高新区发展新阶段的新要求和提高自主创新能力建设创新型国家的战略任务，党中央明确指出了新阶段国家高新区"四位一体"的战略功能定位，即：国家高新区"二次创业"要以推进、提升自主创新能力为核心，要成为促进技术进步和增强自主创新能力的重要载体，成为带动区域经济结构调整和经济增长方式转变的强大引擎，成为高新技术企业走出去参与国际竞争的服务平台，成为抢占世界高技术产业制高点的前沿阵地。

与此同时，经过二十年的发展，我国高新区内的结构要素发生了较大的调整和变动，其内部结构由原来的以孵化企业、高新技术企业、土地、银行金融机构、政府管理机构为主转向了现在的以孵化器、高新技术企业、科研机构、大学、风险投资机构、具有创新精神的企业家阶层、各类中介组织以及园区管理机构或服务机构等，通过资金、技术、信息、知识、产品等的流动形成了开放式的网络联系的内部结构。这种内部结构及要素聚集了从创意、创业到创新的所有要素的必要条件，使高新区的二次创业阶段的功能有了提升和扩展。高新区的基本功能已由孵化功能扩展到研究、孵化到开发（产业化）的完整的创新产业链，极化效应、扩散辐射、示范、培育以及创新、城市化等功能正在不断加强。

本研究从区域系统的角度认为，在"二次创业"新阶段，我国高新区具有基本功能、一般功能、特殊功能。基本功能是指创新功能，即从创意、创业到产业化的完整创新过程的功能，简而言之就是研发、孵化以及产业化功能。这是高新区的本质功能，其他如经济技术开发区、经济特区以及保税区等很难实现，这些功能是我国高新区"二次创业"以自主创新为核心，走内生式发展道路的本质体现。一般功能即指创新功能的外化表现，主要包括集聚功能或极化效应、扩散功能、示范功能、城市社区化功能、协调功能等。特殊功能是指依托高新区的技术和人才优势在高新区内或区外建立专业科技园区或特色产业化基地，以推动具体产业发展并不断扩大和辐射带动周边地区产业发展的作用和功能。另外，高新区从某种意义讲，其本身是一个处于中观层的经济、社会、生态区域系统，网络化是其自身的内在结构形式而不是结构要素，因此网络化不是其功能。

1.2.2　关于高新区整体研究进展

20世纪80年代之后，基于高新技术产业化在世界范围内的兴起和美国硅谷成功的启示，科技园区的研究受到国外学界的重视。学者们从经济、地理、技术、社会等不同角度切入，运用增长极理论、新产业区理论、新产业空间理论、空间扩散理论、集群理论、新经济地理理论、网络组织理论、地区创造性等理论，解释科技园区的形成和演化机理，同时又通过科技园区、其他产业集聚区的生动实践提供的新材料、新经验，不断丰富和发展这些理论，形成了新产业区学派（Bagnasco，1977；Piore and Sabel，1984；Park and Markusen，1995）、新的产业空间学派（Scott，1980；Christopherson and Storper，1986）、创新环境学派（GREMI，1997）、创新系统学派（Nelson，1993）、集群学派（Porter，1990）、文化学派（安纳利·萨克森宁，1999）。

我国学界对高新区的研究从20世纪90年代前后开始展开，研究进程明显分为三个阶段：第一阶段（20世纪80年代末90年代初），以研究高新区如何发生为侧重点，即在考察、分析国外科技园区兴起的基础上，着重研究我国高新区产生的重要性、可能性、条件及初步设想；第二阶段（20世纪90年代初到2002年），以研究高新区如何建设为侧重点，即在借鉴、总结国外科技园区建设经验的基础上，着重研究我国高新区建设的目标、类型、区位选择、空间布局、规划建设、运作模式和管理体制；第三阶段（2002 年之后），以研究高新区如何"提高"为侧重点，即在总结我国高新区数年来发展成绩、经验、问题的基础上，着重研究我国高新区在"二次创业"新阶段提高其发展水平和质量的思路、路径与对策措施。

我国学界在高新区的研究中，提出的较有代表性的理论有："激发演化机理"论（顾朝林、赵令勋，1998）、"超自主体制"论（鲍克，2003）、"资本大循环"论（皮黔生，2004）、"新产业区"论（王缉慈，1999）、"制度重于技术"论（吴敬琏，2002）、"阶段发展"论（周元，2003）、"CIT 定律"论（孙万松，2006）等。

1.2.3 关于高新区自主创新能力研究

关于高新区提高自主创新能力的问题研究，在国家对高新区发展新阶段提出"四位一体"的新要求之后明显增多，并普遍认为：应推进以提高自主创新能力为核心的"二次创业"。

辜胜阻（2005）认为，实现高新区的"二次创业"应立足于自主创新，实现增长方式上的粗放向集约转变，完善产业链，加快具有各具特色的高技术产业集群的建设。①

徐志坚（2005）认为，在国家高新区发展的新阶段，自主创新是主题，高新区是基地，企业是落脚点。高新区作为国家创新体系的重要平台，要着力提高自主创新能力，建立起以企业为主体的技术创新体系，加强体制创新和机制创新，营造良好的创新创业环境，不断完善鼓励创新的政策体系，优化投资环境，建立宽容失败、鼓励冒尖的创新文化，加大对中小型高新技术企业的支持力度，并培育出有国际竞争力的高新技术骨干企业，从而使高新区真正成为科技创新和高新技术产业化的核心基地，充分发挥其在国家和区域经济发展中的先导作用。②

唐风泉、王昌林（2002）从全球制造业转移对我国高新区提出的新要求的角度，认为创新服务和产业配套能力对高新区"二次创业"至关重要，提出了利用全球制造业转移的契机推动我国高新区的"二次创业"思路，即我国高新区要成为世界高新技术产品制造基地、世界高新技术的研发基地，并从营造良好的投资和高新技术产业化环境、大力发展高新技术服务业、促进科技

---

① 辜胜阻. 加强自主创新实现高新区的二次创业 [J]. 中国科技产业，2005 (5).
② 徐志坚. 增强自主创新能力是国家高新区"二次创业"的关键 [J]. 中国科技产业，2005 (8).

型中小企业与跨国公司的联系、围绕配套服务构建技术支撑服务体系、鼓励企业的研发行为、加强技术交流与合作、加强人力资源开发等方面提出了政策建议。①

巫英坚、李楠林（2004）认为，国家高新区在推进"二次创业"中要解决好高新区"二次创业"的体制、机制和政策问题，要大力发展高新区具有自主知识产权的高新技术产业，要把高新区建设成为区域创新体系的核心。②

曾建平、王秀萍（2006）认为，高新区需要"二次创业"，自主创新是高新区难以逾越的阶段，高新区"二次创业"的核心任务是建立以企业为主体，以政府、科研、教育机构和中介服务机构参与为特征，以新知识、新技术、新工艺的创造、转化和流动为源泉，以产品持续创新、企业持续创新、产业持续创新和环境持续创新为内容的区域持续创新体系。③

陈汉欣（2006）在总结新世纪高新区新成就的基础上，指出国家高新区"二次创业"的主要任务是大力推进自主创新，把高新区建设成为国家创新体系的核心基地之一，国家高新区要努力实现"五个"转变，核心任务是建立区域持续创新体系。④

宋捷（2007）强调了国家高新区在发展新阶段的功能定位的重要性，认为其主要有三方面的内涵，即：国家高新区应该成为国家层面的创新示范区、国家高新区应该成为国家层面的产业聚集区、国家高新区应该成为国家层面的科技新城区。⑤

王德禄（2006）认为落实自主创新战略，建设创新型国家，实现国家高新区"四位一体"的新使命，其本质是探索具有中国特色的自主创新道路，要求高新区必须探索内生发展机制和路径。这一过程需要在把握产业成长、产业价值和产业组织三大产业发展规律的基础上，实施创意、创业、创新的自主创新道路以及创业、孵化、聚集的高新区内生发展模式，其核心就是推进高新

① 唐风泉，王昌林. 全球制造业转移与高新技术产业开发区的发展 [N]. 科技日报，2002 - 12 - 24.

② 巫英坚，李楠林. 高新区二次创业与区域创新体系 [J]. 中国科技产业，2004（8）.

③ 曾建平，王秀萍. 建立区域持续创新体系是高新区"二次创业"的核心任务 [J]. 高科技与产业化，2006（1）.

④ 陈汉欣. 新世纪中国高新区的新成就及其"二次创业"任务剖析 [J]. 经济地理，2006（4）.

⑤ 宋捷. 对国家高新区功能定位及当前必须解决的问题几点思考 [J]. 中国高新区，2007（1）.

区产业组织创新。[1]

对高新区自主创新能力进行实证评价是学者关心的问题，但真正直接对高新区自主创新能力进行评价的成果还不多，大多数从高新区技术创新能力或者创新能力的角度建立评价指标体系和开展实证评价。在研究思路上主要是在把握科技园区技术创新能力的内涵和基本特征的基础上，根据创新活动的环节而把技术创新能力分解成几种能力而建立评价体系，在分解几种能力上各个学者的评价有一定的差异，在所选择的方法上也有所不同。

吴林海（2003）通过研究大量国内外科技园区，提出区域创新能力概念，并从理论与实证两个视角研究指出：内在地决定科技园区域创新能力大小的关键在于对创新资源的集成度，并提出了一个以集成创新观为内核的研究科技园的理论分析框架，即科技园区域创新能力三元结构模型（技术创新能力、支撑创新能力、制度创新能力），以此量化为新的分析工具并运用于中国52个科技园区研究，揭示努力的方向。[2] 同时，在分析科技园区技术创新能力时，从创新资源投入能力、研发孵化能力、技术扩散能力、创新主体能力四个方面16个评价指标构建了科技园区技术创新能力评价指标体系。

范柏乃（2003）根据高新区技术创新能力的定义，并基于创新的三个环节：技术创新投入、技术创新活动、技术创新产出，提出了高新区技术创新能力评价的理论预选指标，运用德尔菲法和鉴别力分析对理论预选指标进行筛选，最后构造了包含资产总额、研究开发经费、研究开发人数、中高级职称人数、人均资产、人均研究开发经费等16个指标的评价体系。

曹俊文、徐莉（2005）从高新区创新能力的现状与发展两个方面来设计评价指标，最后确定以技术创新资源投入能力、技术创新发展能力、技术创新实现能力、技术创新主体能力为一级指标，下设12个二级指标。在此基础上，作者对南昌高新区与相邻省份高新区技术创新能力进行了综合评价与分析比较。[3]

肖健华（2005）在现有评价指标体系的基础上，结合人工智能的最新研究成果，针对目前中国科技园区域创新能力评价方法存在的不足，提出了基于数据描述的智能评价方法，并将其应用到中国科技园区域创新能力的评价中。[4]

① 王德禄. 中国高新区的自主创新道路 [J]. 中国科技产业，2006 (8).
② 吴林海. 科技园区研究：一个新的理论分析框架 [J]. 科学管理研究，2003 (5).
③ 曹俊文，徐莉. 科技园区技术创新能力评价研究 [J]. 江西师范大学学报：哲学社会科学版，2004, 37 (3).
④ 肖健华. 中国科技园区域创新能力的智能评价 [J]. 系统工程，2005 (8).

韩小改、曾旗（2005）把高新区的创新创业能力分成经济实力、创新能力、国际化活力、发展潜力，根据人工神经网络的原理和方法对高新区的创新和创业能力进行了评价。[1]

董秋玲、郗英、常玉（2006）从创新主体能力、研发孵化能力、技术创新扩散能力、商业化能力四个方面构建了17个指标体系用以反映科技园区技术创新能力，并运用多层次灰色评价法对西部13个科技园区技术创新能力进行了综合评价和分析。[2]

关伟（2006）构建了由创新资源水平、创新技术能力、成果转化能力、经济实力竞争力水平、产品市场占有率5个模块和15个指标构成的高新园区技术创新能力评价的指标体系，借助于AHP分析法和模糊隶属函数等数学方法对目前的大连高新区技术创新能力进行了定量评价。[3]

冯卓（2008）基于高新区自主创新系统模型，结合高新区特点，构建了由创新资源投入能力、创新技术能力、创新成果转化能力、创新成果市场竞争能力4个主层次和12个次级指标构成的高新区自主创新能力评价指标体系，并运用综合评价模型对我国高新区自主创新能力进行综合评价。[4]

1.2.4　关于高新区产业发展研究

在国家高新区如何促进高新技术产业发展方面的研究，运用产业集群理论进行理论和实证分析是其明显的特点。刘友金、黄鲁成（2001）指出：产业群集是国外成功的高技术开发区的共同特征，总结出高技术产业集群的区域创新优势主要来源于群集所带来的知识溢出效应、创新资源的可得性、"追赶效应"和"拉拨效应"、吸聚作用以及植根性等方面。[5] 胡珑瑛、聂军（2002）认为，高技术园区产业聚集的形成，一方面在于高技术产业的发展有一种聚集的内在动力，推动高技术产业向特定的区域聚集；另一方面高技术园区对高技术产业活动具有一种引力作用，这种引力形成引力场，将各种经济要素聚集在

① 韩小改，曾旗. 高新区创新创业能力的综合评 [J]. 价值工程，2005（5）.

② 董秋玲，郗英，常玉. 多层次灰色评价法在西部科技园区技术创新能力评价中的作用 [J]. 科技管理研究，2006（4）.

③ 关伟. 大连高新园区技术创新能力评价研究 [J]. 辽宁师范大学学报：自然科学版，2006，29（2）.

④ 冯卓. 我国高新区自主创新能力评价研究 [J]. 沈阳师范大学学报：自然科学版，2008，29（2）.

⑤ 刘友金，黄鲁成. 产业群集的区域创新优势与我国高新区的发展 [J]. 中国工业经济，2001（2）.

一起。①于新锋、杜跃平（2003）分析了企业集群与科技园区的关系，认为科技园可以充分享用企业集群的外部经济性、可以充分享用范围经济性和实现企业本地化带来的好处，科技园企业集群可以促进信息交流和创新网络的建立，可以促进科技园内的创业活动。②郑凌云（2003）认为：在新经济时代，高技术园区发展要求的是一种现代产业聚集，其对引导高技术园区的发展具有较大绩效。谢永琴（2004）认为产业集群在空间上的聚集具有三方面的优势：产业聚集可以产生外部经济、产业聚集可以降低交易成本、产业聚集有利于创新。③

但是，有学者针对现实中产业集群的理解，提出了要注意的倾向。王缉慈（2005）指出，在"产业集群"风靡我国的时候，有两种倾向尤为显著：一是将企业集中到工业园区发展，二是在城市或区域内打造和延伸产业链。这引发了两个问题，其一，企业的地理邻近是否一定有利于企业和区域竞争力的提高；其二，产业链是否一定要在本区域内打造。为提高区域和城市竞争力和创新力，不仅要重视企业的地理邻近，更重要的是促进产业联系的形成和增强，既包括近距离的联系，也包括关系邻近而地理距离遥远的产业联系。那种简单地把产业集群与工业园区混淆，以及把产业集群地发展看成本地产业链的打造的想法是有害的。④

有些学者对高新区产业聚集度进行了评价。李强（2007）引入带有科技进步的柯布—道格拉斯生产函数，从生产要素的地理集中及其规模收益递增入手，通过构建产业聚集判定的模型框架，对我国部分高新区产业聚集现状进行了实证研究。其研究结果表明：我国国家高新区的产业聚集已具雏形并呈不断加强的趋势，但部分高新区产业聚集质量不高的问题仍应引起足够重视。⑤刘会武等（2007）利用产业集群的识别方法——区位熵系数法，对高新区产业聚集度进行了测算，并根据聚集的结果，把高新区分成四类。⑥

有些学者对产业集群对技术创新的贡献做了评价。李凯、任晓艳、向涛

① 胡珑瑛，聂军. 我国高技术园区产业群形成机制及其对策研究 [J]. 中国科技论坛，2002（4）.
② 于新锋，杜跃平. 集群与科技园区发展 [J]. 中国科技论坛，2003（2）.
③ 谢永琴. 产业集群理论与我国高新区发展研究 [J]. 生产力研究，2004（10）.
④ 王缉慈. 产业集群和工业园区发展中的企业邻近与集聚辨析 [J]. 中国软科学，2005（12）.
⑤ 李强. 我国高新区产业聚集实证研究：生产要素集中与规模收益递增 [J]. 科学学与科学技术管理，2007（5）.
⑥ 刘会武，等. 国家高新区产业聚集度的测算与分析 [J]. 科技管理，2007（5）.

（2007）根据国内外学者的产业集群促进技术创新的说法，把产业集群分解为政府的扶植政策、知识溢出、企业衍生、劳动力素质四方面因素，分别分析它们对国家高新区技术创新能力的贡献。并对我国 53 个国家高新区进行实证分析，讨论这四方面因素对国家高新区创新的贡献，指出国家高新区的自主创新未充分发展的主要原因之一——我国现阶段的高新技术产业集群没有实现真正意义上的产业集群，从而无法充分发挥其促进高新技术产业创新的作用。①

关于目前国家高新区产业集群存在的主要问题，大多数学者认为具有比较突出的脆弱性、缺乏产业群集机制、缺少植根于本地化的区域文化等。例如：刘友金、黄鲁成（2001）分析了我国高新区发展中产业群集的问题是：大多没有形成产业群集、区内企业聚集存在脆弱性、缺乏产业群集机制等。② 尹建华、苏敬勤（2002）认为，我国高新区的产业集聚有着以下几个方面的特点：

（1）"形聚而神不聚"，高新区企业的聚集具有明显的脆弱性；

（2）缺乏完善的产业群集机制；

（3）缺少植根于本地化的区域文化。③

谢张军、黄凯（2002）分析了我国高新区集群机制的缺失问题主要表现在：

（1）相互支援、相互依存的专业化分工协作的产业网络尚未形成；

（2）"产、学、研"合作机制不完善；

（3）有效的风险投资机制尚未建立，大多数高新区没有风险投资机构进入；

（4）缺乏鼓励冒险的企业家精神和重视合作与非正式交流的社团和区域文化。④

谢永琴（2004）分析了我国高新技术产业聚集具有明显的脆弱性、缺乏完善的产业集群机制、缺少植根于本地化的区域文化。⑤

有许多学者认为我国高新区应实行基于产业集群的竞争力提升战略，并提出相应的思路和对策。刘友金、黄鲁成（2001）提出要以群集导向加快我国

---

① 李凯，任晓艳，向涛. 产业集群效应对技术创新能力的贡献——基于国家高新区的实证研究 [J]. 科学学研究，2007（3）.

② 刘友金，黄鲁成. 产业群集的区域创新优势与我国高新区的发展 [J]. 中国工业经济，2001（2）.

③ 尹建华，苏敬勤. 高新技术集群化与协同管理研究 [J]. 科学学与科学技术管理，2002（9）.

④ 谢张军，黄凯. 产业集群机制缺失与高新区发展 [J]. 中国科技产业，2002（6）.

⑤ 谢永琴. 产业集群理论与我国高新区发展研究 [J]. 生产力研究，2004（10）.

高新区发展的思路，并提出对策建议：

（1）制定引导和鼓励产业群集的政策；

（2）建立区内相互依存的产业体系；

（3）完善区内服务体系；

（4）培育区域创新文化。①

余竹生、王晓波、李绩才（2003）提出了我国高新区实现产业集群化的三种思路：

（1）综合发展，向"中国硅谷"的目标迈进；

（2）实现专业化，实现局部资源相对集中；

（3）通过区域化体现集群化。②

谢永琴（2004）提出基于产业集群理论的高新技术产业区发展对策是：发挥政府的推动和引导作用，促进高技术产业集群的建立；强化中介组织的作用，完善社会化服务系统；强化发展区域创新网络，促进"官、产、学、研"的有效合作；尽快建立和完善风险投资机制，完善资本市场；建立能够促进高新技术产业集群发展的区域文化。③ 俞凯华（2006）认为要通过要素流动与竞合、技术创新、根植机制等的协同作用，可以促进产业集群自组织的形成。重视各要素的培育和完善，是高新区实施产业集群导向的主要手段和策略。④

1.2.5　研究评价

总体而言，国内学界关于高新区的研究已经取得了一些具有理论和实践意义的成果，但追随在政府倡导、实践发展后面进行研究较为突出，其前瞻性、指导性不够。尤其是我国高新区发展已进入以提高自主创新能力为核心的新阶段之后，面对新的形势、目标和任务，学界研究的深度和进度明显赶不上实践发展的需要，以高新区为对象研究自主创新的特征和运行机理的高质量成果不多；从动态上把握高新区演化的阶段、规律以及与发展和创新的关系研究不足；对高新区在发展新阶段由要素驱动向创新驱动转变的条件、障碍、难点分析不够；对不同区域、不同类型高新区自主创新和发展高新技术产业的差异性

---

① 刘友金，黄鲁成. 产业群集的区域创新优势与我国高新区的发展 [J]. 中国工业经济，2001（2）.

② 余竹生，王晓波，李绩才. 我国高新技术产业开发区集群化发展战略初探 [J]. 港口经济，2003（6）.

③ 谢永琴. 产业集群理论与我国高新区发展研究 [J]. 生产力研究，2004（10）.

④ 俞凯华. 基于产业集群的高新区发展导向研究 [J]. 科技进步与对策，2006（1）.

研究欠缺，以西部高新区为特殊研究对象的高质量成果还比较少。因此，开展本项目的研究具有较大的创新空间。

1.3 高新区发展的主要理论基础

从硅谷的成功发展到世界各国纷纷建立高科技园区的半个世纪以来，高新区的现象受到国内外学者的广泛关注和研究，在研究高科技园区的过程中，许多学者引用了经济学中的不同理论进行研究，并作为研究高新区的理论基础。高新区作为以发展高新技术产业为重点的一个中观层（小区域经济），其理论基础与区域经济和国家经济具有相似的可借鉴的基础，但是由于其内部产业发展的独特性，使其又有一定的差异性。目前，高新区发展的理论日趋多元化并日臻完善。大量的文献表明，对高新区的研究主要运用了发展经济学、区域经济学、产业经济学、技术创新经济学、城市经济学、制度经济学等相关理论，并不断深入融合发展。本研究主要根据研究的内容侧重选择相关理论进行简要分析，以指导后文。

1.3.1 增长极理论——高新区建设的理论依据和原则

增长极理论是一种无时间变量的非平衡区域创新增长理论，最初是由法国经济学家弗朗索·佩鲁在 20 世纪 50 年代提出。后来，法国经济学家布代维尔（J. R. Boudeville）等一些经济学家把佩鲁的增长极从经济抽象空间扩展到更为广泛的区域空间或地理空间，指出"经济空间是经济变量在地理空间之中或之上的运用"①，即增长极应是产业与地理空间的结合，从而使增长极理论更具有适用性和操作性。增长极的核心思想是："增长并不是同时在任何地方出现，它以不同强度首先出现在增长点或增长极上，然后通过不同的渠道扩散，而且对整个经济具有不同的最终影响。"②该理论的实质是强调区域经济增长的不平衡性，应将创新产业部门根植在优势区位上，即要尽可能把有限的稀

---

① J. R. Bouderville. Problems of Regional Development [M]. Edinburgh University Press, 1966.
② 佩鲁. 略论增长极的概念 [J]. 经济译丛, 1989 (9). 佩鲁的增长极概念指经济增长是不平衡发展的，而是像类似"磁场"作用的现象，产生这种现象的原因是有些经济部门（产业）或企业具有较强的创新能力，能够对其他经济单元产生推动效应，成为外部经济能力很强的推动型单元。由于推动型单元在经济中起主导作用，因此被称为增长极，其本意是指具有创新能力的企业或部门（产业），是产业增长极。

缺资源投入到具有创新性的产业或部门及地区，使增长极的经济实力强化，从而形成与周围地区的势差，并通过市场机制的传导作用，引导整个区域经济的发展。

增长极理论提出后被广泛应用和流传，成为各国制定宏观经济政策的一个重要理论依据。不过，一些国家在20世纪70年代的实践中发现，增长极像"空吸泵"一样，进一步加快了地区的贫富分化而引起人们对该理论的质疑。尽管如此，大部分理论研究者和实践部门仍把增长极理论作为发展高新区的理论基础和设计指导原则。目前，我国高新区处于以自主创新为核心的二次创业阶段，具备了大量的创新型企业、创新型产业以及良好的区域优势，是经济发达地区的增长极，更是经济欠发达地区的增长极。运用该理论要注意处理好增长极的扩散效应和极化效应之间的关系。在高新区发展的新阶段，要高度重视技术、信息、资金、人才等的扩散，从而带动高新区周边地区（或不发达地区）的整体发展。同时，要防止增长极——高新区在区域内形成"飞地"式经济。竞争的持久性与创新的扩散程度和条件是紧密相关的，增长极要取得较好的扩散效应，除了要有推进型单元外，还需要有适宜的外部环境。如果高新区周围的条件严重滞后，没有成熟的产业体系，那么高新区通过产业关联效应的空间扩散形成的乘数效应就难以在高新区周围实现，并有可能使高新区成为其周边地区的"飞地"或"孤岛"效应。

1.3.2 创新扩散理论——高新区技术创新机制

扩散是指在特定的介质下，物质流、信息流、资金流、人才流、知识流在空间传播或转移的过程。创新扩散是指创新要素进行空间传播或转移的过程。对创新扩散现象进行开创性研究并奠定了现代空间扩散理论基础的是瑞士隆德大学哈格斯特朗（T. Hagerstrand）教授。扩散理论认为，一项创新由于它能够提高系统运行的效率和创造出更高的价值；或者能节约劳动和节约资本；或者提高系统的功能（质量）而创造新的市场，便在创新者与其周围的空间里产生"位势差"。为消除这种差异，一种平衡力量就会促使创新者向外扩散和传播，或者周围地区为消除差异而进行学习、模仿和借鉴。扩散可能发生在人群之间、企业（厂商）之间、地区之间或企业与科研机构、地区之间等，经常通过技术转让、信息交流、人才流动及国际技术贸易等方式实现。[①] 高新技术及其产业的创新扩散具有明显的阶段性，园区在扩散初期处于能量积蓄阶

---

① 钟坚. 世界硅谷模式的制度分析 [M]. 北京：中国社会科学出版社，2001：34-35.

段，技术和产业的创新空间扩张很慢，而当能量积累到一定规模后增长速度会急剧加快，一个系统只有内部各单元的扩散达到这个阶段后，才能表现出明显的系统成长。①

影响扩散过程的首要因素是距离、其次是位势。由于信息场的空间分布具有明显的距离衰减特征，因而在距创新源地较近的个人或地区比较容易先获得有关的信息与技术，反之则较为困难，这一现象被称为扩散中的近邻效应（Neighborhood Effect）。位势是由接受者本身的性质、层次、规模等因素及其在平均信息场中的区位共同决定的，它表明了接受者与创新者发生相互作用的几率的大小。创新扩散的类型通常按扩散过程空间区位的变化特征来划分，主要有三种类型：

（1）扩展扩散。其特点是围绕创新起点向周围地区扩散，在空间上表现出连续的扩展。这种类型主要受距离因素控制，近邻效应明显。

（2）位移扩散。表现为创新扩散接受者随时间产生非均衡的位移，它主要是由于移民或其他形式的人口流动引起的。

（3）等级扩散。创新循着一定的等级序列扩散，如规模顺序、科技文化层次、社会和经济地位、官职等级，其决定因素为接受者的位势。

这三种创新扩散类型只是纯粹的理论模式，在现实世界中，控制技术扩散的因素很多，因此，高新区技术创新的扩散可能是两种或三种类型的组合，在空间上的表现形式也将更为复杂多样。

1.3.3 "三元参与理论"——高新区"官、产、学"协作机制

"三元参与理论"是 1993 年 6 月，国际科技工业园协会（IASP）在第九届世界大会上提出来的。该理论认为，科技工业园是科技、高等教育、工商业界和经济、社会发展的必然产物，是在大学科技界、工商企业界和政府三方互动结合下产生的，并且在三方的共同参与和积极推动下共同促进技术创新和创新成果产业化，促进科技园区的建设和发展。其中政府是园区内外部环境的创建者和园区组织制度的供给和启动者，企业是科研资金的提供者和新市场的开拓者，大学科技机构是高素质人才和高科技之源或供给者。

高科技园区是在政府、大学科研机构、企业界"三元"相互参与下产生，并只有在"三元"的结合下才能得到持续的发展。高科技园区如果没有大学、科研机构作为智力和人才的支撑，最多只能算一般的工业园区；如果没有政府

---

① 孙迈松. 高新区自主创新与核心竞争力 [M]. 北京：中国经济出版社，2006：19.

为园区创业者提供良好的环境，高科技园区很难自然发育，高科技企业的自然聚集形成的时间会很长。同时，高科技园区也是这"三元"结合的最好载体或组织，能产生很强的创新互动。大学和科研机构依靠这个载体与企业的结合，实现了自主创新成果的商品化和产业化，并加速了以市场需求为导向的科研人才培育转型；企业依靠这个载体与大学和科研机构的结合，获得了最新的技术和高素质人才，缩短了技术创新的时间和成本；政府依靠这个载体通过为企业、大学、科研机构合作提供良好的平台，构建起了区域经济发展的增长极，促进了产业结构升级、就业增长、区域整体发展。高科技园区最大限度地满足了大学（科研机构）、产业界、政府各自的需求，这是推动"三元"参与的内在动因。当然，只有三方目标统一、协调一致时，才是高科技园区发展的关键。

"三元参与理论"提出后，许多学者对成功的高科技园区的研究发现，仅用"三元参与理论"难以解释高科技园区发展的历程和模式。我国学者景骏海（2001）在《硅谷发展的模式、模仿及创新》一书中提出"五元驱动理论"，即政府、企业、大学科研机构、孵化器以及投融资体系"五元"共同作用驱动硅谷的成功发展；孙万松（2006）在《高新区自主创新与核心竞争力》一书中提出了"官、产、学、研、资、介"六元参与理论。显然都是在"三元"的原有基础上进行了增添，考虑了高科技园区内各行为主体及相关要素功能的差异性和不可缺性。不同高科技园区应根据自身的特点和需求选择不同的参与模式。

1.3.4 产业集群理论——高新区产业组织形式

产业集群（群落）是依托区域优势形成的主导产业衍生而成的，产业集群的动力机制主要在于节约交易成本、获得知识溢出的外部性和增强信任感。目前学术界关于产业集群或聚群的理解很多，其中有两种公认的定义，其一是指"一特定领域内相互联系的，在地理位置上集中的公司和机构的集合"（波特，1998）；其二是指"为了获取新的和互补的技术，从互补资产和利用知识联盟中获得收益、加快学习过程、降低交易成本、克服（或构筑）市场壁垒、取得协作效益、分散创新风险，相互依赖性很强的企业（包括专业供应商）、知识生产机构（包括大学、研究机构和工程设计公司）、中介机构和客户，通过增值链相互联系成网络，这种网络就是集群"（J. A. Theo, Roelandt and

Pinden Hertog，1998）①。显然这两个定义是从产业集群的外向和内在两个不同维度来理解的，综合起来基本表达了产业集群的内涵。前者强调产业集群的空间集聚特征，后者强调产业集群的网络特征以及集群形成的动力机制和功能。因此，本研究认为产业集群是指产业发展演化过程中的一种地缘现象，即围绕区域主导产业，相关企业、科研机构、供应商、中介机构在该区域大量集聚，通过深度的专业化分工，形成比较完整的纵横不断扩张的的价值链条和健全的产业支持体系，使产业集群的的企业和各组机构都具有较高的效率，从而使该地区在区域竞争中取得优势的产业组织形式。

从世界各国产业集群的演进来看，产业集群犹如生物群落，有其自身的形成、发展与演进过程。刘春芝（2005）在总结前人研究的基础上把产业集群的演化路径分为了四个阶段：

第一阶段为诞生阶段。其基本特征是：一个或多个集群单元已经形成，关联企业开始围绕集群单元进行聚集，但聚集的速度较慢，集群还未形成规模。

第二阶段称为成长阶段。其基本特征是：一方面，相关的企业和机构大量涌入；另一方面，集群内的企业大量衍生。外面涌入的企业和内部衍生的企业聚集的结果是集群规模迅速扩大。

第三阶段称为成熟阶段。这个阶段是产业集群各方面的功能已发育完善的阶段，其基本特征是：一方面各种配套的功能已经完善，同时，企业进入的速度减缓；另一方面，随着企业之间的横向与纵向协作关系不断地建立起来，企业之间以核心能力为基础，充分发挥资源互补的优势，整个集群发育成了一种有网络效应的价值链集群。

第四阶段称为衰落阶段。这个阶段是产业集群已进入产业技术新老更替阶段。如果具备适宜的内外条件，能够实现新老集群的更替，产业群落可以在新的起点得到持续发展，否则群落将因此走向衰落。

1.3.5　苗床理论——高新区企业创新创业的初始条件

苗床理论又称孵化器理论，它是关于在新生产部门（企业）发生和发展的最初阶段所需要的地理条件的假说。因为新企业是从无到有的确立过程，在这个过程中，创业者或创业群（特别是高新技术创业者）通常不具备创业需要的资金、技术、人才以及管理等条件，此时不确定性和风险的程度最高，稍有不慎或外界环境变化就会使新企业死亡。加之刚开发的自主创新成果不成

---

① 黄建清，郑胜利：国内集群研究综述［J］. 学术论坛，2002（6）.

熟，市场不确定性因素很多，更增加了创业的风险，这时最需要有良好的环境条件给予精心哺育，使之成功渡过"死亡谷"，这就是"苗床理论"或孵化器理论存在的原因。

美国著名的孵化器专家罗特曼·拉卡卡（Ruatam Lalkaka）认为，企业孵化器是一种为培育新生企业而设计的受控制的工作环境。在这种环境中，人们试图创造一些条件来训练、支持和发展一些新的小型企业和创业家。其特点包括：

（1）精心挑选有潜力的新建或处于初始阶段的企业；

（2）为每个租户提供指定的空间；

（3）负责训练、开发与协助新生企业的小规模管理队伍；

（4）提供接受诸如法律和金融方面专业服务的渠道；

（5）可接受的房租和服务收费；

（6）企业进驻三四年后将毕业离开。

政府通常支持这种机构的建立并在其初期运营中给予帮助，但孵化器本身一般有实现企业化运作并有经过最初几年运营后达到经济自立的计划。[①]

有的学者认为，企业孵化器就是临近研究或开发机构的一幢或一组建筑，为研究机构或商业机构提供必要的工作、生活空间及相应的财税、金融等方面的咨询服务。美国的研究员认为，企业孵化器不是一幢楼或其他，而是与四种机构密切相关：一是快速增长的高新技术企业。许多孵化器专注于此类企业，且企业的成长能力决定了孵化器的成功与否。二是处于变化中的成熟企业。这种企业多具备相当规模，其发展并不是建立在最新的技术基础之上，它们需要不断地调整以应对竞争，以致衍生出许多新的公司。三是跨国公司的地区总部。由于地区总部汇集了所有至关重要的资源，得以发挥企业孵化器的功能。四是研究机构。当研究项目接近完成时，企业就开始寻找技术进入市场的机会，促进新公司的建立，因而研究机构成为孵化器。他们甚至认为大都市就是天然的孵化器。大城市的一些社区，往往具有满足新的小企业创建和发展的条件。[②]

高科技园区是以高技能的劳动力和以大量高新技术研究与开发活动聚集为特征的，园区内的各种综合或专业孵化器，如创新中心、大学科技园、软件园、生物科技园、博士园、留学生创业园以及大量的国内外总部等，其目的就是为不同特点的高科技初创企业提供更加有利的孵化环境。按苗床理论，高科技园区是孵化器的最佳选址，是企业创新创业的苗床。因此，孵化器、孵化功

---

① 钟坚. 世界硅谷模式的制度分析 [M]. 北京：中国社会科学出版社，2001：3.

② 颜振军. 孵化与奋飞：如何投资、管理、进出企业孵化器 [M]. 北京：民族出版社，2000.

能的存在与发展是高科技园区有别于其他一般工业园区的重要特征，是高科技园区实现其功能的重要组成部分。

1.4 研究的基本思路和框架、方法

1.4.1 研究的基本思路和框架

本课题研究的基本思路和框架路线如图 1-1 所示。

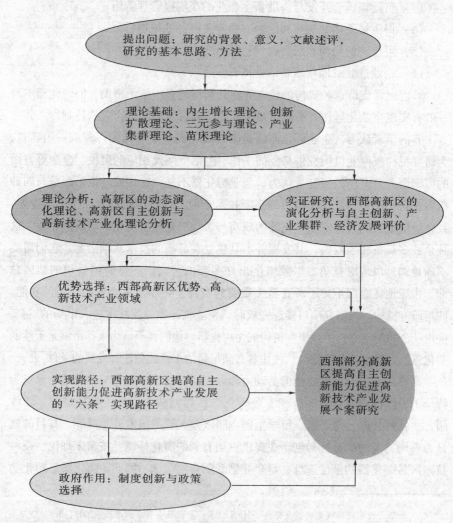

图 1-1 研究的基本思路和框架路线图

1.4.2 研究采用的主要方法

运用区域经济学、新经济地理学、演化经济学、产业经济学、新制度经济学、创新经济学等相关理论，在理论研究上采取归纳分析、演绎推理等方法；在实证研究上选择西部城市：成都、西安、绵阳、昆明、兰州、包头等高新区进行典型调查，结合统计分析，对西部高新区进行实证研究，总结出一些基本结论；突出理论研究与典型调查、实证分析的结合，一般分析与特殊分析的结合，静态与动态分析的结合，定性分析与定量研究的结合；重视与有关高新区的合作，采取参与式方式，增强课题研究成果的准确性和有效性。

1.5 可能的创新点和存在的不足

1.5.1 可能的创新点

1.5.1.1 对高新区动态演化进行了理论与实证研究

本研究分析了高新区动态演化的阶段性特征，同时揭示了高新区动态演化的路径依赖性。指出如果没有阶段转换的强大动力，高新区的演化路径就有可能被"锁定"在低效状态。分析了高新区演化的动力学机制，即：政府调控机制、市场需求机制、创新竞合机制、自组织机制、专业化分工机制、聚集经济机制。在此基础上，对西部高新区的产业演化、空间演化、创新演化进行了分析，指出了西部高新区整体上处于产业主导阶段，然而西部不同高新区演化的阶段差异性十分明显，部分先进高新区已进入创新突破阶段，而部分落后高新区还处于要素聚集和产业主导的初级阶段。

1.5.1.2 对高新区自主创新的动力机制与运行机理、高新区自主创新能力、高新区自主创新系统进行了深度解析

本研究认为，基于以企业为核心的高新区自主创新动力要素分为企业内部动力要素和外部动力要素。企业内部动力要素包括企业预期利益驱动力、企业研发及投入能力、企业家精神感召力、企业文化导向力、企业激励机制催化力；外部动力要素包括市场需求拉力、市场竞争压力、政策制度作用力、社会文化影响力、社会中介组织协调力。在此基础上，构建了高新区自主创新的动力机制模型。本研究认为，高新区自主创新能力是一种系统创新能力、集成创新能力，主要由企业自主创新能力和集群自主创新能力两部分构成。企业自主创新能力是形成高新区自主创新能力的基础，集群自主创新能力是形成高新区

自主创新能力的关键。高新区自主创新能力的生成路径为：创新环境营造——创新要素创新组织聚集——创新组织网络化运行——创新集群——创新能力形成。高新区自主创新系统除具有自组织性、区域性、阶段性和网络性等一般的特征外，还具有其显著的战略性和发展的导向性和他组织性。

1.5.1.3 对高新技术产业化和高新技术产业进行了系统总结

本研究认为，高新技术成果不仅是商品，而且是资本，具有典型的双重属性，认识高新技术成果的双重属性有利于推进高新技术成果的商品化、资本化、股份化。高新技术成果产业化是一系列的像"接力棒"那样的相互联系、相互衔接的过程，但仍可划分为两个相互联系的阶段：一是把高新技术成果转化为能在市场上销售的新产品、新工艺，这一过程称之为商业化；二是高新技术产品进一步形成规模和产业，这一过程称之为产业化。这两个阶段对环境的要求非常不同。高新技术产业化的规律是：市场拉动规律、投资加速递增规律、风险集中释放规律、收益极不平衡规律、资本特殊需求规律、要素快速流动规律、产业化过程立体整合规律。高新技术产业化的结果就是形成高新技术产业。战略性新兴产业与高新技术产业的基本内涵和主要特征大体一致，均是对一个国家未来经济发展和竞争力形成具有重大影响的产业，均需要高新技术作为支撑，均是面对的新兴市场，均具有高投入、高风险、高成长、高渗透、带动作用大等基本特征。只不过各自发展的时代背景和所强调的重点领域有所不同，在某种意义上说，战略性新兴产业是高新技术产业在新的时代背景和国际竞争环境下的继续、深化和发展。

1.5.1.4 对西部高新区自主创新能力、产业化模式和产业集群进行了实证分析

本研究认为，从整体上看，西部高新区尽管自主创新能力不及东中部高新区，但是西部高新区之间自主创新能力也极不平衡，成都、西安等先进高新区的自主创新能力并不逊色于东中部先进高新区。西部高新区高新技术产业化模式具有自身特色，主要有孵化自成长模式、科研单位和高校衍生模式、军转民模式、传统企业转型模式、"产、学、研"合作模式、引进跨越模式。总体而言，西部高新区的产业集群还呈现出脆弱性特征，表现为企业空间上集群的脆弱性、带动产业集群形成的核心企业稀少性、产业链条的断裂性、产业专业化分工与协作机制的缺损性、适应产业集群发展的人才结构不匹配性。

1.5.1.5 提出了西部高新区提高自主创新能力促进优势高新技术产业发展的实现路径图

本研究认为，西部高新区提高自主创新能力促进优势高新技术产业发展的

途径图是：以"军民融合"方式促进高新技术的民用化和产业化、以"三段式"方式培育科技型企业内生成长、以承接产业转移的方式促进规模扩大、以推进"五大转变"方式培育产业集群竞争力、以"一大主体＋五大平台"方式构建创新系统、以建设科技新城方式加快新型园区形态建设。

1.5.1.6　分层次提出了促进西部高新区自主创新与高新技术产业集群发展的制度创新与政策选择

本研究根据目前西部高新区创新与发展的状况，提出的改善对西部高新区宏观指导与管理制度、推进高新区立法、构建区域联合治理模式、创建"官、产、学"三重螺旋机制、建设虚拟高新区、建立创新驿站等制度创新，有可能对高新区当前和未来制度创新起到较大的帮助作用；提出的创新资源向西部高新区进一步集聚的政策、创新集群培育与产业集群升级的政策、高新区企业自主创新与创业的政策、高新区集约化发展的政策措施，可对实际工作产生较强的指导作用。尤其在如何推进高新区提高自主创新能力促进高新技术产业发展的制度创新与政策选择中，注意了国家、地方政府和园区管委会这三个层面应当发挥的不同作用。

1.5.1.7　对西部部分高新区进行了个案研究

由于西部各个高新区的差异性很大，为了更能反映西部各个高新区的实际情况，本研究选择了成都、西安、重庆、昆明、包头稀土、兰州等西部部分高新区进行了个案研究，分析了这些高新区创新发展的成效、主要特色、存在的问题，提出了今后进一步提升自主创新能力促进高新技术产业发展的对策建议。这样，个案研究与总体报告相呼应、相补充，就使本研究成果更具有针对性、实用性。

1.5.2　存在的不足

1.5.2.1　对目前西部高新区自主创新与发展状况的描述可能与最新的情况存在一些偏差

目前，由于绝大多数高新区在管理体制上还不是一个行政区，加之高新区的边界比较模糊，不少高新区还实行着"一区多园"的体制，而"多园"又分别隶属于不同的行政区，这就给统计资料的完整性、可靠性、真实性带来了很大的挑战。加之高新区的发展变化很快，而且随时都在调整，基于现实条件所限、工作量大，本研究不可能对西部 13 个高新区的最新情况均反映到研究成果中，这就可能造成对有些细节和事实的描述与当前最新发展情况有些出入。

1.5.2.2 对西部高新区自主创新能力定量分析不够

由于高新区的统计数据很不健全，或者有些更详尽的数据还没有向外公布，从而很难建立一套比较完善的评价指标体系，并运用计量分析工具对西部13个国家级高新区进行全面的、整体的、科学的评估，导致这方面研究不足。

1.5.2.3 如何发挥高新区的技术扩散和辐射带动作用分析不够

高新区提高自主创新能力促进高新技术产业发展的重要作用就是要通过技术的扩散、产业的扩散、人才的扩散、体制的扩散等，发挥其对区域产业结构升级的辐射和带动作用，而本报告这方面研究尚显不足。

2 高新区动态演化的理论分析

作为演化经济学公认的开创性人物——凡勃伦，其认为在关于演化的经济理论中，没有均衡分析的位置，经济学更应重视经济社会现象的变化过程以及导致这些变化的动力机制。[①] 按此思路，本章从演化经济学的理论综述、高新区的演变过程以及演化的动力机制三部分论述，以形成比较清晰的脉络。

2.1 演化经济学的理论概述

2.1.1 演化经济学的兴起及发展

演化经济学是一门借鉴生物演化思想方法和自然科学众多领域的研究成果，研究社会、组织的经济现象和个体行为演化规律的学科（盛昭瀚等，2002）。它将技术变迁看成众多经济现象背后的根本力量，以技术变迁和制度创新作为核心研究对象，以动态的、演化的、变迁的理念分析经济系统的运行和发展。现在，演化经济学（Evolutionary Economics）已成为当今国外经济学界最活跃、最前沿的研究领域之一。马克思、马歇尔、凡勃伦和熊彼特等都被认为是演化经济学的鼻祖。而演化经济学形成的一个重要标志，则是直到1981年博尔丁出版的《演化经济学》，1982年纳尔逊（Richard R. Nelson）和温特（Sidney G. Winter）的《经济变迁的演化理论》的出版。与以前的演化思想相比，博尔丁、纳尔逊和温特等人明显表现出一种构建全新理论的倾向，而这种建构基本上是在针对性的批评新古典的基础上展开的。在纳尔逊和温特的演化经济学分析中，新古典经济学的理性经济人假设、利润最大化假设和完全信息假设被有限认知、企业搜寻利润行为以及信息的连续、分散理论等观点

---

① 卢现祥，朱巧玲. 新制度经济学 [M]. 北京：北京大学出版社，2007：76.

代替，同时，除了具有动态性和可能显示一些形式的非均衡行为之外，演化模型还拥有下列特点：①路径依赖；②自组织能力；③多均衡标准；④无序行为。

演化经济学在方法上，强调事物的多样性和差异性，否认新古典经济学对生产者、消费者等群体的同质性假设等，认为个体的创造性和新奇行为是经济生活的多样性的基础，而创新、模仿和扩散恰恰是现实经济生活和真实过程，是达尔文变异、选择和复制理论的社会写照。20 世纪 80 年代后期，经过布莱恩·阿瑟和保罗·大卫的努力，报酬递增理论也得到有力的复兴和发展，并很快融入了演化经济学的分析框架。进入 20 世纪 90 年代以来，演化经济学文献更是激增，许多经济学家致力于演化经济理论的研究。1991 年《演化经济学》杂志（Journal of Evolutionary Economics）正式创刊，同时，国际上众多主流经济学杂志对演化经济学方面的文章尤感兴趣。

总体而言，现代演化经济学是一门新兴的学科，是以纳尔逊、温特、霍奇逊等为代表的演化经济学派在对达尔文的演化论和自然科学演化的基础上，对经济理论研究的范式和方法进行重构的基础上提出来的。演化经济学审视并修正了新古典经济学关于经济人理性、静态单一均衡、利润最大化、同质性、完全信息，以及偏好、技术、制度等给定不变的种种假设，克服了新古典经济学关于还原论、决定论、机械论、简化论等观念，重视复杂性、随机性、多样性和不确定性、有限理性等因素，强调技术和制度以及组织的动态演化机制，借鉴生物演化论、耗散结构理论、非线性动态系统等有益成分，已经成为分析和描述复杂经济现象的重要方法，对经济政策，尤其是技术政策、公司战略和国家创新系统领域产生了重要的影响，成为高新区演化研究的有效工具之一。

2.1.2 演化经济学中的生物学隐喻

演化经济学又称"进化经济学"，它是与达尔文的生物进化论相联系的，生物学隐喻是演化经济学的一个基本立场。达尔文的演化论建立在三项基本观察之上：所有的生物都在改变；它们的特征可以遗传；它们都参与生存竞争。在这种生存竞争中，有些生物比其他生物优越，更能适应环境，因此幸存下来并产生很多后代。而且生物总是从低级向高级、从简单到复杂、从无序到有序演化的。其中，借自然淘汰作用（天择）而推动生物演化的理论简称天择说，是达尔文演化学的核心。而"物竞天择，适者生存"是天择说的精髓。因此，现代演化经济学中的演化隐喻是以现代生物学为基础的。

演化经济学的思想渊源上溯到亚当·斯密的《国富论》。他用自发秩序来解释世界，认为复杂的社会结构之所以产生并发生作用，不是因为人类的设计，而是由于众多的个体追逐自己的利益（对应于生存竞争）而形成的无意识的后果。继承这一学术传统的是奥地利学派，特别是门格尔和哈耶克。而第一个将达尔文的变异、遗传和选择的思想广泛用于经济演化的经济学家是凡勃伦。他把演化隐喻看成是理解资本主义经济的技术和制度变化的基本方法，认为经济学应该抓住演化和变化这个核心主题，而不是新古典经济学从物理学中所借入的静态和均衡思想，并创立了制度学派。① 熊彼特的经济发展理论把创新看做是经济变化过程的实质。借用生物学，把不断地从内部彻底变革经济结构，不断地毁灭旧产业、创造新产业称为"产业突变"。另一影响较大的是马克思，其关于技术进步类似于生态系统中物种共同演化及其相互转换的诊断显然是演化论的。但马克思制度变迁的观点却与达尔文的"渐进"不同，他认为革命形式表现的突变，是拉马克式的演化形式，与现代生物学关于突变和渐变是演化形式的框架是一致的。尽管马歇尔被看成是演化经济学的先驱之一，但他并没为演化经济学的发展作进一步的贡献，他的"经济学家的麦加在于经济生物学而非经济力学"成为演化经济学者最爱引用的"名言"，主要在于他鼓吹经济学的生物学类比，他强调了时间、报酬递增和不可逆在经济过程中的重要性，然而却试图在均衡框架中加以处理，在理论中未表现出任何系统的演化思想。

总之，从凡勃伦到马歇尔都明确地包含着经济演化的隐喻，但由于时代的局限，加上一些社会学家对生物学的滥用，一些不恰当的成分有时会对社会和政治产生可怕的后果。不过我们应当明白所有隐喻在解决问题的同时也在制造困难，因为隐喻的转换是"不精确"的甚至是"错误的"；使用隐喻更多的是为了激发新的思考方式或探索新的研究方向，而不是转换精确的模型或者类比。② 正因为如此，霍奇逊在其演化经济学的"三标准"中，把生物学隐喻作为了一个软标准。

2.1.3 演化经济学的主要观点

现代演化经济学的主要观点包括：变异—选择理论（以纳尔逊和温特为代表）、以非线性系统动力学为基础的演化理论（包括混沌理论等）和演化博弈论。这三种主要思想和观点如下：

---

① 郭利平. 产业群落空间演化模式研究 [M]. 北京：经济管理出版社，2006：95.
② 杰弗里·M. 霍奇逊. 演化与制度 [M]. 任荣华，张林，等，译. 北京：中国人民大学出版社，2007：73.

2.1.3.1 变异—选择理论

纳尔逊和温特综合了熊彼特的创新理论和西蒙的"有限理论"。在他们的经典著作中，提出了一个吸收自然选择理论和企业组织行为理论相结合的综合分析框架，即借用达尔文生物演化论的基本思想——"自然选择"。在自然界，物种竞争，优胜劣汰，适者生存；在工商界，也有"自然选择"思想，企业在市场中相互竞争，赢利的企业增长扩大，不赢利的企业收缩衰弱，直至被淘汰出局。企业要在竞争中立于不败之地，需要不断地创新，扩大自己的优势和在行业中所占的份额，因此，创新是经济发展的根本动力。变异—选择理论本质上是一种非均衡和动态理论，它的理论基础是惯例、搜寻和选择环境。一个明确的演化分析框架分成三个部分：①基因类比物或选择单位；②变异或新奇性；③选择过程（贾根良，1993）。但是，新奇或变异产生后，它是如何在经济社会系统中进行创新和扩散的，从而导致社会群体思维和行为模式发生变化？为了说明这一问题，变异——选择理论采用生物学的"群体"观点加以解释。从群体水平来看，任何个体的决策，无论是创新、模仿或保守的，都影响到群体中全部行为的相对概率，这就是温特所谓的"频率依赖效应"①：一个个体对创新者是模仿还是反对，取决于群体中有多少成员已做出了这种选择。不管创新者主观偏见如何，市场过程将对其加以检验并进行选择；报酬递增作为"频率依赖效应"的一个重要特性近年来得到了更多的讨论。

2.1.3.2 以非线性系统动力学为基础的演化理论

这些演化理论不仅包括耗散结构理论，也包括协同学理论、分形理论、突变理论、超循环理论、混沌等其他自组织理论。整个生物系统和人类活动的经济系统很显然都是一个复杂的开放系统，如果系统处于外界各种因素的强制作用之下，具有非线性动力机制，那么系统运行就会呈现一个在多重稳定态（分叉）之间进行选择的相变过程，这种新的分叉的增加代表着系统演化的多样性并使组织机构趋于复杂（吴宇晖，2004）。一个非常小的扰动或涨落通过非线性机制有可能导致系统从偶然时间走向必然，使系统从不稳定状态走向新的稳定有序状态。系统的发展可能经受突变，系统在分叉点之前的驻留和犹

---

① 频率依赖效应：指在既定环境条件下可以发生迎合性适应（Favourable adaptiation），起初，少许的适应可能有利于去适应环境的个体，这种适应的积累可能会改变环境本身，最终的结果可能是同样的适应不再给任何个体单位带来利益。这种思想显然也适用于经济学，一家企业可能会找到一个生产新产品的市场机会，虽然在初期该企业可能因敢冒风险而获得了高额利润，但当大批企业也来追逐这个机会时，市场会饱和，该产品也就不再有利可图。转引自杰弗里·M.霍奇逊. 演化与制度 [M]. 任荣华，张林，等，译. 北京：中国人民大学出版社，2007：179.

豫，呈现出混沌之特征，因此，约瑟夫·福特（1991）说，"演化是肯定反馈的混沌"，分叉点区域系统行为的非决定性，表明了大自然所具有的随机性和偶然性，混沌理论把这种因素与系统内在的决定性机制巧妙地结合起来，说明了在秩序和混沌的边缘，大自然演化过程的内在本质（贾根良，1993）。耗散结构是在开放、非均衡条件下，通过非线性、正反馈和系统的涨落而形成的自组织系统。①

2.1.3.3 演化博弈论

演化博弈论是演化思想和博弈论（Game Theory）结合的产物。演化博弈论首先是从生物学中发展起来的，后来运用和发展到了经济学领域。在费希尔（Fisher）（1930）和汉米顿（Hamilton）（1967）关于动植物性别演化结果在多数情况不以任何假设条件而用博弈的方法能解释分析的开创性研究工作之后，梅纳德·史密斯（Maynard Smith）和普赖斯（Price）（1973）引进了"演化稳定性策略"的概念，并宣称观察到的动物和植物的演化过程，可能通过适当定义的博弈的纳什均衡来解释，思路是自然选择和变异的结合，导致种群在长期达到一个稳定的"纳什均衡"。生态学家泰勒和琼克尔（Taylor and Jonker）（1978）在考察生态演化现象时首次提出了演化博弈理论的基本动态概念——模仿者动态（replicator dynamic），这是演化博弈理论的又一次突破性发展。模仿者动态与演化稳定策略（RD&ESS）一起构成了演化博弈理论最核心的一对基本概念，它们分别表征演化博弈的稳定状态和向这种稳定状态的动态收敛过程，ESS 概念的拓展和动态化构成了演化博弈论发展的主要内容。

2.2 高新区动态演化的阶段性及路径依赖性

2.2.1 高新区动态演化的理论研究评述

高新区作为一种区域经济和社会组织，其发展是从简单到复杂、从低级到高级，循环往复、螺旋上升的历史演进过程。人类生存的无限性与个体生命生存的有限性，决定我们只能在某一阶段有所作为，因此在经济和管理中，常用演化阶段法来描述事物发展过程。区域经济演化路径阶段划分的依据主要是以各阶段的突出特征和驱动区域经济增长的动力机制不同为标准的。高新区的演

---

① 郭利平. 产业群落空间演化模式研究 [M]. 北京：经济管理出版社，2006：97–98.

化阶段发展，是指"在高新区发展过程存在的较为明显的、其主要特征可定量描述的界面及内涵依时间序列递进的现象"①。国家科技部把我国高新区发展划分为"一次创业"阶段和"二次创业"两个阶段，其根本特征就是"五个转变"，从而实现由要素驱动向创新驱动转变，有其合理的内核，但没有总体描绘高新区的发展轨迹和最终发展图景，以及一、二次创业处于高新区总体发展中的何种阶段。对于高新区的阶段发展现象，我国学者刘凤朝等（2002）将高新区的演化机理归纳为产业园区发展到产业区扩张再到产业带形成的阶段发展历程，"空间扩张"是这一历程的显著特征②。孙万松从整体宇宙论的哲学思想出发：构建了从打基础、建园区→增长极、产业扩散→控制、均衡化→整合、新（大）园区的高新区发展哲学模型。该模型主要是从高新区的空间外延演化来划分的，没有描述出高新区各阶段的内涵和标志性特征。

国外学者没有直接论述高科技园区的演化发展阶段问题，更多的是从产业集群的周期理论、创新进化论研究高新技术产业的演化阶段。由于高新区是一个产业集聚区或产业群落，也是一个创新区域，借鉴性较强，如我国学者周元和王维才参照迈克尔·波特的国家发展阶段划分标准，对高新区演化阶段发展理论进行了较为深入的研究，把高新区划分为要素群聚、产业主导、创新突破、财富凝聚四个演化阶段，并把注意力集中在发展阶段转换能力上，提出了我国高新区阶段转换能力评价指标体系。③

2.2.2 高新区动态演化的阶段性分析

结合对国外高科技园区发展的历史进程的理解、产业集群演化等理论以及笔者多年对我国不同区域高新区发展变化的调查研究，本研究认为高新区动态演化总体路径为：要素聚集→产业主导→创新突破与产业转移→财富凝聚与创新要素扩散四个阶段，与周元等学者对高新区阶段的划分有许多相似之处，但演化阶段的特征，特别是在创新突破与产业转移及财富凝聚与创新要素扩散阶段的特征有较大的不同，本研究融入了扩散、创新以及国际化战略等思想，丰富和发展了其内容，使其更接近高新区发展演化的特征，各阶段的特征如下：

第一阶段：要素聚集阶段。这一阶段的基本特征是：高新区发展主要由优

---

① 周元，王维才. 我国高新区阶段发展的理论框架 [J]. 经济地理，2003（4）.
② 刘凤朝，刘则渊，冷云生. 从企业集群到区域集群——高新技术产业区演化机理研究 [G] //中国软科学研究会. 产业集群与中国区域创新发展研讨会资料汇编. 北京：2002：24－26.
③ 周元，王维才. 我国高新区阶段发展的理论框架 [J]. 经济地理，2003（4）：451.

惠政策、土地等"外力"强力驱动，关注的焦点是尽快吸引各种生产要素向园区聚集，对入区的条件要求不严格，传统产业有时也被引入。园区主要靠开发土地、修建厂房、发展贸易等外延扩张发展。在这个阶段，聚集少量的资金、土地、劳动力、生产加工和贸易企业等生产要素，科技型企业诞生，大多从高校和科研单位衍生而来，企业的规模普遍很小，产业发展方向不很稳定，主导产业基本没有形成。这一阶段高新区虽然存在一些科技成果转化活动，但实际上是"工业产品加工与贸易区"，与开发区的功能基本相似。

第二阶段：产业主导阶段。这一阶段的基本特征是，企业入区条件开始有所选择，园区主导产业出现，真正意义的高新技术企业甚至是大型企业不断涌现，它们在政府的政策和市场竞争力的双重驱动力下，重新整合各种生产要素，逐渐形成主导产业和具有上、中、下游结构特征的纵向产业链，产业群聚效应明显，"产业链"是这阶段的主要增值手段，园区已累积出较高的产出能力和经济实力，并不断扩张产业生产边界，一区多园的格局出现，但企业的 R&D 能力较弱，核心竞争力不强，园区内的研发主要依靠外部研究机构和研究型大学，高新区内的研发机构不多，"产、学、研"结合松散。这一阶段在很大程度上是"高新技术产品制造加工基地"。

第三阶段：创新突破与产业转移阶段。多年的要素集聚，企业规模和实力不断扩大增强，在激烈的市场竞争下，高新区内骨干企业及主导产业的 R&D 能力和核心竞争力大大增强，各类 R&D 中心由区外纷纷转移入区内，有效的"产、学、研"机制形成；大量风险资本涌入，集成创新、原始创新不断涌现；具有地域根植性的创新网络和创新文化形成，产业集群由纵向转为横向为主的水平式发展，创新集群真正形成，大量高附加价值产品产出，高新区的生态化、国际化趋势明显。在这一阶段，创新与产业化融合互动发展，"创新链与产业链"是这个阶段的主要增值手段，在这个阶段的前期高新区关注的活动顺序是工→技→贸，在这个阶段的后期，主要是技→工→贸，创新型园区的特点完全得以体现。在这个阶段，高新区在以技术创新为源头、以市场需求和创新为主要驱动力的作用下，低端的产业链、不具有创新优势的产业以及技术创新成果向周边地区或其他园区转移比较明显，与周边地区融合发展的现象比较突出，对改造传统产业具有很强的影响力，对周边地区辐射带动作用强，形成以高新区为创新源、以周围地区产业发展为支撑的高新技术产业带或高新技术产业经济圈。

第四阶段：财富凝聚和创新要素扩散阶段。随着高新区进一步发展，高新区内不断聚集并成为有形与无形的品牌中心、研发与创新总部中心、教育培育总部中心、孵化总部中心、营销中心、风险资本聚集中心、精英人才中心，这些创新要素不仅本身具有"财富级"的资产价值，而且还以乘数级的方式源源不断地创造财富，从而使高新区在竞争中形成"高势能"的优势。高技术、高人才、高收入、高消费、国际化成为这一阶段的显著特征。在这一阶段，高科技园区不断开拓和攻占国内外市场，全球化战略成为主调，大量的研发机构、营销机构以及风险机构等分支机构打入周边地区以及国际市场，大量的创新成果也辐射到周围地区和输出到国外，从而形成很强的辐射扩散能力，并成为技术增长极，在国际上具有很强的影响力。这个阶段高新区关注的活动顺序为更高级别的贸→技→工，金融风险业、会展业、教育培训业、研发设计等高端的第三产业相当发达，在这一阶段，如果高新区能保持持续的创新能力，将主要集聚更具竞争优势的创新要素，为向更高层级的跃迁累积能量。但是从发达国家的发展历史上看，部分处于这一阶段后期的企业的创新欲望明显减弱，利益的驱动力不足，人们追求的是轻松、休闲、健康以及更多的社会事业，创新要素不断向外扩散。因此，在这个阶段，能升级的比较少，大部分开始走向衰退。

上述四个发展阶段的划分是对高科技园区总体发展趋势的规律性描述，它们在时间序列上有一定的先后顺序关系，实践中可能出现一定程度的交叉和联系，这是正常的，体现了高新区非线性螺旋式发展模式。就我国高新区而言，大部分已处于产业主导阶段的中前期，少数发展较快的高新区已处于产业主导的中后期，正在逐渐向"创新突破与产业转移"阶段过渡，进入第四阶段的高新区几乎还没有。从世界高科技园区的发展来看，仅有美国的硅谷已进入这一阶段。高科技园区不同发展阶段的特征比较如表 2-1 所示。

表 2-1　　　　　　　　　　高新区不同演化阶段的特征比较

阶段\主要特点	要素聚集	产业主导阶段	创新突破和产业转移	财富集聚和创新要素扩散
主要要素	聚集少量的资金、土地、劳动力、生产加工和贸易企业等生产要素	大规模聚集资金、土地、劳动力、企业等生产要素	聚集风险资本、技术、人才、高级工人、研发机构、高新技术企业、"产、学、研"合作机构等创新要素和机构	进一步聚集风险投资中心、研发中心、教育培训中心、精英人才中心等高端创新要素和机构
活动内容	少量的贸易、生产加工和技术转化活动	大规模的生产制造加工	大规模的知识创新产出	大规模的知识创新扩散

表2-1(续)

阶段 主要特点	要素聚集	产业主导阶段	创新突破和 产业转移	财富集聚和 创新要素扩散
产业形式	无主导产业	主导产业比较明确，具有上、中、下游结构的纵向产业链基本形成，但产业链主要以中低端为主	主导产业的集群增强，形成以横向为主的产业网络化链，不具有优势的产业开始向外转移，产业升级比较明显	以高端产业和产业高端为主，不具备竞争优势的产业或者产业链的低端环节向区外转移
根植性	无根植性	具有一定的根植性	形成比较认同的创新文化并形成创新网络，根植性比较强	多元文化思想涌现，区域创新系统的自适应、自调节功能大大增强，形成很强的根植性与开放性
"产、学、研"结合	基本无"产、学、研"合作	松散的"产、学、研"合作	以"产、学、研"联盟等形式形成紧密结合	多元化的"产、学、研"弹性结合
园区空间演化	一区	向一区多园扩展	一区多园的分工和融合，逐步形成高新技术产业带或产业圈	跨国、跨区域网络及一体化
政府与市场	高新区管委会及地方政府出台各种政策吸引企业入区，与企业的直接联系紧密，市场作用力还较弱	高新区管委会及地方政府在注重硬环境的同时，加快软环境的建设，与企业的直接联系开始减弱；市场的作用加强	高新区管委会及地方政府主要注重创新软环境的建设，与企业的直接联系明显减弱；市场作用力起主要调节作用	高新区管委会及地方政府主要注重社会和谐、公平以及社会福利等软环境的建设，与企业的直接联系明显减弱；市场作用力起主导作用

2.2.3 高新区动态演化的路径依赖性

路径依赖（Path Dependence）是经济学中常用的一个术语，即指人们一旦做了某种选择，惯性的力量就会使这一选择不断自我强化，并且不能轻易走出去。路径依赖最早是由戴维德（Paul A. David）和阿瑟（W. Brain Arthur）提出的。

戴维德给出路径依赖的定义是：经济变革的路径依赖是指对最终结果的一

个重要的影响力可能是由在时间上很遥远的事件所施加的，包括由偶然事件所导致的意外之事。类似的随机过程并不会自动收敛于一个固定的结果分布点，这被称为"非遍历性"。阿瑟（Arthur）把路径依赖的定义与锁定（Lock - in）联系在一起，认为路径依赖可以表述为"因为历史事件而发生的锁定"（Arthur，1989）。阿瑟的路径依赖理论主要建立在收益递增理论基础上，认为经济运行不是一个均衡点，正反馈所显示的经济运行的自我增强机制以及收益递增可能产生多种"最优状态"。一旦某种随机事件选择了某一条路径，这种选择就可能被锁定（Lock - in），而不会选择其他更为先进或合适的路径。因此，路径依赖过程是一个随机动态的过程。①阿瑟特别强调了经济有时会因为一些小的历史随机事件而被锁定于某项不具发展潜力的劣等技术。"采用者可能会被毫无价值地锁定于某项技术发展之中，这项技术最初会以部分改进的形式表现得相当成功，但后来却变成低劣技术，因为其他技术的同等发展最终会使采用者收益更多。"②

美国经济学家道格拉斯·诺斯（Douglass C. North）把"路径依赖"这一概念用于制度经济学领域说明制度变迁，建立了制度变迁的路径依赖理论。诺斯认为，在制度变迁中同样存在着报酬递增和自我强化机制。这种机制使制度变迁一旦走上了某一条路径，它的既定方向会在以后的发展中得到自我强化。所以，"人们过去作出的选择决定了他们现在可能的选择"。沿着既定的路径，经济和政治制度的变迁可能进入良性循环的轨道，迅速优化；也可能顺着原来的错误路径往下滑，弄得不好，它还会被锁定在某种无效率的状态之下。一旦进入了锁定状态，要脱身而出就会变得十分困难。诺斯指出，决定制度变迁的路径有两种力量：一种是报酬递增，另一种是由显著的交易费用所确定的不完全市场，如果没有报酬递增和不完全市场，制度是不重要的。路径依赖是经济社会生活中普遍存在的现象，路径依赖理论被总结出来之后，人们把它广泛运用于经济、技术、社会、文化等各个方面，用于解释人们的选择和行为。

在高新区的动态演化过程中，也存在着突出的路径依赖现象。所谓高新区的路径依赖，指高新区一旦最初做了某种发展路径选择，惯性的力量就会使这一选择不断自我强化，并不能轻易走出去。从高新区经济增长路径来看，如果高新区选择的是一条以 GDP 增长、优惠政策、土地开发、招商引资、项目引

---

① W. B. Arthur, Positive feedbacks in the economy [J]. Scientific American, Vol. 262, February 1990, pp. 92 - 99.

② W. B Arthur, Positive feedbacks in the economy [J]. Scientific American, Vol. 262, 1990, pp. 92 - 99.

进、技术简单模仿、加工组装为主的路径，在收益递增和自我强化机制的作用下，就会对此种模式形成一定程度的路径依赖；从高新区的技术路径演变来看，如果高新区走的是"技术引进→落后→再引进→再落后"的循环累积路径，那么今后高新区在此条技术路径上可能不断强化乃至被锁定，要想摆脱也会十分困难；从高新区的制度变迁来看，如果一旦走上了向某种传统体制回归的路径，它的既定方向也会在以后的变迁中得到自我强化，弄得不好就会被锁定在一种无效率的状态。一旦高新区的体制进入了传统体制的锁定状态，想要摆脱它就会变得十分困难，需要克服潜在的、巨大的转换成本才能被"解锁"。

当然，路径依赖本身是中性的概念，是经济社会生活中的普遍现象，如果一个高新区最初选择的以创新为主要驱动的内生式发展路径，则沿着这种比较良性的既定路径，高新区的动态演化和变迁就可能进入良性循环的轨道。高新区动态演化中之所以存在路径依赖现象，正如戴维德所指出的，归因于三个因素：技术的内部相互关联（Technology Inter - Relatedness）、规模经济（Economics of Scale）和努力的准不可逆性（Quasi - Irreversibility）。

2.3　高新区演化的动力学机制

从演化理论来看，演化来自内部动力和外部环境因素的相互作用，共同推动高新区的不断演化发展。目前学者很少研究高新区从一个阶段向另一阶段不断演化变迁的成长动力机制因子，更多的是研究产业群落的成长因子或条件。从某种程度上讲高新区是一个产业群落，即高新技术产业群落。目前，研究产业群落成长的机制或因子，一般都运用了弹性专业化模型、集体效率模型、波特的钻石模型、全球价值链模型（Global Commodities Chain，GCC）四个比较著名的群落分析理论。弹性专业化模型理论的最大特色就是分工协作，产业群落或高新区的健康成长需要培育群（区）内企业的分工协作。集体效率模型是由欧洲的研究者提出的，该理论认为产业群落成长主要来自于外部性和联合行动。波特的钻研模型是目前最有影响的产业群落理论之一，该理论认为，产业群落的成长需要生产要素、需求条件、关联与支持性产业及企业竞争与战略四大因素之间的密切配合。全球价值链模型 GCC 的理论是卡普利克斯基（Kaplicksky）（1995）在波特的价值链模型之上把公司间的联系也考虑进去，尔后，格里芬（Gereffi）（1989）对其从过去的单纯地域扩展到整个全球价值链，强调不同国家在全球贸易中的价值链合作的重要性及关联。GCC 模型使许多发展中国家认知到本国的产业群落居于全球价值链的一部分或一环。

显然，上述理论都是站在不同的视角和不同的制度背景下提出的，各个理论都有其合理内核，但仍有片面性。弹性专业化模型，强调专业分工而忽视了其他因素；集体效应忽视了专业化分工和中介机构的作用；波特的"钻石模型"没有考虑产业群落的发展阶段和所在区域的市场制度和文化等；全球价值链模型 GCC 没有提出发展中国家如何更有效地培育产业集群和在不同链条之间的转换和升级。我国学者郑风田、唐忠（2002）在研究我国产业群落演化的基础上，构建了我国产业群落成长的三维度原则。他们认为，发展中国家的产业群落成长是国家宏观环境、集群与群内企业三个维度相互作用的结果。产业群落的培育要兼顾三个维度，注意维度间的协调与发展，才能保证其健康成长。

根据上述相关理论，我们认为高新区的成长因子，主要是在政府调控机制、市场作用机制、创新竞合机制、自组织机制、专业化分工机制、集聚机制这六大动力要素下不断演化发展起来的。

2.3.1 政府调控机制

政府在高新区形成演化过程中的作用是不容忽视的，无论是发达国家还是发展中国家，无论是政府主导型还是市场主导型，高新区的发展都离不开政府的服务和环境的培育。政府在高新区发展演化中的作用主要体现在：政府为高新区企业构建一个稳定的、可预见的经济和社会政治环境；为市场的平稳和有效活动运行创造有利的基础设施、竞争政策、战略信息；创造一个鼓励创新不断升级的氛围；发挥网络化和知识交流的促进者和协调者的作用；提供各种公共服务平台，包括技术、资金、人才和知识等交流或交易平台；促进"产、学、研"联盟；确保规则和条件最大限度地保持适应市场条件变化的灵活性，以及主导产业集群的选择、培育和升级。所以说政府政策或机制对经济增长的贡献怎么强调也不算过分。①

2.3.2 市场作用机制

作为以高新技术产业发展为主要任务的高新区演化，其内核实际上是高新

---

① 赵海东. 资源型产业集群与中国西部经济发展研究 [M]. 北京：经济科学出版社，2007.

技术产业集群的演化。虽然高新技术产业集群的演化和发展离不开政府的作用，但推动其演化的根本动力在于市场机制，市场机制是高新技术产业优化资源配置的基本手段，也是高新技术产业取得聚集效应、规模效应、范围效应的重要保障。作为以发展高新技术、实现产业化为主要功能的高新区，其竞争力最终通过产品、技术和知识等商品的形式在市场上体现出来。高新区只有在市场机制的作用下，构筑良好的创新创业环境，形成与其他区域的"位势差"，资金、技术、人才、创业者等各种要素才能不断在高新区聚集，企业才愿意组织资本、劳动和技术等要素进行生产，把中间知识和技术转化为商品。所以市场机制是高新区运行、演化的基本机制。

2.3.3 创新竞合机制

创新不仅是推动高新区不断演化的根本方式，而且也是高新区本身不断演化的动力机制。随着经济的全球化和产业价值链分工的国际化，各国、区域、行业和企业间的竞争更加激烈，在竞争中获得优势的根本途径在于不断创新。创新除了一般的增加研发投入外，组织学习也起着关键作用。创新是个体和群体共同参与学习的演化过程，因为创新一方面是特定部门、特定技术的个体活动，另一方面也是一种集体行为，不同部门、企业之间的互动学习在其中起着重要的作用。由于高新区不仅存在着大量有创新压力的企业和机构，而且拥有较稳定的促进学习、交流和进步的机制、场所和平台，如各种信息贸易网络、国内外技术传播或交流机构、创新服务中心、公共技术平台、商会、培训中心等正式和非正式组织。高新区内大量企业因为地缘上接近、相关知识接近以及高新区内本身的社区文化，为隐性知识的获得和传播提供了极大的便利。高新区内企业之间相互信任以及长期的合作关系，非正式、偶然的、面对面的以及口头上的交流方式是常见的。同时，作为国际化视野的高新区与区外及国际之间保持频繁的物质、能量、信息、知识、技术的交流，新思想、创意很快引入区内。因此，高新区本身具有创新的功能和机制，为企业以及个体提供了丰富的知识信息资源。

2.3.4 自组织机制

从系统论和热力学的观点来看，自组织是指一个系统通过与外界交换物质、能量和信息降低自身的熵含量，且在内在机制的驱动下，自行从简单向复杂、从粗糙向细致发展演化，不断地提高自身结构的有序度和自适应、自发展功能的过程。从更深层次分析，自组织还是复杂事物或系统的一种进化机制或能力。高新区作为一种开放的耗散结构经济系统，本身具有不断演化的自适应、自组织功能。高新区各行为主体共同构建并维护创新网络，它们之间的相互作用促进高新区不断由低级向高级演化；企业之间相互竞争和协同作用，从创意、创新到产品开发和商品化，从供应商、中间服务商、销售商到顾客形成了一个个完整的产业链，而且企业和其他行为主体如中介机构、金融机构、教育培训机构、风险投资机构、政府以及国内外市场等也相互作用，形成自组织机制。各行为主体之间通过信息、物质和能量以及知识、技术的不断交换，促进高新区从低级向高级不断演化发展。

2.3.5 专业化分工机制

从亚当·斯密、马克思至杨小凯的分工理论分析框架中，都体现出在要素向特定地域（吸引力强的地域）不断流入的连续过程中，成本不断下降和市场不断扩大是产业内部分工不断深化的结果。杨格（1928）认为，劳动分工通过"迂回生产方式"实现规模收益递增，从而实现市场规模扩大，促进经济进步。分工不仅促进市场规模扩大，并且分工还能促进地区专业化。根据杨小凯的论述，分工一般会带来以下几方面的结果。①市场容量随着分工水平提高而扩大。②随着交易效率改进，分工的发展会通过节省重复学习的费用而提高所有产品的劳动生产率。③内生比较利益随着分工水平的提高而提高。④当分工随着交易效率而发展时，不同的专业种类数上升，由于自给自足产品种类数的下降，共同的产品越来越少，增进了经济结构的多样化程度。另外，有多少种商品卷入专业分工，就意味着有多少种市场，所以分工的发展也会增加市场结构的多样化程度（这再次证实了多样化和专业化是分工发展的两个方面）。⑤生产集中程度随着分工水平提高而提高。⑥市场一体化程度得到发展。在高新区内，由于有大量专业化分工的中小企业集聚在一起，使得区内通过分工与协作，实现规模化生产。相应地，对分工更细、专业化更强的产品和服务的潜在需求量增加，即这些产品和服务的潜在市场需求量大，这就为专业化生产商提供了大量的生存机会，而逐渐增强的专业化水平，也使得高新区内部的生产率和生产集中度不断提高。

2.3.6 聚集经济机制

高新区的演化动力首先来自于系统内部产生的向心力和推动力。其中，集聚经济就是最重要的向心力。全球化和市场经济的基本特征就是各种生产要素（劳动力、资本、技术、信息等）的空间流动。生产要素的流动和结合产生经济集聚，经济集聚产生的原因是集聚经济的作用，主要通过规模经济、范围经济、外部经济共同作用。高新区的集聚经济本质上是由不同企业在空间上的区域集中以及由此而来的交互外部性，它是一种外部的规模经济和范围经济。高新区的企业可利用的集聚经济主要包括：①企业间的横向联系而形成的集聚，可称为多层、多产业群体集聚。这种集聚以区内主导产业中一家或数家大企业为核心，周围分布着众多中小企业，形成企业间分工协作的产业群落系统。群内的企业共同享受规模经济和经济的外部性。②企业间的纵向关联而形成的集聚。这种集聚是由于一个产业上、中、下游企业之间存在着生产过程的投入产出联系，企业可能通过纵向一体化优化产业链。由于规模经济和范围经济的存在，企业共享产业的技术、知识及管理经验，又互相竞争，促进了高新区的整体竞争力。③共享基础设施和公共服务，获得外部经济效应。基础设施包括公路、桥梁、供电、供水、通信等，它们是企业的必要生产条件，企业集聚可以共享基础设施，从而节约分享建设基础设施的费用。公共服务包括广告、法律、政策、金融、各种公共技术服务平台、教育培训以及咨询和决策服务。高新区内由于高新技术企业和有关机构的聚集，这就更有利于基础设施和公共服务的供给，使处于高新区产业群落内的企业更容易低成本、高质量地获得基础设施和公共服务。④空间集聚能够产生技术、信息传递效应。人口、企业及相关社会经济活动的空间集聚有利于促进信息交流及技术推广和扩散，同时也有利于新知识、新观念的产生。集聚一旦在高新区内初步形成，就会发生螺旋式的自增强机制，集聚经济效应就会越来越明显地显示出来。

3 高新区自主创新动力、自主创新能力与自主创新系统的理论解析

3.1 对创新与自主创新概念的理解

3.1.1 对创新概念的理解

不断创新是现代文明高速发展的必然选择和时代特征。创新（Innovation）起源于 15 世纪，根据《韦伯斯特词典》的解释，它有两层意思：一是指新的思想、方法和工具；二是指引入一个新的东西。最先把"创新"一词引入经济领域的是熊彼特，他认为：创新是建立一种新的生产函数或供应函数，即在生产或供应领域的自变量发生变化，从而引出新的需求主体或新的产品，是一种技术上的创新。尔后，创新理论便不断丰富和发展，形成了以索罗、阿罗为代表的技术创新古典学派，以曼斯菲尔德、卡米恩等为代表的新熊彼特学派和以弗里曼、纳尔逊等为代表的国家创新体系学派等三大学派，并运用到经济和管理、文化等各个领域，形成了制度创新、管理创新、科技创新、市场创新、知识创新、国家创新、区域创新等多种概念。

著名的管理大师彼得·德鲁克认为，"创新并非必须在技术方面，创新的行动就是赋予资源以创造财富的新能力"。可见创新体现在整个人类文明进步、可持续发展的过程中，是多层次、多维度、多领域的，任何创新都是系统的而不是孤立的。经济领域的技术创新也不是纯粹的，仍然蕴含了文化、制度、环境以及管理等多元社会化因素。创新的本质就是寻求差异，不断优化升级。从企业的角度讲，就是通过开辟新市场、挖掘潜在需求，寻求新的利润空

间，获得行业垄断租金或超额利润；对产业来讲，就是不断创造新的业态，挖掘产业价值链的薄弱空间，引领行业的前沿和高端，成为行业的风向标；对于区域或国家来讲，就是不断增强区域的核心竞争力，增强区域可持续发展能力。

3.1.2 对自主创新概念的理解

自主创新是我国以及后发国家在追赶发达国家中提出的相对概念。随着我国制造业规模的不断扩大，在"MADE IN CHINA"成为中国走向世界的标志时，我国主导产业的关键技术和核心技术受制于人的现象越来越突出，特别是在电子信息产业和机械装备行业领域。2005 年，基于国际竞争的挑战和我国转变经济发展方式的迫切需要，我国政府从全局出发把提高自主创新能力、建设创新型国家作为国家战略。

所谓自主创新（Self - Innovation），从结构上分析看，自主是创新的主体约束成分即创新的主体是自我，而不是他人，是自己可以控制的，其本质就是对某项创新成果（发明专利或技术标准）掌握着主动权、控制权，具有一定的排他性和垄断性，是与"他创"相对应的。

必须明确和需要澄清的是：

（1）自主创新不是"开放创新"的对立面，也不等于封闭创新。自主创新不排斥开放与集成，集成技术也可以有自主创新。自主创新也不是鼓励从头做起，世界万物发展的基本规律总是站在巨人和前人的肩上，在扬弃的基础上螺旋发展，因而引进技术消化、吸收、改进也是自主创新的组成部分。

（2）自主开发不等于自主创新，自主开发的成果不一定有知识产权，反而可能侵犯别人的知识产权，自己的知识产权中也可能包含引用他人的专利权。强调和鼓励自主创新主要是指应尽量争取避免完全受制于人，减少"路径依赖"，在关键领域和核心技术要具有控制权和主导权，而其他次要方面可选择外包或引进。

（3）自主创新与模仿创新不是完全对立的，只是创新的可控度和深度不同。

根据自主创新的可控度和深度，自主创新可分为原始创新、集成创新和引进消化吸收再创新三种模式。

所谓原始创新，就是指重大科学发现、技术发明、原理性主导技术等原始性创新活动。其特点是自主研究设计、自成体系，有利于开拓新兴产业和市场；其缺点是投资大、风险大、时间长。也有观点认为，原始创新是指"元创新"（Meta - Innovation），即是一种观念上的根本性创新，将会带出其他科技创新。原始创新成果通常具备三大特征：一是首创性，前所未有、与众不同；二是突破性，在原理、技术、方法等某个或多个方面实现重大变革；三是带动性，在对科技自身发展产生重大牵引作用的同时，对经济结构和产业形态带来重大变革，在微观层面上将引发企业竞争态势的变化，在宏观层面上则有可能导致社会财富的重新分配、竞争格局的重新形成。

集成创新是利用已有的科技资源（包括自创技术和他创技术）创造性集成起来再创新一个或多个新的科学和技术或新的产品和产业，属创新的中观层。引进消化吸收再创新的特点是在引进国外技术的基础上经过研究、消化、吸收，再创造出新的技术和产品，优点是投资小、风险小、见效快。原始创新是创新的最高层次，需要大量的资金、人才和技术基础，引进吸收再创新，处于创新的最低层次，处于模仿创新阶段，创新的外在条件要求较低。

实践中，企业、产业、区域以及国家在创新中根据自身的资金、人才、基础设施以及发展的战略定位等条件选择不同的创新模式。如：美国由于资金雄厚主要采取的是原始创新的模式；而日本在经历了第二次世界大战后，资金和人才均十分缺乏，主要采取的是模仿创新或引进、消化再创新的模式，但非常注重消化吸收（引进支出与吸收支出之比为1∶3），使其在短短的几十年里便跃入世界经济强国行列。

创新的失败率很高，实践证明几乎达到90%以上，而这主要是由于消费者的心理偏见造成的，即一种产品进入消费者的生活视野，容易产生消费依赖，形成消费习惯，并放大消费习惯。要改变这种习惯或弥补消费者对旧产品的情感损失以及生产者对新产品夸大的情感投入，创新的新产品功效要高于旧产品许多倍。吉维尔（Gourville）的研究表明，每当消费者喜欢的产品优点或者是消费者已经习惯的产品特性被取消，消费者会索取3倍的补偿。吉维尔（Gourville）的研究同样证明，生产者也会把新产品的新功效夸大3倍。英特尔前任董事长格鲁夫总是谈到10倍效益创新，即新产品相对于老产品要有10倍的性能改善，才能克服消费者和生产者的双向心理偏见。[1]因此，一个国家、区域或企业强调自主创新，并不是各方面都进行自主创新，应有选择的、有重点的对本企业或主导产业的核心技术、关键技术或主导产品进行自主创新，以取得产品或技术的控制权。

---

① 白立新. 新产品为什么屡屡失败 [J/OL]. http://club.hbrchina.com/blogArticle - blogId - 1418 - userId - 135320. html.

3.2 高新区自主创新的动力机制及运行机理

3.2.1 自主创新的动力机制：高新区提高自主创新能力的核心

迈克尔·波特有一句名言：企业成功、经济繁荣的动力是压力、挑战和机会，而非静态的环境和外在协助，进步是来自变革，而非为稳定而稳定的偏见。国家高新区作为我国提升自主创新能力、建设创新型国家的重要载体，培育和提升高新区整体的自主创新能力是实现国家创新战略的重要途径。提升高新区自主创新能力的核心是培育和激发创新主体的创新动力和创新热情。创新是一项非常艰苦的工作和高风险的事业，创新的低成功率，使得很多企业只能在创新的外围驻足观望或浅尝辄止。如何才能激发创新主体的持续创新热情，培育和提高一个国家和区域的创新能力是一个世界性难题。李约瑟的"为何近代科学没有产生在中国"以及钱学森的"为何我国教育界培育不出杰出人才"这个科技与人才结合的创新之源的谜题令国人感到迷惑。

我国高新区本土化企业整体创新能力不足已成共识，并引起政府和学者们的广泛关注。国外已有研究表明：在许多情况下，企业没有进行自主创新不是因为没有能力、条件或机会，而是因为种种原因所造成的动力不足。德国心理学家勒温认为，人类行为取决于内在需要和环境相互作用，行为目标是人或群体的需要与环境作用的复合函数，而行为是受动机支配的，动机是由内在需要和外部刺激条件及环境的作用引发的①。因此，只有明确刺激创新主体的动力诸要素及作用机理，并寻求其解决方案，才能有效地唤起创新主体对自主创新的需要，从而积极、主动地进行创新活动。

所谓自主创新动力机制，就是指推动创新主体进行自主创新活动的所有动力要素的相互关系与作用机理，以及为维护和改善这种作用机理所形成的动力要素与外部环境之间的各种关系的总和。以往学者对创新的动力机制研究主要围绕两个方面进行：一是从企业或群体的行为受内、外部因素的影响着手，围绕市场拉动还是技术推动或两者合力开展研究；二是从区域的整体的角度对市场机制、政府政策、企业机制、社会服务机制等进行研究。由于研究的视角不同，动力因素的重心必然有所侧重。动力机制是一个动态的复杂系统，随着时

---

① 陈力华，等. 组织行为学 [M]. 北京：清华大学出版社，2005：63－64.

间、地点、企业的发展程度和所处的环境变化，影响自主创新的动力因素的相对重要性也会发生变化。但是企业和个体追求自身利益，包括经济、政治、生态利益的极大化这个人类发展的核心动力是不变的。本研究从高新区整体的角度出发，围绕企业及研发人员的利益实现，探究推动和影响高新区二次创业阶段自主创新的主要动力因素及相互关系和运行机理，并构建起整体动力机制模型。

3.2.2 基于以企业为核心的高新区自主创新动力要素

创新是一个系统的复杂过程，企业是高新区自主创新的主要力量和实施者，因此推动高新区自主创新动力要素的核心是推动高新区企业自主创新的动力要素。从人类行为动机的影响因素分析，推动企业自主创新的动力要素主要包括企业进行自主创新的内部动力要素和推动企业自主创新外在动力要素。其中企业内在动力要素起着核心的作用，外部动力要素只有通过激励、诱引、逼迫、驱动等形式唤起创新主体的创新欲望和激情才能起作用。以下从我国高新区二次创业阶段企业的实际出发，描述推动企业自主创新的动力要素及关系。

3.2.2.1 高新区企业自主创新的内部要素

对于企业而言，决定和影响其进行自主创新的主要内部动力因素包括企业或创新机构对利益极大化的本能追求、企业家的品格和特质、企业员工的创新意识和能力、研发投入能力等诸要素。

（1）企业预期利益驱动力。盈利是企业生存和发展的基础，因此预期利益是企业或个体自主创新最核心的驱动力，创新成功能为企业带来超额利润是诱发企业进行自主创新的最原始动力。在我国高新区二次创业阶段，高新区的企业是否进行技术创新，取决于其对自主创新的成本和收益的预期比较。如果自主创新项目的不确定性较小、投资成本在可承受范围内，一旦成功会带来较大的收益，企业就会在利益的驱动下加快研发投入力度。企业创新利益是否极大化实现与企业的创新成果产权归属有紧密的联系。要调动企业自主创新的积极性，必须完善高新区企业自主创新知识产权保护制度，通过法律的形式有效保护自主创新者的创新利益。

（2）企业研发及投入能力。企业创新能力是企业进行自主创新的重要保障能力。企业自主创新需要较多的资金投入和较高研发水平的创新人才作支撑，否则创新也只能是无本之木、无源之水。企业研发及投入能力是企业自主创新重要的智力和资金保障。我国高新区企业研发投入占销售收入额不足3%和研发人员整体创新能力不强是制约我国高新区自主创新的主要因素之一。

（3）企业家精神感召力。企业家精神对企业自主创新富有极强的影响力和号召力。尽管目前对企业家精神理解各不相同，但企业家精神所具有的创新、冒险、敬业、合作、宽容、具有社会责任感以及不断学习等特质是共性的。熊彼特关于企业家是从事"创造性破坏（Creative Destruction）"的创新者的观点，凸显了企业家精神的实质和特征，指明了创新是企业家精神的灵魂。企业家精神不仅影响着企业管理者的创新决策，而且还影响着企业员工对创新的态度，作为"创新之魂"，它在企业创新活动中具有十分重要的作用。[①] 目前，大部分人认为中国缺乏企业家精神。据有关资料，在美国，每16个人中可能有一人具有企业家精神；在欧洲，每26人中可能有一人具有企业家精神；在日本，每36人中可能有一人具有企业家精神；而在我们中国，每200人中都找不到一个具有企业家精神的人。[②] 我国企业家更多的是一些急功近利者，这与我国近三十年企业家的发展背景有很大关系。相当部分民营企业没有根基和长远发展的信心和能力，逐利成为其生存之道。高新区作为自主创新的重要载体，集聚了大量高学历和高素质的人才，企业的根基（资源）更丰厚，已具有了培育企业家精神的经济基础和人文平台。

（4）企业文化导向力。企业组织文化对企业员工的活动具有重要的感染力和导向力。不同的企业组织文化孕育不同的精神，学习型组织文化有利于推动企业自主创新。学习型组织是彼得·圣吉（Peter M. Senge）在《第五项修炼》中所倡导的一种新理论，它是知识经济和信息化时代的产物。所谓学习型组织，是指通过培养弥漫于整个组织的学习气氛、充分发挥员工的创造性思维能力而建立起来的一种有机的、高度柔性的、扁平的、符合人性发展的、持续地适应变革和发展的组织。其通过自我超越、改善心智模式、建立共同愿景、团队学习以及系统思考五项修炼来提高个人自身素质和组织内部结构和机能对社会、市场变化的适应能力。这样的企业组织文化具有较强的自主创新能力基础。

（5）企业内部激励机制催化力。企业内部的激励机制对自主创新活动具有较强的催化力。有效的内部激励机制可以充分调动员工的创新潜能，有利于员工高效率地完成自主创新活动，如通过股权期权制、参股等形式有利于增强员工的创新积极性。

---

① 李华晶，张玉利. 高管团队特征与企业创新关系的实证研究 [J]. 生产力研究，2006（5）：9－13.

② 张健华. 生存 [M]. 海口：海南出版社，2004.

总之，企业内部创新动力要素之间存在复杂的非线性作用和关系。预期利益驱动力对企业家精神的培育、企业研发投放能力和内部激励机制产生正面的积极作用。企业家精神对企业学习型组织文化的形成和创新能力的改善和提升具有重要的影响力和强化作用；而企业的内部激励机制和企业文化对企业的创新能力的提升也具有一定的作用。

3.2.2.2 高新区企业自主创新的外部动力要素

影响高新区企业自主创新的外部要素主要包括市场需求和竞争、政策制度及管理者、科技发展水平、社会服务组织等，其中市场促进创新的动力主要来自市场需求的拉动和市场竞争压力转化的推动力。

（1）市场需求拉力。市场经济的核心强调市场经济的各行为主体要以市场需求为导向。自主创新作为企业重要的经济活动其行为也必须遵循这一原则，因为市场需求为企业的创新实现提供了很大程度的保障，减少了企业创新的盲目性和市场的不确定性，无疑会增强企业的创新目的性和积极性。20世纪60年代，梅耶（Myers）和马奎斯（Marqis）就提出了"需求（市场）拉动"的模型，认为企业的创新是由企业感受到市场需要所引发[①]。施莫克乐（J. Schmookler）也指出："是那些对未来市场的分析，以及对未来用户和政治目标的了解，创新与成功更加紧密地联系在一起，而不是那些科学发现或闪光的想法。"厄特巴克在1974年的一项研究表明，60%~80%的重要创新是受需求拉动[②]。众多的有关创新动力机制诸要素研究文献中，市场需求拉力成为推动自主创新的动力机制之首。当然，并不是所有的市场需求都能拉动企业创新，普通的大众消费需求和对产品要求不高的客户需求以及国外市场需求很难激发企业创新[③]，更多的是沿袭原有的技术。超前的、挑剔的客户需求或潜在需求并具有一定规模的国内市场需求才能有效地促进企业创新，并改变和推动企业的创新方向和速度。美国经济学家迈克尔·波特（Michael E. Porter）在其开创性著作《国家竞争力》（2002）中指出：需求越是超前，越能促使生产者创新，从而不断满足新的需要或新的要求标准。因为超前需求和挑剔的需求能给企业带来新的信息源和创新灵感，使企业能快速、准确的改进产品设计，缩短创新的前置时间，从而有利抢占市场，获得市场领先优势；同时具有一定

---

① 朱涛. 企业自主创新的动力机制及速度模型的构建 [J]. 中州大学学报, 2009 (4): 6.

② 夏亚民. 国家高新区自主创新系统研究 [D/OL]. http://www.doc88.com/p-987399632716.html.

③ 国外需求由于文化、制度以及消费偏好的差异，企业很难在短时间获取创新的种子，并在国外立足市场，因此一般的只有本国的市场需求才会有力拉动创新。

市场需求规模的创新产品又能快速消化企业的创新成本，使企业快速获利，处于产品和行业的优势地位。市场的需求或人的需求总是不断变化的，将不断为企业提供新的市场机会和新的创新诱因，就会形成"需求→创新→新需求→再创新"的良性创新动力循环机制。

（2）市场竞争压力。竞争有利于提高企业自主创新能力，因为竞争会给企业带来生存和发展的压力威胁。为减少或消除这种威胁，保持在竞争中的优势，企业会不断改进或改变产品、服务以及商业模式等来实现，从而迫使企业创新，形成竞争→创新→竞争→再创新循环动力系统。纵观近现代历史上的几次经济大萧条的生存压力，都给创新带来了前所未有的动力和机会。2008年全球性金融危机在给许多国家带来沉重打击的同时，也带来了产业结构调整升级和提升自主创新能力的大好机会。市场结构影响着竞争的程度进而影响创新的动力。按照西方经济学对市场结构的划分，分为完全垄断、寡头垄断、垄断竞争和完全竞争四种。熊彼特在早期的创新理论中认为完全竞争的市场结构最有利于创新，但在晚期的创新理论中又认为最有利于创新的市场结构是垄断竞争型的市场结构。朱涛（2009）认为，中等程度的竞争环境有利于企业创新，即在寡头垄断、垄断竞争下有利于自主创新，并指出在这两种市场结构下，不同条件下企业自主创新表现出各自的优缺点。①

（3）政策制度作用力。政策制度的作用力具有双面性，包括政策制度的推动力和压力作用。主要通过经济、金融、税收、行政以及科学技术政策和社会文化思想等推动力和压力来影响实现。理论和实践证明，政府的政策和行为对促使高新区企业重视技术创新能力积累是一个主要的外部动力因素。政府政策对创新的激励在国外已有很长的历史，西方许多国家很早就提出了各种各样资助中小企业自主创新的政策和计划。除了直接影响企业创新外，还通过经济、行政、科学技术政策导向，利用科技资源和政府采购行为等加快科技成果转化为生产力，通过经济和金融、税收以及政府采购行为等政策确定市场拉动的方向和拉动的力度。我国高新区二次创业处于自主创新成长转型阶段，在政府政策制度作用下，财政税收政策、金融政策、政府采购政策、科学技术政策的供给或制度安排是重要的外部动力要素。

（4）社会文化影响力。无论个体还是企业组织的行为都要受所处的社会文化势力影响和左右。思想是行动的先导，一国的文化思想决定一国企业或个

---

① 朱涛. 企业自主创新的动力机制及速度模型的构建 [J]，中州大学学报，2009（4）：6-7.

体的行为方式。创新是在自由的社会思想土壤中产生的，倡导自由、民主、平等、冒险和敢为人先的社会文化有利于推动创新；而过分强调规则、唯命是从、安定和等级观念的社会文化不利于创新。同时创新是一个持续的过程，社会文化需要克服企业惰性和依赖保护的心态，培养企业和个体独立的精神。目前我国高新区内自由的思想还不足、企业依赖保护的心态还较强。政府应营造宽容失败、不怕失败、敢于失败的社会文化氛围和独立的创新精神。

（5）社会中间组织协调力。社会中间组织是高新区企业自主创新成果产业化过程的一个重要中间环节和重要载体，是联系科技与经济的重要纽带。无论是科技界还是企业界都离不开社会中间组织为其提供交易平台、服务平台以及技术公共平台。我国高新区自主创新的实现离不开以下创新中介服务机构：一是中介交易机构，包括技术市场，证券交易市场、技术成果交流中心、产权交易中心。二是作为第三方出现，为交易双方提供公证、仲裁、监督等服务的组织机构，如会计师事务所、审计师事务所、资产评估机构等。三是为技术创新活动提供场所、设备、咨询和培训等组织，如企业孵化器、生产力促进中心、创新服务中心、工程技术研究中心、技术开发中心、专业技术培训中心等，这些机构和组织的健康发展为企业的健康发展提供强有力的基础保障。

3.2.3 高新区自主创新动力机制的运行机理

在市场经济条件下，高新区各创新主体自主创新的根本动力来源于组织内部，即来源于企业家的创新精神、员工的创新素质和能力、企业家及员工的预期利益的驱动、企业创新文化及企业团队精神，以及企业持续发展目标的追求。在企业自主创新内部动力机制运作过程中，企业预期利益驱动力起着重要的核心作用，不仅因为企业进行自主创新的目的是实现预期利益极大化，而且还因为企业外部的各种动力要素最终都将转化成企业利益驱动力而发挥作用。因为利益驱动是市场竞争的最终目的，只有当某种潜在的市场需求能够创造超额利润时，企业才会产生自主创新的冲动，企业也才能将创新成果实现商业化、产业化。在高新区企业内部的创新动力要素中，企业家精神是动力机制中不可或缺的，企业家精神不仅是企业创新启动的灵敏"开关"，而且还通过创新文化和激励机制间接作用于企业成员，一个富有创新精神和敢于冒险的企业家，只要外界市场需求、技术创新等发生微小的变化，在利益驱动下都能作出快速的反映，适时启动创新活动，并有效保证创新活动的顺利进行。在企业创新内部动力机制中，企业文化对员工个体从事自主创新活动的推动作用不可忽视。企业文化是员工的价值观和行为取向的主要标杆。学习型组织文化通过不断向员工输入知识和信息以及创新理念等，使创新成为员工自我价值实现的主要方式，从而使员工自觉主动地进行创新。此外，企业创新研发及投入能力是创新动力机制顺利运行的前提和基础，企业不具备自主创新的人力、物力和财力，即使一项科技发明的预期利益很大，企业也只能望"利"兴叹。

企业外部的动力要素，如市场需求、市场竞争、政府政策、技术轨道以及社会经济环境等，对企业创新行为产生重要影响。具体表现为，市场需求决定了企业技术创新的方向和创新成果可能的市场实现价值；市场竞争的程度决定了企业技术创新的压力程度；政府的各种政策决定了企业技术创新的取向并影响创新收益和风险承担；企业所在区域经济发展水平影响到需求水平，社会文化环境影响企业文化的形成以及企业家的产生；企业家市场和科技人才市场的供求状况影响企业成员的危机感和紧迫感等。但是，外部动力要素都必须通过企业自主创新的内部动力要素的启动才会真正发生实质性的创新驱动作用。也就是说，"要我创新"的外部动力只有转化为"我要创新"的内部动力，才能形成持续的长久的创新活力。

根据上述各动力要素的关系，构建起基于以企业为核心的高新区自主创新动力机理模型。如图3-1所示：

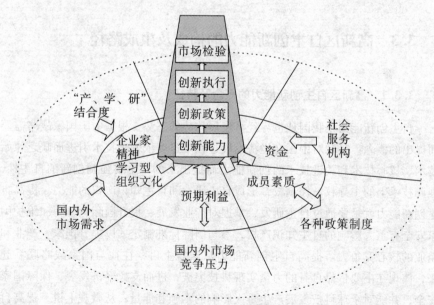

图3-1　基于以企业为核心的高新区自主创新动力机理模型①

---

① 根据夏亚明的"以企业为主的高新区自主创新机制模型"改绘而成。

对高新区整体而言，这个模型的基本思想是：高新区自主创新的根本动力来源于高新区各创新主体对创新预期利益的极大化追求和组织持续发展目标的认同。而这一目标的确定和认同，则来源于组织决策者的创新精神、组织成员的创新能力、组织领导者和成员对自主创新的利益驱动、组织的研发投入能力和组织的文化特质等。对于处于组织外部的国内外市场需求和市场竞争机制以及科学技术供给变化、社会经济发展水平、社会文化思想以及政治制度等变化和发展，也将彼此相互作用，并为组织自主创新内部动力要素的形成、发展及相互耦合，最终形成组织强大而持久的创新动力系统提供基础、条件和机遇。高新区企业自主创新的动力机制可概括为：在一定的社会经济生态环境作用和影响下，国内外市场需求拉力和市场的竞争压力，科学技术的推动力、政府政策和行为的支持力以及来自社会服务组织和机构的供给力，都将直接或间接地转化为企业利益驱动力，成为企业创新的动力源泉；企业家精神对利益驱动具有感应与启动作用，它能够直接驱动企业主体从事创新活动，并通过企业文化的精神激励作用和企业内部利益激励机制的"吸引力"间接驱动个人主体从事自主创新活动；企业或个体创新的能力则是企业自主创新活动顺利进行的最终保障。

3.3　高新区自主创新能力的构成及生成路径

3.3.1　高新区自主创新能力的概念及特征

自主创新能力是我国从世界经济发展趋势的态势，根据中国国家战略需要而提出的概念。是针对中国在经济发展过程中过度依赖于技术引进而缺乏原始技术、核心技术和关键技术的创新能力而提出来的，主要强调创新的自主性，强调技术上的主导权、控制权，形成自主研发和自主知识产权的能力。提高自主创新能力就是要通过自主研发，掌握对产业发展、提升国际竞争力和维护国家安全有重大影响的自主知识产权，参与国际标准制定，以提升国家、产业和企业的核心竞争力。提高自主创新能力从宏观上讲，往往与国家战略联系起来，体现在主要依靠自身的力量实现科技突破，进而支撑经济发展，保障国家安全，并能对全球科技发展产生重大影响的本领和能量；从微观上讲，提高自主创新能力体现了企业核心竞争力的形成。

由于自主创新能力是创新能力的一种模式，因而创新能力的基本特征也能够在自主创新能力上体现，但是，自主创新能力是内生的，引进技术并不一定能引进自主创新能力。在形成自主创新能力过程中，培育学习能力和组织能力非常重要，创新文化和创新人才起着关键作用。由于自主创新是对原有技术范式和技术轨道的根本转变和突破，因而投入大、难度高、风险难以控制，依靠单一主体的力量往往很难完成，特别需要各个创新主体的大力协作。通过实施重大科技专项使政府、企业、大学、科研单位广泛参与，组成"产、学、研"联盟进行协作创新，实现重大技术和关键技术的突破，以此掌握具有自主知识产权的核心技术，这是一个国家提高自主创新能力的重要形式。

自主创新能力从层次来看，分为国家自主创新能力、区域自主创新能力、企业自主创新能力。高新区自主创新能力是中观层次上的一种区域自主创新能力，是指在高新区区域范围内，以增强高新区核心竞争力为目标，以高新区内技术能力为基础，以企业、高校及研究机构、科技中介服务及金融机构、政府等创新行为组织为主体，聚集和高效配置创新资源，将创新构想不断转化为新产品、新工艺和新服务并实现市场价值的综合能力系统。

3.3.2 高新区企业自主创新能力与集群自主创新能力

从根本上看，高新区区域自主创新能力主要由企业自主创新能力和集群自主创新能力两部分构成。企业自主创新能力是形成高新区自主创新能力的基础，集群自主创新能力是形成高新区自主创新能力的关键。企业创新主体数量越多，创新动力越强、创新能力越高，越有利于形成集群自主创新能力；同理，集群自主创新能力越强，在竞争的压力和知识溢出的好处下，越有利于企业自主创新能力的增长。高新区集群创新能力是网络创新能力、集成创新能力、综合创新能力的耦合。

3.3.2.1 高新区企业自主创新能力

高新区企业自主创新能力，是指高新区内科技型企业为支持自主创新战略的实现，以新兴产品创新能力、工艺创新能力为主要内容，以原始创新、集成创新和引进消化创新为主要形式，由掌握专业知识的人、技术系统、管理系统的能力和企业价值观为核心而形成的一系列能力的组合，是通过技术创新表现出来的显性化的能力。高新区企业自主创新能力的结构一般由创新决策能力、创新组织能力、创新资源投入能力、研究开发能力、工程转化能力、规模化制造能力、市场开拓能力等组合而成，其中创新决策和创新组织能力是保障，创新资源投入能力是基础，研究开发能力是核心，工程转化和规模化制造能力是关键，市场开拓能力是创新价值实现条件。由于高新区是以开发高新技术成果，并使之商品化、产业化和国际化的特殊区域，因此，高新区内企业自主创新能力与一般区域企业自主创新能力相比，具有以下明显的特征：

（1）高新区企业自主创新主要以开发高新技术产品为主。经济合作与发展组织（OECD）对高技术产品定义是：R&D年度经费支出占该制造业年附加值2.36%以上的产品。按这一定义，OECD提出了高技术产品分类清单，包括航空宇航设备、自动化数据处理设备及部件、电子设备、电信设备、医药品、科学仪器、电器机械、非电动机械（含核反应堆）和化学制品等9大类39子类产品。美国根据用于生产最终产品的所有投入中包含的R&D价值量来确定总的R&D经费，把相对于其他产品群而言具有较高R&D强度的产品定义为高技术产品。我国学者通常把高技术产品定义为知识密集、技术含量大的高附加值产品，有时把高技术产品与新技术产品合起来称为高新技术产品。高技术产品主要分布在高技术产业领域，一般具有"小、轻、薄"等特点，但是传统产业中也有高技术产品。

（2）高新区企业自主创新能力主要由高新技术企业来体现。高新技术企业是指开发高新技术成果、生产高新技术产品、提供高新技术劳务的知识密集、技术密集的经济实体。总体而言，电子信息、软件、生物医药、新能源、新材料、航天航空等高技术产业领域的技术要求高、创新程度高，因此，高新技术企业主要分布于高技术产业领域，但是，传统产业中也有高新技术企业。是否是高新技术企业的标准主要有三个：研究开发经费占产品销售额的比例、科技人员在员工总数的比重及产品的技术复杂程度。例如，美国提出一个高技术企业要有40%~50%具有学位的工程和科研人员，研究和开发的再投资一般占销售收入的比例在5%~15%之间。我国最新的高新技术企业认定的基本条件是：①对其主要产品（服务）的核心技术拥有自主知识产权。②产品（服务）属于国家重点支持的高新技术领域规定的范围。③具有大学专科以上学历的科技人员占企业当年职工总数的30%以上，其中研发人员占企业当年职工总数的10%以上。④企业近三年的研究开发费用总额占销售收入总额的比例符合如下要求：最近一年销售收入小于5 000万元的企业，比例不低于6%；最近一年销售收入在5 000万~20 000万元的企业，比例不低于4%；最近一年销售收入在20 000万元以上的企业，比例不低于3%。其中，企业在中国境内发生的研究开发费用总额占全部研究开发费用总额的比例不低于60%。⑤高新技术产品（服务）收入占企业当年总收入的60%以上。[①]

（3）高新区企业自主创新能力的分工比较突出。由于高新技术不仅产业

---

① 科技部，财政部，国家税务总局. 高新技术企业认定管理办法. 2007.

价值链的分工日益细化，而且创新价值链的分工也日益细化，加之高新技术创新具有"高、精、尖"特点，投入高而难度又大，因此，高新区内大多数企业尤其是科技型中小企业实际上并不是在创新的各个环节均培育自身的创新能力，而是根据企业自身的技术、人才和业务特点，只专注于某一方面的创新能力和业务能力，而把技术产业化链条中的其他环节和业务外包给其他企业，从而更有利于形成企业的核心竞争力。例如，有的企业接受研发设计外包合同，专注于某一技术的研发设计，形成研发型公司，而大量的研发公司聚集，就会形成研发集群；有的企业善于把各个技术进行有机集成，形成新的技术；有的企业长于对不成熟的技术进行再开发，使之熟化；有的企业专心于业务模式、商业模式的创新；而有的企业在技术规模化能力上见长。正是众多科技型企业创新的专业化分工，形成了每个企业独特的核心创新能力。

（4）高新区企业自主创新能力的形成与大学和科研单位有着密切联系。许多高新区企业尤其是科技型企业的诞生就是由高校和科研单位的科技人员利用高校和科研单位的成果在高新区创业而产生的。同时，高新区企业的发展壮大和自主创新能力的提升，往往更需要源源不断地吸纳高校的高素质人才；高新区研发能力的提高，往往更需要高校和科研单位的参与，通过合作开发、委托开发、组建"产、学、研"技术联盟等多种方式开展创新合作，在"产、学、研"合作中培育企业的研发能力。

（5）高新区企业自主创新能力的成长速度快。这是由高新区企业主要开发高新技术的特点所决定的。高新技术的发展很快，替代的周期缩短。如计算机 CPU 从 8086/8088，到 8086、80386、80486 和 Pentium，然后是 MMX、Pentium 二代、三代、四代，含晶体管的数量、运算速度呈几十倍、几千倍增长，只经历了 30~40 年的时间，每一代技术的更替周期仅有几年时间。高新技术产品面对的市场是新兴的市场，市场需求的成长性很高，为争夺有利的市场竞争地位，迫使高新技术企业不断加大研发投入、提高创新效率，不断开发新技术、新产品，才能在市场竞争中生存和发展，否则，很快会被市场淘汰。同时，高新技术具有战略地位，无论是发达国家还是发展中国家，均对高新技术的创新给予了比较强的支持政策，这也加快了高新技术企业的成长。

3.3.2.2 高新区集群自主创新能力

高新区集群自主创新能力是指高新区内创新组织基于集群内的技术关联、网络结构、社会资本等，通过集体学习和主体互动而形成的知识和技术在群内企业间和机构间传播、创造和积累的能力。高新区集群自主创新能力是支撑集群持续技术能力的重要方面。在高新区集群自主创新能力中，知识作为重要的战略资源构成了能力的基础，集体学习机制是实现网络式集群创新的关键途径。集群通过集体学习机制能在群内企业间和机构间传播、创造和积累新的技术和组织知识，尤其是隐性知识，而这种机制的存在基础在于丰富的社会资本、集群内的网络以及集群的网络结构。

高新区集群创新能力增长需要以人力资源要素、信息要素、固定性资产要素、成员组织要素等基本要素的持续性积累为条件。这里的人力资源要素包括当地的人才、劳动力市场和各成员组织内部的人才与员工；信息要素是指以文本、计算机及其网络等为载体的格式化知识；固定性资产要素包括所有集群内部生产设备、基础设施和社会资本等要素；成员组织要素指构成集群核心网络和辅助网络的全部集群创新系统成员。为增加集群基本要素的持续性积累，在人力资源要素方面，要求集群不断培育当地化的劳动力市场，建立和完善人力资源培训和教育中心，加强对集群人力资源要素的开发；在信息要素方面，要求重视建立数据库、信息库，对格式化知识进行信息化管理，对非格式化知识尽可能编码实现格式化，实现网络化管理和互联网沟通；在固定性资产要素方面，则要注重对集群内部产业氛围、可共享性设备和基础设施建设，以最快地实现信息沟通和知识转移；在成员组织要素方面，要加强集群学习的投入力度，提高自身对集群知识的内化能力，积累具有企业自身特性的知识。

高新区集群创新能力增长是高位势创新型企业"拉动"低位势创新型企业，低位势创新型企业"挤压"高位势创新型企业同时作用的结果。集群成员企业之间的创新能力增长不均衡是一种普遍现象，这种不均衡现象可用"创新能力势差"来表示。集群内部成员之间的创新能力势差有横向势差和纵向势差两种基本类型。"横向势差"存在于位于同一价值链环节上横向竞争企业或互补企业之间，体现的是这些企业的相同技术开发内容在创新能力上的差异；"纵向势差"存在于同一产业链上下游企业之间在创新能力上的差距，体现的是前后价值链环节之间的能力不相协调。当集群内部成员企业之间存在创新能力势差时，处于低位势创新能力的企业通过向高位势创新能力的企业进行模仿学习等方式实现能力跟进，就产生了高位势企业对低位势企业的"拉动效应"。在此过程中，低位势企业创新能力得到增长，实现了技术追赶。高位势企业为了保持现有优势，就通过外向型学习、自主型学习和集群互动学习相结合的方式，获取持续能力优势，由此产生了低位势企业对高位势企业的"挤压效应"。正是这两种效应的平行作用并产生良性互动效应，使集群内部创新能力增长呈现出"产生势差→弥合势差→产生更高位势上的势差→弥合这一更高位势上的势差"的动态良性循环和螺旋式上升，从而推动高新区整个集群创新能力的持续增长。

3.3.3 高新区自主创新能力的生成路径

高新区自主创新能力不是一开始就有的，也不是一个静止不变的常量，而是在一定的环境和动力机制下由低到高、由弱变强的演化。在这个演化过程中，如果遵循高新区自主创新能力演进的规律，选择一种有效促进高新区自主创新能力增长的路径，就会使高新区自主创新能力得到快速成长。因此，从动态的角度对高新区自主创新能力的生成路径进行深入研究并准确把握，有利于我们采取恰当的方式促使高新区自主创新能力的迅速增长。方玉梅（2010）通过对国内外高新区发展运行的相关文献资料和实践经验的研究，提出了高新区创新能力的形成一般遵循"环境支撑→要素聚集→组织结网→能力形成"的演进路径。① 根据此论述和对高新区实践经验的总结，高新区自主创新能力的生成路径是："创新环境营造→创新要素、创新组织聚集→创新组织网络化运行→集群学习→创新能力形成"。

3.3.3.1 创新环境营造

良好的创新环境是高新区自主创新能力形成的基础和前提。高新区良好的软硬环境，包括良好的自然生态环境，临近大学、科研院所等知识型机构，发达和便捷的交通和通信网路，较好的工业基础，优惠的政策、健全的法律制度体系等政策法律环境，完善的技术、人才、资本、信息、信用和产权交易市场等市场环境，形成敢于创新、容忍失败、诚实守信等文化环境。其中，水、电、气、交通、通信等基础设施构成高新区自主创新的硬环境，这是高新区从事自主创新的驱动器。而政策、法律、制度、人文等软环境则是高新区从事自主创新的灵魂，起着更为重要的作用。在世界高科技园区的发展过程中，美国硅谷以强大的创新能力跃居世界前列成为各国纷纷效仿的典范，其中硅谷的文化和制度环境是硅谷形成强大创新能力的关键。正如美国学者安纳利·萨克森宁对硅谷和128公路这两个高新技术产业基地发展差异的比较中发现，产生这种差异的根本原因在于它们存在的制度环境和文化背景完全不同，以至于长久以来，包括硅谷人在内，往往都没有意识到硅谷那种合作与竞争的不寻常组织连同其他要素共同构成的制度环境给他们带来的成就。

3.3.3.2 创新要素与创新组织聚集

高新区努力营造创新环境的根本目的在于形成比较优势，加速人才、资

---

① 方玉梅. 高新区创新能力形成机理研究 [J]. 科技管理研究，2010（12）.

金、技术、信息等创新要素和企业、大学、科研机构、中介机构、金融机构、风险投资机构等创新组织的聚集。创新要素和创新组织的聚集是高新区自主创新能力生成的物质技术基础。在创新要素聚集中，人才聚集是核心，人才的聚集可以带动技术、信息、管理、资金的聚集；在创新组织聚集中，高新技术企业聚集是核心，高新技术企业的聚集可以带动人才、资金、技术、信息、物质等要素的聚集和大学、科研机构、中介机构、金融机构等创新组织的聚集。高新区要有效聚集创新要素和创新组织，必须构建创新要素和创新组织聚集的各类平台，如专业孵化器、创业园、创业服务中心、公共技术平台、融资平台等。

3.3.3.3 创新组织结网运行

当各类创新要素聚集到一定程度时，在竞争驱动力、创新收益驱动力以及创新聚集效应的作用下，创新要素之间、创新组织之间就会产生交互互动，自行组织结网，形成一种具有很大弹性的"虚拟组织"——创新网络。在这个网络中，高新技术企业处于核心地位，通过高新技术企业之间，高新技术企业与大学、科研机构、中介服务机构之间的交互学习、协同创新，实现创新资源的整合、创新效率的提高。众多创新组织的交互学习、协同创新汇集在一起，就会使高新区的整体自主创新功能增强。尤其是创新网络的形成，不仅使各种创新要素在这里被高度聚集化，而且使这些创新要素都处于一种被活化的状态，使创新的氛围更为浓厚、创新的动力更强、创新的资源整合力度更大、创新的效率更高。

3.3.3.4 创新集群

创新要素和创新组织在高新区的聚集，这些聚集的要素和组织在发生交互作用时，往往使同类型产业、相似技术领域中的人群和组织更易"结群"，从而形成一个个"小世界"，这就是创新集群。创新集群是以产业集群为基础，以创新为驱动力，以集群创新为基本的创新模式，由创新型企业、研究机构、大学、风险投资机构、中介服务组织等构成，通过产业链、价值链和知识链形成战略联盟或者其他创新合作关系，具有创新聚集优势和大量知识溢出、技术转移和学习特征的开放式互动创新网络。在创新集群内，高级人才、风险资本、战略投资者、创业家、技术等高端要素比较密集，知识型的服务机构比较发达，从而形成了创新的生态群落，通过集群学习促使创新集群出现。

3.3.3.5 创新能力形成

伴随着高新区创新网络的高效运行和创新集群的形成，高新技术产品就会不断被研发、生产出来，高新技术成果就会不断的商品化、产业化和国际化；

高新区的创新资源整合能力、创新投入能力、创新网络能力、创新产出能力就会不断增强。由此，高新区自主创新能力就会源源不断地累积和提升（见图3-2）。

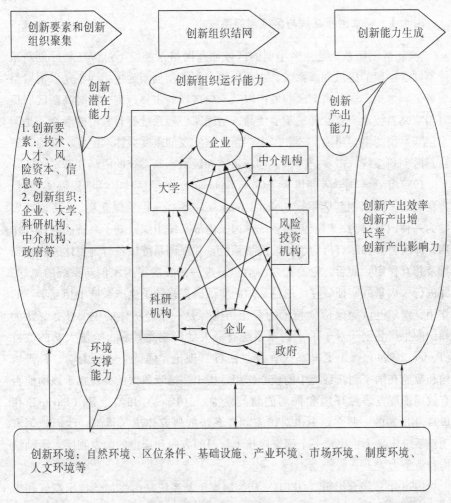

图3-2 高新区自主创新能力生成路径图①

① 参见：方玉梅. 高新区创新能力形成机理研 [J]. 科技管理研究，2010 (12).

3.4　高新区自主创新系统的概念、基本特征及要素结构

3.4.1　国家创新系统与区域创新系统

　　高新区创新系统是一个小型的区域创新网络系统。不过，高新区创新系统不同于一般的区域创新系统，主要以生产服务型创新为主，而不是以消费型服务创新为主，这是高新区与城市以及一般区域的主要区别。同时高新区肩负着国家高新技术产业发展的重要使命，与国家创新系统有着紧密的联系，是国家创新系统的重要组成部分和国家创新战略实现的重要载体。因此，准确了解高新区创新系统，需要把握国家创新系统和区域创新系统的内涵和基本特征。

　　1987年，美国学者弗里曼（Chris Freeman）在考察日本经济发展实绩时，首次提出了国家创新体系（National Innovation System）的概念[①]，并将创新归结为一种国家行为。国家创新系统是国家内部系统组织及其子系统间的相互作用，即由公共和私有机构组成的网络系统，并强调系统中各行为主体的制度安排及相互作用。此后，伦德瓦尔、纳尔逊进一步发展了国家创新系统的概念，并进行了大量的实证研究。伦德瓦尔的实证研究强调了生产系统中相互学习的作用；纳尔逊认为保持"技术的多元结构"是一个经济体的主要任务，认为知识的生产和创新对于国家创新系统有极大的影响。其后，哈佛大学的波特（Porter，1994）提出了国家竞争力"钻石"理论，强调企业、大学、科研机构和政府在国家创新系统中的核心作用，指出一国竞争力的关键在于该国能否有效地形成竞争性环境和推动创新。佩特尔（Patel）和帕维蒂（Pavite）在1994年所写的一些文章中也对国家创新系统的研究作出了贡献，他们把国家创新系统定义为：决定一个国家内技术学习的方向和速度的国家制度、激励结构和竞争力。

　　1996年，经合组织（OECD）认为国家创新系统是由参加新技术发展和扩散的企业、大学和研究机构组成，是一个为创造、储备和转让知识、技能和新产品相互作用的网络系统，政府对创新政策的制定着眼于创造、应用和扩散知识的相互作用过程以及各类机构间的相互影响和作用上，强调了知识流动的重要性，并得到理论和实践的广泛认同。不过，迄今为止，国际上对国家创新系

---

① 也有学者认为丹麦学者伦德瓦尔（Bent Ake Lundvall）是国家创新体系概念的最初提出者。

统没有形成统一的认识和标准，正如纳尔逊主编的《国家创新系统：比较分析》（1993）一书对 15 个国家的创新系统进行了比较和分析之后得出的结论：由于各个国家的历史、文化、地理、资源、社会以及发展水平不同，国家创新系统也存在着很大的差异。

目前国家创新系统理论主要有以下基本观点：

（1）国家创新系统是一种有关科技知识流动和应用的制度安排。

（2）科技知识的循环流转是通过国家创新系统各组成部分之间的相互作用而实现的，而国家创新系统各组成部分的相互关系以及各组成部分与相互关系的属性直接决定着一国的技术创新能力，而这种相互作用发生在国际层面、国家层面、企业层面和个人层面上，并表现为各种不同的形式。

（3）创新系统中各组成部分相互作用的实质是学习，而"学习也可以理解为技术创新的源泉"。

（4）国家边界对于知识流动来说是有影响的，国家边界的突出作用在于减少或者是增加国家创新系统不同组成部分之间相互作用所必须付出的交易成本：如果这种相互作用是在边界之内进行的，这种交易成本会因为地理、文化和制度上的亲近而大幅度减少；如果这种相互作用是跨国界进行的，则这种交易成本会因为地理、文化和制度上的距离而增加。

（5）历史传统、法律制度、社会文化和思想观念等国家专有因素直接影响到科技知识流动的方向和效率，而科技知识流动的方向和效率又直接影响到一国的经济增长实绩。

（6）国家创新系统存在着激励失效和竞争能力低效等系统失效的问题，而系统失效问题现象的存在要求政府发挥更为积极的作用。[①]

总的来说，以上各观点基本上体现了国家创新系统建设要考虑所有影响创新的因素，包括法规、政策和环境基础等因素，要关注科技知识的生产者、传播者、使用者和政府机构之间的相互作用，要建立科学技术知识在整个社会范围内循环流转和应用的良性机制。因此，国家创新系统的本质是一种制度安排，而且是一种有关科学技术促进经济增长过程之中的制度安排。随着世界经济从工业经济向知识经济的转变，经济增长理论和创新理论的新进展，以及国家创新系统研究工作的不断深入和广泛开展，国家创新系统的内涵也在不断发生变化。

关于区域创新系统（Regional Innovation System），目前还没有形成统一的

---

① 王春法. 国家创新理论体系的八个基本假定 [J]. 科学学研究，2003（10）.

定义。较早和较全面对区域创新系统进行理论及实证研究的是英国卡迪夫大学的库克（Philip Nicholas Cooke）教授，他在题为《区域创新系统：全球化背景下区域政府管理的作用》（1996）一书中对区域创新系统的概念进行了较为详细的阐述，认为区域创新系统主要是由在地理上相互分工与关联的生产企业、研究机构和高等教育机构等构成的区域性组织体系，而这种体系支持并产生创新。魏格（Wiig，1995）认为广义的区域创新系统应包括：①进行创新产品生产供应的生产企业群；②进行创新人才培养的教育机构；③进行创新知识与技术生产的研究机构；④对创新活动进行金融、政策法规约束与支持的政府机构；⑤金融、商业等创新服务机构。其他一些学者，如卡尔森（B. Carlsson，1999）、卡西奥拉托（Cassio－lato，1999）、阿施姆和邓福德（Asheim and Dunford，1997）等也从不同角度论述了区域创新系统的概念。我国学者如陈光、王永杰、王家琼、黄鲁成、赵修卫、顾新等也从不同角度论述了区域创新系统的概念。顾新（2001）认为区域创新系统是指在一国内的一定区域内，将新的区域经济发展要素或这些要素的新组合引入区域经济系统，创造一种新的更为有效的资源配置方式，实现新的系统功能，使区域内经济资源得到更有效利用，从而提高区域创新能力，推动产业结构升级，形成区域竞争优势，促进区域经济跨越式发展。

综合分析有关区域创新系统的定义，可以认为区域创新系统的概念至少应包括以下基本内涵：

（1）具有一定的地域空间范围和开放的边界；

（2）以生产企业、研究与开发机构、高等院校、地方政府机构和中介服务机构为创新主要单元；

（3）不同创新单位之间通过关联，构成创新系统的组织结构和空间结构，这种关联形式通过学习、激励、知识流动而存在；

（4）创新单元通过创新结构自身组织及其与环境的相互作用而实现创新功能，并对区域社会、经济、生态产生影响；

（5）通过与环境的作用和系统自组织作用维持创新的运行和实现创新的持续发展。

国家创新系统与区域创新系统是整体与部分、系统与子系统的关系。顾新（2001）从层次性，产业结构的完整性，区内外创新资源的流动性约束，基础研究重要性与否，国防、外交相关方面内容创新的必需5个方面，比较全面系统地阐述了国家创新系统与区域创新系统的区别与联系。^① 当然，国家创新系统是最高层的宏观系统，它以国家的发展目标为基础在全国范围内制定政策、实施计划、配置资源，这就决定了它不可能完全适应或满足每一个区域的需要。而不同的区域创新系统由于所在的区域条件的差异，创新资源、创新的基础设施的丰缺度的不同以及创新文化等不同，其创新的速度、方向以及创新的执行结果也会大相径庭，因此，各区域创新系统应各有侧重，依据各自的自然、社会历史条件、经济发展水平、知识技术积累水平等特点确定实施创新系统的突破点，并选择适合自己的创新模式和创新战略。

3.4.2　高新区自主创新系统的概念

对高新区自主创新系统的研究，我国学者孙万松在《高新区自主创新与核心竞争力》一书中，构建了包括政府、科研机构、大学、中介机构、企业、金融"六位一体"的战略联盟互动式自主创新网络模型，^② 但并没有从概念上明确给出高新区自主创新系统的定义。刘明博士在其论文《高新区自主创新系统研究》中明确提出了高新区自主创新系统的内涵，但仍没有完全解释"自主"的含义。自主的本质是产品、产业或商业模式等核心技术的主导权和利益的极大化实现，因而本土化创新企业是高新区自主创新的关键，否则我们建设的只是高新区创新系统，而不是高新区自主创新系统。

通过对自主创新、国家创新系统以及区域创新系统和高新区等相关理解和研究，本书认为，高新区自主创新系统是指高新区作为一个复杂的开放性系统，在一定的环境作用下，以特定或多个高新技术主导产业为支撑，以本土化创新企业及企业家、研发机构及大学、教育培训机构、政府、金融机构、中介服务机构等为创新单元或创新联盟主体，在市场机制作用及政府的宏观引导下，通过知识流、信息流、资金流、技术流、物质流以及制度环境等要素的内外部互动和耦合不断培育具有独特优势的创新节点，尽可能实现区内主导产业或集群核心技术和关键技术的可控性和主导性，通过创新成果的持续扩散以不断实现区域收益极大内在化过程的创新网络综合体。理解高新区自主创新系统的概念应把握以下几点：

（1）系统开放的边界。建立在以知识密集为突出特征的高新区范围内，并具有开放的边界，即独立于其他创新系统又存在于其中，与其他创新系统进

---

①　顾新. 区域创新系统的内涵与特征 [J]. 同济大学学报，2001，12（6）：32 - 33.

②　孙万松. 高新区自主创新与核心竞争力 [M]. 北京：中国经济出版社，2006：57 - 59.

行知识与信息交流。

（2）以本土化创新企业和研发机构为主的广泛参与主体。以科技型企业、大学、研究与开发机构、大学科技园、高新区管理机构及其他政府机构、金融机构、社会服务机构为创新活动主体，其中本土化科技型企业是自主创新系统的核心主体。

（3）逐渐实现核心技术和关键技术的主导性和可控性。国家高新区不同于省、市级高新区，担负着提高国家自主创新能力和增强国家综合竞争力的重任，各个国家级高新区自主创新系统的建立应围绕其主导产业的核心技术和关键技术进行创新，并在全国范围形成其主导产业核心技术自主创新的高地，逐渐实现主导产业在关键技术和核心技术上的主导性和可控性，这是一个长期建设和发展的过程。

（4）创新收益极大内在化。创新原始动力在于利益，包括经济利益、社会利益、政治利益和生态利益。作为国家级高新区建立自主创新系统的本质，从国家层面上讲，主要是增强国家的经济综合实力；从高新区层面上讲，就是通过各创新主体不断创新获得更大的经济利益，通过创新技术的持续扩散，从而增强高新区的整体竞争能力和可持续发展能力。

因此，高新区自主创新系统与高新区创新系统是有区别的：一是高新区自主创新系统的最终目的是实现主导产业或集群的核心技术和关键技术知识产权或行业标准的自主性和可控性；二是高新区自主创新系统能够实现创新收益的极大内在化。而高新区创新系统则不一定，这是与高新区自主创新系统的本质区别，它主要通过知识产权和技术的转让以及创新成果的商品化来实现。在经济全球化、科技国别化以及国际产业梯度转移的今天，尤其是在跨国公司的研发中心、技术中心、营销中心等国际转移的情况下，建设和发展自主创新系统十分紧迫。

3.4.3 高新区自主创新系统的基本特征

高新区自主创新系统除具有自组织性、区域性、阶段性和网络性等一般的特征外，还具有其显著的战略性和发展的导向性和他组织性。

（1）自组织性。从系统的角度来讲，高新区自主创新系统具有自组织性。[①] 自组织是复杂系统的一种能力，它使得系统可能自发地、适应性发展，可改变其内部结构，以更好地应付或处理它们的环境。一个系统自组织功能愈

---

① 德国理论物理学家 H. Haken 认为，从组织的进化形式来看，可以把它分为两类：他组织和自组织。如果一个系统靠外部指令而形成组织，就是他组织；如果不存在外部指令，系统按照相互默契的某种规则，各尽其责而又协调地自动地形成有序结构，就是自组织。

强，其保持和产生新功能的能力也就愈强。高新区自主创新系统在一定意义上是创新系统各个主体为追求和实现自身的利益自发形成的系统，在市场机制作用下自发地、适应性的改变其内部结构，通过创新的"高风险和高收益"这一主要动力"涨落"达到有序，并不断循环演进的过程。高新区自主创新系统的自组织过程具有不以人们的意志为转移的"客观性"和不可完全复制性，国内外科技园区兴衰与硅谷的独特风格便是最好的佐证。因此各高新区自主创新系统功能的作用大小是不同的。

（2）区域性。区域性是高新区自主创新系统的基本特征之一，高新区自主创新系统存在于国家创新系统和区域创新系统之中。企业创新系统，是国家创新系统与区域创新系统的重要组成部分，隶属于中观层次的区域创新系统。无论是从系统的层次结构上，还是从其运行目标与系统功能来看，高新区自主创新系统都具有明显的区域特征（如图3-3所示）。由于各个高新区受其所在城市、区域的经济、文化和智力资源等条件与水平的制约，各高新区自主创新的产业、产品的重点应各具特色，其创新必然在起点、内容和实现的路径上有所不同，而且由于创新能力的差异，也导致不同高新区自主创新系统的创新绩效有很大差异。

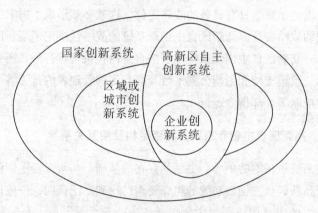

图3-3　高新区自主创新系统与其他创新系统的关系图

（3）阶段性。高新区自主创新系统是一个由简单到复杂、由低级向高级不断发展演化的过程，并呈现出发展的阶段性。高新区自主创新系统发展阶段按自主创新的层次和深度的不同，主要经历技术模仿→集成创新→原始创新，并向更高层级的技术模仿创新→集成创新→原始创新的不断演化和复杂化的阶段过程。每个阶段的特点和关键量化指标各不相同：在技术模仿阶段，技术引进和消化吸收支出指标是关键指标；集成创新阶段的主要指标是研发投入、研发人员、本土化专利数以及增加值率等；在原始创新阶段，高新区主导产业中核心技术和关键技术的自主研发设计就成为主要任务。我国高新区自主创新系统大部分还处于技术模仿创新向集成创新的过渡阶段，小部分已进入集成创新阶段，如北京中关村、深圳、成都、重庆等高新区。

（4）网络性。高新区自主创新系统内不同创新活动主体之间通过知识流、信息流、资金流、技术流、物质流等空间流在系统内发生频繁、双向或多向流动而形成的相互关联，相互协作并不断向外延伸，构成创新系统的组织结构和空间结构，从而具有网络的特性。并且网络上各结节之间的连接流是动态的，其指向主要受供求规律和区位优势规律决定。[①]

战略性及他组织性。除具有上述的一般特性外，就我国层次最高的国家级高新区自主创新系统而言，还具有显著的战略性。国家高新区是根据全国各地区智力资源以及经济发展水平确立的，旨在提高我国整体创新能力、高科技产业化水平和前沿技术创新能力水平，代表国家经济产业综合竞争力，是建设创新型国家的重要基地和建设以企业为主体的技术创新体系的核心区域，同时也是带动和辐射传统产业升级、促进区域经济发展的技术服务平台。因此，各个国家级高新区自主创新的产业重点选择、创新方向等都是国家战略和区域发展战略全盘考虑的结果，具有显著的战略定位，这就必然形成了国家级高新区自主创新系统的战略特征。高新区自主创新系统的战略性决定了高新区具有他组织的特性——高新区自主创新系统除了按自身内在机理运行外，还要受国家创新战略目标、政策支持和创新公共平台及高新区的管理者的行为等一系列国家管理体制和机制等外部指令运行。

3.4.4 高新区自主创新系统的要素结构及相互关系

要素是系统最基本的单元，也是其存在的基础。高新区自主创新系统同样如此。关于高新区自主创新系统的构成要素已得到广泛认同，一般认为高新区自主创新系统的内部构成要素主要包括"官、产、学、研、介、资"六位一体的协作和互动，不过更应强调本土化企业及科技机构在高新区自主创新系统中的作用。

（1）以本土化为主的各类高新技术企业是高新区自主创新系统的主体。各类高新技术企业是我国高新区自主创新系统的主体，这点已经得到广泛认

---

① 张建军. 中国西部区域发展路径——层级增长极网络化发展模式 [M]. 北京：科学出版社，2009：34.

同。但是只有本土化的高新技术企业进行的创新或获得创新成果的主导权才是高新区自主创新能力的真正主要力量。外资高新技术企业、外资控股的高新技术企业不是高新区自主创新的主体，因为它们创造的成果或专利的产权利益不归属于我国。我国沿海高新区中外资或外资控股企业占了1/3以上，并主导着高新区的产业技术发展方向，因此从某种意义上并没有建立起高新区自主创新系统。只有建设以本土化的高新技术企业为主体的、以市场为导向的、"产、学、研"相结合的技术创新体系，使本土化企业真正成为研究开发投入的主体、技术创新活动的主体和创新成果产业化的主体，从而全面提升本土化企业的创新能力，最终才能整体提升高新区的自主创新能力。

（2）科研机构与高校是知识创新的主体和创新人才基地。科研机构通过研究和开发新产品、新技术，从而推动区域科技创新能力的提高。高校主要进行知识创新并促进知识传播，不仅具有为企业培训和输送有创新能力的人才的功能，还有进行基础研究、应用研究的能力。因此高校和科研机构是高新区自主创新系统的知识创新主体和创新人才输出基地。

（3）高新区管委会等政府机构是政策制度的制定者、监督者和协调者。高新区自主创新系统在整个发展过程中不仅要受当地政府的指导和调控，还要受到国家一级政府的宏观调控。在高新区自主创新系统中，国家科技部、省市级等政府机构、高新区管委会起着举足轻重的作用。政府是政策和相关制度的制定者，通过制定和执行政策和法规，管理和规范系统中其他要素的创新活动。同时，政府还是高新区自主创新系统内的重要参与者，通过组织实施重大技术创新和产业化项目，间接参与实际的技术研发和技术扩散等活动。我国高新区作为高新技术产业的集聚区和技术创新的排头兵，其本身具有非常明显的探索性，政府在培育创新环境、营造创新文化精神、制定创新战略和体制机制创新等方面具有不可推卸的责任和不可替代的作用。

（4）中介机构和金融机构是高新区自主创新的基本保障。中介机构为企业提供研究、开发和销售各环节相关的资金、技术、产权交易、人才供给、企业管理和策划、咨询等一系列服务。对于只有几个或十几个从业人员的小型创新企业来说，没有中介机构根本不能生存和发展。大企业也离不开中介服务机构为其提供物流、人才、技术和信息等方面的服务，特别是金融机构对科技型企业的成长关系极大。高新区大部分创业企业只有技术而缺资金，在企业发展成长中，在扩大规模和拓展市场以及增强研发投入时，资金是其成功运作的基本保障，因而提供符合高新技术企业成长规律的融资平台，对于推进高新技术产业化至关重要。

4 高新技术产业化与高新技术产业发展的理论认识

提高自主创新能力的重要标志是产生具有自主知识产权的创新成果，尤其是高新技术成果。但是，拥有大量的、反映代表当今最高、最新的高新技术成果并不是最终目的，最终目标是实现高新技术成果的产业化，形成高新技术产业规模。只有把已开发成功的高新技术成果及时有效地物化为产品和产业，才能使高新技术成果所蕴含的对经济社会发展产生重大作用的巨大价值得以实现。高新技术成果产业化是产业的实现过程，是指自主研究与开发所产生的具有实用价值的高新技术成果通过后续试验、开发、应用、推广，形成产品和产业的过程，是科技与资本、科技与市场、科技与产业、科技与经济相互融合的过程。

4.1 高新技术与高新技术成果

4.1.1 关于高技术、新技术与高新技术

我国学术界一般把高技术与新技术合在一起统称为"高新技术"，而国外大多说"高技术"，因而有必要对此进行界定。何谓高技术，目前在世界各国并无一个统一、精确的定义，也无统一的评价标准，不同的国家、不同的时期、不同的角度，都有不同的理解。相对而言，对高技术比较全面的定义是：处于当代科学技术前沿，对发展生产力、促进社会文明、增强国防实力起先导作用的技术群。我们认为，高技术的内涵包括四个方面，即高技术是建立在人类最新科学技术成就基础之上的高层次技术，是现阶段的尖端技术和先进技术；高技术是近几十年来才兴起并得到实际应用的新兴技术；高技术是那些可

以直接利用并能够在现在或将来转化为商品、形成产业、创造巨大经济效益的实在技术；高技术是一个具有时间性的动态概念，不同的时代会有不同的高技术。新技术的含义很广，各个科学技术领域每时每刻都在产生新技术，只要相对于原有技术有所创新，不论这种创新是原有技术的改进还是根本突破，都可称为新技术。

高技术与新技术相比较，各自强调的重点、先进的范围、创新的程度都不同，高技术着重强调"高"，即高智力、高难度、高投入、高风险、高战略、高渗透等，而新技术主要强调技术相对于现有的其他技术有何先进、新颖和独到之处；高技术一般是从全世界范围认定的，在当代有比较一致的高技术领域，即生物技术、信息技术、新材料技术、新能源技术、空间技术、海洋技术等。而新技术可能只在某一个特定范围内相对新的技术，放大到更宽的范围、更先进的国家，该新技术则不一定是新技术；高技术是在某一时点上具有独创性的全新技术，是突破了原有技术规范的革命，其出现对整个技术领域具有引导作用，而新技术往往只是对旧技术的改良，一般没有突破性的创新，对整个技术领域也很少产生方向性的影响。由此可见，高技术与新技术是有重要区别的。

我国仍是一个发展中国家，产业技术水平低，技术改造任务重，发展高技术和新技术都具有重要的作用，因而通常把"高技术"与"新技术"结合在一起统称为"高新技术"。按照我国学者大多数赞成的说法，高新技术是指建立在现代自然科学理论和最新工艺技术基础之上，处于当代科学技术前沿，能够为当代社会带来巨大经济和社会效益的知识密集、技术密集型技术。当代高新技术尤其是高技术的特征可归纳为"十高"，即高群体性、高综合性、高智力性、高投资性、高风险性、高回报性、高速度性、高渗透性、高战略性、高竞争性。

4.1.2 高新技术成果的双重属性

经过了科技人员对高新技术的研制，克服了创新道路上的种种技术难题，就可能形成具有较大经济和社会价值的高新技术成果。高新技术成果产业化是产业的实现过程，是科技与市场、科技与资本、科技与产业相互融合的过程。推进高新技术成果的产业化，弄清楚高新技术成果的属性非常重要，它对推进高新技术成果产业化具有重要的实践意义。

4.1.2.1 高新技术成果是商品，其使用价值和价值具有特殊性

高新技术成果是商品，是因为高新技术成果同其他商品一样，也是劳动产

品,是科技人员的智力劳动形成的产品,具有使用价值和价值,可以用来交换,这已经被大量的理论研究和实践所证明。然而问题是,高新技术成果又不同于一般的商品,我们长期以来对其使用价值和价值的特殊性理解不深。

作为商品的高新技术成果,其使用价值具有间接性、扩张性、不灭性、时效性、共享性、增值性等特征。一般实物商品直接可以满足人们的某种需要,然而,高新技术成果则不同,其使用价值并不是直接的,只有把它物化为产品,它的满足人们某种需要的效用才能充分显示出来,这就是高新技术成果使用价值的间接性,因此,高新技术成果的使用价值如不能由间接演变为直接,即使技术再高、再先进也没有用。一般实物商品的使用价值在它的生产过程中就已确定下来,而高新技术成果的使用价值尽管在研制它的时候有一定的目标和方向,但在使用过程中经过某些改进和创新之后,可以不断扩张,表现为同一技术发展出多种新的用途,或者将多种现有技术加以系统组合又创造出新的功能,使其使用价值得到扩展,即是高新技术成果的使用价值具有扩张性。一般商品的使用过程是使用价值不断磨损的过程,这种磨损是有形磨损,而高新技术成果则没有有形磨损,它不会随着时间的推移而减弱任何功效,然而,高新技术成果的无形磨损非常快,当有一项技术更先进、功能更好、效益更佳的高新技术成果被研究开发出来时,原有成果的商业寿命则宣告终结,这就是高新技术成果使用价值的不灭性与时效性。一件实物商品,一方拥有它,另一方则一般不能拥有它,其所有权具有排他性。而高新技术成果往往可以多个人甚至成千上万的人同时拥有它、使用它,这就是技术商品使用价值的共享性。一般实物商品的转移过程只是使用价值的转移和价值的实现过程,不可能有使用价值的增值,而高新技术成果作为知识性商品在转移过程中,转出的一方不会失掉知识,而接受的一方则可以增加知识,并且高新技术成果在交换过程中使用者越多,其使用价值的增值也就越大,而且质量还会提高,这就是高新技术成果使用价值的增值性。

作为商品的高新技术成果,其价值量极难确定。高新技术成果是劳动创造的,尤其是科技人员的智力劳动。尽管科技人员的智力劳动的创造性随专业、项目的不同而具体形态千差万别,但撇开劳动的具体形态,都可以归纳为人的脑、肌肉、神经、手等劳动的消耗,都具有抽象劳动的属性。具体劳动创造使用价值,抽象劳动创造价值,价值量是由消耗其中的社会必要劳动时间确定,社会必要劳动时间是由平均劳动熟练程度和强度确定。然而,确定高新技术成果的价值量却极为困难。一般实物商品的生产是重复的并且有多家生产,因而由社会必要劳动时间来决定其价值量不会遇到很大的困难,而高新技术成果一般是首创、独创的成果，没有横向比较，没有平均劳动熟练程度和劳动强度作参照，即使同时有几个单位进行同一项目的研究，也只有首先取得成果并获得专利者才对该技术拥有所有权，其他单位则是竞争中的失败者，因而不能以它们作为参照求得"平均值"。因此，高新技术成果的价值量往往由它的个别劳动时间决定，这一特点决定了高新技术成果的价格很难确定。现实中有许多高新技术成果在技术市场上很难成交，就因为双方因转让价格相差过大形不成一致意见。

4.1.2.2 高新技术成果是资本，可以带来超额的价值增值

高新技术成果不仅是商品，而且是资本，可以带来超额的价值增值。资本是一种能够带来超过自身价值的价值，也即是说，价值增值是资本最基本的属性，因而判断高新技术成果是否是资本的关键是看能否实现价值增值。在长期的物质经济时代，人们只看到货币化价值和货币资本的作用，看到物质化价值和物化资本的作用，而对于非物化、非货币化的科技成果的资本价值，则很难被人们认识到。然而，在当今以科学技术为第一生产力的知识经济时代，知识、智力、技术在生产中的作用越来越大，以至于成为经济增长的主导因素；企业产品和服务中的知识技术含量越来越高，以至于成为企业提升竞争力的主要手段和经济效益的主要来源。知识技术与其他生产要素相比，显然能够带来价值增值甚至是超额的价值增值，高新技术更是如此——这一点已经被微软、英特尔以及我国的联想、方正、中兴、华为、地奥等数个高科技公司的成功实践所证明。

高新技术是资本，能够带来超额的价值增值，然而高新技术成果的价值增值不会自然实现，而是有条件的。这个条件就是成果要进入生产领域，通过与企业家、资金、人力资本、设备、信息、市场、政策和管理的有效整合，才有现实的价值增值能力，它也才能成为资本。如果大量的高新技术成果仅停留在实验室里，就不具有资本的性质。这个道理看起来十分简单，然而在我国却存在普遍的问题。一方面，因为我国的成果持有者对科技成果的资本价值的认识是不全面的，往往把成果的潜在价值增值能力等同于现实的价值增值能力，而没有认识到它们之间的转化条件和过程，因而在技术市场上既想以资本的价格卖出成果，取得高的资本价格，而又不愿意介入生产过程中共担风险实现成果的现实增值能力。另一方面，我国相当一部分企业又往往夸大高新技术资本潜在增值能力与现实增值能力的差异，依靠高新技实现企业价值倍增的动力和压力都不足；政府有关部门在政策执行过程中，有的仍把"谁投资、谁所有"的原则套用在科技成果历史和现实的产权界定上，造成大量的成果不能进入生

产领域发挥其资本增值作用。

4.1.3 政策含义：大力推进高新技术成果的商品化、资本化、股份化

高新技术成果的商品属性告诉我们，要实现高新技术的产业化，应首先解决高新技术成果的商品化问题，即解决使高新技术成果成为商品过程中的价值评估、产权界定与保护、技术市场发育、中介服务、价格谈判、相关权益分割等一系列问题。而要做到这一点，明晰高新技术成果的知识产权是基础和前提，因为商品本身是所有权的让渡，产权不明晰就无法交易。在推进高新技术成果商品化过程中，因其使用价值的特殊性，要求高新技术成果应及时在尽可能广的范围内实现转化，转化得越快越好、越宽越好，而建立发达的市场信息网络体系和中介服务体系是实现这一效果的必备条件。另外，高新技术商品价值的特殊性又反映出高新技术成果通过市场交易面临价格很难确定的特殊难题。高新技术商品的这些属性体现在现实交易中极易产生一对矛盾，即高新技术成果客观上需要及时、高效通过市场在尽可能大的范围内完成商品化过程与市场交易难以成交的矛盾。这是必须要正视的现实问题。

而认识到高新技术成果的资本属性对于我们鼓励知识、技术作为资本投资，推进高新技术成果的资本化具有特殊重要的意义。传统理论对科技成果的认识仅局限于商品性，而没有看到它的资本性，从而在实践上强调要把科技成果作为商品进行交易，引发了成果难以成交、交易双方联系不紧密、继续合作纠纷多等种种困难和矛盾；而承认科技成果的资本属性，通过推进高新技术成果的资本化，不仅可以促进技术资本与物质资本、人力资本的迅速组合，减少交易各方的交易费用，保持"产、学、研"的长期、稳定合作，而且还可以有效解决对科技人员的长期激励、推动企业的制度创新，更好、更有效使高新技术和科技人员在企业新创造价值中发挥最大作用。这就给了我们以重要启迪：尽管高新技术成果的资本化是建立在商品化基础之上，然而在今天，企业越来越成为技术创新的主体的情况下，把知识、技术作为资本投资，大力推进技术的资本化比把它作为商品来交易更对促进高新技术创新和成果产业化有利。

推进高新技术成果的资本化必须实现其股份化。这是因为：高新技术成果作为资本投资，首先应明晰其知识产权，而股份化是至今为止明晰产权的最佳形式；高新技术成果作为资本由潜在增值能力向现实增值能力转化，股份化是至今为止的最佳激励方式，它把高新技术成果作为资本在未来实际增值能力的大小直接与相关人员未来的回报预期相衔接，必将使相关人员的创新程度最大

可能的释放。由于高新技术成果的价值与投资不成比例，关键取决于科技人员的创新努力程度，因此，明晰高新技术成果产权尤其是国家投资形成的成果，其产权界定就不能完全按照"谁投资、谁所有"的原则来进行，给予作出重大贡献的科技人员一定比例的奖励和股份非常重要，并且这种分配应在成果开始研制时就应给予明确。

高新技术成果的资本化、股份化与人力资源的资本化、股份化同等重要，密不可分。首先，高新技术成果除了已形成文字、图案和样品外，还在相当程度上掌握在对开发该成果作出重要贡献的技术专家的头脑中，高新技术成果往往与科技人员密不可分；其次，高新技术成果作为资本投入企业，要使其发挥最大的价值增值作用，在企业所有生产要素中，人力资本起关键作用，除需要成果开发者继续介入转化过程外，还需要企业的创业者、科技人员、管理人员以及风险投资家共同发挥作用进行成果的进一步完善和创新，因此，不仅仅是高新技术成果占有企业的股份问题，还必须使成果开发人员、创业者、科技人员的人力资本也占有企业的一定股份，只有这样，才能实现成果的价值增值，也就是实现企业的价值增值。

4.2　高新技术产业化的两个阶段

高新技术成果产业化是一系列的像"接力棒"那样的相互联系、相互衔接的过程，但是，对其仍可划分为两个相互联系的阶段：一是把高新技术成果转化为能在市场上销售的新产品、新工艺，这一过程称之为商业化；二是创新产品进一步形成规模和产业，这一过程称之为产业化。这两个阶段的性质和对环境支撑条件的要求有明显差别。分析这两个阶段的属性对于促进高新技术成果产业化具有重要意义。

4.2.1　高新技术成果的商业化

高新技术成果的商业化一般包括对高新技术成果的后续技术开发、中试、生产准备和试生产等环节。转化的对象是具有实用价值的高新技术成果，转化的条件主要是转化环境和技术条件，转化的核心是使技术胚胎成熟，转化成败的关键是克服科学技术上的难关，转化的结果是把样品变成产品，转化成功的标志是产品成功进入市场被市场所接受。高新技术成果后续技术开发的作用是使实验室成果进入实用阶段；中试是把实验室成果放在指定生产位置上进行实验，以取得各种工艺参数、确定产品规格、检验产品质量、测试工艺稳定性，以解决工业化生产面临的技术问题；生产准备和试生产包括购置必要的设备、修建厂房、建设生产线、培训员工、投入流动资金购买原材料等活动，使企业具备生产能力。高新技术成果商业化过程的主要特点如下：

4.2.1.1 技术上仍存在许多亟待解决的问题

尽管研究开发阶段所产生的成套技术文件和试验室样品样机有的已相当完善，然而，由于在研究开发阶段获得的样品样机并不等于在正常生产条件下可以生产出可以销售的商品，试制规模并不等于正常生产规模，研究开发试用的生产工艺并不等于正常生产条件下可以采用的生产工艺。因此，高新技术成果的许多不足之处只有在正常生产条件下才会暴露出来，这些技术问题不解决，高新技术成果商业化就不会成功。有时，在商业化过程中暴露的技术问题可能比在研究开发阶段存在的技术问题更难解决。这就是说，高新技术成果商业化阶段有相当部分精力仍用在成果的完善上，创业者和科技人员要发挥主导作用。

4.2.1.2 成本估计存在较大困难

在对高新技术成果商业化之前，一般要对高新技术成果进行筛选，对商业化所需费用进行比较具体的评估和测算。但是，经验表明，这种先验的估计和测算不仅很困难，而且很不可靠、很不精确。这是因为：在商业化阶段暴露的种种技术和管理问题，每个问题需要支付多少费用，不仅科技人员难以估计到，企业的有关管理人员也难以估计到，这就造成商业化的实际成本常常偏离预计成本，一旦在实际商业化过程中技术转化者支付的成本难以承受，或者新产品、新工艺还抵不上老产品、老工艺的市场竞争力，商业化就会失败。此外，要估计某项高新技术成果商业化之后的净收益也是相当困难的，这种困难往往导致商业化决策的失误。

4.2.1.3 市场风险很大

高新技术成果商业化成功的标志是新产品、新技术能够投放市场并被消费者接受。尽管高新技术成果在商业化之前对市场需求有一个初步估计，然而由于创新产品所面临的是尚未开发的新市场、新的顾客群，消费者究竟接不接受新产品，什么时间接受新产品，并没有准确的数据，对此任何人都没有绝对的把握。况且，当今高新技术产品发展速度非常快，产品更新的时间非常短。往往会呈现这样一种现象：当某一项高新技术成果正在进行商业化时，市场上就已经出现同类价格更低、质量更高、功能更先进的同类产品，这些因素会使高新技术成果商业化面临的市场风险非常大。

4.2.1.4 只有投入没有多少收益

有人估计，高新技术成果的研究开发、商业化、产业化三阶段的投入之比为 1:10:100，也就是说呈几何级数增长。商业化的投入不仅来自使技术胚成熟、购买新设备、建造新工厂等方面的投入，而且有人员投入、管理投入、开拓市场所进行的投入，而企业只有成果转化成功后才开始有销售收入。因此，可以这样说，高新技术成果商业化阶段是投入远远大于收益的阶段，或者说是只有投入几乎没有收益的阶段。

上述高新技术成果商业化的特征决定了这一阶段为高新技术成果转化创造特殊的创业环境和风险资本支持非常重要，因而世界上大多数国家都通过建立孵化器、高科技园区、创业资本市场和优惠的税收政策等方式为高新技术高新技术成果的商业化创造局部优化环境。

4.2.2 高新技术产品的产业化

高新技术要尽可能大地发挥对经济社会的推动作用，就不能使高新技术成果仅停留在商业化阶段，必须把产品、商品进一步做大、做强，这就需要创新产品的进一步规模化、产业化。所谓创新产品的产业化，是指把已转化成新产品、新工艺的产品进一步扩大生产规模或者在更广泛的领域内扩散和辐射，使创新产品产生巨大的辐射、渗透、带动作用。

根据美国麻省理工学院厄特拜克（J. M. Utterback）和哈佛大学阿伯纳西（W. J. Aberathy）的观点，创新产品的产业化需要经过下述三个阶段：

（1）流动状态。即指产品设计是变动的，制造工艺过程的组织是松散的，与变动的设计相适应，产品和工艺都经历相对频繁的变动。在这一阶段，由于设计思想缺乏一致性和确定性，技术本身又处于发展变动过程中，以及开发的创新产品市场还有待于进一步确认以什么价格、功能、质量为最佳，因而这一阶段是一个商业与技术上"尝试、纠错"的时期。

（2）主导设计与转换状态。经过一段以"尝试、纠错"为标志的变动发展时期，会逐渐呈现一个主导设计。根据已较为确定的市场轮廓而确定的一个主导设计，将技术与市场需要有机联结起来，从而使企业的技术、市场风险大大降低。一旦主导设计和产品对市场产生影响力，进而率先在本行业建立标准，就会使用户和其他企业对自己的产品产生路径依赖，给竞争对手造成进入壁垒，从而使企业拥有明显的竞争优势。

（3）确定状态。主导设计和标准形成并被市场广泛接受后，使企业制造方法、产品设计、生产工艺变得标准化。这阶段企业开展规模化经营，单位产品成本急剧下降，市场销售量成倍上升，利润成倍增长。随着创新产品向外广泛辐射，企业积极向高新技术产业国际化方向发展，企业组织越来越具有刚性，产业进入确定状态。

从创新产品逐渐扩张的角度来说，创新产品的产业化包括企业生产、产业扩大和产业渗透三个环节。企业生产是指创新产品在单个企业生产，形成一定的生产规模并获取相应的规模经济效益；产业扩大是指创新产品的生产从一个企业扩大到多个企业，构成企业群，从而形成某一高新技术产业。产业扩大是产业化的核心，一个高新技术成果转化为产品之后能否形成一个产业，对市场容量、成果开发程度、产品成熟程度、生产规模以及产品更新换代的研究开发动力均有较高要求。产业渗透是指创新产品或工艺渗透到其他产业，包括其他高新技术产业和大量的传统产业。高新技术新兴产业的出现和高新技术对传统的渗透改造，这两方面推动着产业结构向高级化方向发展。

4.2.3　商业化与产业化的区别与联系

从高新技术成果产业化的两个阶段来看，商业化与产业化尽管联系很紧密，很难有明显的界线，但并不是一回事。商业化过程可由单个企业来完成，而产业化过程是由企业群来完成；商业化过程风险大，而产业化过程风险大大降低；商业化主要受制于成果的技术成熟程度，而产业化主要受制于企业的资本运作和经营管理能力；商业化注重的是高新技术成果能否转化为被市场所接受的商品，而产业化注重的是能否形成巨大产业、获得最大效益；商业化阶段企业生产规模小、批量小，对社会影响力、推动力小，而产业化中企业群经营规模大、批量大，对社会影响力、推动力大；商业化过程经营业绩微乎其微，而产业化过程经营业绩成倍增长。因此，在实践上这两个阶段的环境和政策支持的内容、侧重点和方式都应有所不同。

4.3　高新技术产业化的规律

通过对高新技术产业化过程的分析，我们可以看出，高新技术产业化是一个复杂的、动态的过程，具有如下基本规律：

4.3.1　产业化力量市场拉动规律

所谓高新技术产业化力量呈市场拉动性，即指高新技术能否转化为产品、形成产业，何时形成产业以及产业化规律的大小，起决定作用的是市场需求的力量，是市场拉动高新技术产业化而不是高新技术本身的技术演进推动其产业化。现实中对高新技术产业化存在很多误区，其中一个比较流行的观点认为，科学发明和高新技术本身的演进是推动其产业的主要力量，理由是高新技术产业是建立在最高最新技术基础之上的产业，是技术密集型产业，当然推动高新技术产业化的力量主要来自技术自身的发展。这种观点应用在实践上就是投入足够多的资金和人力去开发最高最新的技术，以此来促进高新技术产业得到快速发展。实践反复证明：包括高新技术产业在内的任何产业，推动其发展的根本力量只能是市场而不是技术本身。这是由于任何自主经营、自负盈亏的经济主体都是以追求利益最大化为主要目的，没有经济回报的生产经营活动企业决不会冒险去做。研究开发高新技术可能由大学和科研单位去完成，大学和科研单位的事业性质可以在一定程度上不追求经济回报而把技术的先进性作为研究开发的重要标准。然而高新技术产业化则不同，它主要是由企业去完成，追求高新技术成果产业化所带来的经济回报就成为企业的根本目标。而要做到这一点，必须使高新技术通过转化形成的产品要有市场需求，即消费者愿意在一定的价格上支付货币去购买，这样，企业花费的投资才能收回并能获得由高新技术的高附加值带来的高利润，否则，不问市场需求的产业化只会使企业快速破产。因此，不符合市场需求的高新技术成果，即使其技术再高、再新，也不会有创业者和企业家去甘冒风险而实施其产业化。

进一步说，在当今高新技术已越来越成为增强产业、产品和企业市场竞争力的新趋势下，不仅仅在高新技术成果的产业化阶段才注意与市场需求联系起来，而在研究开发成果乃至未开发时，就想到了有无市场前景和经济回报。巨大的市场诱惑是驱使企业不惜花巨资进行高新技术研究和开发的根本动力。政府的投入虽然有相当部分用于公益性、基础性的高新技术研究，但在一定程度上也是间接为面向市场的应用型高新技术开发服务。由此，市场是推动高新技术研究、开发、应用及产业化的主要力量。

然而，高新技术产品市场与传统产品相比，又具有市场的不成熟性、不稳定性、潜在性、模糊性和难预测性等特征。高新技术产品是知识技术密集程度高、功能复杂的产品，高新技术市场是新兴的市场，消费者在没有见到产品实体之前，相当程度上并不知道自己究竟需要什么功能、什么价位的高新技术产品。高新技术产品的这些特殊性很容易使企业和创业者产生高新技术引导消费潮流的错觉而忽视市场力量的作用。实际上，高新技术产品市场的这些特征并不能改变市场是拉动高新技术产业化的决定力量这个基本原理，只不过高新技术产品市场不像传统产品那样在多数情况下不仅要求产品适应和符合市场，而是需要培育和创造消费需求的市场。正因为如此，当今世界主要发达国家十分重视高新技术产品的需求创新，采取政府采购政策就是其中的重要措施之一。

4.3.2 产业化投资加速递增规律

高新技术成果的研究开发投资大，产业化过程投资更大，并且随着产业化进程每向前推进一步，投资就成倍、成几十倍增长。有人估计高新技术成果的研究开发、商业化、产业化这三个阶段的投资比例为 1∶10∶100，这个结论给人们相当大的启迪，它表明高新技术成果要实现产业化，如果没有强大的资本支撑则只能是一句空话。因此，决策者不仅要把资金和必要的物质条件投入到研究开发取得成果上，更要把资金投入到产业化阶段，以形成合理的资金配置结构。

4.3.3 产业化风险集中释放规律

研究开发高新技术成果具有高风险，产业化过程更有高风险。高新技术成果产业化的风险主要来自三个方面：

（1）技术风险。高新技术成果能否转化为被市场所接受的商品面临着许多技术不确定性的风险，这种风险往往事先无法估量。加之高新技术产品的技术生命周期很短、替代很快，往往是在成果转化初期认为该项目技术是最先进的，但就因某些因素的制约导致转化的速度过慢，从而使全力转化的成果转眼间被更新的技术所取代。

（2）市场风险。任何产品都有市场风险，但高新技术的市场风险很难事先估计到，风险具有不可控性，这是因为转化的高新技术产品能否被消费者接受、消费者接受的时间，没有同类产品可资借鉴，即使可以事先通过某种调查了解消费者的购买心理和动机，但等企业按这种动机提供相应的产品时，说不定消费者的心理偏好又已发生了改变。一般产品是消费者引导企业生产，消费者在相当程度上明确知道自己需要什么样的产品。而高新技术产品则不同，是企业、高新技术产品在引导消费者。

（3）经营管理风险。由于高新技术成果知识密集度很高，在产业化过程中就决定了高新技术企业的管理要比一般企业更为复杂。若不能针对高新技术产业化的经营管理特点建立有效的制度，则产业化夭折的可能性较大。这种管理风险包括资金不足、回收期过长、管理乏力、人才流失、管理转型失败等风险。由于高新技术成果产业化的高风险性，使创办的高科技企业失败率很高。

然而，高新技术产业化的风险在产业化的不同阶段有明显差异，尤以集中在高新技术成果的商业化阶段。在高新技术成果的商业化阶段，一旦投资失败，就会血本无归；在规模化、产业化阶段，尽管也存在风险，但这时的风险主要是经营管理上的风险，风险与收益相比，收益更可观。美国有关资料表明：硅谷新创办的高科技企业20%～30%会失败，60%～70%只能获得一定程度的成功，只有5%的高科技企业获得高额利润。

4.3.4　产业化收益极不平衡规律

高新技术成果产业化具有高收益，这种高收益来自以下三个方面：

（1）垄断利润。高新技术成果产业化成功意味着企业可以享受一段时间的垄断利润，特别是率先使自己的产品被市场接纳为行业标准后，就意味着该产品将成为市场上的主流产品，其他厂商的产品一律与该产品兼容，因而该高新技术产品将处于市场主导和垄断地位。

（2）政府扶持额外收益。由高新技术具有高战略性和渗透性特点所决定，高新技术产业化一般都能得到政府的信贷担保、财政补贴、税收优惠等支持，这些支持无疑会使高新技术企业带来一个额外利润。

（3）产品技术含量高所带来的收益。一般地说，产品技术含量越高，产品的附加价值就越大，收益就越高。产品技术含量与收益成正比。高新技术是知识密集、技术密集型技术，在转化过程中无不体现着高智能的劳动，因而凝结在产品中的价值具有高智能、高价值特点，这种高价值必然使高新技术产品的收益大大高于传统产品。

然而，高新技术成果产业化的高收益并不是说整个过程都体现高收益性。事实上，只有真正产业化成功的高新技术产品才是高收益，而在产业化的初期即商业化阶段，基本上是高风险，收益微乎其微，甚至只有投入没有收益，因此高新技术成果产业化各阶段的收益并不平衡。我们通常说收益率的大小与投资风险成正比，高新技术成果产业化的风险大，但收益率也高，这是从总体上和投资多个高新技术项目来说的。投资多个高新技术项目，如果其他项目都失败，只要有一个项目成功，就可从总体上获得高效益；而如果仅投资一个高新技术项目，则可能只有风险而没有任何收益。高新技术成果产业化收益的这种特性与传统产业有着根本不同。传统产业、传统企业因市场、规模等因素的作用，其投资收益率也会产生明显变化，但一般不会出现某一阶段只有投入没有收益而另一阶段收益异常高的状况。

4.3.5 产业化资本特殊需求规律

对于高新技术产业化而言，仅有传统的资本和融资渠道还不行，需要一种特殊的资本，这种资本叫做风险资本或创业资本，即专业投资于新兴的、迅速发展的、有巨大竞争潜力、处于导入期和发展期的高新技术企业的一种权益资本。

高新技术产业化是一个从新设想产生、研究、开发、中试与小批量生产、工程设计、生产、市场营销直到扩散的一个完整的过程，要经过初创期、导入期、成长期、成熟期、衰退期等各个阶段。在高新技术产业化的不同阶段，风险和收益是不对称的，

在研究开发、中试与小批量生产阶段，即产业化初期，所面临的技术、市场、财务风险非常高，失败的可能性非常大，一旦投资失败，就是"血本无归"。另一方面，如果高新技术产业化一旦成功并在股票市场上市，其投资回报高得足以补偿投资失败项目的损失，并且还绰绰有余，高新技术产业化的这些特征在传统产业就不具备。然而，对于以稳定收益和安全为原则的银行借贷资金来说，不可能提供这样的资金，因为银行贷款的性质决定了它只是取得固定的收息收入并没有风险收入，因而银行也不愿意承担投资风险。处于初始阶段的高新技术企业也不可能在股票市场融资，因为这时的高新技术还没有多少经营业绩，即使在"创新板市场"上市的资格也不具备。这些情况决定了在高新技术产业化过程中要有特殊的资本即风险资本的支持。风险资本的运作特点决定了它是满足高新技术产业化初期资本要求的一种极其重要且特殊的形式。

4.3.6 产业化要素快速流动规律

所谓高新技术产业化要素呈快速流动性，即指高新技术产业化所需要的知识、技术、人才、资本、信息等要素应具备"超流动性"特征，能够在很短的时间里迅速聚集并组合起来，使高新技术产业化的效率随时按照市场的需要达到一个较高的水平。要素的快速流动包括：人员与各种机构的快速流动，资金与技术的快速流动，供应商、制造商、用户之间信息的快速流动，从产品构思到产品最终使用之间各环节的快速流动和传递等。

我们知道，任何一个企业在生产的全过程中所需要的各种生产要素及生产条件都不可能由企业内部全部完成，都是企业内部的生产与外部的市场和服务组成。由于高新技术本身发展非常迅速，高新技术产品更新的周期日益缩短，

高新技术产品市场经常处于高度变动状态，因而一项高新技术成果不仅仅是需要转化成产品形成产业的问题，更重要的是必须根据市场要求具备快速转化的能力。否则，将因产业化过程的迟缓而使一项本有市场前景的高新技术成果失去市场价值，这样带来的损失将比不进行转化还要大。而要实现高新技术的迅速产业化，仅仅具备充足的生产要素还不够，各种生产要素快速流动的能力就更重要、更关键，它可以大大缩短高新技术产业化的周期，提高成果转化效率。

为提高生产要素的流动性，企业与企业之间、企业与科研院所和大学之间，企业与供应商、顾客、中介服务机构之间形成高度发达的信息网络体系非常重要，这样能确保信息的高效畅通。企业与企业之间，企业与供应商、顾客之间密切合作，形成战略伙伴关系，企业与大学、研究机构之间密切合作，形成"产、学、研"一体化关系，不仅是确保知识、技术、信息快速流动的重要手段，而且是提高创新效率的重要方式。因此，当今世界高新技术产业化越来越重视"产、学、研"的合作、企业间的联盟。

4.3.7 产业化过程立体整合规律

所谓产业化过程呈立体整合性，即指高新技术产业化同一阶段所需的生产要素及其技术创新、设计制造、组织管理相互协调、优化配置，不同阶段应有机连接、上下贯通，从而形成纵横交错的立体化、网络化整体。

高新技术产业化常常可以分为不同的阶段，而不同阶段的任务和目标、重点又有所区别。一方面，无论高新技术产业化处于何种阶段，在同一阶段必须实现有关要素的最佳整合，否则，因某一要素存在的"瓶颈"制约就很可能使产业化进程受阻，或者使产业化的成本上升，效率下降；另一方面，不同产业化阶段又必须有机连接、上下贯通，否则，因某一阶段的垄断也会使产业化进程受阻。在高新技术产业化过程中，只有实现横向和纵向的立体化、网络化整合，才能使产业化过程成本最低、效率最高、收益最大。

从高新技术产业化不同阶段的整合来看，有串行整合、交叉整合和并行整合三种。

（1）串行整合即指创新构思的形成、实验原型开发、工程原型开发、小批量试制、商业规模生产、市场营销和售后服务等这些阶段依次完成，上游阶段的任务完成之后被顺利移交给下游阶段。

（2）交叉整合是指在上一阶段的工作还未完成时就开始进行下一阶段的工作，也可采取吸收一定的下阶段工作部门的人员参加上阶段工作的方式，从而使在不同阶段的工作和人员有一定交叉。

（3）并行整合是指多职能部门一开始就一起运行、共同参与、协同作业，是一个各阶段互动的过程。不仅相邻的阶段之间有交叉、不相邻的阶段之间也尽可能交叉，强调上下游的沟通和联系，强调尽可能早地开始下游阶段的工作。

因此，从这三种整合方式来看，并行整合最能缩短高新技术产业化的周期并有效地降低产业化成本，是当今高新技术产业化阶段整合的趋势。

从同一阶段的整合来看，管理处于核心地位，因为管理的功能就是优化配置各种生产要素，不仅使各个生产要素充分发挥其效能，而且使各生产要素的组合功能最大化。在形成有效的管理机制中，企业家的管理水平是关键，形成有利于创新的管理制度是保证。因此，充分调动高新技术企业创业者的作用和形成高效、弹性的管理体制对于推进高新技术产业化至关重要。

4.4 高新技术产业化的发展趋势

随着世界高新技术突飞猛进的发展，经济全球化趋势日益加强，高新技术产业化正呈现如下趋势：

4.4.1 高新技术产业化的速度呈现越来越快、周期越来越短的趋势

在当代，高新技术从发明到创新再到实际应用的时间周期越来越短。18世纪，科技转化为应用技术，再转化为商品的时间大约要100年，到19世纪为50年，第二次世界大战前为20～30年，第二次世界大战后降为7年，现在是3～5年。有的高新技术一旦研制出来，就迅速实现产业化，有的甚至一边研制一边实现产业化。例如，18～19世纪的照相机从发明到应用经过了100多年，作为第一次产业革命标志的蒸汽机从发明到实际应用共花了80年，作为第二次产业革命标志的电动机从发明到实际应用花了61年，电话机花了56年，电子管技术33年。20世纪初的收音机从发明到实际应用经过了30多年，飞机20年，20世纪60年代的晶体管3年，太阳能电池仅仅2年，20世纪70年代的微电子技术只有15年。近年来在微型计算机等领域仅隔6个月就有一种新产品问世，可见其产业化速度之快、周期之短。

高新技术产业化速度日益加快的原因，一是高新技术及其产业在推动一国经济发展和维护国家安全中发挥着日益重要的作用，处于核心位置，因而世界

各国都更加重视高新技术的发展，造成高新技术领域的创新步伐加快，创新成果越来越多。20 世纪 60 年代以来的新发明和新发现比过去 2000 多年的总和还要多。二是世界高新技术领域的市场竞争日益激烈，今天的高新技术成果如果不迅速产业化，就可能很快失去市场价值，从而使巨额的科研投入得不到回收，驱使企业尽快把成果转化。三是随着经济全球化的发展，高新技术成果的提供者特别是跨国公司，为了尽可能多地获得高新技术转化带来的经济利益，加速了国际间的技术转移，从而新技术代替旧技术的进程明显加快。

高新技术成果产业化速度日益加快表明：一个国家、一个地区即使有许多很有市场价值的高新技术成果，如果不迅速实现产业化，将失去其成果的价值。

4.4.2　高新技术产业化的范围呈国际化、片段化趋势

所谓高新技术产业化的国际化、片段化趋势，即指高新技术研制、开发和产业化并不是完全由一个国家独立来完成，而是由多个国家通过分工协作合同参与完成，很难分清哪个高新技术产品完全是国产化的。当今世界上无论从国家层面，还是从企业层面来说，高新技术及其产业化领域的国际合作和交流已呈越来越强化的趋势，同时高新技术产业化的不同环节、不同技术组合往往在不同的地方完成。

从国家层面来说，无论是美国、欧洲、日本等发达国家，还是韩国、新加坡、中国台湾和香港等新兴工业化国家和地区，都十分重视加强国际科技合作。例如，24 个欧洲成员国参加的欧洲"尤里卡"计划，根本目的就是动员政府、科技机构和企业三方力量，在高科技研究、开发与应用方面加强国际合作，增强欧洲企业在世界上的竞争力。从企业层面来说，当今世界许多著名公司通过技术战略结盟的方式联合起来，共同实施某一重大高科技项目的研究、开发和产业化的趋势正日益加强。例如荷兰飞利浦（Philips）公司同德国西门子（Simens）公司联合制定了"兆位存储器计划"，共同研制 1M 和 4M 存储器；法国的 CGE 公司同美国的 ITT 公司联合组成 Alcaiel 公司，成为仅次于 AT&T 的世界第二大电信设备制造公司；法国的 Ball 公司与美国的 Honeywell 公司、日本的 NEC 公司联合组成 Honeywell－Ball 公司，共同开发和经营分散处理式计算机。这些联合、兼并，不仅加快了某一领域高新技术的研制，而且优势互补，其成果迅速在全球实现产业化。2008 年世界性金融危机发生之后，各国围绕战略性新兴产业的发展开展的国际合作更加频繁。

高新技术研制、开发和产业化向国际化方向发展的原因，在于现代高新技

术产业的发展不仅在研制阶段需要高投资，技术本身日益复杂，而且产业化阶段需要的投资更大，技术更为复杂，往往需要各种新兴技术和工艺、传统技术和工艺以及各种技术的交叉和系统集成，因而单靠一个国家或者一个公司实现高新技术产业化，不仅产业化的时间拖得很长，而且技术上也变得越来越困难，经费上变得越来越难以承受。例如在微电子集成电路制造技术的开发中，过去开发微米级产品十多亿美元就够了，而现在开发亚微米级产品，成本则要上百亿美元，实现产业化则要上千亿美元。而且，高新技术产业化的不同环节在全球范围内实现分工与合作，可以充分利用各个地区的技术、劳动力、市场等优势，既加快了产业化的速度，又增强了高新技术产品在不同区域市场的针对性，还大大降低了成本，具有明显的多重效应。

高新技术成果产业化的国际化趋势表明：一国加快高新技术产业化离不开国际交流与合作，"闭关锁国"搞产业化没有出路。

4.4.3　高新技术产业化中政府的作用呈明显加强趋势

世界各国的经验表明，发展高新技术，实现产业化，形成新兴产业，仅靠市场机制的力量是不够的，政府的干预和有效的政策措施是促进高新技术产业化和新兴产业发展的有效手段。面对世界大多数国家都在发展市场经济的大潮流，无论是发达国家，还是发展中国家，政府在科技创新和高新技术产业化和新兴产业发展中的作用不是削弱了，而是在不断加强。例如，2006 年欧盟委员会在《创建创新型欧洲》报告中提出创建"创新型欧洲战略"，此后，欧盟委员会提交了"欧洲广泛创新战略"，强调把对知识的投资转化为创新性的生产和服务。2007 年 5 月，日本政府发布了长期战略方针《日本创新战略 2025》报告，2009 年又紧急出台了《数字日本创新计划纲要》。2009 年 9 月，奥巴马政府出台了《美国创新战略：驱动可持续增长和高质量就业》，提出要充分发挥创新潜力，促进新就业、新企业和新产业。

政府的作用加强主要体现在以下几个方面：

（1）加强对高科技与产业化、培育新兴产业的领导，纷纷成立高层次的组织领导机构，以使高新技术产业和新兴产业发展更有效地服务于国家目标；

（2）制定更加详尽的发展规划；

（3）强调科技与经济一体化，重视科技与经济社会及环境的协调发展；

（4）强调知识与自主创新，重视掌握高新技术的源头和核心技术；

（5）强调科研重点的转移，重视军民两用技术的产业化；

（6）强调基础研究和应用研究的平衡；

（7）直接组织制订和实施大型科技产业化和新兴产业培育计划，以体现面向未来促进经济持续增长的战略意图；

（8）加强政府与企业、研究开发机构的合作，保证研究开发与产业化、新兴产业培育的效率；

（9）建立促进技术转移和扩散的机制，加强科技成果尽快进入市场；

（10）扶持和增强企业的技术创新能力，实现国家的战略目标；

（11）政府提供市场支持和保护，扶持本国公司的发展；

（12）实行更加优惠的税收政策；

（13）加大高科技领域、技术产业化和新兴产业的直接投入，并建立有效的科技产业化投入机制；

（14）更加重视高科技人才的培养和吸纳；

（15）加强国际科技交流与合作；

（16）建立国家创新体系等。

政府之所以要对高新技术及其产业化领域、新兴产业领域加强干预，仍然是由于当代高新技术及其产业的战略地位的极其重要性以及高新技术产业化自身的特点决定的。这表明：一国高新技术产业化不是要不要政府干预的问题，而是政府如何根据高新技术产业化的规律进行干预的问题。高新技术产业化没有市场机制的作用不行，同样，没有政府的作用也不行。

4.4.4 高新技术产业化呈系统化、网络化趋势

经过长期的实践，越来越多的国家发现，高新技术产业化并不是一个从研究→开发→试制→生产→销售的简单线性过程，或者说是纯粹的技术推动过程，也不完全是一个阶段完成之后再进行下一个阶段的任务，而是一个系统化、网络化过程。主要体现在：

（1）高新技术产业化的绩效越来越取决于系统内各要素间知识、技术、人员、信息、资金等流动的速度。

（2）产业化的成功不仅来源于企业内部不同形式的能力和技能之间多角度交流的反馈，同时也是企业与它们的竞争对手、合作伙伴以及其他众多的知识生产和知识持有机构之间互动的结果。

（3）系统的要素配置力比单个要素的生产力更重要。与高新技术产业化有关的要素配置包括创新要素在大学、研究机构和产业界之间的配置，创新要素在市场内部以及在供应者和使用者之间的配置，要素的再利用和组合，要素在分散的研究开发项目之间的配置以及军民两用知识的开发等。要素的配置力

影响到其中的高新技术产业化活动风险性大小，获得知识的速度以及社会资源重复浪费的程度。系统的要素配置力是高新技术产业化系统的决定性因素。

（4）高新技术产业化的过程，也是一个创新的过程，并不是只有成果研究开发才是创新，产业化的各个环节都贯穿着创新，并且创新呈系统化、网络化特征。

正因为高新技术产业化具有系统性和网络性的内在特性，创新贯穿着整个过程。因此，各国在发展高新技术，实现产业化中，都把技术创新与发展高新技术，实现产业化联结在一起，站在系统、整体的高度来推进高新技术产业化。20世纪90年代以来，许多国家把建立国家技术创新系统作为增强本国技术创新和高新技术产业化能力的根本战略，就是对当今高新技术产业化系统和网络特征的充分认识和把握的结果。

4.5 高新技术产业的界定及基本特征

4.5.1 高新技术产业的界定

产业是处于宏观经济与微观经济之间，提供同类产品（服务）及其可替代产品（服务）的经济体的集合，是与社会生产力发展水平相适应的社会分工形式的表现，是一个内在层次结构的经济系统，是有投入和产出效益的活动单位。高新技术产业是指那些知识、技术密集度高，发展速度快，具有高附加值和高效益，并具有一定市场规模和对相关产业产生较大波及效果等特征的产业。高新技术产业也是一个动态的概念，不同的国家、同一国家不同的时期对其有不尽相同的界定。

国际上对高新技术产业的界定，主要是对高技术产业的界定，不包括新技术。有多种方法：采用主观判定法认为高技术产业是一组包含新信息技术、生物技术和许多位于科学和技术进步前沿的其他技术的产业群体；采用列举法对高技术产业的分类为：信息科学技术、生物科学技术、新能源与可再生能源科学技术、新材料科学技术、空间科学技术、海洋科学技术、环保科学技术和管理科学技术八大产业群。采用"研究与开发"或科技人员比例法来辨别该产业或产品是否是高技术产业；根据生产过程中对生产要素的依赖程度的差异来划分各类型产业，例如资本集约型产业、技术集约型产业和劳动集约型产业。

目前，国际上较为认同的标准是用该产业研究与开发的投入强度来划分高技术产业。比较典型的是经济合作与发展组织（OECD）使用的方法。OECD

于 1986 年以 22 个制造部门和 13 个 OECD 成员国 20 世纪 80 年代初的数据为基础，把相对于其他制造业而言具有较强的 R&D 强度的航空航天制造业、计算机及办公仪器制造业、医药品制造业、专用科学仪器制造业、电力机械制造业、电子及通信设备制造业六大产业确定为高技术产业。1994 年，OECD 专家依据 1985—1986 年和 1987—1989 年的数据，通过考虑间接的 R&D 经费支出的影响，依据总 R&D 强度（直接 R&D 强度 + 间接 R&D 强度）重新对高技术产业进行了划分，分成高技术产业和中高技术产业。高技术产业是航空航天制造业、计算机及办公仪器制造业、电子及通信设备制造业、医药品制造业 4 个产业；中高技术产业是电力机械制造业、汽车制造业、化工制造业、非电力机械制造业 4 个产业。OECD 在 20 世纪 90 年代后将研究开发（R&D）经费占总产值 8% 的行业划分为高技术产业。

我国对高技术产业的界定，主要采用经济合作与发展组织（OECD）的划分标准，定性为主，定量与定性相结合、多途径和多方案综合比较的方法。从 2000 年起，我国采用了 OECD 对高技术产业的定义，并根据 OECD 2001 年的新分类进行了调整。2002 年国家统计局印发了《高技术产业统计分类目录》的通知，按 OECD2001 年关于高技术产业的新分类统一了口径。我国目前界定的高技术产业主要包括：制造业中的电子及通信设备制造业、航空航天器制造业、医药制造业、电子计算机及办公设备制造业、医疗设备及仪器仪表制造业五类行业。

在 21 世纪，随着高新技术领域的一系列重大突破，将会进一步拓展高新技术产业的深度和广度，从而形成新时代的高新技术产业群。有关专家预测，21 世纪最有潜力的高新技术产业有 9 个，即：光电子信息产业、软件产业、智能机械产业、生物工程产业、生物医学产业、超导体产业、太阳能产业、空间产业、海洋产业。总之，21 世纪的高新技术产业将随着时间的推移和技术本身的变化而不断发展和变化，中国要在 21 世纪高新技术产业的国际竞争中占有一席之地，不能不重视未来高新技术产业发展的方向。

4.5.2 高新技术产业的基本特征

高新技术产业尤其是高技术产业是用当代尖端技术生产高技术产品的产业群，其有别于一般产业、传统产业的显著特征主要体现在以下几个方面：

4.5.2.1 知识技术的高密集性与资本的高投入性

高新技术产业是建立在最新科学研究成果基础上并应用多门学科研究成果的结晶。高新技术产业发展最关键的要素是知识、技术和人才，这与传统产业、一般产业主要以资源和劳动力作为第一要素有着重大区别。有关资料表明，国际上高技术产业中的科技人员数目是成熟的低技术工业中科技人员数目的 5 倍；高新技术产业中所需的技术工人比传统制造业多 75%。[①] 因此，高新技术产业的发展必须以聚集大量的高级专门人才、知识和先进技术为支撑。同时，由于高新技术的知识密集特点，其研究开发的复杂程度很高，必须投入大量的高级专门人才和高精尖的仪器设备，这就需要大量的资金投入。高新技术成果研发出来之后要形成规模化的产业，更需要巨额的资金投入，加之由于高新技术产品的生命周期日益缩短，为争取尽早实现大批量生产必然要求快速而大量的投资。

4.5.2.2 高附加值、高增长性、高效益性与高风险性

由于高新技术产业是知识密集型产业，体现在产品中的技术含量往往很高，从而使产品具有比较高的附加值。在产业周期发展规律中，高新技术产业正处于产业周期的成长期，产品面对的是新兴的市场，这个市场一旦被打开，所拥有的市场规模往往难以想象，从而拉动高新技术产业的高速增长。高新技术一旦顺利实现产业化，这时规模化生产的成本很低，加之在一段时期内形成的技术垄断，从而给企业带来的是丰厚的利润。但是，在高新技术产业国际分工日益细化的趋势下，这种高效益往往集中流向掌握核心知识产权的大公司手中，而大量的加工环节制造商所获效益并不高。另外，高新技术产业具有高风险性。高新技术的研究开发大多处于当代科学技术的前沿，具有明显的超前性、复杂性和探索性特点，往往是对原有技术范式的转换，从技术原理的探索构思到技术开发的组织实施，都存在很多难以预料的不确定性，失败率很高。高新技术成果被初步研发出来之后并不成熟，仅是技术"胚胎"，要进一步实现产业化还要对技术进行熟化以适应大规模生产的工艺、标准和环境要求，失败率更高。高新技术产业化还要面对配套条件难以找到的风险、市场不成熟的风险。这些因素使高新技术产业化成为一件很困难的事，一旦失败，将给企业带来致命的打击。

4.5.2.3 范围经济、规模经济与速度经济性

如果一厂商同时生产多种产品的支出小于多个厂商分别生产的支出，经济学家就称这种现象为范围经济（Economy of scope）或者多产品（Multi‑product）经济。高新技术产业中存在着极强的产品关联现象，如操作系统、办公软件、浏览器产品的关联性，市话服务、长话服务、电信产品的关联性。因而

---

① 楚尔鸣，李勇辉. 高新技术产业经济学 [M]. 北京：中国经济出版社，2005：8.

范围经济是高新技术产业的一种普遍现象，不仅能显著降低企业的运营成本，而且还能增加企业抗风险的能力。同时，高新技术产品生产随着规模的扩大而出现单位产品成本降低、规模报酬递增的现象十分明显，具有突出的规模经济特征。高新技术产业发展是一个连续不断创新的高速发展链，由于当代科学技术尤其是高新技术日新月异，转化为生产力的周期日益缩短，一项高新技术的规模化、产业化、规模化速度越快，获取的经济回报就越高；速度越慢，获取的经济回报就越低甚至只有投入没有回报，因此高新技术产业具有典型的速度经济性。

4.5.2.4　强渗透性和扩散性

高新技术不是对已有技术的重复和综合，而是在广泛运用多种现代科学技术成果的基础上通过不断的研究探索，在技术上不断创新而取得的，因而高新技术之间的相互渗透、融合和扩散作用很强，这种渗透融合又会产生和集成出一些新技术、新产品。不仅如此，高新技术对传统产业的渗透和扩散作用也很强，高新技术产品的许多用途是应用在传统产业上，从而促进传统产业与高新技术的融合，实现传统产业的结构升级。

4.5.2.5　战略性

所谓战略性，即指对一个国家未来的政治、经济、国防产生不可忽视的影响。高新技术产业之所以具有战略性，就是因为不是所有国家都很容易掌握，需要具备较强的经济技术实力和创新能力作为基本条件，谁一旦率先掌握它，不仅能带来垄断的经济利益，而且可对别国产生很强的威慑作用，因而高新技术产业实际上已成为衡量一个国家综合国力的重要标志之一。面对 21 世纪更加激烈的国际竞争，所有的国家均意识到，只有掌握高新技术这个竞争中的"制高点"才能掌握战略主动权，才能在国际上增强竞争力，立于不败之地。

4.5.3　高新技术产业与战略性新兴产业

战略性新兴产业是在 2008 年国际金融危机爆发之后由美国等国家率先提出的一个涉及国家未来的全球竞争地位的概念。战略性新兴产业一提出，就引起了世界许多国家的高度关注，并成为一些国家的重要战略。那么，什么是战略性新兴产业呢？迈克尔·波特从企业战略制定的角度认为，"新兴产业是新形成的或重新形成的产业，其形成的原因是技术创新、相对成本关系的变化、新的消费需求的出现，或其他经济和社会变化将某个新产品或服务提高到一种潜在可行的商业机会的水平"。① 埃里科克和瓦特（Erickcek and Watts）认为，新兴产业是销售收入和雇员数都快速增长的新产业，通常等同于范式转变（Paradigm Shifts）。② 理解战略性新兴产业还应明确"战略性"的含义。所谓战略性，是对国家经济发展和安全具有重大战略意义，关系到国家的经济命脉和产业安全，对未来国家竞争力的形成产生重大影响。把战略性和新兴产业结合起来考虑，战略性新兴产业就是指对经济发展具有重大战略意义的新兴产业，是一个国家或地区实现未来经济持续增长的先导产业，对国民经济发展和产业结构转换具有决定性的促进、导向作用，具有广阔的市场前景和科技进步能力，关系到国家的经济命脉和产业安全。

战略性新兴产业至少具有五个特征：

（1）它是相对于一定阶段而言的，不同阶段具有不同的新兴产业。

（2）具有广阔的市场需求前景，未来能够成为经济发展的支柱产业或者对未来支柱产业的形成起着强大支持和提升作用。

（3）一般采用新兴的技术，具有较高技术水平，能够对产业形成产生极大推动作用。

（4）资源能耗低，适应可持续发展的需要和低碳经济发展要求。

（5）带动系数大、就业机会多、综合效益好。

目前，我国确定的战略性新兴产业主要包括节能环保、新兴信息产业、生物产业、新能源、新能源汽车、高端装备制造业、新材料七大领域。

那么，战略性新兴产业与高新技术产业是一种什么样的关系呢？我们认为，战略性新兴产业与高新技术产业的基本内涵和主要特征大体一致，均是对一个国家未来经济发展和竞争力形成具有重大影响的产业，均需要高新技术作为支撑，均是面对的新兴市场，均具有高投入、高风险、高成长、高渗透、带动作用大等基本特征。只不过各自发展的时代背景和所强调的重点领域有所不同，在某种意义上说，战略性新兴产业是高新技术产业在新的时代背景和国际竞争环境下的继续、深化和发展。

高新技术产业包括电子及通信设备制造业、航空航天器制造业、医药制造业、电子计算机及办公设备制造业、医疗设备及仪器仪表制造业以及新能源、新材料和环境保护等产业。自 20 世纪 70 年代以来，全球高新技术产业经过几

---

① 迈克尔·波特. 竞争战略——分析产业和竞争者的技巧 [M]. 陈小悦，译. 北京：华夏出版社，2007.

② George A. Erickcek, Brad R. Watts, 2007, "Emerging Industries: Looking Beyond the Usual Suspects A Report to WIRED".

十年的发展，大多数已经形成了较大规模，尤其是电子信息产业、生物医药等已成为了许多国家的主导产业，其成长速度已逐步放慢，需要培育新的产业增长点。另一方面，随着经济全球化的发展、国际产业分工的深化以及不同产业之间的融合，涌现了许多新兴的产业业态，这些新业态完全有可能形成一个新兴产业。这时就需要对高新技术产业发展的重点领域和优先顺序进行动态调整。另一方面，当今全球气候变暖的问题已成为世界各国共同面临的挑战。新能源、碳捕获与碳存储、节能环保等低碳技术不仅是人类应对全球变暖的战略举措，而且能够转换原有的以化石能源为主的经济范式，形成和发展一批新兴产业，并深刻改变人类的生产生活。新能源技术的变革有可能把世界经济从IT时代带入一个新的长波周期，因此低碳技术及低碳经济成为高新技术产业在新的环境下许多国家政府的共识和重点战略选择。

从发达国家的需要来看，自20世纪50年代以来，美国在高技术产业领域一直处于全球的绝对优势地位，尤其是信息和互联网产业已经成为了美国的第一大支柱产业，使美国控制了全球的技术、市场和垄断利润，创造了高科技带来的国家竞争优势。但是，随着互联网泡沫的破灭以及之后技术创新突破步伐的放慢，加之在全球化背景下美国把不具备比较优势的制造环节大量向发展中国家转移，使美国的经济结构面临"空心化"趋势，大量资本涌入房地产投资和金融衍生产品的开发，成为引发金融危机的重要原因。在世界性的金融危机之后，美国等发达国家充分认识到，一个国家的"产业空心化"是很危险的，必须推进"再工业化"过程。由于美国等发达国家在传统产业领域已不具备比较优势，而在电子信息、生物医药等高技术产业领域已经形成较大规模，必须寻求新的技术和产业突破口。由于低碳技术和新能源等新兴产业顺应了世界经济发展趋势和环境保护的要求，正好使美国等发达国家找到了突破口，有可能使其在下一轮全球竞争中继续处于技术和市场的领先地位。因此，发展以低碳技术和新能源产业为代表的新兴产业在发达国家的倡导下迅速在世界扩展开来。我国正处于工业化的中期阶段，2007年的 CO_2 的排放量占世界的21%，超过美国成为世界第一大 CO_2 排放国。基于国际环境趋势和我国正面临资源、环境压力和经济结构转型的需要，在2009年12月的哥本哈根会议上，我国政府明确承诺到2020年单位GDP的 CO_2 排放比1995年减少40% ~ 45%。在这种情况下，低碳技术及相关产业必然成为我国未来产业发展的重点领域。

从以上高新技术产业发展状况和战略性新兴产业提出的背景分析中可以发现，高新技术产业与战略性新兴产业强调的角度和重点有所不同。高新技术产业主要强调电子信息产业、生物医药产业、航空航天的发展，而战略性新兴产业则主要把低碳技术和新能源产业放在首位；高新技术产业目前已经形成了比较大的规模，有的领域已经比较成熟，风险大大减少，收益比较稳定，而战略性新兴产业目前还处于起步阶段，不成熟性、不确定性、风险性更大；高新技术产业更多地强调知识技术密集，有许多高技术如航空航天技术先是满足国防需要然后再转移到民用，而战略性新兴产业主要强调国家经济战略转型的需要，新技术开发要为产业发展需要服务，不一定技术上要很高；高新技术产业往往是发达国家在技术和产业发展上先领先一步，后发国家实行追赶，战略性新兴产业的发展则可能实现发达国家与发展中国家在技术研发和产业发展上取得同步；高新技术产业的发展是技术与市场共同驱动的结果，而战略性新兴产业发展更多是市场驱动的结果。总之，战略性新兴产业是高新技术产业在新的国际背景和面临的竞争挑战下的继承、延伸和深化，反映了世界各国寻求新一轮国家竞争优势的需要。

4.6　高新技术产业集群发展规律

高新技术产业呈集群发展的基本态势，这是当今高新技术产业发展的最普遍规律。

4.6.1　产业集群的概念和形成动因

产业集群（Industrial Cluster）又称产业聚集、专业化产业区或簇群经济。在经济发展的全球化与信息化时代，产业集群被称为"平滑空间上的黏滞点"而受到经济学、经济地理学和社会学等不同学科的关注。由于视角和学科的不同，迄今为止，产业集群的内涵界定并没有统一的标准。

目前被引用得最多、解释比较全面和完整的是波特对产业集群的理解。波特在 1998 年发表的《集群与新竞争经济学》一文中认为："集群是特定产业中互有联系的公司或机构聚集在特定地理位置的一种现象。集群包括一连串上、中、下游产业以及其他企业或机构，这些产业、企业或是机构对于竞争都很重要，它们包括了零件、设备、服务等特殊原料品的供应商以及特殊基础建设的提供者。集群通常会向下延伸到下游的通路和顾客上，也会延伸到互补性产品的制造商以及和本产业有关的技能、科技，或是共同原料等方面的公司上。另外，集群还包括了政府和其他机构：像大学、制定标准的机构、职业训练中心以及贸易组织等——以提供专业的训练、教育、资讯、研究以及技术支援。"① 随着集群经济的发展以及新兴产业的不断形成，产业集群的外延不断扩展，社会文化、地方网络以及生态环境、人文关系等因素日渐融入产业集群的范畴。

对于产业集群形成的动因，不同学者从不同角度进行了分析，主要有外部经济、交易费用节省、报酬递增以及技术知识溢出的空间有限性等。

从外部经济来看，最早对产业集群现象进行解释的是马歇尔。马歇尔把追求外部经济作为"许多性质相似的企业集中在特定的地方"的主要原因。马歇尔认为，工业聚集的优势在于：协同创新的环境将有利于知识、技术、信息的外溢，从而促使了大量专业化分工的企业的聚集；辅助性行业的产生使得对于高价机械的使用外部化，对比于各个企业分别将高价机械用于生产节省了大量的生产成本，因而吸引了企业的进一步集聚；对专门技能的需求和供给促使了工业的集聚；劳动需求结构的不平衡促使工业集聚以节约劳动成本；为避免只有一种产业存在所带来的地区经济发展的较大波动，地区经济的持续发展需要工业种类的多样化；为顾客的便利促使商店集中。② 与马歇尔外部经济解释产业集群形成的经济动因相似的还有韦伯的"聚集经济"观，他主要从生产成本的降低和促进产品销售带来的利益增长和成本的节约，但是他们没有说明为何产业集群在此地而不在彼地形成聚集。在这一点上，克鲁格曼在其新贸易理论中用"历史的偶然事件＋外部规模经济"的解释作了很好的补充，认为集群的发展实事上具有路径依赖的特性。

从交易费用来看，众所周知，交易费用不利于社会分工，空间的地理接近可以节约交易费用，产业集群作为一种地理集聚可支持生产系统的垂直分离。安虎森（2001）从信息经济学的角度考察了空间的接近降低了信息的不定性，从而降低了信息搜寻的成本。而金祥荣和柯荣住（1997）对"浙江模式"的考察发现，产业集群内中间产品市场为当地的专业化生产商有效节约了交易费用，从而促进了产业的进一步分工。仇保兴（1999）发现与地缘、亲缘相联系的社会关系网络能增强供应商和客户之间的信任和承诺，有效降低中间产品由于信息不对称而发生的信用风险，提高产品交易的频率和效率。可见地理接近和社会根植这两组效应共同构成了产业集群在降低交易费用上的优势。

---

① Michael E. Porter. Clusters and New Economics of Competition [J]. Harvard Business Review, 1998 (11).

② 阿尔弗雷德·马歇尔. 经济学原理：上卷 [M]. 朱志泰，等，译. 北京：商务印书馆，1987.

从技术知识溢出的空间特点来看，科技无国界，但在一定的时间范围内技术知识却是有地域限制的，特别是经验性知识技术诀窍，即不能编码的知识或隐性知识更是如此。创新及创新思想主要源于隐性知识，产业集群内企业之间的经常接触以及成员间的面对面的交谈有利于隐性知识的传播和扩散，而某一产业链上企业的创新也容易被其他企业模仿，从而促进了产业集群内整体创新能力的提高，降低了创新成本。

4.6.2 高新技术产业更具有集群发展的基本规律

产业集群在各种产业中都可能存在，既有传统产业集群，也有高新技术产业集群。高新技术产业集群是产业集群中的一种，也遵从产业集群的一般含义，只不过更要体现高新技术的特点。所谓高新技术产业集群是指在特定地域范围内，由在电子信息、生物医药、新材料、航空航天、新能源、先进机械制造等高新技术领域内具有相同、相近和关联企业以及为其服务的中介机构、供应商、销售商、大学、科研机构、地方网络机构等，在研发、生产、销售和消费过程中形成的具有密切联系的网络。

高新技术产业更具有集群发展的规律。从本质上讲，产业是否存在集聚的可能，是由其内在的生产技术特征和市场特征所决定的。不同产业因内在的生产技术特征和市场特征不同，其集聚的程度、空间范围就会有很大不同，也就是说产业集群的形成需要一定的条件。这些条件是：产品生产过程的可分性、生产要素的流动性、最终产品的可运输性以及较低的运输成本、较大的规模经济和较大的制造份额等。而高新技术产业更加符合这些条件。高新技术产业是生产过程可分程度最高的产业，目前不仅已发展成产前、产中、产后的价值链分工，而且已经深入到产品内部的工序分工，形成了产业模块化，即将产业链中的每个工序分别按一定的模块进行调整和分割，不同的模块可在统一的接口标准下进行优化组合，形成新的产品或者产品的新功能。高新技术产业中的技术、人才、资本等生产要素流动性非常强，在流动中不断有新企业的衍生。高新技术产品一般具有体积小、附加价值高、技术含量高、环境污染少等特点，因而高新技术产品的可运输性很强，运输费用在总成本中的比重很低。高新技术产业的分工很发达，因而规模经济很显著。以上这些因素使高新技术产业更具有集群发展的特征和规律。

高新技术产业集群不仅具有一般产业集群的地理特性、相关产业特性和建立在地方网络基础上的产业体系特性，还有其自身的特性：

（1）高新技术产业集群内企业不断衍生的速度更快，新老企业的更替与融合更频繁，企业集成创新能力更强；

（2）高新技术产业集群内知识的外溢性显著，主要是缄默知识或非编码知识，也即非正式交流突出，同时，新知识投入很大；

（3）高新技术产业集群内的人才流、技术流、信息流以及资金流动更加频繁，与科技机构、大学等知识创新源的关系紧密，也是风险投资机构主要集散地；

（4）高新技术产业集群的价值链分工更加突出，一个高新技术产品生产的价值模块就可能在地理上形成集聚态势。

由于高新技术产业更具有集群发展的需求，从而获得的竞争优势也就更明显，主要体现在以下几方面：

（1）专业化的人力资源供给和柔性化的人才需求。高新技术产业集群一方面把具有高技术和高级管理者等相关人才吸引到同一地方，实现了人力资源的有效供给，同时人才的集中迫使人才增加人力资本投资向专业化、高级化方向发展，从而提高了高新技术产业集群人力资源的整体素质。另外，地方人力资源市场，特别是当地大学、科研机构能够提供充足具有相关知识的高素质人才，高新技术产业集群内企业可以根据自身的生产需要及时灵活地调节人力资源的数量和质量，从而降低了生产成本、培训成本、管理成本等。

（2）加速知识的传播和扩散，促进企业竞争与创新。高新技术产业集群内企业通过正式或非正式接触，知识（包括技术、信息、经验等）能在相互之间方便地传播和扩散。同行的生产厂商、供应商、相关行业的厂商聚集在一起，彼此之间既竞争又相互模仿，既竞争又合作，有利于竞争与创新。

（3）增强区域营销优势。高新技术企业通过聚集，利用群体效应，形成区位品牌，减少了单个企业的广告费用，使群内每个企业都受益。同时，高新技术产业集群一旦形成区位品牌后，可利用这个巨大的品牌价值，获得纵向一体化利润。从消费者的角度讲，相关产业的产品种类齐全，有利降低搜寻成本和交易成本，比单个分散厂商更有吸引力。

（4）增强信任，促进合作，降低信用风险，减少交易成本。彼此的接近使高新技术企业互相有机会较长时间的经常接触，更容易建立信任感，降低企业间的违约事件，通过建立长期的合作关系，降低了企业之间的交易成本。

5　西部高新区的演化实证分析

5.1　高新区的建设和发展历程

5.1.1　我国高新区建立的背景及发展历程

西部高新区的建设与发展历程与我国高新区整体发展历程基本相似，因此，有必要对我国高新区建设与发展历程进行回顾。

我国高新区是在面临世界新技术革命挑战，各国不断加强高新技术产业发展、兴办科技工业园区以及国内不断深化改革和扩大对外开放的国际国内背景下，由政府强力推动而创建发展起来的。在 1978 年全国科学大会上，邓小平阐述了"科学技术是生产力"的观点。此后，全国各界对如何将科学技术转化为生产力进行了艰辛的探索。1985 年 3 月，以国务院提出"要在全国选择若干智力密集的地区，采取特殊政策，逐步形成具有不同特色的新技术开发区"为标志，科技园区建设首次进入国家战略层面。1985 年 6 月，深圳市政府与中国科学院联合创办深圳科技工业园区，成为中国第一个高新技术产业开发区。1986 年 3 月，邓小平批准了几位科学家关于发展我国高技术的建议。随后，当时的国家科委等主管部门通过论证，制订了高技术发展计划（即"863"计划）。1988 年 5 月，国家正式批准建立北京市新技术产业开发试验区，并制定了有关试验区的 18 条优惠政策。为迎接世界新科技革命的挑战，加速发展我国高新技术产业，在"863"计划、"火炬"计划的推动下和北京新技术产业开发试验区的示范作用下，1991 年国务院正式在全国 26 个地区兴办的高新区的基础上，批准建立了第一批 26 个国家级高新区，同时制定了一整套扶持高新区发展的优惠政策。1992 年又批准 25 个国家级高新区，这时国家级高新区达到 52 个。之后，在 1997 年国家只批准建立了陕西杨凌农业高新技术产业示范园区，直到 2007 年国家高新区的数量一直保持在 53 个。但到

2007 年之后，国家又启动了新一轮国家级高新区的扩张，主要通过升级省级高新区为国家级高新区的途径来实现。2007 年宁波省级高新区被批准升级为国家级高新区；2009 年江苏泰州高新技术产业开发区和湘潭高新区被批准升级为国家级高新区；2010 年和 2011 年这两年连续升级了 32 家省级高新区为国家高新区。因此，目前经国务院批准的国家级高新区共计 88 个，遍布全国 29 个省、自治区、直辖市。

关于我国高新区的发展历程，由于划分的标准不同，对高新区的发展历程描述也不同，目前主要有两种划分标准：

第一种是从高新区管理模式演变划分，把我国高新区发展历程划分为四个阶段。[①] 第一阶段：启动运作期（1991—1994 年）。这个时期的特点：没有形成统一的管理方式，国家层面基本上是鼓励各地大胆实践，关注较多的则是出台一系列优惠政策，着力吸引高新技术企业入驻。第二个阶段：建章立制期（1995—1996 年）。这个时期的特点是：高新区对当地经济发展的贡献逐渐凸显，地方政府为了加快高新区的发展，逐渐把经济管理权限和部分行政管理权限下放。同时，国家也加强了对高新区管理体制建设的宏观指导，1995 年、1996 年相继下发了相关文件，使得高新区管理体制开始逐步走上规范化、制度化轨道。第三个阶段：相对定型期（1991—2001 年）。这个时期的特点是：通过摸索、借鉴、创新，高新区初步建立起适合高新技术产业发展的"小政府、大社会"，"小政府、大服务"，"一站式办公"的创新型管理体制，成为促进高新技术产业快速发展的重要保证。第四个阶段："二次创业"期（2002年至今）。这个阶段的特点是：在高新区"滚动发展"难以为继、外延式扩张路子越走越窄的情况下，国家科技部提出了国家高新区要进行"二次创业"，大力推进发展方式由粗放型向集约型转变，发展动力由要素驱动向创新驱动转变。

第二种是国家科技部从驱动高新区发展的动力因素角度把我国高新区发展历程分为两个阶段：① "一次创业"阶段（1991—2001 年）。这个阶段的特点是：主要以基础设施建设、招商引资、产业形成、优惠政策为主要手段，聚集各种生产要素，采取外延式的发展模式为主。② "二次创业"阶段（2002 年至今）。随着经济的快速发展，高新区在发展中面临土地资源日益稀缺、商务成本大幅提升、外延扩张日益突出等严重影响高新区可持续发展的问题，国家科技部于 2001 年 9 月在武汉召开的全国高新区会议上，明确提出了高新区要进行"二次创业"的发展思路。"二次创业"的实质是加快培育自主创新能

---

① 杨平. 创新使命 [M]. 上海：上海科学出版社，2006：8-9.

力，发展特色产业集群，形成新的竞争优势，努力实现高新区由政策驱动、投资驱动向主要依靠创新驱动的内生增长模式转变。

5.1.2 西部高新区建设和发展历程

西部高新区的建设与发展历程与我国高新区整体发展历程基本相似，经历了创建、建设到二次创业阶段。

1991 年我国西部地区被批准设立了 5 个国家级高新区，分别是西安、成都、重庆、桂林、兰州高新区。1992 年批准设立了 7 个国家高新区，分别是包头稀土、南宁、绵阳、贵阳、昆明、宝鸡和乌鲁木齐高新区。1997 年批准设立了全国唯一一家农业高新技术产业示范园区——陕西杨凌农业高新技术产业示范区，到 2008 年西部地区共设立了 13 个国家级高新区。

我国西部高新区主要分布在智力资源密集、经济发展水平较高以及区域条件较好的各省、市大中城市。西部 12 个省、市（区）中，国家级高新区设立得最多的是陕西省，其境内设立了 3 个国家级高新区，分别是西安高新区、宝鸡高新区和杨凌农业高新技术示范园区；其次是四川和广西各设立了 2 个国家级高新区，分别是成都、绵阳高新区和桂林、南宁高新区。西部除西藏和青海没有设立高新区外，其他省区至少都设立了一个国家级高新区。

我国西部地区地域辽阔，自然资源丰富，但整体经济发展水平远远落后于东部沿海地区，智力资源从整体上也大大落后于东部地区。按我国高新区设立的原则，西部高新区分布密度明显低于东部高新区。从省的分布看，到 2008 年西部的 12 个省市中，平均每个省市只有 1.08 个高新区，而东部平均每个省市有 2.9 个高新区。从国土面积上看，东部地区每 2.86 万平方千米分布了一个国家级高新区，而西部则高达 52.76 万平方千米仅分布一个国家级高新区。高新区作为地区经济增长的增长极，对于西部来说，不仅本身的区位优势比较差，而且肩负的重荷比东部高新区沉重得多。

5.2 西部高新区产业演化分析

5.2.1 产业结构的演化

产业结构是一个动态变化的过程，不同的学者有不同的划分标准。传统的三次产业结构划分为第一次产业（农业）、第二次产业（工业）、第三次产业（服务业）。产业结构的演化方向是由以第一产业为主向以第二次产业和第三次产业演化更替。进入 20 世纪 80 年代以来，随着信息技术及现代高技术群的迅速壮大，人类产业活动的规模和方式有了巨大变化，三次产业分类的理论局限性日益突出，围绕信息产业化浪潮展开的"第四次产业"讨论和以寻求可持续发展途径为目的而展开的"环境产业"、"资源产业"、"生态可持续工业"、"高技术产业"的讨论，把一批新兴产业的归属、地位、本质等提到产业经济研究的热点中来。于是便有学者提出了立体产业分类理论。立体产业分类理论基于以下认识前提：产业分类应服务于特定的分析内容；产业结构化调整是实现可持续发展的有效途径；对应于产业结构分析内容和角度的多样化，产业分类方法也必然多种多样。立体产业分类理论的核心内容为：引入了两类新的独立产业，即自然资源产业作为零次产业，由环境产业、高技术产业（包括信息产业）等组成的高次产业。高次产业脱胎于传统三次产业但又不完全等同于传统三次产业，它们通过某种核心技术连接一、二、三次产业中的相关产业活动，是从更高层级上对经济活动再分解和重新组合的结果；高次产业对传统产业活动进行渗透和改造，标志了传统产业的未来发展方向，例如传统产业的高技术化（包括信息化）、生态化和知识密集方向等。

　　由高新区的功能特征所决定，发展高新技术产业应当是其主要任务，而高新技术产业本身就是高层次的产业。不过，与我国其他国家级高新区一样，西部高新区在发展过程中并不是一开始就完全是高新技术产业，而是经历了一个结构转换过程。在西部高新区发展的起步阶段，要素聚集程度很低，只是些零星的企业从事生产贸易活动。为了尽快聚集企业，许多高新区均把招商引资放在全部工作的首位，以优惠政策作为主要手段，只要企业愿意进入高新区一般都引进来，根本顾不上企业的产业方向、技术含量等。由于处于起步阶段，要素聚集程度低、企业少、规模不大，这时西部高新区的产业结构是不稳定的。之后，随着高新区的发展，企业的不断引入，加之政策的引导，西部高新区就逐步形成比较稳定的主导产业结构。但是，这时的主导产业结构主要是以工业结构为主，并且不是都处于高新技术产业领域，其中还包含一些低技术含量、低附加值的传统产业。之后，随着高新区的进一步发展和发展方式的转变，高新区产业结构也发生了很大变化，现代服务业迅速增长，由以第二产业为主的产业结构向二、三产业共同发展转变。同时，由于资源环境的制约，许多高新区加大了产业引导的力度，一方面对新进入高新区的企业，在技术领域、技术含量、投资强度、投资密度、环境等作出了明确要求；另一方面，对高新区现有的传统产业鼓励其逐步退出，这时高新技术产业就占据了主导地位，高层次产业结构的特征开始显现。因此，从整体上看，西部高新区产业结构的演化路径可表述为：不稳定的产业结构→逐步形成以传统产业与高新技术产业并存的主导产业结构→逐步演变为以高新技术产业为主的主导产业结构→高新技术产业和现代服务业共同融合发展的产业结构。

当然，西部各个高新区产业结构演化与转换的进程很不一样，具有很大的不平衡性，有些高新区如成都、西安等已形成高新技术产业与现代服务业融合发展的格局，而西部有些落后的高新区仍保留了相当部分的传统产业。

5.2.2　产业价值链的演化

产业链思想最初源于亚当·斯密的分工理论，认为"分工受市场范围的限制，分工提高了人力资本促进了技术创新，是产业报酬递增的根源"，后来马歇尔等把分工扩展到企业与企业间，强调企业间分工协作的重要性，认为"协作不仅降低了交易费用，而且创造了新的生产力"。实际上，产业链治理的关键恰恰是链中企业基于专业化分工基础上的协调与合作，因此马歇尔的专业化分工理论被认为是产业链理论的真正起源。

由于研究的视角不同，迄今为止，对产业链的定义还没有形成统一的认识。基于产业链功能的角度，哈里森（Harrison）将产业链定义为采购原材料，将它们转换为中间产品和成品，并且将成品销售到用户的功能网链。史蒂文森（Stevenson，1989）将产业链看作是由供应商、制造商、分销商和消费者连接在一起组成的系统，其中贯穿着反馈的物流和信息流。这种观点把信息提升到与产品同等重要的地位。

迈克尔·波特于1985年提出了"价值链"概念。他认为，企业创造价值的过程可以分解为设计、生产、营销、交货以及对产品起辅助作用的一系列互不相同但又互相联系的经济活动的总和，并由此构成了产业价值链。从本质上来说，价值链是一系列创造价值的过程总和，这些活动通过信息流、物流和资金流联系在一起。价值链是产业内分工发展的结果，由于产业内分工向纵深发展，创造价值的活动由一个企业为主导而分离为多个企业活动的相互连接，从而构成了价值链的上下游关系，这种上下游之间的链条关系就形成了产业链。[①] 波特对产业链及价值链关系分析是基于专业化分工的基础上，强调了链条上下游企业的关系，并根据各企业所具有的功能在同一链条中所发挥的作用而形成了上下游企业的不同价值分布。

产业价值链是动态变化的，从不同的分工层级和价值节点上划分，均有不

---

① 迈克尔·波特. 国家竞争优势 [M]. 李明轩，邱如美，译. 北京：华夏出版社，1997.

同的价值链。从产业价值的演化来看，最初是由研发、制造、营销一体，尔后营销分出，最后研发从一体化生产中分解出来，形成上、中、下游产业价值链，即研发→制造→营销三个价值链节点，并呈现出"微笑曲线"的分布形态。随着产业向纵深发展，产业的支撑功能和辅助功能增强，便形成以主导产业纵向价值链为主不断延伸和横向价值链交错的不同价值节点的产业价值链网，即教育培训（创意）→研发→制造→营销→售后服务等，并且每一个主体产业链节点又横向细分化很多辅助功能。因此，产业链纵向演化的一般路径为：贸易→制造→营销→研发→制造→营销→创意（教育培训）→研发→制造→营销→品牌管理。同时，产业价值链也是不断升级演化的，从低层级的产业价值链向高层次价值链演化，其演化升级与产业本身的层级演化是一致的。显然，在更高层级的制造业创造的价值明显高于低层级的研发和营销的价值，一般产业价值链的层级演化规律如图5-1所示。

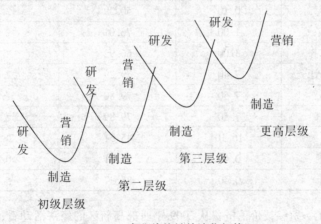

图5-1　产业价值链的演化规律

西部高新区与其他高新区一样，最初都从事简单的低端高新技术产品贸易及加工，没有主导产业出现，地域根植性不强。经过二十多年的发展，经济活动发生了较大变化，并且一些高新区的经济活动处于全国高新区平均价值链的突出地位（见表5-1）。

从整体上看，西部大部分高新区目前主要以高新技术产品加工或高新技术产业商品化为主，研发活动不断增强，已由贸易为主转为工→技→贸和工→贸→技两种活动形式（见表5-1）。

（1）工→技→贸价值链型：从2009年西部高新区的经济活动看，从事此活动模式的高新区有成都、重庆，其中重庆高新区的技术性收入占到整个高新区收入的23.10%，成都为7.10%。

表 5 - 1　　　　　　　2009 年西部各高新区收入构成与中东部比较　　　　　单位:%

	技术收入占比	产品销售收入占比	商品销售收入占比
包头	1.60	96.08	0.03
南宁	10.90	71.45	8.73
桂林	0.40	98.07	1.62
成都	7.10	86.00	3.68
重庆	23.10	73.65	0.24
绵阳	0.00	98.98	1.42
贵阳	2.20	93.60	1.99
昆明	0.90	81.16	12.55
西安	11.60	63.81	17.42
宝鸡	0.30	96.05	0.68
杨凌	0.10	50.29	3.74
兰州	1.00	76.01	2.68
乌鲁木齐	3.00	66.92	25.50
西部合计	7.40	79.29	7.71
全国	7.50	79.80	7.88
中东部	7.50	79.89	7.91
北京	16.10	45.51	28.39
深圳	0.40	98.31	0.07
上海	0.40	85.37	5.76

（2）工→贸→技价值链：从 2009 年西部高新区的经济活动看，从事此活动类型的高新区包括包头、桂林、南宁、西安以及宝鸡等 11 个高新区。其中，包头、绵阳、桂林、宝鸡、兰州的产品销售收入占营业收入的 95%以上，基本上是以工业产品加工生产为主，技术性收入不到 2%。不过南宁高新区的技术性收入较高，占营业收入的 16.4%，远远高于西部和全国平均水平，居西部高新区第二位，仅次于重庆高新区的技术性收入比。

产业增加值率是反映一个区域产业价值链层次的重要指标。西部高新区工业增加值率自 2001 年以来呈稳中略有下降的趋势。2001 年西部高新区的工业增加值率为 29.16%，到 2009 年为 28.54%，下降了 0.62 个百分点。但引人注目的是，西部高新区在不同时期的工业增加率均高于全国平均水平。西部高新区自 2001 年以来的工业增加值率在 28% ~ 29%之间，而全国平均水平在 23% ~ 26%之间，2009 年西部高新区的工业增加值率比全国平均水平高出

3.33 百分点（见表 5-2）。这说明，西部高新区的产业价值链所处的位置比全国平均水平更高，与现实中人们普遍认为西部高新区的产业价值链水平比全国低的表面认识相反。同样可以发现，西部高新区的产业价值链水平比东部高新区要高，东部高新区特别是沿海主要是以代工为主，而西部高新区更多的是创制。

表 5-2　　　2001—2009 年西部高新区工业增加值率的变化　　　单位:%

年份/区域	2001	2002	2003	2004	2007	2008	2009
包头	31.52	33.53	29.85	31.81	31.78	30.36	29.88
南宁	34.93	30.97	33.32	34.63	30.93	32.58	33.66
桂林	31.51	32.15	32.6	31.94	28.88	29.22	29.34
成都	34.3	29.72	35.67	31.53	34.45	31.59	28.98
重庆	23.07	24.13	26.33	31.47	30.02	31.2	30.12
绵阳	25	20.84	19.52	17.73	17.37	18.35	23.81
贵阳	30.03	34.72	32.8	29.69	26.81	26.6	25.98
昆明	28.59	24.98	22.9	20.12	17.07	17.71	23.26
西安	28.77	30.34	32.08	32.5	32.09	31.06	31.85
宝鸡	24.88	26.98	28.82	29.3	28.86	28.2	28.31
杨凌	23.14	27.62	21.01	23.57	41.17	44.9	29.13
兰州	25.29	24.88	24.16	20.87	20.43	19.51	20.64
乌鲁木齐	29.74	29.83	24.36	29.01	26.82	20.36	18.52
西部平均	29.16	28.07	29.99	29.72	29.21	28.47	28.54
全国高新区平均	25.91	25.4	25.27	24.48	24.15	23.74	25.21

5.2.3　产业组织的演化

正因为此，一些有远见的学者从承担产业要素配置功能的实现载体出发，认为产业组织是一种以企业为核心、包括政府在内的各产业主体之间协作配置资源的一种关系，并指出不同发展阶段的不同产业、不同企业对资源的配置要求是不同的，一个地区要保持产业快速发展，必须顺应这种规律，进行产业组织创新。[①] 本研究认同此观点，认为高新区产业组织是以高新技术企业为核

---

① 科技部火炬高技术产业开发中心，北京市长城企业战略研究所. 中国增长极——高新区产业组织创新 [M]. 北京：清华大学出版社，2007：42.

心，各级政府、大学、科研机构和中介服务机构共同参与，通过市场对知识、资金、技术、人才以及基础设施等进行协作配置的一种关系。显然，高新区的不同发展阶段、不同企业对资源配置不同，产业的组织形态结构也会不同。高新区产业从形成、成长、成熟到高级化四个主要阶段的组织结构变化如图5－2所示。在高新区产业形成阶段，产业的组织形态主要以创业企业、孵化器、天使投资（政府）、大学科技园为主；在成长期，产业的组织形态是以瞪羚企业、加速器、风险投资以及创业板等形态存在；在成熟期，以大企业集团、产业联盟、产业集群、专业园等形态存在；在衰退期或转化升级期，主要以产业研发中心、总部中心、风险投资中心和精英人才中心等形态存在。不过需要指出的是，高新区各阶段的组织形态的具体要素没有截然分开，而在各阶段的主要组织形态中也融合了其他阶段的组织形态，如创业企业和孵化器是高新区任何一个阶段都存在的，只是在成长和成熟阶段弱化了。

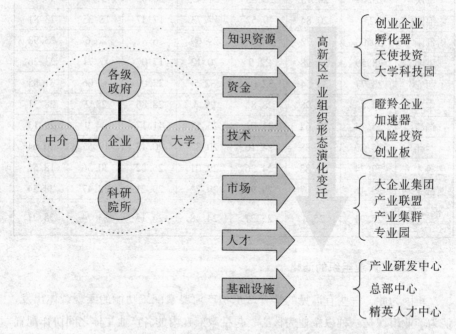

图5－2　高新区产业组织演化规律示意图①

　　① 根据《中国增长极——高新区产业组织创新》一书中的产业组织规律示意图改绘而成（科技部火炬高技术产业开发中心，北京市长城企业战略研究所. 中国增长极——高新区产业组织创新 ［M］. 北京：清华大学出版社，2007：43）。

我国西部大部分高新区产业组织形态主要是以创业企业、瞪羚企业、孵化器、天使投资的形态存在，即大部分产业组织处于发展的第二阶段，发展较快的成都高新区、西安高新区、重庆高新区产业组织已向第三阶段发展，已出现大企业集团、产业联盟、专业园区等组织形态雏形。

5.3 西部高新区的空间演化分析

5.3.1 空间演化的路径

经过近二十年的发展，西部大部分高新区的地域空间已发生了较大变化，由过去几平方千米演变为现在的几十平方千米，其大多数演化路径如下：在高新区建立最初，在原有城市的临近区位划一块从几平方千米到几十平方千米的区域作为高新区集中新建区。由于集中新建区大多处于城郊，几乎是一片农田，不可能一下开发完毕所有的地块，因而在建设开发方式上，大多数高新区采用了"负债经营、集中开发、滚动开发"的模式。即把集中新建区划分为起步区、发展区、后备区，首先启动和开发起步区地块的基础设施建设，通过招商引资聚集企业在起步区发展。在起步区的土地基本开发完毕和空间被企业和其他机构占据到一定程度时，再适时启动发展区地块的空间开发，这样一步一步地扩展高新区的空间范围。

5.3.2 空间演化的模式

在西部高新区二十年的空间演化过程中，由于各个高新区的具体情况不同而差异较明显，总体上形成了以下几种空间演化模式（见图5-2）：

5.3.2.1 一区周边辐射型

该模式以高新区为核心，向周边地区乃至更远地区辐射发展。目前西部高新区空间演化成一区带动周边辐射模式的主要是杨凌高新区，其不仅向周边发展，而且面向全国建立各种实验基地，其高新技术产业示范园区辐射带动地域空间范围大。

5.3.2.2 区域内一区多园型

该模式即在高新区辖区范围内，逐步形成了电子信息、软件、生物制药、新材料、现代食品等多种专业产业园和留学生创业园、大学科技园、创新服务中心、企业孵化器等多种孵化园，并且随着高新区产业的集群化发展，专业

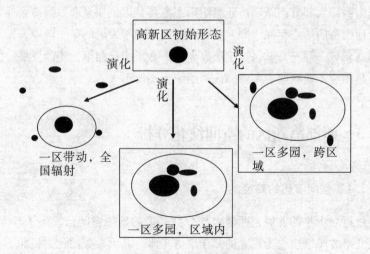

图 5-2 西部高新区空间演化模式

园、孵化园的细分程度越来越高。目前，西部大部分高新区主要以一区多园的形式存在，而且大部分园区建立在高新区辖区管辖内，如成都、西安、昆明、绵阳以及桂林等。

5.3.2.3 跨区域的一区多园型

该模式除在高新区地域空间范围内形成"多园"外，还在高新区外形成"多园"，在地理空间上呈间断性的块状分布。如重庆高新区，从 2000 年便采取三区合一，即高新区、经开区和北部新区的跨区域整合发展；乌鲁木齐高新区已由高新区区域内建设转向与其他地市州共同建立区外园。

在西部高新区的空间演化过程中，大部分高新区的空间结构呈突变式演化而不是渐进式演化，这主要是政府的强力推动起到了重要作用。在招商引资成为政府经济工作的重心和积极推进产业园区化的思路下，各个地方为了加快高新区的发展，通过行政手段以新划区域、合并临近区域等方式，不断扩展高新区的区域范围，而不是以产业自身由中心向外围发展的中心—外围模式，使高新区的空间面积往往呈现出跳跃式扩张的态势。

5.4 西部高新区创新演化分析

5.4.1 创新模式的演化

创新模式是一个多维度的概念，从创新的深度和利益实现程度来看，创新模式的演化路径总体为：引进消化吸收再创新→集成创新→原始创新→更高层级的引进消化吸收再创新。不过，不同地区的创新模式演化并非均按上述路径依次演进，如美国硅谷走的是自主创新之路，其创新模式演化路径为：集成创新→原始创新，或者是原始创新→更高层级的集成创新。日本创新模式演化的路径为：引进消化吸收再创新→集成创新→原始创新。就像人类社会的演进一样，总体是从低级向高级演化，但有的国家或区域则是通过跃迁，不经过其中的某些阶段。同样，不同国家或区域由于其产业的根植性和历史性不同，决定其创新模式演化的路径。如我国电子信息产业走的是引进吸收再创新→集成创新→原始创新的模式，但目前原始创新很少。而中医药产业这一块，我国走的是原始创新→更高层次的集成创新的路径，因为我国在中医药方面具有自身的原创性，中医药现代化，则是将中医原创的精化与生物技术和信息技术融合发展，形成原始创新向更高层次的集成创新和更高层次的引进吸收再创新转变。

西部高新区产业中除中医药现代化产业外，大部分产业如电子信息产业、机械制造业等产业创新模式走的都是引进吸收再创新→集成创新→原始创新之路。不过大部分高新区在电子信息等产业还处于引进吸收再创新阶段，成都高新区、西安高新区开始走向集成创新。总体来讲，西部高新区走的是引进吸收再创新→集成创新→原始创新的演化模式。其中大部分还处于引进吸收再创新的阶段。

从西部高新区创新的网络化程度分析，随着西部高新区创新型企业的不断聚集，创新的模式正经历点式创新→线式创新→面式创新→网络式创新的演化路径。在西部高新区建设初期，由于要素聚集的小规模性、不完全性，空间特征的分散性、无序性、随机性，这时高新区企业之间的联系很少，因而高新区的创新模式主要是点式创新。随着高新区创新要素和创新性企业的不断聚集增多，创新要素之间、创新性企业之间的联系就逐步增多，这时高新区企业之间创新就转变为线式创新，主要表现为同行业企业之间创新合作的增加。同一行业企业的线式创新进一步扩展到相关行业的创新，就可形成面式创新。当高新区内技术、资金、人才、等不同创新要素，科技型企业、大学、科研机构、教育培训机构、风险投资机构、中介服务机构、政府等不同主体连接成紧密联系、功能互补的网络时，这时网络式创新就展开，处于网络中的企业可以充分利用网络资源提高创新效率。从目前西部高新区的发展状况来看，还主要是以点式创新、线式创新为主，面式创新、网络式创新尚处于发育之中。

5.4.2 创新主体关系的演化

我国西部高新区形成之初到 2000 年相当长一段时期内，企业、科研机构和大学是分割的，科研机构及大学是知识创造的主体，大中型企业主要是国有企业集研发、开发和商品化为一体，中小企业主要从事加工和贸易，政府对创新的支持主要是大学和科研机构以及国有大中型自带研发机构的企业，创新主体关系是比较稳定的棱形结构，创新资源的流动是单向或双向的，以知识、信息、资金流动为主，但很弱；传播的路径主要是正式组织，其中政府在各创新主体之间起决定作用，其模式如图 5 - 3 的左侧所示。

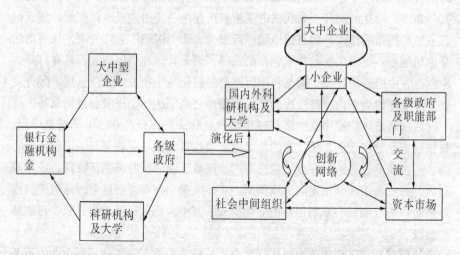

图 5 - 3　西部高新区创新主体关系演化的主要模式①

随着创新要素的不断聚集和以企业为主体、"产、学、研"结合的技术创新模式的定位，我国西部一些高新区的创新主体关系发生了较大变化：科技型企业与大学和科研机构的联系日益紧密，"产、学、研"联盟正在形成；大中型企业与小型企业在创新的价值链上开始形成分工与协作格局；金融机构与企业间通过信贷、股权等形式合作日益加强；风险资本加速向西部一些创新环境

---

① 注：图 5 - 3 根据郭利平的《产业群落空间演化模式》的产业群落网络架构改绘。

较好的高新区涌入，多层次资本市场开始形成，风险资本与创业创新企业的结合程度不断提高；政府在创新过程中的具体实务决定权弱化的同时，充当创新的组织者、协调者、参与者、服务者的角色在加强；创新主体之间通过正式契约建立关系的同时，非正式的交流形式不断加强；知识（编码和非编码）、信息、资金等要素全方位、多层次流动，创新主体网络化关系初步形成（如图5-3右侧所示）。例如，成都高新区、西安高新区和杨凌高新区，区内以企业为技术创新主体的地位不断增强，大学和科研机构成为知识创造的提供者，部分高新区已组建了按产业相关性缔结的产业联盟，例如成都高新区目前已建立了8个产业联盟。西安高新区即将实施的卫星应用产业联盟，所涉及的产业从卫星通信、卫星导航、芯片制造、软件编制、电子地图制作到终端设备制造与运营服务一条完整的产业链，还包括从通信、定位、基础测绘、工程勘察、地震监测、数字城市、数字区域建设到资源调查、国土规划、交通运输、公共安全与应急管理等应用领域。此次联盟标准的出台，将进一步推动"科研—标准—产业"同步发展的模式，加快西安高新区卫星应用技术的创新和标准化、产业化进程，达到产业链企业合作共赢的目的。

5.5 西部高新区演化阶段判断

根据上述西部高新区的产业演化、空间演化、价值链演化和创新模式、主体关系演化以及高新区发展阶段特征，我国西部高新区整体处于高新区发展的第二阶段，即产业主导阶段，但是西部不同高新区演化的阶段差异性较为明显，部分领先的高新区已开始进入创新突破阶段，而部分落后的高新区还处于要素聚集和产业主导的初级阶段。

（1）从产业分工与演化看：成都高新区、西安高新区已处于主导产业发展的中后期，已进入创新突破阶段。重庆、包头、宝鸡、杨凌等处于主导产业的中期。乌鲁木齐、兰州高新区处于主导产业的初级阶段。

（2）从产业价值链演化看：西部高新区整体上处于以工业制造加工为主的阶段，即处于高新区发展的第二阶段，其中重庆高新区、成都高新区和南宁高新区处于第二阶段的中期，其余处于第二阶段的初中期。但是，西部高新区的产业附加值并不比全国高新区的平均水平低，表明西部高新区处于产业价值链低端的现象还不算突出。

（3）从产业组织来看：西部高新区大多数高新区目前已经发展了创新服

务中心、专业孵化器、大学科技园、留学生创业园、专业产业园等多元化的组织载体，大学、科研机构、教育培训机构、风险投资机构、中介服务机构等多元化的主体不断聚集，已经基本形成了企业和有关机构的"扎堆"，部分高新区的集群组织正在发展。

（4）从高新区的空间演化路径看：西部高新区大多数已形成"一区多园"的格局，处于高新区发展的第二阶段，重庆、乌鲁木齐以及西安高新区空间演化更进了一步。而杨凌高新区从空间的演化结构看，已处于第三个阶段，即创新突破和产业转移阶段。

（5）从创新模式和主体互动关系演化看：西部高新区整体上已由点式创新向合作创新、网络创新转变，由引进技术向消化创新、集成创新转变，初步形成"产、学、研"结合的创新主体关系，不过"产、学、研"结合的自发度较低，还比较松散，整体上还处于高新区发展的第二阶段。

6 西部高新区自主创新与高新技术产业发展评价

6.1 西部高新区自主创新现状描述与不平衡特点分析[①]

6.1.1 西部高新区自主创新现状描述

6.1.1.1 自主创新动力增强，投入明显增加

高新技术企业是否具有自主创新的动力，是高新区能否取得创新绩效的前提和基础。从西部绝大多数高新区来看，区内企业自主创新的动力是较强烈的，绝大多数企业都把技术创新看成是企业生存和发展的关键，对其加大了创新投入。

（1）创新资金投入不断增加，增速较快。从科技活动经费投入总额来看，2006—2009 年，西部高新区科技活动经费支出额逐年提高，由 182.15 亿元增加到 363.84 亿元，比 2006 年翻了一番，年均复合增长率为 25.9%，高于全国 21.6% 的平均水平。在全国高新区的占比逐年提高，2008 年达到 13.60%，2009 年有所回落，但仍高于 2006 年水平（如图 6-1 所示）。

---

① 此节分析的所有图表中，没有说明的数据均来自《中国火炬统计年鉴》（2005—2010），并据此计算整理得出。

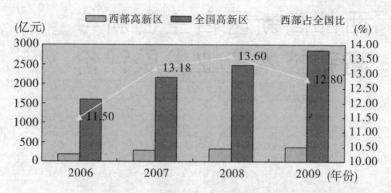

图 6-1 2006—2009 年西部高新区科技活动经费支出变化及全国比较

从研究与试验发展（R&D）经费内部支出来看，2006—2008 年，西部高新区研究与试验发展（R&D）支出从 127.86 亿元提高到 217.56 亿元，年均复合增长率达到 30.44%，比 2006 年增长了 70.15%，比全国高新区平均复合增长率（25.42%）高 5 个百分点，比东中部高新区的 24.71% 高 5.69 个百分点。西部高新区在全国高新区研发投入总额也有所上升，由 2006 年的 12.13% 上升到 2008 年的 13.12%。2009 年西部高新区研发支出为 169.7 亿元，占全国的 12.64%，较 2008 年有所回落（如图 6-2 所示）。与此同时，西部高新区 R&D 支出占销售收入的比重逐步上升，由 2006 年的 2.53% 上升到 2007 年的 2.60%，略高于全国 2.55% 平均水平，2008 年回落到 2.56%，仍高于 2006 年的水平，不过 2009 年回落到 1.49%，比全国高新区的 1.70% 的平均水平低。

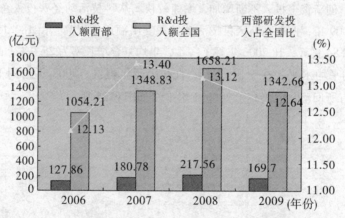

图 6-2 2006—2009 年西部高新区投入额变化与全国高新区比较

科技活动人员增加的多少是反映创新投入的重要方面。2009 年西部高新区科技活动人员总量达到 22.40 万人，比 2006 年增加了 9.65 万人，年均增长率为20%，远高于全国同期16.4%的平均水平；万人从业人员拥有的科技活动人员数由2006年的1 297人增长到2009年的1 555人，增加了258人，增速快于全国平均水平。另一方面，企业持续创新的人力资源后劲不断增强。2008年西部高新区千人拥有的大中专人员达到434人，比2006年增加了51人，其中：中高级职称人员由2006年的85人上升到2008年的158人，增幅达到85.88%，2009年有所回落到140人。企业创新创业活动人员整体素质不断提高、规模不断扩大。

6.1.1.2 正在形成以企业为主体自主开发与创新的格局

长期以来，技术创新是以企业为主体还是以高等院校和科研院所为主体存在着不同的看法。国内外的实践证明，以企业为主体进行技术创新是最适应市场竞争要求的、是最有活力的，因为技术创新的根本目的是所研发的产品必须被市场接受从而带来经济效益，而企业是最懂市场需要的，知道什么样的技术是市场最需要的，什么样的技术最赚钱。西部的成都、重庆、西安、绵阳、兰州、昆明等地，尽管高校和科研单位众多，但高新区正在由主要依靠高校、科研单位等外部技术来源进行成果转化向以企业为主体进行自主开发的转变，目前产品技术中来源于企业自有的技术占有绝大部分。成都高新区内开发和转化的自主创新成果中，在2008年有80%的创新技术来自企业，高新技术企业平均拥有专利3.33项，注册商标2.38项。绵阳高新区到2008年已建立了国家级企业工程技术中心4个，省市级企业工程技术中心17个，与国外大企业联合建立重点（开放性）实验室8个，建立了博士后科研工作站1个，企业博士后流动站3个。同时，成都、西安、绵阳、重庆、昆明等高新区中的企业技术创新不是封闭的，在高新区的推动下，大部分企业与大学、科研机构有着千丝万缕的联系，开展多种形式的"产、学"合作，如西安高新区中90%以上的中小企业都与高校有关。

6.1.1.3 依靠本地科技资源开发和转化了一大批科技成果

西部大多数高新区始终把科技创新和成果转化作为高新区发展的根本动力，通过大力支持企业自主创新、建立科技成果孵化服务体系、完善科技创新的政策环境、鼓励企业吸收科技人才、推进"产、学、研"结合、建立以企业为主体的技术创新体系、搭建公共技术平台等，开发和转化了一大批科技成果，不少成果具有自主知识产权和市场竞争力。2009年，成都高新区的专利申请量达到5 600余件，比2008年增长了90%以上，其中发明专利1 200件，国家知识产权试点园区通过验收，并成为西部首家国家知识产权示范创建园区。西安高新区目前已累计转化科技成果近万项，90%以上拥有自主知识产权，高新区的专利申请量已占到西安市的 78%。2009 年西安高新区新增知识产权申请数 12 511 件，同比增长 61.1%，较 2007 年同比增长 220.9%，其中专利申请数 5 836 件，同比增长 158%；发明专利申请数 2 483 件，同比增长 255.7%；专利授权数 2 282 件，较 2007 年增长 213.9%；发明专利授权数 680 件，较 2007 年增长 403.7%。重庆高新区十多年累计实现科技成果转化上千项，实施火炬计划近 250 项，其中，国家级火炬计划 157 项。昆明高新区 2009 年共申请企业专利 92 件，获得授权 32 件。

6.1.1.4 培育了一大批具有科技开发能力和市场竞争力的高新技术企业

西部的成都、西安、重庆、昆明高新区经过 20 年的发展，高新技术企业由无到有、由小到大、由弱变强，已经培养出了一大批具有科技开发能力和市场竞争力的高新技术产业。2009 年成都高新区已拥有高新技术企业 900 余家，占全省高新技术企业总数的 55% 以上，占全市高新技术企业的 70% 以上，先后涌现了地奥、国腾、海特公司、迈普、天一科技、迪康、南山之桥、鼎天科技以及飞博创、华诚、登颠、数视微等一批优秀创业企业。绵阳高新区培育了长虹集团、九洲集团、普思电子、西普化工、东方特塑、长鑫新材料、仁智实业、一康制药、光友公司、铁骑力士等高新技术企业。到 2008 年西安高新区营业收入过 100 亿元的总部类企业有 4 家、过 50 亿元的企业 9 家、过 10 亿元的企业 32 家、过亿元的企业 210 家，数量均居全国高新区前列；培育出了大唐电信、海天天线、西电捷通、东盛、步长、绿谷、力邦、兄弟标准、庆安制冷、大金庆安、远东科技等为龙头的高新技术企业。重庆高新区截至 2008 年年底高新技术企业达到 197 家，培育出了海扶、信威通信、普天通信、格力电器、华邦制药、力帆科技动力、宗申工业机车制造、朝阳气体、渝江压铸、横河川仪、川仪生产基地、耐德工业、重庆大唐测控系统、重庆汇贸科技发展、重庆正大软件、重庆赛诺生物制药、重庆天海医疗设备等知名高新技术企业。昆明高新区截至 2009 年底，聚集的企业共有 4 337 家，其中，实现总收入 100 亿元以上的企业 1 家，亿元以上的企业 48 家，千万元以上的企业 86 家，涌现出了铭鼎药业、云南白药、昆明制药、滇虹药业、三九白马等竞争力强的高新技术企业。

6.1.1.5 高新区正成为国家在西部实施各类科技计划的有效载体和最集中区域

为了提高我国的科技创新能力，国家各个部门实施了各种科技计划，如国家科技攻关计划、863 计划、火炬计划、国家级重点新产品计划、重大开发专项计划、高技术产业化示范工程计划、电子信息产业发展基金计划等。过去，国家的这些科技计划虽然也落实到了企业或高校、科研单位，但在区域上是非常分散的，降低了这些科技计划应发挥的作用，因为理论与实践证明区域集聚比区域分散更有利于创新的产生和提高创新效率。随着高新区的不断发展，国家的科技计划越来越在国家高新区找到了有效实施的载体，从而使国家科技计划在现有体制下发挥了最大作用。西部高新区已经成为国家在西部科技计划实施最集中、最有效的区域。西安市近年来承担的国家火炬计划项目90%以上集中在西安高新区。昆明高新区建立以来承担的国家、省、市级863项目，国家高技术产业化示范项目，国家火炬计划项目共600多项，2009年申报国家火炬计划项目7个、国家重点新产品3个、国家创新基金13个、省级项目73个、市级项目46个。兰州高新区截至2006年年底，企业获得国家火炬计划项目101项、省级火炬计划项目57项、国家重点新产品计划64项、国家中小企业创新基金项目29项、创业项目13项，省中小企业创新基金项目23项、省市科技进步奖35项、省市科技攻关项目12项。

6.1.1.6　基本建立了不同层次、不同类型的科技企业创新孵化体系，创新环境明显改善

经过二十年的发展，西部高新区的创新创业发展环境有了较大变化，到2008年西部已建有国家级孵化器34个，国家大学科技园14个，逐渐建立以技术为支撑，孵化、研发、产业化、融资等多样化的区域创新网络化体系，创新环境不断完善和优化。

（1）初步建立了孵化、研发和产业化一体化的公共服务平台。西部各高新区以创新服务中心为核心，整合现有各类创业孵化园，并正在构建综合孵化器＋专业孵化器＋企业加速器的从孕育到成长的完整孵化链；大多数高新区设立了主导产业公共技术服务平台，依托本区域的大学、科研机构、生产力促进中心、重点实验室以及大型企业等，初步建立起了产业公共技术平台和"产、学、研"联盟。

（2）完善的融资服务体系逐渐形成。近年来，随着西部创新创业环境的改善，西部高新区初步建立起了以信用建设为基础、以产业发展为支撑、政府资金为引导、金融机构贷款担保与风险投资并重、中介机构参与的多层次融资体系。目前，西部大多数高新区设立了创业投资引导资金、大学创业资金、留学生创业资金、产业发展资金等政府性引导资金，并积极搭建企业与银行、各种投资机构等合作平台，建立以企业为主的信用信息体系，支持企业改制上市，鼓励国内外民间资本和风险投资机构进入高新区投资，使科技型企业的融资渠道得到大力拓展，融资环境明显改善。

（3）科技中介服务体系不断完善。西部各高新区加强了中介服务机构的建设，初步形成了以人才交流、技术产权交易、科技成果转化、企业策划、各种业务咨询以及行业协会等为主的服务体系。

（4）人文环境大大改善。西部许多高新区通过了 ISO14001 等环境认证，具有比较优势的政策体系日益完善，规范化服务型政府建设取得重要进展，政府效率大大提高，社会配套和公共设施建设管理的社会化和企业化加快推进，多方位的企业服务平台建设成绩显著，创新创业文化和信用文化初步形成。西部大多数高新区已成为本地创新示范高地、企业家创新的乐土和精神家园。

6.1.2　西部各高新区自主创新的不平衡性

从整体上看，西部高新区近年来创新资金和创新人力资源投入明显增加、创新成果转化得到加强，创新环境明显改善。然而，西部高新区的自主创新还明显弱于中东部地区，特别是在科技投入总量、科技活动人员数量和质量、创新的积极性、产业化能力以及创新环境等方面还存在不足，尤其是西部各个高新区之间自主创新的不平衡性十分突出。

6.1.2.1　科技活动投入规模与增速的不平衡性

从科技活动投入规模来看，2009 年西部各高新区科技活动投入总量除成都、西安两个高新区超过西部及全国平均水平达到 149.69 亿元、75.68 亿元以外，其他高新区科技活动投入规模总量整体偏低，都低于全国 52.74 亿元的平均水平，最低的是杨凌、兰州和乌鲁木齐，分别仅为 0.93 亿元、5.47 亿元、3.37 亿元。从科技活动经费增速来看，增速最快的是昆明高新区和兰州高新区新区，2006—2009 年年均增速达到 80%；其次是宝鸡、成都、包头、杨凌、乌鲁木齐，均超过西部高新区平均增长水平，并远远超过中东部平均水平以及北京、上海、深圳等先进高新区。增速较慢的是重庆、桂林、西安，年均增长率仅 10% 左右，远低于西部和全国平均水平（如图 6-3 所示）。

西部各个高新区中，2009 年人均科技活动经费投入最高的是成都高新区，达 6.5 万元，较 2006 年翻了一番，略超过北京，仅低于上海张江高新区的 7.72 万元；其次是昆明高新区和西安高新区，人均分别为 3.11 万元、2.77 万元，其他高新区都低于西部高新区人均 2.48 万元的平均水平；人均投入额在 1 万元及以下的高新区包括兰州、杨凌、乌鲁木齐高新区。人均投入增长最快的是昆明高新区，由 2006 年的 0.84 万元增加到 2009 年的 3.11 万元，是 2006 年的 3.7 倍，而人均投入额在下降的包括重庆、绵阳以及南宁高新区，下降变化幅度最大的是桂林，由 2006 年的 1.35 万元/人下降到 2009 年的 1.08 万元/人，说明科技经费来源不稳定，企业抗风险能力弱（如图6-4所示）。

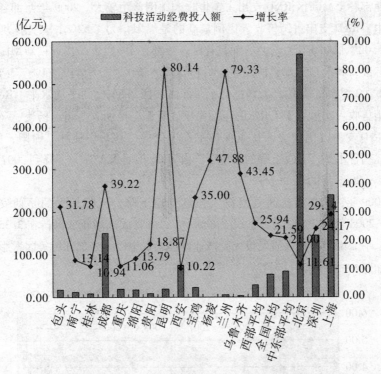

图6-3 2009年西部各高新区科技活动投入及年均增长率与国内先进高新区比较

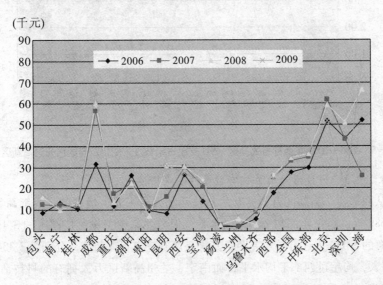

图6-4 2006—2009年西部各高新区人均科技活动经费支出额变化及与国内比较

6.1.2.2 R&D 支出占销售收入比例的不平衡性

西部各个高新区 R&D 支出占销售收入比例差距较大。2009 年西部各个高新区中，R&D 支出占销售收入比例最高的是绵阳，为 4.52%，仅比深圳高新区的 5.02% 低 0.5 个百分点，而且连续 3 年都在 4% 以上，接近创新型园区的评价标准；其次是成都、西安、宝鸡和桂林高新区，分别为 3.74%、3.18%、3.37%、2.59%，其他高新区都低于西部高新区 2.56% 的平均水平。R&D 支出占销售收入比重低于 1.0% 的包括南宁、贵阳、昆明、兰州、杨凌、乌鲁木齐。R&D 支出占销售收入比重保持平稳上升的有包头、桂林、绵阳、西安、宝鸡、乌鲁木齐；直线下降的是南宁，由 2006 年的 2.22%，下降到 2007 年的 1.76%，2008 年的 0.48%。

2009 年，西部高新区研发投入强度普遍下降，下降最大的是西安，由 2006—2008 年的 3% 以上，直线下降到 1%，只有成都高新区保持在 3.35% 的较高水平。说明高新区研发投入受产业发展、资金以及外部环境等因素影响很大，如图 6-5 所示。

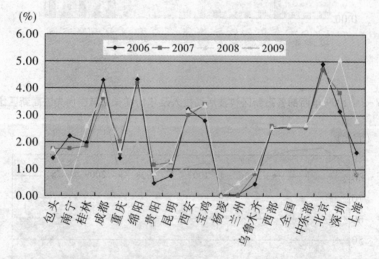

图 6-5　2006—2009 年西部各高新区 R&D 支出占销售收入变化及与国内先进高新区比较

6.1.2.3 科技活动人员拥有数量的不平衡性

从西部各个高新区万人拥有的科技活动人员来看，最多的是成都高新区，为 2 689 人，超过西部和全国平均水平，但与北京中关村科技园区的 3 411 人和上海的 3 039 人还有一定差距；其次是西安、宝鸡高新区，分别为 2 334 人、1 633 人，均超过西部平均水平，而南宁、兰州高新区万人拥有的科技活动人员不到 800 人（如图 6-6 所示）。

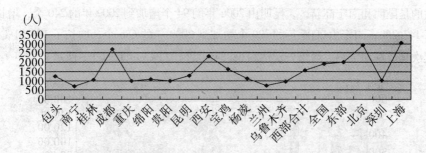

(人)

图 6-6　2009 年西部各高新区万人拥有的科技活动人员及国内比较

从西部各个高新区拥有的人才来看，2009 年千人拥有的大中专人才最多的是西安，为 685 人，超过西部和全国平均水平，并高于中关村科技园区的 671 人；成都高新区位居西部第二，为 594 人，仅低于西安和北京高新区；位居第三的是昆明，为 463 人，高于西部平均水平，低于全国平均水平，而其他高新区均低于西部平均水平。如贵阳只有 207 人，不及西部平均水平的一半。千人拥有的中高级人才西安和成都高新区最多，分别为 270 人、160 人，不仅超过西部高新区平均水平，而且也超过中关村科技园区（157 人），即成都和西安高新区的人力资源素质整体上处于先进高新区前例，而且西部高新区千人拥有的中高级人才平均高于全国水平，但是绵阳却只有 44 人，如图 6-7 所示。

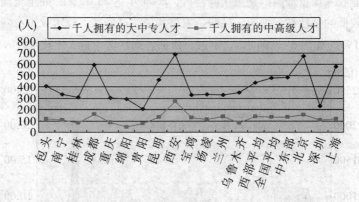

图 6-7　2009 年西部各高新区企业人力资源及与国内比较

6.1.2.4　高新区企业的衍生速度的不平衡性

2006—2009 年，西部各高新区企业绝对增加数最多的是成都、南宁，三年内分别净增了 570 个、357 个，均高于西部高新区 137 个的平均水平；其次是西安，净增加 279 个，也高于西部高新区的平均水平。西部其他高新区企业增速相对较慢，有的甚至在减少，兰州减少了 12 个。从增长幅度来看，增幅最大的是昆明和南宁高新区,昆明由 2006 年的 94 个增加到 2009 年的 240 个,增长了 147.2%;南宁由 2006 年的 329 个增加到 2009 年的 686 个,增长了 108.51%。其次是成都和宝鸡,增幅分别达到 68.84%、51.22%(如图 6-8 所示)。

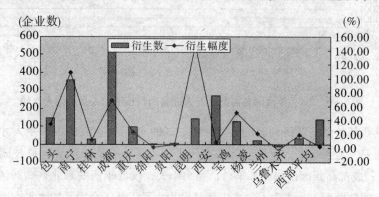

图 6-8　2006—2009 西部各高新区企业衍生数及衍生幅度

6.1.2.5　技术收入的不平衡性

2009 年西部各高新区技术收入总量处于前三位的是西安、重庆和成都高新区,分别为 364 亿元、199.5 亿元、162.2 亿元,这三个高新区技术收入总量占到西部高新区总量的 90% 以上,西部其他高新区技术收入很少。技术收入占营业收入比重最高的是重庆高新区,2009 年达 23.12%,处于全国高新区前列,较低的是桂林、绵阳、昆明、宝鸡和杨凌高新区,技术收入占营业收入比不到 1%(如图 6-9 所示)。不过,西部各高新区中近 3 年技术收入增速最

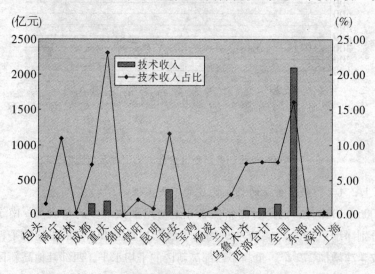

图 6-9　2009 年西部各高新区技术收入及占营业收入比

快是的宝鸡高新区，年复合增长率为 108.63%；其次是昆明、桂林、成都，分别为 76.13%、64.04%、27.76%，均超过西部高新区及全国平均水平；其他高新区增速较慢，南宁、杨凌、乌鲁木齐 3 个高新区呈负增长（如图 6 - 10 所示）。

年均增速 (%)

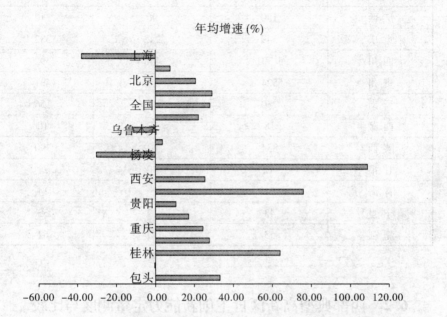

图 6 - 10　2006—2009 年西部各高新区技术收入技术收入增长率与全国比较

6.1.2.6　创新产出的不平衡性

由于在目前《中国火炬计划统计年鉴》已公布的统计数据中，没有反映各个高新区的创新产出情况，基于在西部地区中高新技术产业聚集在高新区的现象更为突出，因而我们只好应用西部各个省、区、市高新技术产业的专利来近似地说明西部高新区创新产出的差异性和不平衡性。2009 年西部各省、区、市创新产出情况见表 6 - 1。由表 6 - 1 可以看出：在西部地区中，创新产出主要集中在四川、陕西、重庆等地，四川、陕西、重庆三地的高新技术产业专利申请数占西部的 68.19%，拥有发明专利数占西部的 64.7%，有效发明专利占西部的 62.8%，在一定程度上反映了这些地区的高新区创新产出能力较强。

表 6 - 1　　　　2009 年西部各省、区、市创新产出情况①　　　单位：件

地区	专利申请数		有效发明专利数
		发明专利	
内 蒙 古	78	13	16
广 西	180	90	210
重 庆	549	242	382
四 川	1 301	448	392
贵 州	524	257	431
云 南	250	107	156
西 藏	18	12	10
陕 西	834	319	790
甘 肃	87	40	21
青 海	21	5	14
宁 夏	43	12	33
新 疆	53	13	64

6.2　西部典型高新区自主创新能力定量测度与比较
　　——以成都、西安高新区为例

西部共有 13 个国家级高新区，鉴于统计数据的不完整性，试图对西部所有的高新区进行自主创新能力定量测度是十分困难的，在这里，我们根据掌握的数据，选择西部的典型高新区成都、西安与东中部上海、深圳、南京、武汉、长春典型高新区进行比较，分析评价其自主创新能力状况。

6.2.1　高新区自主创新能力评价指标的选择

指标体系的设定是根据评价的重点、目的以及具体内容而定的，因此指标体系的内容本身是动态的；而指标体系的评价需要数据的支撑，应考虑数据的可获得性、获得的公平性和合理性，同时指标体系应考虑评价对象在公平的维度上进行设定，如横向数据或面板数据，应多设定相对指标，尽量不用绝对指

---

① 2010 年中国科技统计年鉴 [M]．北京：中国统计出版社，2010．

标。本研究具体评价指标的选择主要以国家高新区 2008 年最新制定的评价指标为主，并借鉴中国高新技术区域创新体系指系并以我国高新区发展的现状以及高新区的新功能和新阶段特征为依据。指标设计坚持各指标的相对独立性、科学性、简易性和具有一定的前瞻性。同时按照定量与定性相结合；相对指标与绝对指标相结合；静态与动态相结合。并考虑指标统计数据的可获得性、获得的公平性和合理性设定了 4 个一级指标 36 个二级指标，其中定量指标 32 个、定性指标 4 个，如表 6－2 所示。

表 6－2　　　　　　　高新区自主创新能力评价指标体系

因素层	具体指标层
知识创造和孕育创新的能力	千人拥有研发人员数
	千人拥有理工类本科（含）学历以上人数
	企业万元销售收入中 R&D 经费支出
	千人拥有发明专利累计数
	千人当年知识产权授权数
	千人拥有科技活动经费筹计总额
	人均风险投资金额
	单位面积新增注册 500 万元以下的科技型中小企业数
	企业利润率
	人均技术合同交易额
	"产、学、研"结合度（定性）
产业化和规模经济能力	高新技术产业营业收入占高新区营业总收入的比例
	千人拥有的商标数
	新产品销售收入占产品总销售收入的比例
	万人拥有的上市企业数
	高技术服务业营业总收入占高新区营业总收入的比例
	单位面积营业总收入
	单位面积的资产总额
	人均税收总额
	工业增加值率
	主导产业集聚度
	高新技术企业占企业总数的比例

表6-2(续)

因素层	具体指标层
国际化和参与国际竞争的能力	内资控股企业专利授权数占高新区专利授权的比例
	人均出口创汇总额或出口总额占营业收入比例
	高新技术产品出口额占高新区出口总额的比例
	千人拥有的欧、美、日专利数＝（发明专利×6＋实用新型×3＋外观设计）
	跨国公司的研发机构数占比
	企业走出去的能力（定性）
高新区可持续发展能力	高新技术服务业增加值占 GDP 比重
	千人拥有的企业经营管理者人数
	千人拥有的投资机构和金融机构从业人数
	单位增加值综合能耗
	千人拥有的大中专及以上从业人员数
	高新区管理体制机制创新评价（定性）
	就业增长率
	高新区所在城市的区域条件（定性与定量）

与国家科技部最新颁布的评价指标体系相比，本研究设定的高新区评价指标体系的分类指标或一级指标按国家科技部设定，不同的是：知识创造及孕育创新的能力减少了人均规模以下科技型企业直接股权投资、千人享有的政府对规模以下科技型企业的创新资助、科技活动经费中海外经费的比例三项指标，增加了人均风险投资额一项；产业化及规模化程度减少了高新技术产业对区域辐射和带动能力评价（定性）、主导产业首位度二项指标；国际化和参与国际竞争的能力减少了非外商独资企业的实收海外资本占高新区全部实收海外资本的比例、千人拥有欧美日注册商标数两项指标，增加了跨国公司机构数占比。可持续发展能力减少了千人拥有的高技术服务业从业人数、科技人员年均收入、单位面积企业新增直接股权投资额、万元产值综合能耗、人居环境评价五项指标，增加了高技术服务业增加值占 GDP 比重、就业增长率以及高新区所在城市的区域条件三项指标。

但是，从目前《国家火炬中心统计年鉴》、高新区企业统计表统计的信息和可获得的资料看，上面的指标也难获得完整的数据，本研究对此进行修改调整保留了 26 个指标，其中定量 22 个、定性 4 个，如表6-3 所示。

表 6 - 3　　　　　　　修改后的高新区自主创新能力评价指标体系

因素层	具体指标层
知识创造和孕育创新的能力	千人拥有研发人员数
	千人拥有理工类本科以上学历的人数
	企业万元销售收入中 R&D 经费支出
	千人拥有科技活动经费筹计总额
	千人拥有发明专利累计数
	千人当年知识产权授权数
	人均技术合同交易额
	企业利润率
产业化和规模经济能力	高新技术产业营业收入占高新区营业总收入的比例
	单位面积营业总收入
	单位面积的资产总额
	新产品销售收入占产品总销售收入的比例
	单位直接投资形成的企业总资产
	工业增加值率
	人均税收总额
	高新技术企业占企业总数的比例
国际化和参与国际竞争的能力	人均出口额
	单位面积出口创汇总额
	高新技术产品出口额占高新区出口总额的比例
高新区可持续发展能力	千人拥有的大中专及以上从业人数
	服务业增加值比重
	企业自办机构数
	单位增加值能耗或（万元产值综合能耗）（一）
	就业增长率
	高新区所在城市的区位条件

　　注："一"为逆指标。高新区所在城市区位条件按科技部颁布的评价指标评价，其结果作为高新区可持续发展能力分类指标的次级指标之一。

6.2.2　评价方法的选择

　　近年学术界在对高新区的评价过程中，逐渐把技术经济和计量经济学以及统计学中的一些方法运用到其中，主要包括专家评分法、层次分析法、因素分析法、回归分析法、聚类分析法、模糊综合评价法以及主成分析法、功效系数、效用理论、马尔可夫过程分析法等。不同的方法适宜不同的评价目标。高新区评价整体是一个综合多因子的评价，常常涉及多种方法的综合应用，如指标权重的处理和样本的量纲标准化。本研究根据需要，选择综合评价法对各高新区整体进行评价。

综合评价方法或模型是指通过一定的数学模型或数学方法将多个评价指标值"合成"为一个整体性的综合评价值。可用于"合成"的模型很多，常用的主要有线性加权综合法和非线性加权综合法。根据各方法的条件和特性，本研究认为选择线性加权综合法是比较合适的，其评价模型为：$ZHPJ = \sum w_i \cdot \sum w_{ij} \cdot F_{ij}$（$i = 1、2、3\cdots m$，$j = 1、2、3\cdots n$）。其中，ZHPJ 代表各高新区综合评价分值，m 为各高新区评价构成要素个数，n 表示各高新区第 i 个构成要素的指标个数，F_{ij} 为第 i 个构成要素第 j 项指标标准化后的值；w_i 为第 i 个构成要素的权重，W_{ij} 为第 i 个构成要素的第 j 个指标的权重。这里涉及指标权重的计算处理和样本数据的标准化处理。权重可采取各种模型分配法、专家评分法、层次分析法、主成分子法等；量纲进行标准化或归一法处理涉及多种方法，如极小值法、F 标准值以及功效系数法等。本研究采用用功效系数法对数据标准化处理，用模型分配法决定权重。

6.2.2.1 标准化处理

本研究用功效系数法与极值法融合对各项定量指标进行标准化处理，正指标转换公式为：

$$F_{ij} = 40 \times (X_{ij} - X_{im}) \div (X_{ih} - X_{im}) + 60$$

逆指标转换公式为：

$$F_{ij} = 40 \times (X_{ij} - X_{ih}) \div (X_{in} - X_{ih}) + 60$$

上式中，F_{ij} 是各高新区第 i 个构成要素的第 j 项指标标准化后的值，X_{ij} 为第 i 个构成要素的第 j 项指标的原始数值；X_{im} 为第 j 项指标的最小值；X_{ih} 为第 j 项指标的最大值。

6.2.2.2 权重的确定

目前确定权重方法很多，如专家评分法、层次分析法、主成分析法、模型分配法。本研究在权重的确定上没有选择繁杂的层次分析法，而是根据对高新区的功能定位和二次创业的任务理解并借鉴技术经济方法中常用的权重分配模型来确定，权重分配模型主要有：

（1）传统权重分配模型：$wi = i / \sum I$，式中 i 表示指标的排序编号，越重要，编号越大。

（2）线性权重分配模型：$Wi = 1 - i / (n - \alpha)$，式中 i 为指标排序位次；n

为指标个数；α为调整参数，它是权重分配的微调系数，$\alpha \in (0, \infty)$，α值越大，权重分配差额越小，反之则越大，常取为5或者10。

（3）对数权重分配模型：$Wi = \ln(m-i)/\ln(m-1)$，式中 m 为指标个数，i 为指标位次。其特点是：前2/3的指标权重分配相差不大，后1/3的指标权重分配下降较快，即重视程度小。由于权重受一个人主观因素影响较重，本研究结合上述几类模型分配表，根据对指标重要程度的理解进行微调，权重分配如表6-4所示。

表6-4　　　　国家高新区自主创新能力评价指标体系及权重

因素层	权重	具体指标层	权重
知识创造和孕育创新的能力	0.35	千人拥有研发人员数	0.18
		千人拥有理工科本科以上学历的人数	0.12
		企业万元销售收入中研发经费支出	0.16
		千人拥有科技活动经费筹计总额	0.09
		千人拥有发明专利累计数	0.13
		千人当年知识产权授权数	0.07
		人均技术合同交易额	0.10
		企业利润率	0.15
产业化和规模经济能力	0.3	高新技术产业营业收入占高新区营业总收入的比例	0.10
		单位面积营业总收入	0.12
		单位面积的资产总额	0.15
		新产品销售收入占产品总销售收入的比例	0.09
		单位直接投资形成的企业总资产	0.13
		工业增加值率	0.15
		人均税收总额	0.12
		高新技术企业占企业总数的比例	0.14
国际化和参与国际竞争的能力	0.2	人均出口额	0.40
		单位面积出口创汇总额	0.25
		高新技术产品出口额占高新区出口总额的比重	0.35
高新区可持续发展能力	0.15	千人拥有的大中专及以上从业人数	0.15
		服务业增加值比重	0.16
		企业自办机构数	0.14
		单位增加值能耗或(万元产值综合能耗)(一)	0.18
		就业增长率	0.17
		高新区所在城市的区位条件	0.20

6.2.3 定量测度与比较

由于缺北京中关村的数据，从一般上推理，中关村整体在全国各高新区中是最好的，这里选择了成都、西安与深圳、上海、武汉、南京、长春等7个发展较好的高新区，对其2007年的情况进行综合评价比较并分析。数据主要来源于2007年高新技术产业开发区（区外）企业汇总表；高新区所在城市的区位条件采用专家评分法，以5分为最好，4分为较好、3分为一般、3分以下为较差；各高新区的区域环境取值在1~5分之间。关于数据处理的说明：千人拥有理工类本科学历以上数据用本科及以上人数代替；高新技术产品营业收入＝新产品销售收入＋高技术产品收入；直接投资形成的企业资产＝所有者权益；服务业增加值＝增加值－工业增加值；千人当年重要知识产权授权数用专利授权数代替。运用上述的方法和数据，我们对这7个高新区进行了计算处理，综合评价结果见表6-5、表6-6，现分析如下：

从综合评价的结果来看，深圳高新区以93.51的高分值位居第一；成都高新区综合评价得分为85.01，比深圳少8.5分值而位居第二；上海张江比成都高新区略低1.5分值而排在第三位；排在第四位是南京；西安与武汉基本相当，最低的是长春。其中，知识创造和孕育创新的能力、产业化及规模能力两项分类指标成都高新区仅次于深圳而位居第二；但国际化和参与全球的竞争能力成都高新区处于中下水平，弱于深圳、上海、南京，位居第四，略强于西安；可持续发展能力成都高新区也较弱，处于中下水平，位居第五，弱于深圳、上海、西安和武汉高新区。

表6-5　　2007年典型高新区自主创新能力综合评价得分表

高新区	知识创造和孕育创新能力	产业化及规模经济能力	国际化和参与全球竞争的能力	高新区持续发展能力	综合得分
武汉	29.37	26.44	12.12	12.1	80.03
深圳	30.84	31.98	17.91	12.78	93.51
西安	27.63	25.63	14.59	12.72	80.57
长春	22.54	26.05	13.42	9.78	71.79
南京	24.14	27.18	19.24	11.18	81.74
上海	28.26	26.36	15.9	12.96	83.48
成都	30.55	28.22	14.34	11.9	85.01

表6-6　　　2007年典型高新区自主创新能力综合评价排序表

高新区	知识创造和孕育创新能力	产业化及规模经济能力	国际化和参与全球竞争的能力	高新区可持续发展能力	综合排序
武汉	3	5	7	4	6
深圳	1	1	2	2	1
西安	5	7	4	3	5
长春	7	6	6	7	7
南京	6	3	1	6	4
上海	4	4	3	1	3
成都	2	2	5	5	2

6.2.4　基本结论

尽管从整体上看西部高新区自主创新能力不及东、中部高新区，但是西部高新区之间创新与发展极不平衡，西部成都、西安等先进高新区的自主创新能力并不逊色于东中部，与上节中描述西部各高新区的主要自主创新情况基本一致。说明在西部科技力量虽较为雄厚、但处于经济还不很发达的区域，只要政策支持到位、途径选择正确、措施有力，也完全能够培育一批自主创新能力强、在全国领先的一流高科技园区。

6.3　西部高新区高新技术产业化模式分析

取得自主创新成果本身不是目的，更重要的是要把创新成果实现产业化。西部高新区推进高新技术成果产业化究竟有哪些模式，这些模式是如何形成的，呈现哪些特征，需要什么样的条件和环境等，这就是需要我们进一步总结的问题，有利于我们更好地把握产业化规律，并针对不同情况采取更加有针对性的政策措施促进高新技术产业的发展。所谓高新技术成果产业化模式，即指高新技术成果通过何种明显的途径实现商品化、产业化、国际化目标。面对十分复杂、多样的高新技术产业化模式，往往站在不同的角度就有不同的分类方法，并且很难同时满足分类中应坚持的独立性、不矛盾性、涵盖性等原则要求。然而，在对高新技术产业化模式进行分类中，如果在某种程度上能够取得实用性、针对性、指导性的分类结果，也是具有重要现实意义的。总体而言，因西部地区以高新区为载体推进高新技术成果实现较大规模的产业化是在体制转轨和对外开放的大背景下展开的，加之西部地区科技创新资源配置的特殊性，因而西部高新区高新技术成果产业化的模式表现出一定特色，可归纳为以下几种：

6.3.1 孵化自成长模式

这种模式主要是指科研人员创造一个高新技术成果，通过在高新区孵化器、大学科技园区、留学生创业园等科技园区成立一个新企业，从风险企业起步，经历种子期、初创期、发展期、成熟期等各个阶段，把高新技术成果转化为产品，再发展成为产业的过程。

孵化自成长模式是西方发达国家高新技术企业成长和高新技术成果产业化的主要模式，世界许多知名的高新技术跨国公司，例如惠普、微软、英特尔、苹果、DEC 等，都是这种模式的典型代表。我国西部高新区高新技术成果产业化的孵化自成长模式主要表现为：改革开放后，科研院所和高等院校的一些科技人员不甘于传统体制的束缚，在经济和科技体制改革的推动下，以本单位的技术和资金为依托，自带科技成果纷纷下海创办科技型企业进行科技成果转化，而高新区则是他们从事创业的最好去处。因为那时基本上只有高新区才建立了专门针对科技人员创业的创业孵化中心、留学生创业园，这些孵化中心和留学生创业园为科技人员创业提供场所、创业孵化资金、创业指导、政策服务等，在很大程度上解决了科技人员创业中的各种难题。在不同时期，以高新区的孵化器为主要载体，源源不断地集聚了一批自成长的科技型企业，他们利用孵化器提供的平台和优良环境进行科技成果转化，从而不断产生新的产品和新的商业模式。当企业成功孵化后，许多又在高新区的产业专业园区或者"企业加速器"进一步扩大规模、加速发展，从而成长出一大批具有市场竞争力的高新技术企业。经过二十年的发展，西部有的高科技自成长企业已发展成为大公司、大集团，这批企业是推动高新区内生式发展的重要力量。

通过孵化自成长型模式实现高新技术成果产业化具有如下特征及环境条件要求：

（1）企业一般要经过种子期、初创期、发展期、成熟期等成长过程。

（2）在企业的种子期和初创期，企业失败的可能性很大，往往需要风险资本的注入。

（3）创办风险企业需要良好的创业环境和敢于冒险、容忍失败的创业精神，一般采取科技园区、孵化器、创业服务中心等形式为自成长型企业提供局部优化环境。

（4）创业一般在发展初期采取分散经营的模式，突出个人创业，适合于中小型企业和民营科技企业。

（5）自成长型企业一般分布在容易形成社会化、市场化分工以及交换网络的高科技行业，例如电子信息产业。

6.3.2　科研单位和高校衍生模式

科研单位和高校衍生模式相当于半孵化自成长模式，与孵化自成长模式的区别之处在于：从科研单位和高校衍生的企业一般与原科研单位和高校母体有着密切的资产、技术、人员、设备纽带关系，在成长的过程中得到了母体多方面的支持。

在传统体制下，科研单位的主要任务是从事科研工作，大学主要从事教学和科研工作，从而沉淀了一大批技术水平高的科技成果。随着科技体制的改革和市场经济的发展，科研单位和高校利用自身的科研实力和所产生的科技成果进行产业化开发，促进了高新技术产业的发展。西部地区的成都、西安、重庆、绵阳、昆明、兰州等不少地方科研单位和高校众多，从科研单位和高校衍生的高新技术企业，是西部高新区是西部高新区最有特色的模式。例如成都高新区的地奥、川大智胜、卫士通等均是从科研单位和高校衍生出的知名高新技术企业。

以从科研单位和高校衍生出来的成都地奥集团为例。成都地奥集团是从中科院成都生物研究所衍生出来的高科技企业。该企业是由在该所从事生物制药研发的科技人员李伯刚于1988年带领科技人员，依靠研制的科技成果和研究所50万元借款投资办厂而快速发展起来的。经过20年的发展，已发展成为集天然药物、合成药物、基因工程药物、微生物药物、药物制剂研制为一体的大型骨干制药企业，是国内实力最强的药物研制、中试、生产基地之一，是世界上最大的高纯度甾体皂苷和高纯度胸腺肽生产企业。目前，地奥集团已拥有四个制药企业、一个药品销售公司、一个医药连锁销售公司、一个化妆品生产企业、一个保健品（含化妆品）销售公司、一个矿业能源公司、一个房地产公司等共计11家下属企业和控股企业；具有现代化科技、大生产、质量安全检测、高新技术产品、营销网络优势；现有科技人员1 780人，博士及博士后24人、硕士140余人，现代化生产场地5万多平方米，集团净资产已超过40亿元，原始投资增值8 000倍，年销售收入达19亿元，连续十三年利税总额居全国同行业前列，连续十四年综合效益居四川同行业第一位。

从科研单位和高校衍生的高新技术产业化模式具有如下特征：

（1）科研机构、高校文化与企业文化的联系非常紧密。特别是高校文化与其企业文化之间犹如母子文化关系，即企业文化是从校园文化中脱胎出来，校园文化的价值观念往往会在企业文化中体现，企业文化又会影响校园文化。因此，从高校、科研院所衍生的企业往往具有科学文化程度高、素质好，对知识创新有较强追求，对校内外、国内外联系广泛，信息资源丰富，政策法规意识较强等优势，同时也存在注重研究成果的学术价值而市场意识、决断能力不强等不足。

（2）企业与高校、院所之间的产权关系较为复杂。从科研院所、高等院校衍生的高新技术企业在发展的过程中，或多或少地受到了科研院所和高等院校母体的无形资产、资本、技术、设备、人员等支持，然而受当时的环境、制度所限，并没有核定资产及界定产权。随着企业的发展壮大，国家、院所（高校）、企业集体及创业者、经营者之间的资产关系越来越复杂，各利益主体之间的矛盾也日益突出。

（3）衍生型企业大多以"母体"的雄厚技术力量为依托，因而开发出的新技术、新产品相对而言技术起点高、创新性强，并且具有持续的创新能力。

（4）科研单位、高等院校衍生的高新技术企业往往通过"产、学、研"一体化、技工贸一条龙的方式，并与社会企业的经营和市场优势相结合，发展成为大型企业和企业集团。

（5）这些企业一般最初在高等院校、科研院所、高新区创办的专业科技园区、孵化器等进行成果孵化。

6.3.3 传统企业转型模式

这种模式主要是指一些具有一定技术和经济实力的传统资源密集型、劳动密集型企业，为拓展新的发展空间，通过自主开发、联合开发高新技术产品或兼并购买相关高科技企业的方式，进入高新技术新兴行业，将高新技术融合于老企业之中，使传统企业的技术和管理部分乃至完全发生质变，最终转变为以生产高新技术产品为主的高新技术企业和企业集团。

进入20世纪90年代后，特别是90年代中期以后，随着对外开放的进一步深入和国内买方市场的形成，西部地区大多数传统行业都出现了生产能力严重过剩的局面。在这种情况下，西部相当一批已具备实力的大中型企业，为在日益开放的国际国内环境中增强其自身竞争实力，纷纷把企业的改制、改组、改造和加强管理结合起来，大力拓展新的产业发展空间，其中进入高科技行业、开发高新技术产品，就成为大中型企业培育新增长点的越来越重要的选择。同时近年来西部地区一些已经成长起来的较大型的民营企业进入高新技术产业领域的现象比较突出。例如：成都高新区的民营企业通威集团原是传统的饲料生产企业，近年来已在农业、新能源双主业发展，并在化工、宠物食品、IT、建筑与房地产等行业快速发展。集团现拥有遍布全国各地及东南亚地区的100余家分、子公司，员工逾万人，其中通威股份上市公司年饲料生产能力逾600万吨，是全球最大的水产饲料生产企业及主要的畜禽饲料生产企业。同时，通威斥巨资进军多晶硅及太阳能光伏产业，致力打造世界最大的多晶硅生产企业和世界最大的清洁能源公司。通威集团 2009 年销售收入达 262 亿元，未来 3～5 年，通威集团销售收入将达到 500 亿～800 亿元。

传统企业引进或自主开发高新技术产品，发展高新技术产业，具备一定的优势，主要体现在：

（1）具有一定实力的传统企业一般具有丰厚的资本积累，能够为高新技术成果开发和产业化初期提供创业资本支持，在一定程度上避免出现孵化自成长模式可能因创业投资的不足、风险过大而使高新技术成果因此迟迟得不到产业化的状况。

（2）具备一定实力的传统企业一般具有规模化生产的能力。一旦高新技术成果产业化初步成功，相关生产设备得到改造，就可使开发的高新技术产品迅速进入规模生产阶段。

（3）具备一定实力的传统企业积累了一定的管理和市场开拓经验，这种经验如果在生产高新技术产品上得到进一步创新和升华，将大大有利于企业的高新技术产业成长。因此，对高新技术成果中比较成熟而规模经济又要求较高的领域，在传统企业中实现产业化，既可以发挥传统大公司的资金和市场优势，又可降低市场和技术的双重风险。

西部地区传统企业转型模式一般具有如下特征：

（1）传统企业进入高新技术领域开发高新技术产品实现产业化，大多以进入相关高新技术领域为主，例如食品行业进入生物工程领域；机械行业与电子技术相结合等。

（2）进入高新技术领域的传统企业生产传统产品仍占有相当部分。

（3）转型企业一般在技术上经历了引进、消化、吸收和创新的过程，从而才使企业的技术创新能力达到了一个新的平台。

（4）传统企业转化模式一般具有较强的资本、规模化制造生产能力，但又存在企业体制不适应高新技术产业化的弱点。

高新技术成果在传统企业实现产业化能否成功，最为根本的因素在于传统企业能否把握高新技术的特点，建立起新的与高新技术产业化相适应的理念、战略、组织、结构、管理方式、企业文化等。

6.3.4 军转民模式

这种模式主要是指发展军民两用技术，利用军用高新技术转化为民品生产，形成民用高新技术产业。

西部地区诞生于"三线"建设时期的军工科研企事业单位众多，科技实力雄厚，形成了至今仍拥有最强大、最主要的科技开发队伍。改革开放后，西部地区一大批军工科研企事业单位利用自身的技术人才优势进行技术扩散，创办高新技术企业，开发民用产品，成长出了一大批像长安、长虹、嘉陵、九洲这样的军转民高新技术企业，成为一支西部地区促进高新技术产业化的强大力量。

例如：绵阳九洲电器集团有限责任公司（简称九洲集团）的前身为国营涪江机器厂，始建于1958年，是国家"一五"期间156项重点工程之一，是国家大型骨干军工企业。20世纪80年代以来，九洲集团先后经历军转民、军民结合、军民融合三个阶段的战略转型。在国家"军转民"政策指引下，九洲集团利用既有的军工科技条件，研制出电视全频道共用天线系统，并成为广播电视传输行业的龙头，成功实现了保军转民。在计划经济向市场经济转轨的过程中，九洲集团坚持军民结合的发展思路，不断加大对民品领域的探索，先后进入有线电视宽带网络系统、数字电视设备领域，民品产业初具规模。从2002年起，九洲集团针对重点发展军工还是重点发展民品，还是军民并举发展的思路问题，明确了"以军工为根基，以民品求发展"的思路，积极探索军民融合发展之路，推动军民品技术的相互融合与促进，统筹规划生产制造系统，协同调度市场营销资源，搭建一体化的人才、财务、信息与标准化支撑平台，迅速拓展军民品市场，实现了企业的快速发展，增强了企业可持续发展能力。九洲集团现主要从事二次雷达、空中交通管制系统、数字电视设备、通信器材器件、LED（半导体照明产品）、RFID（射频识别产品）、应急通信指挥系统等军民用产品的开发、制造、经营和服务，已从单一的军工企业成长为军民融合式发展的大型高科技企业集团。

军转民模式实现高新技术产业化具有如下特征：

（1）军转民企业一般是我国国有大中型企业，具有较强的科技开发和消化吸收先进技术的能力。

（2）军转民企业仍保持着一定的生产能力用于军品生产。

（3）军转民企业一般具有较强的组织纪律性，管理严格，但企业适应市场经济的观念则明显比民用企业落后。

（4）军转民企业适应现代化、标准化、规模化生产的能力较强，但灵活性、敏捷制造的能力则不足。

（5）专用技术可以在民用高新技术产品生产中发挥很大的作用，并具有较强的自配套能力。

6.3.5 "产、学、研"合作模式

这种模式主要由科研院所、高等院校与企业以各自的优势为基础，围绕某一高新技术的研发和产业化，通过委托开发、合作开发、资产联合、经营联合、生产技术联合、"产、学、研"联盟等方式，将科研院所、高等院校的科技开发实力和先进的科技成果与企业的投资实力、经营管理经验有机组合起来，形成"产、学、研"紧密联系的关系，实现高新技术的产业化。

在西部地区中，科技资源和创新要素过分集中在科研院所和大专院校比较突出，大多数企业的技术创新能力较弱，无力进行自主开发，企业的产品升级只能寻求更多的外部技术来源。而众多的高校和科研单位则可以为企业提供很好的科技支撑。于是，在市场机制的驱使下，以高新区为重要载体，企业与研究机构、高等院所之间合作实现高新技术的产业化就成为西部地区一种特别重要的模式。"产、学、研"合作的形式多种多样，有：联合进行科技成果研制、联合成立技术中心、企业委托科研院所和高等院校进行项目研究、组建"产、学、研"联盟等。例如西安高新区近年来先后与西安交通大学、西北工业大学等8所著名高校签署"产、学、研"合作协议，从加强人才培养和交流、推动科研成果申报和转化、促进科技资源基础设施的共享和建设、建立"产、学、研"合作长效机制等4个方面进行深度合作；以主导产业的龙头企业为核心，以产业发展需求为导向，联合中小企业、大学与科研院所、中介服务机构等广泛参与，构建基于共同标准和制度的产业共同体，推进技术创新联盟、市场联盟等多种形式的产业联盟建设。已经先后成立了太阳能光伏产业联盟、软件外包产业联盟、电力电子产业联盟、WAPI产业联盟等12家有一定影响力的产业联盟；聘请高校专家、教授任园区产业顾问，拓宽园区内企业与高校之间沟通的渠道。这些做法有力地促进了大学和科研院所创新成果向创新企业的流动，增强了企业的创新能力。

但是，从目前西部地区"产、学、研"合作的状况来看，还存在合作规

模小、层次低、知识产权界定不明、利益机制难协调等突出问题。"产、学、研"合作实现高新技术产业化对环境和条件的要求是：

（1）"产、学、研"各方应有比较良好的信用基础；

（2）"产、学、研"合作的产权关系必须明晰；

（3）应具备较强的合作协调机制和能力；

（4）合作能够使各方优势互补，合作收益大于合作成本；

（5）需要有比较完善的知识产权保护制度。

6.3.6 引进跨越模式

引进跨越模式即指通过引进发达国家的高新技术成果和生产能力，跨越高新技术的研究、开发等前期阶段而直接进入产品生产和市场开拓阶段，形成高新技术产品的制造能力。经过若干年的消化、吸收和模仿创新之后，再向高新技术研究的前沿逼近，形成高新技术自主开发能力。

近年来，西部高新区通过引进国际跨国公司投资，是促进高新技术产业发展的重要途径。例如成都高新区近年来引进了英特尔、中芯国际、友尼森、摩托罗拉、诺基亚、爱立信、西门子、阿尔卡特、华赛、赛门铁克、京东方、IBM、SAP、梅塞尔等知名企业，成为成都高新区产业快速发展的重要力量。

引进跨越模式跨越了高新技术的研究、开发阶段而直接进入大规模产品生产和市场开拓阶段，有利于高新区在短时期内迅速形成产业规模。但是，如果不注意发展本地企业与外来企业的分工协作关系，不重视外来企业的技术扩散和本地企业对外来技术的消化、吸收，则本地企业很难与外来企业相融合，从而形成互不相连的两种运行轨道，对高新区的自主创新能力提高和内生式发展带来的益处就十分有限。

6.4 西部高新区产业发展与集群发育状况

6.4.1 西部各个高新区产业发展与集群发育状况

6.4.1.1 成都高新区

目前，成都高新区已逐渐发展并培育出具有国内先进水平、拥有自主研发和发展能力的电子信息、生物医药和以航天航空为为主的精密机械三大主要产业集群，整体上处于产业集群发展的成长初期阶段。2008 年，成都高新区三大产业增加值达 157.5 亿元,占成都高新区 GDP 的 49.5%①,其中:电子信息产业增加值 85.49 亿元,占三大产业增加值的 55%,占成都市同行业的 35%,位居成都高新区三大产业集群之首。此外,三大产业相关企业数达 1 000 余家,占高新区企业数 75% 左右。2009 年三大产业占规模以上工业企业总产值的 78.6%。

电子信息产业集群是成都高新区发展最快、产业链条较完整的产业集群。截至 2009 年年底,已聚集以软件及服务外包为主的研究及开发等各类相关企业及机构 800 家左右,形成了以软件服务外包、IC 设计、行业应用及嵌入式软件、通信产业、数字娱乐、信息安全等六大产业方向,并且集成电路已形成了 IC 设计、晶圆制造、封装测试、配套企业等产业链完整的细分集群,正形成中国的第三极,产业的纵横向发展不断扩展、延伸和相互交错。同时,建立了 11 个国家级相关产业基地,处于产业集群高速成长发展阶段。

生物医药产业集群是成都高新区仅次于电子信息产业的第二大优势产业,以地奥、恩威、华神、迪康、康弘、蓉生等本地企业为主,依托四川道地中药材资源优势和丰富的中医临床经验,形成了以中药现代化为重点的、具有较强自主创新能力的产业体系。不过,成都高新区生物医药产业规模扩展较慢、整体规模偏小,处于产业成长的起步阶段。

成都高新区精密机械制造产业整体规模较小,资产规模都不大,产业集群内企业间的关联性不强,企业所处细分行业较为零散,主导产品特色和技术优势不鲜明,正处于产业发展的初期向成长过渡的临界面阶段,需要更好的内外部环境支撑才能促进其向纵深发展。

6.4.1.2 西安高新区

西安高新区是西部高新区中企业数、从业人员以及科技人员最多的高新区,依托其地域优势、人才优势和技术优势,按照"产业集群化、集群园区化"的发展思路,通过不断优化和调整,目前正在形成包括电子信息、先进制造、生物医药、现代服务业四大产业集群。

电子信息产业集群是西安高新区产业链较为完整的产业,形成了以通信、软件与服务外包、光伏、电子元器件等细分集群。通信产业集群已形成了以中兴、华为、龙旗、海天等企业为龙头,从事通信软件开发、设备与终端制造、工程服务、运营服务、系统集成和增值服务等企业 300 多家,企业数量在全国高新区名列前茅;从业人员 5 万余人,2009 年通信产业产值突破 300 亿元,并

---

① 按在地原则统计:2008 年成都高新区实现 GDP 317.7 亿元,即集中建设区或小高新区。

被国家科技部确定为"国家通信高新技术产业化基地"，其通信产业将有望成为继深圳、上海后的第三极。西安高新区软件与服务外包产业集群已聚集了以富士通、SPSS、炎兴、英飞凌等企业为龙头的800余家企业，并建有国家软件"双基地"的西安软件园专业园区，该区聚集了西安市绝大多数软件和服务外包企业，2010年全区软件及服务外包总收入将达到400亿元，企业超过1600家，特色优势行业集群初步显现，已进入产业加速发展的新阶段。光伏产业集群是西安高新区近两年重点发展的新兴产业，已经聚集了包括亚迪、天宏、电子信息集团、中电投、拓日新能等21家企业从事太阳能光伏产业各环节的生产制造。预计到2012年，西安高新区将建成光伏产业技术研究院和西安高新区光伏产业园，成为初具规模的具备完整产业链的光伏产业聚集区，实现销售收入800亿元，有望成为世界领先的光伏技术研究和产业基地。

西安高新区先进制造业产业目前已形成了以汽车与零部件、高压电力电气设备、通用专用设备为重点的先进制造产业集群，区内聚集了以比亚迪、法士特、西电、陕鼓等企业为龙头的相关企业1100多家，预计到2012年实现营业收入超过1200亿元，培育3家年营业收入过100亿元的企业，5家年营业收入过50亿元的企业。

西安高新区生物医药产业依托陕西省特有的中药材资源基地和西安众多的高等院校和科研院所以及西安国家微检测系统工程中心、中国国际抗体研究和发展中心、国家药物安全评价中心、国家西部植物化学工程研究中心、国家生物技术育种工程技术研究中心等一批国家级研发机构，已形成了以省医药集团、金花、东盛等企业为龙头的300多家生物医药企业。预计到2011年，西安高新区生物医药产业工业总产值将达到160亿元，销售收入240亿元。在现代中药、化学合成药、生物技术、药物制剂等领域初步形成特色产业集群。

6.4.1.3 重庆高新区

到2009年，重庆高新区区内企业已达1.58万家以上，其中科技企业4000家，生产型1170多家，高新技术企业200家，"三资"企业300家；GDP达到266亿元，工业总产值612亿元，工业增加值184.3亿元。重庆高新区是国家级软件产业基地、生物医学工程产业基地、科技兴贸创新基地和高新技术产业标准化示范区，引入了霍尼韦尔、富士通、微软等8个世界500强企业（项目），形成了仪器仪表、新医药及器械、软件创意、电子制造、汽摩配套等五个重点产业，产值占工业总产值的90%以上，产值超亿元的18家企业全部集中在重点产业，贡献了全区高技术制造业七成以上的经济总量，横河川仪、川仪生产基地、耐德工业、华邦制药等企业的产值规模已超过5亿元。重庆高新区内新兴的软件创意产业集聚了全市十大重点软件企业和全市 80% 以上的软件企业，全区通过"双软认证"的企业 100 家。重庆高新区的仪器仪表产业是国家科技部的全国试点产业集群，2008 年增长 72.5%；汽摩产业和电子及通信设备制造业已形成了设计、制造、销售的完整产业链。

6.4.1.4　宝鸡高新区

宝鸡古称"陈仓"，是陕西省第二大城市，也是国家技术创新示范城市，地处关中平原的西端，拥有丰富的矿产资源。经过十多年的发展，宝鸡高新区已跃居西部高新区第五位，被认定为国家科技兴贸出口创新基地。2009 年营业收入达到 751.2 亿元，初步形成了先进制造、新材料、电子信息、生物医药工程等主导产业集群。其中先进制造业和新材料是宝鸡高新区发展的重要产业集群。目前，钛产业已成为宝鸡第一大主导产业，聚集了以钛为主，钨、钼、钽、铌、锆、铪等稀有金属及合金深加工为主体的稀有金属新材料产业，科研、生产、加工、贸易和流通企业 385 家。有望打造成"中国钛谷"。

6.4.1.5　昆明高新区

昆明高新区已初步形成了以新材料技术为龙头，生物技术、光机电技术、环保技术、电子信息技术、高效农业技术共同发展的六大产业。新材料产业总产值超过全区总产值的一半以上。2009 年实现营业收入 750.5 亿元，全区共有企业 4 337 家，其中：总收入上 100 亿元的企业 1 家，上 10 亿元的企业 10 家，上亿元的企业 48 家，上千万元的企业 86 家。昆明现代生物制药产业园目前已有铭鼎药业、云南白药、滇虹药业、生物谷盏花、昆明制药、三九白马、香港龙润集团、香港积大制药、昆明医学院、云南省药监局等一批项目入园实施，云南省政府确定的重点扶持的十大医药企业已有八家落户高新区。云南软件园是国家科技部认定的 29 家"国家火炬计划软件产业基地"之一，集聚了 180 余家从事软件开发、系统集成、信息服务、信息设备制造的企业。

6.4.1.6　包头稀土高新区

包头稀土高新区作为国内发展稀土产业的主要基地和载体，唯一一家以专业命名的高新区，被国家科技部批准为"国家级稀土新材料成果转化及产业化基地"，已形成龙头企业集聚、稀土新材料产业集聚和国内外知名稀土企业集聚的效应，现拥有 67 家稀土企业，其中规模以上 36 家，初步形成原料→稀土金属→稀土功能材料→稀土应用及终端产品的产业链。2008 年规划建设的"稀土应用产业园"，其主要任务是全力打造稀土功能材料及应用产业集群，重点建设以稀土永磁材料、储氢材料、发光材料、催化抛光材料、稀土有色金属材料深加工 5 条稀土应用产业链；产品结构不断优化，稀土功能材料及其应用产品企业数量占稀土企业总数的 79%，集聚效应明显。2008 年被确定为包头市承接加工贸易梯度转移的主要承接地。

6.4.1.7 贵阳高新区

截至 2009 年，贵阳高新区已聚集了 120 余家企业，其中外资企业 19 家，新认定的高新技术企业达 30 家，上市企业 10 家，已初步形成了电子信息、先进制造（精密光学仪器、航空发动机、汽车零部件电子控制设备）、新材料、生物工程与制药等四大主导产业。其中：电子信息企业 19 家，2009 年实现产值 38.52 亿元，占总产值的 14.59%；先进制造行业企业 13 家，实现产值 101.72 亿元，占总产值的 38.53%；新材料行业企业 13 家、实现产值 57.72 亿元，占总产值的 21.86%；生物与医药业企业 23 家，实现产值 35.82 亿元，占总产值的 13.57%。产业类别发展趋于均衡，具有自身鲜明特点的支柱产业开始形成。预计到 2012 年，规模以上工业总产值达到 150 亿元，高技术工业总产值达 100 亿元，主导产业形成年销售额超过 50 亿元的产业集群，培育 3~5 个年销售收入超过 10 亿元的龙头企业，造就一批高新技术名牌产品。

6.4.1.8 南宁高新区

南宁高新区依托广西天然药物丰富和中国—东盟自由贸易区建设对信息化的需求，经过多年的发展，已经初步形成了以桂西、博科、康华、中诺、庞博等企业为主的生物技术及医药产业群；以八菱科技、桂格精工等为主的汽车配件产业集群；以亚奥数码、德意数码、平方软件等为主的电子信息及动漫产业集群；以恒顺科技、西能科技、广西电控集团等为主的电力设备产业集群。正在建设的中国—东盟企业总部基地，将有助于南宁高新区的品牌打造和产业增长。

6.4.1.9 桂林高新区

桂林国家高新区是广西高新技术产业的重要基地，集聚了桂林市 80% 以上的高新技术企业。高新区实现技工贸总收入 603.6 亿元，完成工业总产值 593.5 亿元，实现利税总额 73.7 亿元，高新技术企业产品出口 3.63 亿美元，截至 2009 年年底，入园企业数达 2 000 多家。已经初步形成电子信息、生物医药、机电一体化、新材料、环保等五大优势产业。其中，电子信息占 35%，生物医药占 22%，机电一体化占 18%，新材料占 17%，环保占 6%，这五大产业已初步形成了配套比较完整的产业链。①

---

① 桂林高新区产业集群发展与提升对策的研究 [N/OL]，来源于民盟桂林市委会。www.glmm.org.cn/news/ztdy/2010/04/0903.htm.

6.4.1.10 兰州高新区

兰州高新区经过近 20 年的发展，到 2010 年区内已聚集企业 2 300 多户，总收入上千万元的企业有 207 户，上亿元企业有 57 户，上 50 亿元的有 5 户，技工贸总收入也从建区初期的 1.21 亿元，增长到 2010 年的 860 亿元。目前园区已初步形成了以兰铝、兰港石化、路博润、西脉、瑞丰实业、华宇航天、瑞玛化机等为代表的新材料产业；以宏远电力、节能环保、新开元、明珠电力、金桥给排水、捷晖生物等企业为代表的新能源与节能环保产业；以瑞德实业、万维信息、飞天网景、紫光智能、同兴智能、大成自动化、中科天光等企业为代表的电子信息产业；以耐驰泵业、兰石四方、创力科技、矿场机械、沃尔凯采暖、鑫泰光学等为代表的先进制造技术产业；以亚盛、莫高、富农高科、兴农实业、西部草业等企业为代表的农业高新技术产业；以奇正集团、中农威特、佛慈制药、大得利制药、民海生物、凯博生物等企业为代表的生物技术及新医药产业等六大支柱产业。其中新材料营业收入占总收入的 24.39%，新能源与低碳类收入占总收入的 19.22%，其他 4 大类产业只有 5% 左右。[①]兰州高新区将以新材料和生物工程与新医药产业为重点，引导和扶持特色产业形成集群，全力提升产业规模，力争在两三年内把兰州高新区建成甘肃高新技术的聚集区，成为甘肃省和兰州市对外开放的窗口，兰州城市发展的空间和引领未来产业的战略高地。

6.4.1.11 绵阳高新区

绵阳高新区经过十余年的建设和发展，2009 年全区实现工业总产值 587.24 亿元，工业增加值 78.34 亿元，财政收入 4 亿元以上。已基本形成以电子信息产业为龙头，以生物医药、新材料、汽车及零部件产业为支柱的产业体系，重点代表企业有四川长虹、九洲集团、艾默生网络能源、中国重汽绵阳专用车生产基地、东方特塑、长鑫新材料、华瑞汽车等，工业企业数量达 800 多家，高新技术企业数量达到 136 家，高新技术企业产值占全区工业总产值的 90% 以上。

6.4.1.12 杨凌高新区

杨凌高新区是全国 56 个国家级高新区中唯一一个农业高新技术产业示范园区，以杨凌示范区为核心，采取周边带动、全面辐射的模式而成为全国高新区发展的亮点，现以形成了以良种技术和生物技术为主的良种业、畜牧养殖业

---

① 兰州高新区基本情况 [EB/OL]. http://www.gspc.gov.cn/kaifaqu/ShowArticle.asp? ArticleID=5491.

以及副产品加工业、生态旅游业，正在积极培育环保农业、房地产业、现代物流业、传统工业四大新兴产业。2009年区内企业有126家，工业总产值达到46亿元以上，工业增加值达到13亿元，工业增加值近30%。

6.4.1.13 乌鲁木齐高新区

乌鲁木齐高新区依托新疆资源优势、地缘优势，初步形成了新材料、新能源、生物医药、先进装备制造、石油化工和电子信息等六大特色产业集群。2009年，这六大高新技术产业完成工业产值150亿元以上，占乌鲁木齐高新区工业总产值的97%以上，产值占全疆高新技术产值的1/3强，其中，新能源产业已基本形成了以中石油、中石化、中联油、神华集团等一批龙头企业，重点发展以太阳能发电、大型风力发电为主的高效清洁能源工业为主的能源特色产业群。

6.4.2 西部高新区产业集群的脆弱性特征

从总体上分析，西部各高新区都已初步形成了自身的主导产业，但是西部高新区各自主导产业选择过多的问题比较突出。西部许多高新区均有4~6个主导产业，而每个主导产业的规模却很小，聚集的企业不多。从西部各高新区产业集群的发育状况看，除成都和西安等少数高新区已经基本形成了上中下纵向产业分工比较完整的产业链、产业集群效应比较突出外，西部其他高新区主导产业主要是纵向分工，少数高新区还没有形成具有真正意义的主导产业，企业处于"扎堆"状态。总体而言，西部高新区的产业集群还呈现出脆弱性特征。西部高新区产业集群的脆弱性体现在：

6.4.2.1 企业空间上集群的脆弱性

与我国大多高新区一样，西部高新区在建设初期，主要依靠提供土地和优惠政策来吸引企业进区，从而形成企业的空间聚集。由于这种企业的空间聚集不是以内在的机制和产业的关联为基础的，因而使这些企业缺乏强烈的植根性。一些产业发展领域"只有企业没有产业"，仅靠单个企业的技术或资源完成技术开发项目，在低水平上展开竞争，呈现粗放型扩张的局面。随着改革开放的进一步深入，高新区政策上的优势逐步弱化，与区外的差距日益缩小，这种空间上的聚集就表现出很大的脆弱性。如土地成本、劳动力价格等区位优势及税收优惠政策发生变化时，区内的一些企业就可能会再次向其他政策更优惠的地方发生流动，增大了区内优势产业基础的不稳定性。

6.4.2.2 带动产业集群形成的核心企业稀少性

理论和实践均表明，核心企业对产业集群的形成起着关键作用，往往一个规模大、技术开发能力强、产品市场占有率高的龙头企业就可以在其周围形成若干个为之配套加工的中小企业群体。西部高新区具有行业领袖能力和国际竞争力的内资企业很少，较大规模、竞争力强、具有较大实力的相关企业不多，这样就难以形成产业集群。

6.4.2.3 产业链条的断裂性

西部高新区内大都存在几个主导产业，但具体到每一个产业中，其产业链条非常短，有的甚至只是几个生产同类产品的企业在高新区"扎堆"，基本没有形成上、中、下游完整的产业链，断裂现象非常突出，造成企业大量的配套需要在东部沿海等区域外进行，无疑会削弱本地企业的竞争优势。高新技术产业尽管是全球性产业，产业价值链可以在全球范围内完成，但是在某一产业乃至某一产业的细分环节中，形成相对完整的产业链，对于竞争优势的形成是非常有利的。例如，我国东部沿海高新区在个人电脑的加工制造环节，形成了众多链条相互衔接和配套的环节，造就了电脑加工组装的竞争优势。

6.4.2.4 产业专业化分工与协作机制的缺损性

美国硅谷、中国台湾新竹科学园区的成功在很大程度上有赖于那种相互结网、相互依存的产业体系。从西部高新区的产业构成来看，相互支援、相互依存的专业化分工协作的产业网络尚未形成，大多数高新区内高新技术企业所需的零配件特别是关键性的配件大多都是从其他地方购进的，有的是从国外进口。从区内的企业之间在业务上的关联上看，相互有业务关联的并不多，中小企业在某些产业环节上为大企业提供专业化供应配套的也很少。从配套服务上来看，为高新技术产业服务的咨询服务相当缺乏，更是缺乏足够的风险投资企业聚集在高新区内。这说明西部高新区缺乏区内专业化分工与协作的机制、环境和条件。

6.4.2.5 适应产业集群发展的人才结构不匹配性

就人力资源的总规模来看，西部的西安、成都、重庆、兰州高新区内各类人才并不少，但是，高新技术产业发展特别需要的高层次专门人才，特别是既懂技术又懂经营管理的复合型帅才十分匮乏，人才结构极为不合理。其主要原因在于过分注重引进技术人才，轻视经营管理人才的引进。同时，促进高新技术产业发展的分配激励机制尚未完善，使得高新区尚未成为吸引最优秀人才的"福地"，而在美国、中国台湾以及东部沿海等高新技术产业发展得很好的地方，高新技术产业是最能吸引年轻优秀人才的行业。在国外尤其是硅谷通常采用高薪和期权来吸引和激励高级专门人才，事实证明期权这种激励方式是十分成功的。目前，在西部高新区内企业中类似期权这种分配制度大多尚未较好地建立，加之目前西部地区人们的风险意识和创新意识还不够，许多优秀的高级专门人才和大学生、研究生都不愿意到风险较高的高新技术企业中去工作，他们更愿意选择去大银行、证券公司或电信、电力等垄断性行业。

6.4.3 原因分析

我国西部高新区在形成高新技术产业集群上的弱势，表明西部高新技术产业在未来的竞争中处于不利地位，这就可能使西部在新一轮产业结构升级中处于不利的境地，从而痛失拉动经济发展转型的最有效力量。探究西部高新区产业集群能力低下的原因，我们认为有以下原因：

6.4.3.1 在西部高新区发展的起步阶段，对产业集群带来的竞争优势无暇顾及

我国西部高新区基本上都是20世纪80年代末、90年代初建立起来的，主要依靠提供土地和优惠政策来吸引企业入园，从而形成了一定规模的企业的空间集聚。由于东西部区位与投资环境的巨大差异性，西部高新区在发展的起步阶段吸引国内外投资者就比东部高新区艰难得多。在这种情况下，只要能吸引企业入驻高新区就是一个成功，很难顾及自身的发展定位并按照定位引导产业聚集，因此，吸引企业的随机聚集逐步形成产业"扎堆"就成为一种必然会出现的情况。

6.4.3.2 西部高新区促进产业集群的大环境比较差

纵观我国发展得好的高新区，主要集中在我国珠江三角洲、长江三角洲地区，这些地区不仅经济发达，而且不同产业已基本上形成了产业集群和配套加工能力。这种大环境的产业集群能力不可避免地为东部高新区带来众多外部效应。因为高新区本身不是封闭的，区外在产业链条上的完整性和加工配套能力上的方便性，使高新区内的企业很易获得供应商、生产商、销售商各方面的支持。同时，东部沿海其他传统产业集群如纺织、服装、手表、家用电器等形成的竞争优势，为处于其中的东部高新区提供了很好的示范，传统产业集群与高新技术产业集群地理上的临近性使东部高新区更易学习和模仿，从而使东部高新区更易转换到产业集群的发展道路。反观西部，由于长期以来具有重工业、国有企业和军工企业为主的经济结构特征，生产经营自成体系就从根本上制约着社会分工和交易的发展，加之整个经济上的分散性，造成西部地区产业集群的大环境很差。置于这种大环境很差的西部高新区也就很难聚集起产业集群的氛围。

6.5 西部高新区经济发展评价

6.5.1 西部高新区经济发展基本情况

我国西部高新区经过二十年的发展，在推动高新技术产业化、优化区域经济结构、凝聚人才、提供就业、提升产业层位等方面取得了丰硕成果，成为西部特色高新技术产业化的重要示范基地和国际化的窗口，在全国高新区的地位不断上升。

6.5.1.1 主要经济指标保持平稳快速增长，高于全国平均水平

从 2005 年国家强调加强以自主创新为核心的高新区"二次创业"以来，西部高新区主要经济指标保持较快增长。各项主要经济指标年均增速达到27%以上（见图 6-11）。2009 年西部高新区实现营业收入 11 325.1 亿元，规模总量是 2005 年的 2.69 倍，翻了一番多；工业总产值 9 396.3 亿元，是 2005 年的 2.73 倍；工业增加值 2 682.1 亿元，是 2005 年的 2.7 倍；实现净利润575.6 亿元，是 2005 年的 2.53 倍；上缴税收 588.2 亿元，是 2005 年的 2.63 倍；出口创汇 153.1 亿美元，是 2005 年的 3.18 倍。除净利润外，西部高新区主要经济指标的增长速度都高于全国高新区的平均增长水平，如表 6-7 所示。但是，西部高新区的经济总量仍偏小，没有一项经济指标达到了 20%。

表 6-7　　　2005—2009 年西部高新区主要经济指标及增长情况

单位：亿元、亿美元

年度	营业收入	工业总产值	工业增加值	净利润	上缴税额	出口创汇
2005	4 210.3	3 440.9	992.8	227.6	223.7	48.1
2006	5 389.2	4 404.3	1 270.8	291.3	286.3	61.6
2007	7 226.3	5 924.1	1 730.5	417.7	404.0	86.9
2008	9 392.4	7 755.4	2 202.2	466.8	508.6	122.8
2009	11 325.1	9 396.3	2 682.1	575.6	588.2	153.1
2009 年是 2005 年的倍数	2.69	2.73	2.7	2.53	2.63	3.18
年均增速(%)	28.10	27.60	27.10	31.10	32.60	43.10

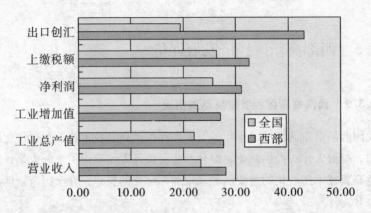

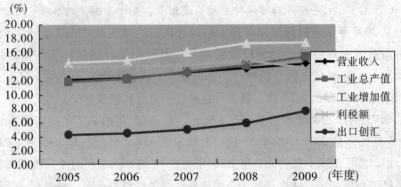

图 6-12 2005—2009 年西部高新区主要经济指标规模总量占全国高新区变化趋势

6.5.1.2 企业效益略好于全国高新区平均水平

2006—2009 年，西部高新区的销售利润率和产值利税效益指标基本上都比全国高新区略高，但差距在缩小，成 V 字形。2006 年西部高新区企业销售利税率比全国高 0.5 个百分点，2007 年持平，2008 年高 0.12 个百分点，2009 年高 0.45 个百分点；产值利税率由 2006 年的 1.7 百分点缩小到 2008 年的 0.59 个百分点，2009 年全国反而高于西部。西部高新区人均效益指标一直低于全国高新区平均水平，并有扩大差距的趋势。人均工业增加值由 2006 年的 23 560.2 元缩小到 2008 年的 5 946.11 元，缩小了近 3 倍，2009 年有所反弹（见表 6-8）。西部高新区人均效益指标低于全国高新区平均水平表明，西部高新区知识创造财富或价值的能力还比较弱，以技术收益为特征的高新技术服务业还不突出。但是，这种差距随着西部高新区产业结构的调整和升级将逐步缩小，同时也暗示了在金融危机冲击的背景下，西部高新区抗冲击的能力较强。

表 6-8　　　　　2006—2009 年西部高新区企业效益及比较　　单位:%、元/人

指标	年度	西部	全国	差值
销售利润率	2006	5.40	4.90	0.50
	2007	5.80	5.80	0.00
	2008	4.97	4.85	0.12
	2009	6.12	5.67	0.45
产值利税率	2006	13.10	11.40	1.70
	2007	13.90	13.00	0.90
	2008	12.58	11.99	0.59
	2009	12.39	13.83	-1.44
人均利润	2006	28 645.6	37 110.0	-8 464.40
	2007	36 797.1	48 586.9	-11 789.82
	2008	36 317.7	46 062.2	-9 744.50
	2009	39 198.1	55 097.0	-15 898.90
人均增加值	2006	124 966.8	148 527.0	-23 560.22
	2007	152 458.5	164 792.2	-12 333.72
	2008	171 334.5	177 280.6	-5 946.11
	2009	182 642.5	190 223.3	-7 580.82

6.5.2　西部各高新区经济发展的不平衡性

整体上讲，西部各个高新区由于所处区域的自然、经济、社会和技术发展水平差异巨大，其发展规模、发展速度上大相径庭。

6.5.2.1　规模差距大，成都和西安高新区成为西部高新区的领头羊

经过二十年的发展，西部高新区在经济发展规模和实力上最强的是成都和西安高新区。2009 年成都和西安这两个高新区与西部整个 13 个高新区相比，企业数占 56.9%、从业人员占 34.2%、营业总收入占 47.7%、工业总产值占 43.7%、工业增加值占 46.50%、利税总额占 49.2%、出口创汇占 62.9%，也就是说，西安和成都这两个高新区的主要经济指标总量几乎占整个西部高新区的"半壁江山"。其中，企业数、创造的利税、出口创汇超过了一半。这说明成都和西部高新区确实已成为了引领和带动西部其他高新区发展的标杆和领头羊。

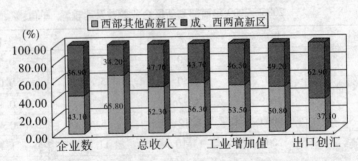

图 6-13 成都和西安高新区与西部其他高新区主要经济指标累计比

包头稀土高新区、重庆高新区、宝鸡高新区和昆明高新区成为中坚力量，各项主要经济指标基本接近西部高新区的平均水平。而西部其他高新区，无论是企业数、从业人员还是经济总量规模都较小，各项经济指标占整个西部高新区的份额很小。西部各高新区具体情况如表6-9所示。

表 6-9　　　　　　　2009 年西部各高新区主要经济指标　　　　　　单位：亿元

高新区	企业数（家）	从业人员（人）	总收入	工业总产值	工业增加值	净利润	上缴税费	出口创汇（亿美元）
包头	573	109 273	908.1	927.7	277.2	28.2	38.1	5.6
南宁	686	108 400	580.3	454.1	152.9	36.5	30.1	2.4
桂林	277	74 338	322.0	375.1	110.1	20.7	21.7	5.4
成都	1 398	227 008	2 270.9	2 090.4	605.7	147.1	108.2	70.9
重庆	520	189 687	863.0	612.0	184.3	36.9	48.4	6.5
绵阳	114	101 826	475.5	597.2	142.2	14.0	17.2	7.5
贵阳	121	96 536	339.1	301.6	78.3	8.0	16.4	4.7
昆明	240	61 817	750.5	554.6	129.0	33.6	37.6	12.6
西安	3 471	275 141	3 136.6	2 016.2	642.1	147.2	169.7	25.4
宝鸡	372	100 703	751.2	742.2	210.1	41.7	49.1	4.5
杨凌	126	13 753	73.5	46.3	13.5	-0.6	1.7	1.0
兰州	451	75 805	650.7	516.3	106.6	24.3	42.3	0.8
乌鲁木齐	210	34 198	203.7	162.7	30.1	38.1	7.7	5.8
西部合计	8 559	1 468 485	11 325.1	9 396.3	2 682.1	575.6	588.2	153.1
平均数	658	112 960	871.2	722.8	206.3	44.3	45.2	11.8

经过对表6-9中的分析可以得出以下结论：西部先进高新区与落后高新区的差距非常大。西安高新区聚集的企业数分别是贵阳和绵阳高新区的34.1倍、昆明高新区的25.8倍；西安高新区的从业人员是乌鲁木齐高新区的41.7倍、桂林高新区的10.9倍；西安高新区的营业总收入是乌鲁木齐高新区的15倍、贵阳高新区的8.5倍；成都高新区的工业总产值是乌鲁木齐高新区的12.7倍、贵阳高新区的6.2倍、桂林高新区的4.8倍；成都高新区的净利润是贵阳高新区的57.9倍、乌鲁木齐高新区的9.1倍、包头高新区的8.7倍；成都高新区的出口创汇是兰州高新区的57.4倍、贵阳高新区的19.1倍、南宁高新区的17.7倍。

6.5.2.2 西部各高新区各主要指标保持平稳增长，一些小的高新区发展较快

在发展速度方面，西部各高新区主要指标保持平稳增长，一些小的高新区发展较快。2006—2009年，除昆明的出口创汇和杨凌的工业增加值有所下降外，其他高新区主要经济指标都保持平稳快速增长（见图6-14）。其中：营业总收入年均增速较快的前5名是兰州、宝鸡、西安、成都、包头，年均增速分别是47.72%、39.40%、31.48%、29.19%、29.15%，均高出西部高新区平均增长水平、远远超过全国22.02%的平均水平；增长速度较慢的后3名分别是桂林、重庆、乌鲁木齐，均比全国平均水平低。工业总产值和工业增加值增速较快的主要是杨凌、乌鲁木齐以及宝鸡等一些小高新区，其增速均超过

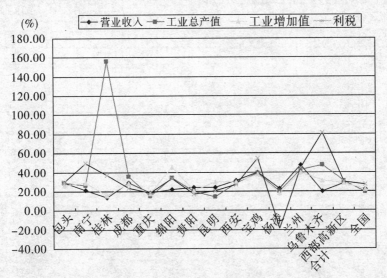

图6-14 2006—2009年西部高新区主要经济指标增长速度及与全国比较

40%，成都高新区在工业增加值和总产值方面增速都较快。低于全国平均水平的是昆明和桂林高新区，其他高新区增速保持平稳快速增长。利税增速最快的是宝鸡、南宁、乌鲁木齐，分别为82.6%、68.7%、68.60%，几乎是西部高新区平均水平的2倍，大大超过全国平均水平；利税增速最慢的是昆明、贵阳、包头、重庆高新区，均低于全国高新区平均水平。其中昆明年均增速仅为9.4%，远低于西部34.59%的平均水平。出口创汇增速最快的是成都高新区，年均增速达到129.70%，由2006年的8.7亿美元增加到2008年的45.9亿美元，是2006年的4.2倍，其次是南宁和绵阳高新区。除昆明高新区出口创汇2008年比2007年有所下降外，其他高新区出口创保持逐年增长，但近半数高新区出口创汇增速都低于全国平均水平。

7 西部高新区优势高新技术产业领域的选择

7.1 当今高新技术发展动态

高新技术是高技术和新技术的简称。高技术是指处于当代科学技术前沿，知识密集、技术密集，对经济和社会发展有重大影响，能较快转化成新兴产业或能大幅度提高产业附加值的技术和技术群。新技术是相对原有旧技术而言的，指填补国内空白的技术，它并不一定是高技术。由于边缘科学的发展以及科学与经济结合不断加深，由科学演化而来的各种高新技术也不断变化，以及各种高新技术的耦合发展，也不断演化出更多的高新技术领域。但是，从目前来看，影响发展最基础的高新技术主要包括电子信息技术、现代生物技术和生命科学、新材料技术，这三大技术是高新技术产业发展的基石，其他高新技术基本上是这些技术的衍生技术，而且这些技术也不是独立的，而是相互推动、融合发展的。本研究在此主要描述上述三大技术发展的前沿及应用领域。

7.1.1 电子信息核心技术发展动态

电子信息产业是信息经济和新经济时代的产物。20 世纪 90 年代以来，以通信、计算机及软件产业为主体的电子信息产业凭借其惊人的增长速度，一举成为当今世界上最重要的战略性产业。据国际权威机构统计，2008 年电子信息产业产值达 4.96 万亿美元，占全球总产值的 9.6%，居各产业之首。而2008 年我国电子信息产业总产值占全球电子信息产业总产值的 18.5%，超过美国，居世界首位①。但是由于中国在电子信息产业缺少核心、关键产品的自主研发技术，仍然是世界加工厂，竞争中仍处于劣势。电子信息核心技术发展的动态如下②：

（1）微电子技术系统集成发展趋势。系统集成是 21 世纪初微电子技术发展的重点。目前已经可以在一块芯片上集成 108～109 个晶体管。未来十年内，集成电路仍将以硅基 CMOS 电路为主流工艺，主要发展趋势是加工精细化，硅片大直径化。

（2）计算机技术向多媒体和智能化方向发展。计算机技术并行处理技术将迅速发展。多媒体技术将使计算机、通信、家电融为一体。语言和手写识别、数字图像交互等智能化技术会快速发展。

（3）网络技术向多业务、高性能、大容量、无线化方向发展。未来 IP 业务将呈爆炸式增长态势，无线宽带综合业务数字网、超高速因特网以及网络无线化将成为未来网络技术发展的重点。

（4）通信技术向宽带化、个性化和综合化方向发展。数字微波通信系统由标准同步数字系列（PDH）全面转向同步数字系列（SDH）；宽带接入技术发展迅速，光纤主干网站接入带宽已超过 G 级，Internet 无线接入技术和蓝牙技术日趋成熟；包交换、DWDM 光传输、IP 选路和 Web 应用已成为下一代宽带网必须考虑的四大要素，ATM 技术将与 IP 技术相互结合，取长补短。

（5）软件技术向网络化、智能化、无线互联技术实用化方向发展。软件复用和软件构件技术作为未来软件开发的发展方向，将引起软件产业的深刻变革。分布计算、与网络和互联网相关的软件技术、Linux 及自由软件将成为软件领域的主要热点。

（6）显示技术向大屏幕、平板方向发展。新型阴极射线管（CRT）、液晶（TFT－LCD）、等离子（PDP）、发光二极管（LED）、有机电致发光器件（OELD）等新型显示器件正在成为全球性新兴产业。

（7）电子整机设计向小型化、轻量化、便携化、美观化、智能化方向发展。

（8）电子元器件研制向微型化、片式化、集成化、阻燃化、高频低功耗化、高性能化方向发展。随着微电子技术的突破，新型元器件将不断涌现，在

---

① 世界电子信息产业新局势与我国应对新举措 [J/OL]. hppt://wenku.baidu.com/view/d8bc3ef3f90f76c66137la6c.hmtl.

② 于凌宇，魏秉国，冯玉萍. 电子信息产业发展新趋势与科学发展新规律 [J]. 濮阳职业技术学院学报，2009 (10).

纳米水平下进行加工、集成的芯片系统将逐步成为主流产品。

（9）电子材料开发向优质化、低成本化、无铅无毒化、循环利用化、纳米化方向发展。为适应电子元器件高性能低成本的要求，新型电子材料必须质优价廉、无毒环保。

7.1.2　生物技术发展动态

近30多年来，生物技术不断取得重大进展，基因合成和扩增技术、基因修饰技术、基因克隆技术、基因芯片技术、基因治疗技术以及新型表达载体等新技术、新方法不断涌现；功能基因的分离、克隆和开发应用，基因药物、重组疫苗、生物反应器、转基因植物和动物技术等有了重大突破。随着人类基因组和其他模式生物基因组的破译和后基因组时代的到来，确定所有的基因及其表达谱，了解基因所编码的蛋白质空间结构、修饰加工和蛋白质之间的相互作用等，将是新的热点问题。同时，细胞生物学、发育生物学、神经生物学、生物信息学、干细胞、组织工程等学科领域也将继续居于生命科学研究的前沿地位。以现代生物技术为基础发展创立的生物技术工程包括基因工程、细胞工程、酶工程、蛋白质工程等，其核心是基因工程。由生物技术催生的现代生物技术产业主要是医药生物技术（包括生物技术药物、疫苗、血液制品、生化药物、诊断试剂、抗生素等）、农业生物技术（包括转基因农作物、现代育种和超级杂交水稻、植物组织培养、生物农药、饲料添加剂、兽用疫苗等）、工业生物技术（氨基酸、发酵有机酸、酶制剂）和其他产业（品），如天然药物（中医药）、保健品、环保产业、生物能源、生物材料和组织器官工程等。

当前美国在生物技术方面处于领先地位，我国已经在某些国际生物技术基础研究的领域中占据了有利的位置，通过加强在功能基因组学、蛋白质组学、生物芯片、组织工程、动植物生物反应器、基因工程药物与疫苗、基因诊断与治疗，以及动植物转基因技术、生物农药、生物肥料和生物安全等方面的原始创新性工作，生物技术将为我国的国民经济发展作出更大的贡献。生物产业的发展将最终解决世界人口、粮食、环境、健康、能源和海洋等影响21世纪人类生存的重大问题。

7.1.3　新材料技术发展动态

新材料作为21世纪三大关键技术之一，是发展信息、航天、能源、生物等高新技术的重要物质基础，已成为全球经济迅猛增长的原动力和各国提升核心竞争力的焦点。目前新材料技术及产业发展处于前沿的主要是美国、日本、欧盟和韩国，其未来10~20年的新材料技术发展战略方向如表7-1所示。

我国部分优势企业在共混改性、塑料合金、无卤阻燃、纳米复合材料、多功能环保稀土助剂和部分特种工程塑料的研制等方面拥有技术优势，但整体上处于技术价值链的低端。尽管在稀土新材料领域，我国稀土资源占世界总储量的80%，产量占世界总产量的70%，但其中的2/3以资源或初级产品的方式出口国外。[①]

表7-1　　　　　　　　世界发达国家新材料技术发展方向

国家	技术或产业领域
美国	生物材料、信息材料、纳米材料、极端环境材料及材料计算科学列为主要前沿研究领域。
日本	注重已有材料的性能提高、合理利用与回收再利用，并在这些方面处于领先地位。重点是纳米技术。
欧盟	催化剂、光学材料和光电材料、纳米生物技术、磁性材料、超导体、复合材料、生物医学材料等。
韩国	下一代高密度储存材料、生态材料、生物材料、自组装的纳米材料技术、未来碳材料技术、高性能高效结构材料、用于人工感觉系统的智能卫星传感器、利用分子工程的仿生化学加工方法、控制生物功能的材料。
俄罗斯	陶瓷和玻璃材料；膜技术；特种性能的金属和合金；重要战略原料的评估、综合开采和深加工技术；聚合材料和复合材料；超硬合成材料；超导技术；微型冶金生产技术模型。

资料来源：http：//www.istis.sh.cn/list/list.aspx? id165，世界各国新材料发展战略简介。

从表7-1中可见，目前，新材料主要集中在纳米、光电、电池新材料、稀土新材料、复合材料、新型金融材料等。其中纳米材料技术向复合纳米材料、高端纳米粉体材料技术以及纳米生物技术等成为发展的热点；光电新材料技术中高端偏光片、彩色滤光片、玻璃基板将是光电材料产品发展的重心；稀土新材料技术中稀土永磁、稀土催化、稀土磁伸缩、磁电阻、磁致冷等技术是关注的重点领域；锂电池隔离膜、燃料电池材料等新材料国产化、规模化的进程将加快；碳纤维制品、高等级人造金刚石、高级功能填料、高耐久钢材防腐涂料、高级反光材料第复合材料是技术开发的重点等；新型金属材料方面有金

---

① 我国已成为世界新材料行业角逐的主战场 [OL]. 中国塑料商网，http：//acs.mofcom. gov.cn/sites/aqzn/aqjxnr.jsp? contentId=2342907936411.

属玻璃、金属微晶材料、超细粉金属材料等；特种陶瓷将发展到电容器陶瓷、半导电陶瓷和光学陶瓷；高分子材料方面有聚酯切片、聚丙烯丝束、醋酸纤维等。

总之，新材料技术发展正呈现复合化、极限化、智能化、商品化和产业化等特点。从某种意义上说，21世纪将是由新材料支撑的新信息产业革命时代。

7.2　高新技术产业区域分工及转移特点

7.2.1　高新技术产业区域分工的特点

随着高科技产业的兴起，国际或区域间产业分工特点发生了巨大变化，科技分工与智力分工正在逐步取代传统的资本和劳动力分工以及产品生产方式的分工，产业分工由传统的垂直单一化分工向以产业横向为主的网络化分工转变。在以科技、智力分工为主要内容的国际产业分工体系中，随着各国高科技及其产业群的出现，以高科技及其产业为主要标志的产业分工格局正在形成，并呈现出以下特点和趋势：

7.2.1.1　垂直分工向交叉混合分工转变

随着以电子信息产业为代表的高新技术产业的发展，国际或区域间的传统垂直分工体系向交叉混合网络化分工体系转变。所谓交叉混合网络化分工，就是国际或区域在保持垂直分工的基础上，出现了产业间分工与产业内部分工的发展格局。产业内分工是指国际或区域分工依据同一产业内部产业链的不同环节来分工。一个完整的产业链主要包括技术、生产以及营销3个主要环节，其中技术环节包括研究与开发、设计、生产及加工技术的提高和技术培训；生产环节包括采购、终端加工、测试、包装和库存管理；营销环节包括物流、批发及零售、品牌管理及售后服务。在产业的微笑曲线分布中，研发、培训、品牌管理以及售后服务处于价值链的高端。在全球高新技术业分工体系中，发达国家或区域已把研发和品牌营销作为发展的重点，发展中国家在全球高新技术产业分工体系中充当加工制造的角色。

7.2.1.2　产业内部分工向产品内工序分工转变，分工更加细化和深入

国际高新技术产业的分工不再体现在某个特定或某项特定产品上，而是体现在产业链条中所占据的环节或工序上。技术密集型的产业有它的劳动密集型环节（如高科技产品的加工装配环节），劳动密集型产业也有它的知识技术密集环节（如产品设计）。产品生产的不同产业链环节，其技术水平和附加值也不同，全球的生产企业只能根据自己的核心能力和优势资源，从事产业链上的

某一环节或某一工序。

7.2.1.3 产业分工形成机制，跨国公司和地区内的产业集团在全球高新技术产业分工中的地位和作用进一步加强

产业分工由市场自发决定向由跨国公司经营决定和由地区产业集团决定变化，出现了产业协议在国际范围内跨国公司间及在地区产业集团内部进行分工的现象。跨国公司和地区产业集团在全球高新技术产业分工中的地位和作用进一步加强。

全球高新技术产业的分工格局事实上是由跨国公司来主导的，如在电子信息产业领域，全球 IT 企业前 40 强的销售收入达到 1 万亿美元，约占全球 IT 产业的 60%，而且这些企业大多分布在美、欧、日等发达国家和地区。在全球电子信息产业的主要领域，大多被少数几家大型跨国公司所控制。跨国公司通过控制全球高新技术产业发展中的技术与标准、市场与营销、核心部件生产等高附加值环节来主导产业的发展。全球信息技术领域内的专利有 92.6% 是由日本、美国、德国等十国的跨国公司所占有。跨国公司控制了全球主要 IT 产品的标准及专利，而且控制全球 IT 产业中高技术含量及高附加值的产品生产，而把低附加值的产品环节向发展中国家转移，这样发达国家和发展中国家形成了两个完全不同的生产系统。在发达国家，形成了"高投入研发及营销—控制全球产业中的高附加值产业链环节（标准、专利、营销、渠道、核心部件生产）→高利润率→高投入研发与营销"的生产系统；在发展中国家，形成了"有限的研发及营销投入→被动的承接发达国家低附加值产业环节（组装加工、低附加值配件）→低利润率→低研发投入与营销"的生产系统。

7.2.1.4 高新技术产业国内分工的国际化与产业集群化

高新技术产业是一个高度国际化的产业，不同国家基于自身的比较优势，在高新技术产业领域占据不同的分工环节，呈现出产业在一定的空间范围内高度集群的特征，这是由高技术产品具有运输成本低、规模经济明显、技术外溢效应强的特点所决定的。高新技术产业正在全球范围内逐步形成以产业链为基础、相关配套产业高度聚集的产业基地，如电子信息产业中美国的硅谷、北卡三角、波士顿 128 公路、德州的奥斯汀，墨西哥的 Guadalajara 电子工业基地、Tijuana 视听产业基地，以及马来西亚的多媒体走廊、印度班加罗尔的软件外包基地、中国台湾地区的计算机及集成电路产业代加工基地以及北京中关村电子信息产业生产基地等。这些以产业链为基础的电子信息产业基地已成为全球电子信息产业生产的基本格局。在新型国际分工格局下，传统的国际间产业转移正相应地演进为产业链条、产品工序的分解与全球化配置。国与国之间或区

际之间的优势也将更多体现为价值链上某一特定环节上的优势，从而导致国与国之间或区际之间按价值链不同环节分工的现象。在新型国际分工格局下，一个国家或地区国际分工地位的提升，将主要表现为产业链条或产品工序所处地位及增值能力的提升。①

7.2.2 高新技术产业转移的特点

21 世纪，知识经济将进入快速发展阶段，国际高新技术产业转移结构高度化、知识化有进一步加强的态势，跨国公司成为高新技术产业转移的主要载体，产业转移的特点和模式呈现出新的特点和趋势：

7.2.2.1 产业的梯度转移向直接投资转变

20 世纪 90 年代以来，随着以电子信息产业为代表的高新技术产业的高速发展，全球范围内产业转移步伐进一步加快。目前世界电子信息产品制造业正在从美国、欧洲直接向中国及东南亚国家转移。伴随着梯度转移的同时，这种转移模式不是放弃某个产业价值链，而是转向直接投资，依托不发达国家或地区的劳动力成本优势、土地低成本优势以及低原材料成本优势，采取直接投资或控股的形式进行转移，这不仅给不发达国家的本土企业造成技术上的竞争压力，而且还吸引不发达国家或地区的精英人才，以获得优于发达国家本土的更高的利润。

7.2.2.2 服务外包成为高新技术产业转移的新热点

近年来，跨国公司开始了新一轮全球产业布局调整，服务业向新兴市场国家转移的趋势也渐趋明显。服务业国际转移表现为三个层面：一是项目外包，即企业把非核心辅助型业务委托给国外其他公司；二是跨国公司业务离岸化，即跨国公司将一部分服务业务转移到低成本国家；三是一些与跨国公司有战略合作关系的服务企业，如物流、咨询、信息服务企业，为给跨国公司在新兴市场国家开展业务提供配套服务而将服务业进行国际转移，或者是服务企业为了开展国际服务贸易而进行服务业国际转移。

7.2.2.3 项目外包成为高新技术产业转移的新兴主流方式

跨国公司把非核心的生产、营销、物流、研发乃至非主要框架的设计活动，都分包给成本更低的发展中国家或地区的企业或专业化公司去完成，不仅减少了固定投入成本，而且达到了在全球范围内利用最优资源的目的。从产品

---

① 张二震. 当前国际分工、产业转移新特点与江苏对策 [J/OL]. http://gc.jsamr.com/Html/1/Menu/599/Picture/3724/.

价值链看，跨国公司所控制的价值增值环节集中于少数具有相对竞争优势的核心业务，而把其他低增值部分和简单的生产加工外包给较不发达国家的供应商。

7.2.2.4 产业链整体转移是一大新趋势

为了充分利用东道国的各种资源，同时使自己的生产适应全球市场的不同需要，跨国公司除了转移传统的制造业外，对其他生产经营环节如研究与开发、设计和公司总部等，也开始向其他地区转移。这种新的产业转移趋势是伴随着企业规模的不断扩张以及区位条件的变化而出现的，有利于提高企业的资源配置效率。同时，产业转移不再是个别企业的孤立行为，而是在国际生产的网络或体系的基础上，形成了以跨国公司为核心、全球范围内相互协调与合作的企业组织框架。通过这些国际生产网络，产业转移的速度和范围都达到了一个新的水平。

在以科技、智力分工为主要内容的国际产业分工体系中，随着各国高科技及其产业群的出现，以高科技及其产业为主要标志的产业分工格局正在形成。世界各国都将以其现有的高科技水平及高科技产业实力确定其在国际产业分工格局中的地位。我们不难发现，世界各发达国家正在尽一切可能抢占高科技及其产业在各个领域中的制高点，积极构建以高科技及其产业为主体的"朝阳产业"经济结构，而将耗能多、污染大的"夕阳产业"转移给发展中国家或不发达地区。为此，发展中国家或地区在承接国际产业转移时，一定要有所选择，对污染大、高耗能的产业或产业节点要慎重。当然，跨国公司的这种唯利是图的产业整体转移，也给发达国家本国带来了大量的白领工人失业、产业技术空心化、社会抗风险能力弱等问题。从2008年全球金融危机中复苏得最快的不是发达国家而是发展中国家的中国来看，唯利是图的产业整体转移也存在突出的负面影响。

7.3 区域高新技术主导产业选择的基准和方法

区域主导产业是指在区域经济发展的某个阶段，具有广阔市场前景和较强技术进步潜力、未来一段时期能保持高速增长，且能够促进经济高涨和带动其他产业发展的产业或产业群。它立足区域经济的发展优势之上，是区域产业结构的核心及演化的主角，并随着经济发展阶段和产业结构的改变而改变。[①] 区

---

① 吴殿庭. 区域分析与规划高级教程 [M]. 北京：高等教育出版社，2004：81-85.

域主导产业选择是指根据区域经济发展的特定阶段来确定产业发展序列，从而实现区域产业结构的合理化和高级化。发展中国家或后发区域为了实现经济赶超战略，主导产业选择的恰当与否往往起着关键性作用。从 20 世纪 90 年代以来，我国高新技术产业年均增长率超过 25%，国家高新区工业总产值、利税总额以及出口创汇总额都迅速增长，人均产值远远高于一般地区。但高新区产业内企业规模小、竞争力不强、产业结构雷同的现象日益突出，如电子信息技术产业占 75%，高新区产业同质率达到 80%，并且大部分由于没有根据所在区域的特色和优势发展高新技术，高新区对区域经济的带动和辐射能力弱，造成高新区发展成为孤岛效应。由于对主导产业的认识不够，一个区域内选五六个主导产业，产业发展的平均化严重，竞争优势不强。因此科学地选择主导产业对提升高新区产业竞争力意义重大。

由于高新区发展主要是作为引领区域经济增长发展促进区域产业结构升级来定位的。所以，确定高新区的主导产业应该根据各高新区所在的省级区域高新技术产业情况，然后再根据各高新区的人才优势和技术优势以及产业发展基础，确定各高新区发展的主导产业。因此，应首先要明确区域高新技术主导产业的选择基准和方法，并对西部各省、区、市优势高新技术主导产业进行分析。

7.3.1　区域高新技术主导产业选择基准

7.3.1.1　国内外主导产业选择基准研究述评

国外主导产业选择基准的研究背景是国民经济，是基于发达国家的产业发展总结对落后国家的启示这样一种假设，而且几乎完全抽象掉了产业的空间因素。主导产业的选择基准主要体现的是产业的需求弹性高、生产率上升快，对其他相关产业的拉动和推动性强、资源禀赋优势明显等基本特征。比较著名的主要有筱原三代平（1957）提出的收入弹性基准和生产率上升基准；艾伯特·赫希曼提出的"产业关联效果基准"[1]，采用影响力和感应系数评价；赫克夏和俄林的动态比较优势基准，采用的是比较优势系数；日本产业结构审议会（1971）提出的"过密环境基准和丰富劳动内容两标准"，采用的能耗和排放治理的综合指数和就业增长指数。但是，这些基准在区域主导产业选择特别是高新区主导产业选择的应用上具有一定的局限性。

国内关于区域主导产业基准的研究主要借鉴国外国民经济主导产业选择基

---

① 关爱萍，王瑜. 区域主导产业的选择基准研究 [J]. 统计研究，2002 (12).

准，集中在三基准、四基准和五基准。① 具有创新性的主要有王宏伟等（1994）的外贸原则基准、社会效益基准、生态环境基准；周振化（1989）的增长后劲基准、短缺替代基准和瓶颈效应基准；刘再兴的产业综合优势基准；张圣祖（2001）的产业协调度最佳基准和增长的后劲最大化基准；陈刚等（2004）的定性基准（区域经济发展阶段、区域需求结构变动、区域产业结构演进趋势、区域要素禀赋、区域政府政策空间、相关辅助产业的发展状况）和定量基准（创新率或创新吸收率基准）；于华钦等（2006）的区域主导产业选择的人力资本匹配基准；秦智（2006）的区域环境背景下的高新区主导产业选择基准系统包括：区域产业结构、区域的自然禀赋、产业的市场需求、区域生产要素（科技水平、资本市场以及人口素质等）和先导产业②。

很明显，从上述选择的基准看，我国许多学者都认识到直接借用国民经济主导部门的选择基准来指导区域主导产业的选择做法是错误的，因为国民经济主导产业的理论假设是各地区的各种资源的均质化，忽略了各经济区域的空间特性。朱欣民博士（2004）总结了二者的区别，认为国民经济主导产业与区域主导产业显然是不同的，国民经济要考虑产业结构优化和工业体系完整，而区域经济更加注重优势产业和特色经济，更注重个性，区域经济不可能、也没有必要像国民经济那样面面俱到、无所不包，而是突出重点和特色，形成独到的优势。因此，有必要结合区域空间特性找出一些反映区域特性的基准作为区域主导产业选择基准的补充。

7.3.1.2 区域高新技术主导产业选择基准

高新技术产业的发展虽然对自然资源的依存度低，但是注重特色、个性、差异化则是一切产业发展的共同规律。由于高新技术产业和我国西部产业发展的特殊性，对西部高新技术主导产业的选择应遵循一定的原则或基准。

结合高新技术产业的特点以及评价的可能性，本研究选择以下七个基准：

（1）创新绩效基准。创新是为获得竞争优势和高额回报，主导产业选择的先决条件就是要有创新能力，常用资金利税率偏离额评价或销售利税率偏离额评价。

（2）专业化基准。用区位商表示，主要评价区域高新技术产业在全国或

---

① 三基准评价基准：收入弹性基准、产业关联度基准、生产率上升基准；四基准评价基准：收入弹性基准、产业关联度基准、生产率上升基准、比较优势基准；五基准评价基准：收入弹性基准、产业关联度基准、生产率上升基准、比较优势基准、技术进步基准

② 秦智. 区域环境背景下的高新技术产业开发区主导产业选择分析 [J]. 发展战略, 2006（2）.

大区域的发展规模、市场占有率以及专业化程度。

（3）需求收入弹性基准。主要评价高技术市场需求状况和发展空间。

（4）生产率上升基准。主要采用产业总产值在一定时期的增长速率。

（5）技术进步基准。这里用研发投入占销售收入比评价。

（6）产业关联效应基准。

（7）区域比较优势基准。主要采用生产总值、利税总额、科技人员以及拥有的发明等综合定量评价。

7.3.2　区域高新技术主导产业选择方法

7.3.2.1　区域主导产业选择的主要方法述评

区域主导产业选择是一个复杂多因素综合评价的结果，因此进行区域主导产业选择时所采用的方法应该满足综合评价的三个要求：一是层次性。即要求对应每个评价基准的评价指标转化成无量纲的评价值，利用这些评价值对该事物做出一个整体评价，即可以用它来进行主导产业决策排序。二是权重相对的客观性。即要求我们能够通过计算的方式，提供了相对客观的衡量标准，尽量排除主观因素的影响，增强可信度。三是基准的筛选的简约性。即体现各自主导产业选择的特征要求，在众多主导产业选择基准中识别反映选择主体产业特性、发展阶段、区域优势的个性基准，用于支撑最终决策排序。只有符合这些要求，才可能保证所采用的方法更贴近主导产业选择。

目前，区域主导产业选择的相关问题研究中有很多综合评价法，如功效系数法、模糊决策方法、灰色聚类分析法、层次分析法、主成分分析和因子分析、人工神经网络法以及计量经济学中综合评价法等都被广泛使用，并在具体决策过程中发挥了一定作用，使评价结果具有一定的科学性。在实践中可以发现，每种方法都有其优缺点，如：主成分分析法一般不能进行指标层次处理，比较适合单层指标体系的分析。功效系数法、层次分析法、灰色分析法、模糊综合评价法具有指标层次性，但在权数处理方面有明显的不足，主观判断成分过大，可信性不够。投入产出表法、SWOT 分析、钻石模型等方法在层次性和权数处理上都存在不足，比较适合作为主观评价的决策方法。人工神经网络法、最优脱层法都具有既可以进行层次处理，又可以客观计算出指标的权重的特点。但是当评价指标数量庞大时，很难区分数值离差的大小精度，最优脱层法的重要指标判别失效，而神经网络法在指标较多时，由于训练时间过于漫长这个固有的缺点，使其在实用中受到制约，可以通过化简训练样本集、消除冗余数据来提高训练速度。① 到底哪一种方法更适合某一特定对象决策分析，需要根据实际需要进行选择。

7.3.2.2 区域主导产业选择模型

（1）评价模型。根据实际和简约性，本研究采用技术经济学中常用的综合评价方法或模型，即指通过一定的数学模型或数学方法将多个评价指标值"合成"为一个整体性的综合评价值。可用于"合成"的模型很多，常用的主要有线性加权综合法和非线性加权综合法。根据各方法的条件和特性，本研究认为选择线性加权综合法是比较合适的，其评价模型为：$F_j = \sum w_i X_{ij}^!$，其中，F_j 为 j 产业的综合得分，w_i 为 i 指标的权重，$X_{ij}^!$ 为 X_{ij} 的标准化值。（$i = 1$、2、3、4、5、6、7；$j = 1$、2、3、4、5）这里涉及指标权重的计算处理和样本数据的标准化处理。量纲进行标准化或归一法处理涉及多种方法，如极值法、F标准值以及功效系数法以及正交法等。本研究采用 $g_{ij} = y_{ij} / |y| \max$，$-1 \leqslant g_{ij} \leqslant 1$。

（2）权重的确定。权重是综合评价的关键，权重可采取各种模型分配法、专家评分法、层次分析法、主成分子法等。为了保证其科学性，本研究采用三种权重解决方法：一是采用层次分析法（AHP）。二是根据对高新区的功能定位和二次创业的任务理解并借鉴技术经济学中常用的权重分配模型来确定，权重分配模型主要有：①传统权重分配模型：$w_i = i / \sum I$，式 i 表示指标的排序编号，越重要，编号越大。②线性权重分配模型：$W_i = 1 - i / (n - \alpha)$，式中 i 为指标排序位次；n 为指标个数；α 为调整参数，它是权重分配的微调系数，$\alpha \in (0, \infty)$，α 值越大，权重分配差额越小，反则越大，常取为 5 或者 10。③对数权重分配模型：$W_i = \ln (m - i) / \ln (m - 1)$，式中 m 为指数个数，i 为指标位次。其特点是：前 2/3 的指标权重分配相差不大，后 1/3 的指标权重分配下降较快，即重视程度小，本研究采用此模型。三是均值法，即各指标权重一致。

根据前面所述的三种方法计算出权重，如表 7 - 2 所示，其中层次分析法中的两两比较构造逆矩阵系数为（1/2、1/3），CR = 0.000 000 12 < 0.1。

---

① 李新，王敏晰. 区域主导产业选择方法研究述评 [J]. 技术经济与管理研究，2008 (5).

表 7 - 2 　　区域高新技术主导产业综合评价各因素三种方案的权重

方案	产业增长率	资金利税率偏离度	区位商	比较优势	需求收入弹性	产业关联效率	技术进步
均值法	1/7	1/7	1/7	1/7	1/7	1/7	1/7
对数权重模型分配法	0.07	0.1	0.2	0.15	0.17	0.18	0.13
层次分析法	0.067	0.067	0.2	0.133	0.2	0.2	0.133

7.4　西部各省、区、市优势高新技术主导产业选择的实证分析

从可行性出发，我们依据《中国高新技术统计年鉴》的内容，把各区域高新技术产业划分为五大类，即医药制造、航天航空制造、电子及通信制造业、计算机及办公设备制造、医疗仪器设备制造，对各区域主导产业进行选择。另外，由于我国高新技术产业中的软件业也发展得相当快，部分地区已有统计，在高新区主导产业选择时，应结合实际进行选择。

7.4.1　数据的收集和各指标的计算

运用 2008 年《中国高新技术产业统计年鉴》，2001 年、2007 年和 2008 年《中国统计年鉴》对西部各省、区、市（省、区、市内有国家级高新区的参与评选，共 9 个）的 5 个高新技术产业 8 项指标进行计算处理。

7.4.1.1　销售收入利税率偏离度分析

资金利税率偏离额是指报告期内实现的利润、税金的总额与同期全国资金平均余额的比较率。1992 年，国家计委投资所提出了利用资金利税率偏离度研究主导产业方法。计算公式为：$ZP_{ij} = (X_{ij} - X_i) / X_i$。其中，$X_{ij}$、$X_i$ 分别为 j 区域 i 产业的资金利税率、全国 i 产业平均资金利税率，若 $ZP_{ij} > 0$，则表示 j 区域 i 产业的资金利税率高于全国平均水平，资金配置有效率；反之，则相反。若 $ZP_{ij} = 0$，与全国相当，由于数据收集困难，这里用销售收入利税率代替。根据 2008 年《中国高新技术产业统计年鉴》，计算出西部各省、区、市高新技术产业销售收入利税率与全国平均水平的偏离度，结果如表 7 - 3 所示。

表 7-3 2007 年西部各省、区、市高新技术产业销售收入利税率偏离度

项目	医药制造	航天航空	电子及通信设备	计算机及办公用品	医疗仪器设备
内蒙古	0.064		0.174	0.263	
广　西	-0.133		0.321	1.926	0.278
重　庆	0.081	1.032	-0.495	-0.286	0.001
四　川	-0.063	-0.029	0.517	2.637	-0.204
贵　州	0.228	-0.102	0.416		-0.226
云　南	0.359		1.352	1.203	-0.208
陕　西	0.082	-0.135	-0.063	-18.857	0.045
甘　肃	0.801	1.021	1.031		-0.514
新　疆	0.413		1.835		1.138

7.4.1.2 总产值增长率分析

增长率指数主要是衡量某产业在特定时间内的产值增长状况。增长速度快的产业会对区域经济的发展产生强带动作用。设 X_{i_0} 为第 i 产业部门的初始产品生产量，r_i 为复合平均增长率，第 i 产业部门在第 t 时期的产品生产量为 X_{it}，其中 $X_{it} = X_{i0}(1+r_i)^t$，r_i 越大，则第 i 产业增长速度越快，它在区域经济系统中的地位和作用也越重要。不过，要考虑不同产业基数的不同，以及发展的时期不同，特别是高新技术产业作为新兴产业更应如此。本研究以 2000 年为基期，经过 7 年西部各区域高新技术产业年增长率如表 7-4 所示。

表 7-4 2000—2007 年西部各省、区、市高新技术产业产值增长率　　　单位:%

项目	医药制造	航天航空	电子及通信设备	计算机及办公用品	医疗仪器设备
全　国	19.90	14.90	22.70	36.60	27.10
内蒙古	35.00		40.40	2.40	
广　西	16.30		25.10	8.30	31.80
重　庆	16.90		19.10	11.70	17.20
四　川	22.50	24.20	15.90	5.80	39.50
贵　州	19.60	8.90	12.30		28.90
云　南	17.20		37.50	8.10	8.50
陕　西	13.90	18.40	5.20	-42.00	22.20
甘　肃	11.90	13.60	-6.90		3.60
新　疆	5.30		68.40		55.50

7.4.1.3　区位商分析

区位商是比较常用的区域主导产业选择基准。它主要衡量的是与基准经济相比（通常为全国），区域内某产业的专业化程度。计算公式为：$LQ_{ij} = Y_{ij}/Y_i \div T_{ij}/T$，其中：$LQ_{ij}$ 为 j 区域 i 产业的区位商，Y_{ij} 为 j 区域经济 i 产业经济活动总水平（本研究用产业增加值表示），Y_i 为 j 区域所有产业 i 总水平，T 为全国经济总水平。区位商值 > 1，表明该区域 i 产业的专业化程度强于全国平均水平，区位商值越大，表示该区域该产业的专业化程度越强，其为主导产业的可能性越大。根据 2008 年《中国高新技术产业统计年鉴》统计数据计算，西部各区域高新技术产业在全国高新技术产业中的区位商如表 7-5 所示。

表 7-5　　　　2007 西部各区域高新技术产业在全国的区位商

项目	医药制造	航天航空	电子及通信设备	计算机及办公用品	医疗仪器设备
内 蒙 古	3.008	0.000	2.027	0.047	
广　　西	2.933	0.000	1.651	0.119	0.378
重　　庆	2.746	0.011	1.056	0.059	1.210
四　　川	1.679	0.371	2.582	0.171	0.279
贵　　州	2.996	1.320	0.536	0.000	0.230
云　　南	4.370	0.000	0.207	0.207	0.300
西　　藏	5.082	0.000	0.000	0.000	0.000
陕　　西	1.685	1.490	1.365	0.001	0.542
甘　　肃	3.505	0.379	1.008	0.000	0.192
青　　海	4.348		0.000	0.000	0.734
宁　　夏	3.256		0.000	0.000	1.826
新　　疆	2.054		2.823	0.000	0.205

7.4.1.4　区域比较优势

一个地区由于要素禀赋及其产业化的状况不同，不可能同时在各个方面都具有比较优势，因此在区域经济发展中，应重点发展那些有比较优势的产业。对于高新技术产业而言，应重点考虑区域的技术优势、人才优势、产品商业化优势以及创新效益优势。本研究采用总产值、利税额、科技活动人员（科技工程师）以及拥有的发明专利四项作为区域比较优势选择基准。根据 2008 年《中国高新技术产业统计年鉴》，以全国高新技术产业为总体，并采用了 3：3：2：2 权重对上述 4 项指标进行了加权平均计算出西部各省、区、市高新技术产业比较优势系数，如表 7-6 所示。

表 7-6　2007 年西部各省、区、市高新技术产业比较优势系数

	医药制造	航天航空	电子及通信设备	计算机及办公用品	医疗仪器设备
西部地区	0.142	0.348	0.068	0.029	0.088
内蒙古	0.007	0.000	0.002	0.000	0.000
广　西	0.017	0.000	0.001	0.002	0.004
重　庆	0.025	0.001	0.002	0.013	0.039
四　川	0.043	0.101	0.049	0.003	0.007
贵　州	0.026	0.080	0.002	0.000	0.003
云　南	0.016			0.002	0.004
西　藏	0.001				
陕　西	0.023	0.160	0.013	0.008	0.027
甘　肃	0.005	0.005	0.001		
青　海	0.001	0.000	0.000	0.001	0.002
宁　夏	0.002	0.000	0.000	0.000	0.007
新　疆	0.000	0.000	0.001	0.000	0.000

7.4.1.5　需求收入弹性分析

需求收入弹性是需求增长率与收入增长率之比，需求收入弹性系数的计算公式为：$E = \triangle Qi * Y/Qi * \triangle Y$，其中，$\triangle Qi$ 表示 i 产业的需求增量，Qi 表示 i 产业的需求量，Y 表示国民收入。本研究采用的是城乡居民可支配收入的变化，若 $E > 1$，表明 i 产业的需求增长速度高于收入增长速度，若 $E < 1$，则相反。显然，需求收入弹性大的产业将会有较大的市场需求空间。根据 2007 年和 2008 年《中国统计年鉴》及 2008 年《中国高新技术产业统计年鉴》，计算出西部各省、区、市高新技术产业的需求收入弹性系数，如表 7-7 所示。

表 7-7　西部各省、区、市高新技术产业需求收入弹性系数表

	医药制造	航天航空	电子及通信设备	计算机及办公用品	医疗仪器设备
内蒙古	1.995		0.839		
广　西	0.699		1.398	-1.729	1.136
重　庆	3.036	1.662	4.863	2.137	1.741
四　川	2.098	-0.755	4.627	18.103	2.716
贵　州	0.518	0.975	0.589	-5.076	6.178

表7-7(续)

	医药制造	航天航空	电子及通信设备	计算机及办公用品	医疗仪器设备
云　南	1.744	0	2.453	0	0
陕　西	1.702	0.303	0.809	45.58	0.505
甘　肃	0.612	1.967	2.116		1.926
新　疆	3.433		5.694		-1.35

7.4.1.6　技术进步基准分析

生产率上升率选择基准的实质就是技术进步对产业增值的贡献，常用柯布—道格拉斯生产函数及索洛剩余法计算，由于在计算过程中，涉及劳动弹性系数和技术弹性系数的确定很困难，加之我国高新技术产业没有统计各产业人员工资，这里选用研发投入占销售收入比来评价。因为研发投入比在国际上是衡量自主创新能力强弱的一个核心指标，具有可比性，计算结果见表7-8。

表7-8　2007的西部各省、区、市高新技术产业研发投入占销售收入比

	医药制造	航天航空	电子及通信设备	计算机及办公用品	医疗仪器设备
内　蒙　古	0.004				
广　西	0.017				0.013
重　庆	0.026	0.092	0.008	0.053	0.028
四　川	0.013	0.02	0.04	0.003	0.001
贵　州	0.008	0.032	0.037		
云　南	0.012		0.008	0.019	0.005
陕　西	0.01	0.052	0.014		0.018
甘　肃	0.013		0.01		
新　疆					

7.4.1.7　产业关联效应

产业关联效应主要体现为向前和向后，即对产业的拉动力（影响力）和对产业的推动力（感应度效应），在实际中常用投入产出法计算，很复杂。为简化计算，本研究用产业关联效应，包括向前关联和向后关联的总和，向前用固定资产增加值投入额和流动资本增加值额，向后用销售收入额表征。由于各年度差距大，本研究采用三年期（2005年、2006年、2007年）加总计算，体现一定的动态公平原则。根据2008年《中国统计年鉴》计算标准化后的结果

见表7-9。

表7-9　　　西部各省、区、市高新技术产业关联效应表

	医药	航天	电子及通信	计算机及办公用品	医疗仪器设备
内 蒙 古	0.827	0.007	1	0.025	0.009
广 　 西	1	0.001	0.469	0.05	0.111
重 　 庆	1	0.008	0.526	0.034	0.61
四 　 川	0.53	0.272	1	0.039	0.094
贵 　 州	1	0.688	0.394	0.022	0.055
云 　 南	1	0	0.084	0.097	0.177
陕 　 西	0.634	1	0.71	0.005	0.239
甘 　 肃	1	0.155	0.462	0.001	0.111
新 　 疆	0.854	0	0.108	0	0.014

7.4.2　综合评价结果及分析

7.4.2.1　根据上述模型及权重计算出西部各省、区、市高新技术产业的综合评价得分

◆方案一：计算结果如表7-10所示。

表7-10　方案一：西部各省、区、市高新技术产业综合评价得分

	医药制造	航天航空	电子及通信设备	计算机及办公用品	医疗仪器设备
内 蒙 古	0.499	0.001	0.369	0.08	0.031
广 　 西	0.459	0	0.266	0.216	0.259
重 　 庆	0.668	0.409	0.287	0.421	0.627
四 　 川	0.513	0.279	0.749	0.318	0.222
贵 　 州	0.514	0.455	0.295	0.017	0.239
云 　 南	0.611	0	0.296	0.396	0.139
陕 　 西	0.421	0.621	0.283	-0.052	0.308
甘 　 肃	0.562	0.428	0.275	0.001	0.246
新 　 疆	0.428	0	0.588	0	0.14

◆方案二：计算结果如表 7-11 所示。

表 7-11　方案二：西部各省、区、市高新技术产业综合评价得分

	医药制造	航天航空	电子及通信设备	计算机及办公用品	医疗仪器设备
内 蒙 古	0.507	0.001	0.404	0.098	0.023
广　　西	0.508	0	0.29	0.25	0.241
重　　庆	0.716	0.377	0.34	0.426	0.71
四　　川	0.528	0.223	0.826	0.376	0.21
贵　　州	0.542	0.522	0.289	0.022	0.251
云　　南	0.661	0	0.241	0.47	0.151
陕　　西	0.445	0.67	0.335	0.098	0.339
甘　　肃	0.577	0.392	0.303	0.002	0.223
新　　疆	0.481	0	0.561	0	0.072

◆方案三：计算结果如表 7-12 所示。

表 7-12　　西部各省、区、市高新技术产业综合评价得分

	医药制造	航天航空	电子及通信设备	计算机及办公用品	医疗仪器设备
内 蒙 古	0.533	0.001	0.423	0.102	0.016
广　　西	0.534	0	0.299	0.252	0.249
重　　庆	0.752	0.373	0.384	0.421	0.731
四　　川	0.543	0.205	0.847	0.387	0.228
贵　　州	0.546	0.545	0.294	0.023	0.287
云　　南	0.675	0	0.23	0.486	0.155
陕　　西	0.461	0.681	0.351	0.156	0.356
甘　　肃	0.567	0.39	0.305	0.002	0.202
新　　疆	0.51	0	0.556	0	0.062

7.4.2.2　结论及分析

（1）各省、区、市高新技术主导产业已十分突出。通过对三方案综合评价结果进行排序发现，三种方案评价各区域高新技术产业的位次几乎没有变动，特别是排在第一和第二位的主导产业都没有发生变化，说明各省、区、市主导产业已十分突出，特色和优势已基本体现，权重等外界因素对其发展影响

不大；同时说明所选择的评价指标具有代表性（西部各省、区、市高新技术的主导产业排序见表 7 – 13）。

表 7 – 13　西部各省区高新技术各产业综合评价三次方案排序比较

地区	医药制造			航天航空			电子及通信设备			计算机及办公用品			医疗仪器设备		
	方案一	方案二	方案三	方案一	方案二	方案三	方案一	方案二	方案三	方案一	方案二	方案三	方案一	方案二	方案三
内蒙古	6	7	7	6	6	6	3	3	3	5	5	6	9	9	9
广　西	7	6	6	7	7	7	4	4	4	4	4	4	4	4	4
重　庆	1	1	1	4	4	4	6	4	4	1	2	2	1	1	1
四　川	5	5	5	5	5	5	1	1	1	3	3	3	6	6	5
贵　州	4	4	4	2	2	2	8	7	8	6	7	7	3	3	3
云　南	2	2	2	—	—	—	4	9	9	2	1	1	8	7	7
陕　西	9	9	9	1	1	1	7	5	5	9	6	5	2	2	2
甘　肃	3	3	3	3	3	3	8	6	6	7	8	8	5	5	6
新　疆	8	8	8	—	—	—	2	2	2	8	9	9	7	8	8

注："—"表示该产业发展很少。

（2）产业结构趋同现象比较明显。从表 7 – 13 可见，9 个省、区、市有 6 个省区的高新技术产业排在第一位的都是医药制造业，即内蒙古、广西、重庆、贵州、云南和甘肃。

（3）电子及通信设备、航天航空以及医药制造在西部已形成特色和优势。四川省在电子及通信设备方面处于强势地位；尽管新疆在电子及通信设备方面处于高新技术产业发展的强势，但与四川相比，技术和规模量都相差很大；陕西省在航天航空制造方面处于强势地位。

（4）计算机及办公设备和医疗仪器设备两大产业发展整体偏弱。没有一个省、区、市将上述两个产业之一作为最重要的产业来发展，这两个产业在各省、区、市均排在 5 大产业的较后面。

7.5 西部各高新区优势高新技术主导产业选择

结合西部各省、区、市高新技术产业发展的现状优势、西部各高新区产业发展现状和技术优势以及"十二五战略性新兴产业战略规划"等，以服务区域经济整体增长和差异化、协同化发展为原则，确定西部各高新区优势高新技术主导产业。

7.5.1 成都、绵阳高新区优势高新技术主导产业选择

7.5.1.1 选择依据

（1）四川省在五大高新技术产业中的优先排序，即：电子信息及通信、医药制造、计算机及办公设备、航天航空制造、医疗仪器及制造。

（2）四川省传统优势产业。根据国家拟定的十个重要产业的调整和振兴规划与四川省"7 +3"产业发展规划相结合，四川优势产业振兴行动计划锁定钢铁、汽车、石化、纺织、轻工、有色金属、装备制造、电子信息 8 大产业进行振兴。

（3）成都和绵阳高新区现有主导产业。成都高新区现有电子信息产业、生物医药以及精密机械制造三大优势产业；绵阳高新区现有以电子信息产业为龙头，以生物医药、新材料、汽车及零部件产业为支柱的产业体系。

7.5.1.2 主导产业的确定

根据成都高新区发展软件服务外包为核心而建立打造的天府新城以及成都在电子、生物医药、航空方面的科研院所和技术人才与高新技术产业现状，成都高新区应主要发展以集成电路、信息安全和软件服务外包为主的电子信息产业、以中医药现代化为重点的生物医药产业、以航空航天等零配件为重点的精密机械制造为优势主导产业，同时，应坚持高新技术产业发展与现代服务业互动融合的原则，积极发展现代金融、总部经济、研发设计、文化创意、商务会展等现代服务业。

根据绵阳重工业发展历史悠久的特点和军工科研单位众多以及现有高新技术产业的现状：绵阳高新区应以军民结合产业为主要方向，重点发展以数字家电为主的电子信息产业，以工程塑料、改性塑料、磁性材料和环保材料、磁性材料为重点的新材料和以汽车及零部件为重点的精密机械制造产业，同时培育新能源装备等新兴产业。

7.5.2　西安、宝鸡、杨凌高新区优势高新技术主导产业选择

7.5.2.1　选择依据

（1）陕西省五大高新技术产业的优势先后排序为：航天航空制造、生物医药、生物医药、仪器仪表制造业、电子信息及通信设备、计算机及办公设备。

（2）传统优势产业：陕西省拥有丰富的能源资源、良好的工业基础、雄厚的科研力量与良好的战略位置，能源化工、装备制造、有色金属等已成为支柱产业，占到规模以上工业的60%。

（3）各高新区主要产业：西安高新区目前已形成和正在形成的产业集群包括电子信息、先进制造、生物医药、现代服务业四大产业集群；宝鸡高新区是全国50个重点产业集群之一"宝鸡中国钛谷"的承载地，打造了高新材料制造、石油钻采装备、高速铁路装备、电子信息、中低压输变电、机床工具制造、汽车及零部件等七大优势产业集群；杨凌高新区已形成了以良种技术和生物技术为主的良种业和畜牧养殖业以及副产品加工业、生态旅游业，正在积极培育环保农业、房地产业、现代物流业、传统加工业四大新兴产业。

7.5.2.2　主导产业的确定

根据西安高新区作为陕西重要的创新极和城市形象载体，应重点发展电子信息产业、软件业、生物技术产业、新材料产业。同时，依托雄厚的科研力量大力发展金融、服务外包为重点的现代服务业主导产业。西安高新区电子信息产业应重点发展集成电路产业，积极发展通信设备、电子元器件产业。软件业要优先推进嵌入式系统和多媒体系统软件开发，大力发展商务流程外包（BPO），积极开发CAD/CAM、工业过程控制、管理信息系统、信息服务、金融财税、教育娱乐及多媒体、信息安全保密与病毒防治等应用软件；探索数字内容产业发展模式，重点建设软件产业基地、软件出口基地、工程研究中心、重点软件企业软件开发平台技术升级等项目，使西安高新区成为软件研发、自主版权软件产业化和软件出口加工服务及商务流程外包（BPO）基地。生物技术产业应发挥陕西"中国生物基因库"优势和生物技术优势，以中药合成与提取为特色，发展中药产业和生物医药制造业。新材料产业重点研发和生产超导材料、电子信息材料、功能材料、纳米材料、高纯金属材料、超细金属材料、新型金属箔材及异型材、非晶、单晶合金、稀土材料、高性能特种合金材料、特种粉末及粉末冶金制品、无机电子材料、光学纤维、特种合成纤维、特种橡胶及阻尼材料、液晶材料、新型精细化工产品、生物医学用高分子材料、

高性能绝缘、隔热材料等，建设国家级新材料产业示范基地和研发孵化基地。

宝鸡高新区作为陕西的二线城市，矿产资源丰富，工业基础深厚，应重点发展以航空及汽车等零部件为重点的先进制造业；以钛为主，钨、钼、钽、铌、锆、铪等稀有金属及合金深加工为主体的稀有金属新材料产业。

根据杨凌高新区的两所农业高校的科研优势和区位优势，应重点发展以良种技术和生物技术为主的良种业和畜牧养殖业以及副产品加工业和环保农业等现代农业。

7.5.3 昆明高新区优势高新技术主导产业选择

7.5.3.1 选择依据

（1）云南昆明 5 大高新技术制造业优先排序为：医药制造、计算机及办公设备、电子信息及设备、医疗仪器及制造设备。

（2）传统优势产业：云南是我国西南边陲重地，矿产、能源、生物等多种资源丰富，云南烟草、有色金属、磷化工、旅游、能源等产业在全国乃至世界上都占有一席之地，并建有水电基地、生物医药、有色金属等能源与产业基地。

（3）昆明高新区现有高新技术产业：新材料技术、生物技术、光机电技术、环保技术、电子信息技术、高效农业技术为主的六大主导产业。

7.5.3.2 主导产业的确定

根据目前云南及昆明高新区的资源和产业发展情况，昆明高新区应依托丰富多样的生物资源，大力发展以中医药现代化为重点的生物医药产业和生物技术为主的高效农业；依托矿产、能源等大力发展新材料产业，以及为支撑这些产业而发展的电子信息产业。

7.5.4 包头稀土高新区优势高新技术主导产业选择

7.5.4.1 选择依据

（1）内蒙古先进制造业优势先后顺序：医药制造、电子及通信设备、计算机及办公用品、医疗仪器设备、航天航空。

（2）内蒙古拥有丰富的可再生能源资源优势，大力发展生物能源、风能利用，太阳能利用、水源热泵技术示范与推广等前景广阔。在煤炭资源转化与技术创新能力提高、稀土产业水平提升、蒙医药现代化建设方面，内蒙古更有着得天独厚的优势。

7.5.4.2 主导产业的确定

根据包头稀土高新区的特色专业化园区发展的现状和优势，应重点发展以稀土为重点的新材料产业，积极推进包头稀土高新技术开发区内的"稀土应用产业园区"建设，以稀土功能材料等稀土应用产品为核心，开发一批新产品，不断提高稀土新材料产业的自主创新能力、延长产业链，形成具有聚集力的稀土新材料完整产业价值链。力争成为世界有名的稀土高新技术产业核心区和高地。同时，结合高新区发展的实际需要，适度发展总部经济和创意产业以及服务外包为主的现代服务业产业。

7.5.5 南宁、桂林高新区优势高新技术主导产业选择

7.5.5.1 选择依据

（1）广西先进制造业优势先后顺序：医药制造、电子信息及通信、计算机及办公用品、医疗仪器仪表及制造设备。

（2）优势产业：广西培育并初步形成以制糖、有色、冶金、电力、汽车、机械、建材、食品、医药等为主的一批优势产业，具备与国内外企业开展产业合作的良好基础。

（3）高新区产业现状：南宁高新区已形成了生物技术及医药产业群，以汽车配件和电力设备为主的制造业，以亚奥数码、德意数码、平方软件等为主的电子信息及动漫产业群。桂林高新区已经形成了电子信息、生物医药、机电一体化、新材料、环保五大优势产业。

7.5.5.2 主导产业的确定

根据广西丰富的亚热带作物资源和中草药资源和科研基础，南宁高新区应重点发展以生物制品、生物能源、生物材料、生物制药、生物农药、中成药、中药配方颗粒剂、中药饮片、中药提取物为重点的生物医药产业，着力打造产业链比较完整的生物医药产业集群；以电子商务为重点的各种应用软件和以机床、工程机械、橡胶机械、电子医疗机械等开发研究相应的嵌入式系统软件相关的电子信息产业；以桂格精工、八菱科技等企业为依托，积极发展以汽车零配件为重点的先进制造业。

桂林高新区应根据现有的产业和科研基础，适当调整主导产业结构，重点发展以光纤传输设备、微波通信产品为主导的电子信息产业；以人体表皮生因子系列基因药物、青蒿琥脂、紫杉醇、西瓜霜、匙羹藤等产品为主导的生物医药产业；以现代办公设备、电子数显量具量仪、电工材料及成套设备、橡胶冷喂料挤出机成套设备、宽幅高速双轴定向拉膜机成套设备等产品为主导的光机电一体化产业三大主导主业，与南宁高新区形成错位发展格局。

7.5.6 重庆高新区优势高新技术主导产业选择

7.5.6.1 选择依据

（1）重庆五大高新技术产业中的优先排序为：医药制造、医疗仪器及制造设备、计算机及办公用品、航天航空、电子及通信设备。

（2）重庆特色和优势产业：重庆目前基本形成了电子信息、生物工程、环保、机电一体化、新材料五大产业。

（3）重庆高新区基本是围绕本区的特色和优势发展高新技术，具有较强的带动力和根植性。

7.5.6.2 主导产业的确定

重庆高新区应重点发展以太极集团重庆涪陵制药厂有限公司、重庆华立药业股份有限公司、重庆天圣制药有限公司、西南药业股份有限公司为依托，大力发展以生物工程为重点的生物医药产业；以汽车和摩托车为重点的先进制造业；以高性能铝合金、镁合金、玻璃纤维材料、钛白粉、天然气化工材料等为重点的新材料产业，适度发展支撑这些产业发展的电子信息产业。

7.5.7 乌鲁木齐高新区优势高新技术主导产业选择

7.5.7.1 选择依据

（1）新疆高新技术产业中的优先排序：电子信息及通信、生物医药、医疗仪器制造及设备。

（2）传统特色和优势：能源、煤炭、有色金属以及特色农业产业。

（3）乌鲁木齐高新区主要产业现状：新材料、新能源、生物医药、先进装备制造、石油化工和电子信息六大特色产业集群。

7.5.7.2 主导产业的确定

乌鲁木齐高新区应充分利用新疆丰富的风能、光能资源，重点发展以太阳能、风能为主的高效清洁的能源特色产业群；充分利用新疆植物药物资源丰富的优势，依托天康生物、特丰药业、华世丹药业、西域药业、奇康哈博维药和雪莲维药等企业，重点发展维药和中药，加快生物技术的应用，推动维药及中药现代化产业集群发展；依托新疆有色金属研究所、新疆电子研究所、新疆有色冶金设计研究院和新疆大学等科研院所，加强"产、学、研"合作，突破一批核心技术和行业共性技术难题，重点发展以铝材料为重点的新材料产业，力争达到国内领先、国际同步。

7.5.8 贵阳高新区优势高新技术主导产业选择

7.5.8.1 选择依据

（1）贵州五大高新技术产业中的优先排序：医药制造、航天航空、电子及通信设备、医疗仪器及制造设备、计算机及办公设备。

（2）贵州特色和优势产业：一是"两烟一酒"的传统优势产业，二是以磨料、铝锭、磷化为主的原材料生产，三是形成于"三线建设"时期的航空、航天、电子三大工业基地以及生物制药业。

（3）贵阳高新区主要产业：电子信息、先进制造（精密光学仪器、航空发动机、汽车零部件电子控制设备）、新材料、生物工程与制药四大主导产业。

7.5.8.2 主导产业的确定

根据上述特点，贵州高新区应依托"三线建设"时期的航天、航空和电子制造业的优势，大力发展以精密光学仪器、航空发动机为重点的先进制造业产业集群；依托贵州丰富的中药材资源，以益佰制药、神奇制药、泛特尔生物有限公司等企业为重点，大力发展具有贵州特色的生物医药产业集群；依托海绵钛生产基地，以西南钛业为龙头，大力研发和开发以钛为主的相关产品，不断延长产业链，着力把贵州高新区打造成以低铁海绵钛为重点的新材料产业全国高地。

7.5.9 兰州高新区优势高新技术主导产业选择

7.5.9.1 选择依据

（1）甘肃五大高新技术产业中的优先排序：医药制造、航天航空、电子及通信设备、医疗仪器及制造设备、计算机及办公用设备。

（2）甘肃省优势高新技术产业：目前已初步形成以电子信息、现代生物及现代医药、新材料、光机电一体化、新能源及高效节能、环境保护、航空航天、核技术应用8个大类26个小类为主的产业群体。

（3）兰州高新区高新技术主要产业：新材料和生物工程与新医药两大主导产业，并积极发展电子信息、先进制造技术、节能环保等优势产业。

7.5.9.2 主导产业的确定

兰州高新区应依托其独特资源优势和科研优势，重点发展新材料产业和生物医药两大产业集群。以兰铝、兰港石化、路博润、西脉、瑞丰实业、华宇航天、瑞玛化机等龙头企业为代表，大力发展记忆合金产业、坡缕石材料综合开发产业、20万吨铝箔生产线及附属铝材深加工产业、有色稀有金属新材料产业、精细化工材料产业、大磁致伸缩材料产业，着力打造新材料产业集群。以奇正集团、中农威特、佛慈制药、大得利制药、民海生物、凯博生物等龙头企业为代表，大力发展动物及人用疫苗产业、新（特）药产业、特色中成药产业、绿色农药产业、动物胚胎分割及移植产业为重点的生物工程产业和新医药产业集群。同时，引导和扶持以宏远电力、节能环保、新开元、明珠电力、金桥给排水、捷晖生物等企业为代表的新能源与节能环保产业和以亚盛、莫高、富农高科、兴农实业、西部草业等企业为代表的农业高新技术特色产业，全力提升产业规模，力争在两三年内把兰州高新区建成甘肃高新技术的聚集区以及兰州城市发展的空间和引领未来产业的战略高地。

8 西部高新区提高自主创新能力、促进高新技术产业发展的实现路径

西部高新区提高自主创新能力促进高新技术产业发展的实现路径主要包括五个方面：军民融合促进高新技术民用化和产业化、促进科技型企业内生成长、积极承接高新技术产业转移、培育高新技术产业集群竞争力、构建高新区创新系统、加快新型园区建设（见图8-1）。

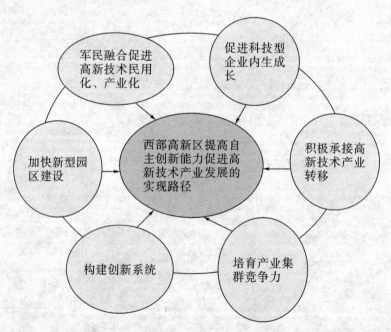

图8-1　西部高新区提高自主创新能力促进高新技术产业发展的实现路径图

8.1 基于"军民融合"的高新技术产业化路径

8.1.1 西部军工科研实力是促进西部高新技术产业发展的重要力量

20世纪60～70年代，由于战略需要，国家在四川、重庆、陕西等地布局了许多"三线"军工企业和科研院所，其中核工业、航天、航空、兵器、军工电子成为了我国的战略基地，西部地区的国防科技工业形成了总量大、领域全、水平高、战略地位突出、科研能力强等特点，不仅在我国国防科技工业的建设中占据重要的战略地位，也成为了西部高新技术产业发展的一支重要力量。近年来，在国家的"军民融合"战略指导下，西部军民融合高新技术产业取得了比较大的发展，转化了一批军工科技成果，形成了一批竞争力强的军转民企业，发展壮大了一批军转民高新技术产业。例如，四川已形成了汽摩配件、医药化工、民用核技术、民用航空、光电信息五大类120多个品种的民品，其中部分民品形成了一定规模；形成了一批较具竞争力的优势企业，如长虹、利尔化学、成发科技、卫士通等，军民结合高新技术产业取得了较大发展。

西部地区未来以高新区为主要载体提高自主创新能力和发展高新技术产业，必须找准自身的优势和特色，而西部地区最大的优势和特色在于国防科研实力。目前，西部地区聚集了一大批研发和生产能力较强的军工企事业单位，汇聚了一大批科研、生产和管理人才，形成了一大批有待转化的科技成果。例如四川省作为我国"三线建设"的战略大后方，目前有各种军工集团在川企业30户、军工科研院所11户；地方电子军工企业27户，电子科研院所6户；民用军品配套企业76户；已建成国家技术中心5个，国防重点实验室8个，国防科技工业技术中心4个，省级技术中心31个；拥有中国工程物理研究院、中国核动力研究设计院、航天电子设备研究所等一批子在国际、国内有较高知名度的国防科研院所；从事科研生产、管理的人才队伍达到5万余人，名列全国第三位，其中高级工程师和研究员近万人，享受政府津贴的专家700多人，两院院士30多名，占全国国防科技工业院士总数的20%。在科技成果方面，仅在"十五"期间，四川国防科技工业就研发出400多项具有自主知识产权和国际、国内领先水平的科技成果，相当部分获得了国家和省（部）级科技进步奖，获专利授权的就有300多项。因此，西部地区以高新区为载体，只要在军民融合促进高新技术产业化方面能够取得突破，就不仅使西部高新区有一个大的发展，而且在发展的质量、层次和水平上也有一个质的提高，西部高新区在推进"二次创业"过程中应更加重视利用国防科研单位和军工企业的科研生产优势。

8.1.2 西部军用高新技术民用化、产业化面临的障碍

西部高新区利用国防科研优势，促进军用高新技术的民品化、产业化具有较好的基础和巨大的潜力，但是目前国防科研院所的科技成果在高新区实现转化与产业化的状况还不是很理想，潜力远没有发挥出来，这是非常可惜的。影响国防科研院所、军用高新技术在高新区实现转化和产业化的主要问题和障碍是：

8.1.3 促进军用高新技术成果民用化、产业化的路径

西部地区要促进军用高新技术成果民用化、产业化，从根本上说必须打破条块分割的体制障碍，建立起政府统筹、积极引导、军民互动的协调管理机制；加快军民结合企事业单位体制机制改革步伐，打破封闭式运用机制和行业垄断，促进跨集团、跨行业、跨地区发展；明晰产权，完善企业内部治理结构，深化内部激励机制的改革。西部高新区在推进"二次创业"过程中利用国防科研单位和军工企业的科研生产优势，其主要途径是积极争取国防科研企事业单位和当地政府的支持，搭建军民融合推进高新技术成果民用化、产业化的平台。

8.1.3.1 共建军民结合产业园区

共建军民结合产业园区，是促进军民结合高新技术产业发展的最有效途径。西部高新区尤其是成都、绵阳、西安、重庆等高新区在"二次创业"过程中，为提升自主创新能力，促进高新技术产业化，应把建设军民结合产业园区作为推进高新区建设的重点，主动争取当地政府的支持，与国防科研院所、军工企业积极对接，以最大的决心、最有力度的优惠政策，吸引这些科研单位和军工企业与高新区共建军民结合产业园。西部高新区应充分发挥军民结合产业园在资金、人才、信息、产业等方面的聚集作用，不断扩大民用企业与军工企业之间的协作配套规模，着力打造专业化协作产业链，发展壮大军民结合园区经济。

8.1.3.2 共建军民两用科技企业孵化器

实践证明，国防科研单位和军工企业的科研人员利用掌握的先进技术创办

科技型企业，是西部高新区促进科技型企业成长、走内生式发展的重要途径。但是，军工科技人员分离出来创办企业往往面临军用技术向民用技术转移的二次开发问题。同时还面临资本不足、市场运作经验缺乏等一系列问题。这就需要高新区针对军转民科技型企业创业的特点，与国防军工单位合作，共建军民两用科技企业孵化器，为从国防科研单位分化出来的科技人才创办科技型企业提供一系列的创业指导、战略管理、风险投资、市场运作等服务。

8.1.3.3 加强军民技术双向转移扩散

西部高新区应加快军民资源共享信息平台建设，促进军民结合、寓军于民；积极鼓励高新区企业与军工单位围绕国家和地方的科技发展重点，围绕重大科技创新项目，加强科技创新与资源整合，建立"产、学、研"联盟。为鼓励更多的军工高技术走向市场、实现产业化，西部高新区应通过军地合作的方式共建中试基地、技术开发中心、技术扩散转移中心、发展军民结合技术交易市场，建立和完善军民科技成果交易、军民两用技术双向转移机制，为军民技术转让提供良好的平台和优质的服务。

8.1.3.4 积极组织高新区企业与国防科研企事业单位对接

目前，西部高新区已经聚集了一批高新技术企业，需要更先进的技术提升企业的竞争力，但是由于行业壁垒、技术壁垒、行政壁垒、信息壁垒等方面的制约，依靠高新区企业自身单个的力量去与国防科研单位和军工企业进行技术上的对接还比较困难，高新区政府应当发挥组织、协调作用，定期和不定期的组织有关企业与军工单位进行对接，发现共同需求，合作进行新技术、新产品的研究开发，促进共赢。

8.1.3.5 建立军转民技术开发风险投资基金

目前，西部很多高新区均建立了风险投资引导资金，并且也是对军转民企业开放的，但其规模有限、针对性还不很强。为支持更多的军转民技术的产业化，应建立专门的军民结合产业发展风险基金。可以采取财政支持、企业投入、有关军工单位参与等方式建立风险基金，并根据投入的比例核算股权，享受收益，分担风险。政府的风险投入收益原则上用于再投入，使风险基金滚动发展和不断积累。

8.2 基于"三段式"的科技型企业内生成长路径

企业尤其是科技型企业是高新区提高自主创新能力、促进高新技术产业发展的基本要素。西部高新区提高自主创新能力促进高新技术产业发展，关键在于科技型企业的创业活力、快速成长能力、国际化竞争能力。这三种能力从一个科技型企业纵向的不同发展阶段来看，正好对应于创业期、快速成长期、成熟期；从不同的科技型企业横截面来看，正好对应于创新创业小企业、快速成长的科技型中小企业、高技术大公司，可简称为"三段式"高新技术企业成长模式。每一阶段或者不同的企业对环境条件的要求是不同的，因此，培育科技型企业的成长能力，实际上应针对科技型企业成长的不同阶段和不同的科技型企业的需求，提供从种子期到成熟期的全过程多样化持续性解决方案（见图8-2）。

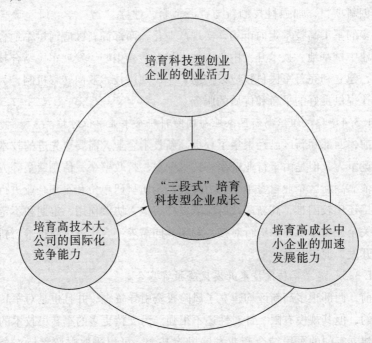

图8-2　"三段式"培育科技型企业成长路线图

8.2.1　第一阶段：培育科技型创业企业的创业活力

创业的活跃是世界一流创新型高科技园区的重要特征，是西部高新区实现内生式增长的核心。创业就是通过创建新企业的方式把头脑中的创意付诸实践，实现创意的商品化和经济价值。所谓科技型创业企业，即指从高校、科研单位、大公司等母体中分离出来的，由科技创业人员、留学归国人员或创业团队创办，处于初创阶段的科技型企业。科技型创业企业数量的多少，是衡量高新区创新创业活力的显著标志。但是，科技型创业企业犹如新生的"婴儿"和"幼苗"，生命力极弱，要想成长为"大树"，除了需要创业者具有勇于创新和实践的企业家精神和良好的团队、能够提供满足市场需求的产品或服务、确立适合于产品或服务的营销模式等外，迫切需要环境的精心"呵护"。

西部高新区培育创新型新兴企业，应以孵化器为载体，为科技型创业企业提供种子资金、创业资本、创业导师和技术服务、信息服务、人才服务、商业策划服务、政策服务等一系列服务，抚育新生企业成长（见图8-3）。应从资本、人才、孵化环境入手，营造良好的生态环境，促成创新创业企业不断新生、繁衍和大幅度增长，并提高其成功率；建立健全企业创业全过程、全方位支持服务体系，帮助其成长；设立创新人才奖励基金，加大对科技创新人才、创新创业领军人物和优秀创新团队的奖励力度；继续办好各类孵化器，以高新区技术创新服务中心为核心，促进各类专业孵化器发展；制订实施"创新型新兴企业培育"计划，筛选一定数量的创新型新兴企业作为重点孵化培育对象，整合孵化器、风险投资、银行等各方资源，帮扶新兴企业渡过初创困难期。同时，应以科技中小企业创新基金为引导，积极吸引海内外资本投资，大力发展种子资金和天使投资等创业投资，引导它们投资于创新型初创企业。针对科技型初创企业的特点，特别应为其提供种子资金、天使投资、孵化环境、创业辅导。

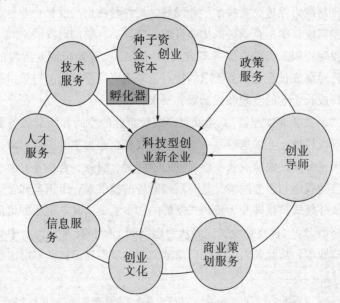

图8-3 培育科技型企业创业图

应当指出的是，在创业企业成长过程中，有一段被称为"死亡谷"的时期，即创业企业在用完最初的资金后，不仅资金短缺成为创业企业发展的瓶颈，而且其经营管理、商业运作模式、新兴产品和服务等面临市场巨大的考验，稍有不慎就会使创业企业"死亡"。帮助创业企业渡过"死亡谷"，是西部高新区创业孵化体系建设的重要任务，而引入创业导师制对于促进和引导科技型企业创业，提高新创业的科技企业的成功率具有非常重要的意义。创业导师指专门为有创业意愿的个人或正在创办中的企业提供专业技术咨询、创业经营管理指导、政策咨询、为创业团队答疑解惑、帮助创业者寻找和组织创业中所需的技术或市场，并提供项目论证、业务咨询和决策参考等服务的智囊团。

8.2.2 第二阶段：培育高成长中小企业的加速发展能力

高成长中小企业是指已经渡过了技术和经营管理上的困难期，处于规模、业绩加速成长阶段的科技型企业。科技型高成长企业具有成长速度快、创新能力强、进入行业的细分领域、建立新的商业模式等特征。创新型、高成长中小企业数量的多少，在很大程度上决定了高新区的发展速度和未来的竞争力。同时，高成长性企业的多少能够反映产业的发展阶段、产业的属性与产业的分解能力。当一个产业中有大量的高成长性企业出现时，往往表明该产业正处于快速成长时期或者该产业属于新兴的产业。因此，西部高新区实现内生式发展，提高自主创新能力促进高新技术产业发展，培育科技型高成长企业是关键。

科技型高成长中小企业进入加速发展的阶段后，它们对发展空间、配套设施服务、投融资服务、中介服务等方面的服务需求与处于创业阶段的企业不同。必须针对高成长企业服务需求的特点，采用更为个性化的对策措施，其核心是满足高成长企业的空间和配套服务要求。

建设"科技企业加速器"，是满足高成长企业的空间和配套服务要求的重要措施。现代科技企业加速器是一种以快速成长企业为主要服务对象，通过服务模式创新充分满足快速成长企业对空间、管理、服务、合作等方面个性化需求的新型空间载体和服务网络，是一系列服务的提供者、组织者和管理者，是科技园区从外延式扩张转变为集约式发展的初步尝试，具有更强的集群吸引力和创新网络形态。[①] 科技企业加速器从物理空间上提供标准厂房、中试研发中心和生产基地等，从服务内容上提供基础型、发展型和延伸型多层次服务，其

---

① 科技部火炬高技术产业开发中心，北京市长城企业战略研究所. 中国增长极——高新区产业组织创新 [M]. 北京：清华大学出版社，2007.

服务具有专业化和定制化的特点。西部高新区应从硬条件和软服务两个方面着手建设科技企业加速器。硬条件建设要着眼于满足高成长企业的空间扩张和配套服务要求，为高成长性企业提供开放性、可快速拓展的空间，优质的、高增值的配套设施服务；软服务建设应着力引进和发展专业化研发平台、规模化融资平台、开拓型生产网络平台、高端人力资源平台，为高成长型企业提供全方位、个性化的商务服务、展会服务、财务法律服务、咨询服务、信息服务等。

大力发展创业风险投资，完善多层次的资本市场，是满足科技型高成长企业快速成长的资金需求的关键措施。应积极吸引熟悉国际市场、国际规则、国际技术发展趋势的国际化风险投资机构，建立高新技术企业和国际风险投资机构信息交流的平台，支持高新技术企业获得国际投资。建立和完善有利于高新技术产业发展的创业风险投资机制，形成有限合伙、可转换优先股等促进创业风险投资发展以及有利于创业风险投资退出的机制。政府应设立专项资金，支持市场前景广阔、技术突破显著的高新技术企业快速发展。同时，要积极推动科技型高成长企业在主板、中小企业板、创业板上市融资。

此外，西部高新区应制定实施"小巨人"企业发展计划和路线图计划。主要从高成长企业中筛选重点企业，通过提供技术平台、人才资源、土地资源、政府采购等多方面支持，满足"小巨人"企业高成长发展对空间和配套服务剧增的需求，培育企业适应高成长阶段的技术开发能力、管理能力、规模化生产能力、融资能力和市场营销能力。

8.2.3 第三阶段：培育高技术大公司的国际竞争能力

高技术大公司一般具有很强的技术把握能力、行业标准的塑造能力、对单元技术的并购整合能力、多层次多方位的资源配置能力以及知识产权的保护和经营能力，对高技术产业发展的整体方向、技术创新、竞争秩序、品牌形象等方面形成决定性影响。在全球化竞争趋势下，是否拥有具备前瞻性技术远见、市场化技术整合能力、国际化经营能力的高技术大公司，已经成为高技术产业是否具有国际竞争力的核心。在新的发展阶段下，西部高新区要成为高新技术企业必须"走出去"参与国际竞争的服务平台和抢占世界高技术产业制高点和前沿阵地，培养成长一批具有关键自主知识产权、很强的资源整合能力和国际化经营能力的高技术大公司将起着决定性、关键性作用。

培育高技术大公司，其核心是形成技术的预见、把握、整合和控制能力。当今的国际高技术大公司，均具有很强的技术预见、把握、整合和控制能力。而我国的高技术大公司在整体上并未站在世界高技术的制高点，许多高技术大公司仍处于国际高技术产业链的下游，缺乏对高技术未来发展的预见和把握能力，更谈不上整合和控制能力，因此，高技术大公司要形成国际化竞争能力，必须在技术的预见、把握、整合和控制上下工夫。

技术并购是高技术大公司增强技术控制能力的重要手段。所谓技术并购，就是以获得技术或技术开发设施为目的的兼并和收购行为。技术并购可以缩短技术研发的时间，快速响应市场需求，降低研发风险，保证资源集中，同时也是高技术大企业参与竞争的一种重要手段。从国际跨国公司来看，获取技术的途径已经发生了重要变化，越来越多的高技术大公司采用技术并购的方式获得外部技术源。应积极支持高技术大公司基于资源优化的资本重组和基于集成创新目的的技术并购，建立技术并购的信息平台，为高技术大公司进行技术并购提供准确、全面的信息；实施一批重大项目引导高技术大公司建立战略联盟与合作，强化对并购技术的整合应用；完善政策支持企业引进和消化吸收国外先进技术，提升技术集成创新能力。

培育高技术大公司的国际竞争能力，必须实施技术标准和专利战略。在新经济时代，高技术产业的竞争已经演变为技术标准和专利的竞争，谁掌握了技术标准，谁就在产业发展中抢占了制高点、控制了产业发展的方向和利润分配的垄断权。因此，西部的高技术大公司要想在国际竞争中占有一席之地，必须充分认识实施技术标准和专利战略的重要性，增强标准意识、专利意识，强化专利管理和专利管理队伍建设，积极参与国家和国际标准的制定。

培育高技术大公司必须"走出去"，在更大范围、更广领域和更高层次上配置资源。高技术大公司实施"走出去"战略，是积极主动参与经济全球化、顺应世界经济发展趋势的需要，也是在经济全球化的背景下从世界范围内占有稀缺基础性战略资源，获取资金、技术、人才、市场等发展要素的重要途径，有利于对外开拓市场空间，扩大品牌在全球范围内的影响。西部高技术大公司"走出去"的方式包括建立海外的生产基地、办事处、研发中心等海外机构，对国外的组织机构、品牌、中小企业等进行跨国并购，与当地经验丰富的经销商建立渠道合作机制，通过购买海外企业股份等方式实施投资战略等。

8.3 基于"承接产业转移"的引进创新发展路径

8.3.1 承接产业转移对于促进西部高新区创新发展的重要作用

8.3.1.1 积极承接国内外高新技术产业转移,是西部高新区快速扩大产业规模的重要举措

目前,西部高新区的高新技术产业规模还比较小,发展速度还比较慢。西部高新区如果没有相当的产业规模,就难以聚集大量的生产要素和形成强大的辐射带动能力。扩大西部高新区的产业规模,需要通过"内培"的路径促进一大批科技型企业成长壮大,也需要通过"外引"的方式迅速形成增量。从东部高新区的发展历程来看,抓住国际高新技术产业链转移的机会大量引进跨国公司投资,是东部近年来高新技术产业迅速发展的重要原因,也为目前东部高新区推进结构优化升级奠定了基础。由于西部高新区目前总体上还处于产业主导阶段,在注重"内培"创新型企业的同时,也不能忽视承接高新技术产业转移,应当实行"内培"与"外引"并重的道路来扩大产业规模。当西部高新区的产业规模达到相当程度时,这时就应该适时过渡到以"内培"为主的路径来促进高新区的发展。

8.3.1.2 积极承接国内外高新技术产业转移,是西部高新区提高产业化经营能力的重要举措

高新技术产业发展是高新技术规模化、产业化的结果。西部高新区高新技术产业发展较慢,在一定程度上反映了高新技术产业化速度慢,其原因不是缺乏技术、不是缺乏科技人才,也不是优惠政策不够,而是在相当程度上缺乏产业化经营能力。高新技术产业化经营能力是一种综合能力,由市场拓展能力、战略管理能力、要素组合能力、成本控制能力、企业家队伍能力等构成。同时还需要产业化配套能力、产业化服务能力作支撑,而这正是西部高新区的不足之处。东部高新区具有很强的产业化能力和市场经营能力,西部高新区与之对接能够很好地弥补西部自身的不足,有效提高产业化能力。另外,东部高新区的高新技术产业发展不仅面临要素成本上升的压力,而且面临技术来源和人才的压力,而西部某些地区则具有科技、人才优势以及生产要素成本的优势。也就是说,西部高新区承接东部地区的高新技术产业转移也是有现实需求的,只要西部高新区在营造环境上要形成突出的比较优势,完全可能通过承接东部更大规模的产业转移来快速提高其自身的产业化能力。

8.3.1.3　承接高新技术产业转移是西部高新区增强技术消化吸收能力的重要举措

西部高新区承接国内外产业转移，只要引导得好，并不仅仅给西部高新区带来生产能力和产业规模，而且还带来了技术扩散的溢出效应，从而可提高西部高新区的技术层次和引进消化能力。东部沿海承接国际高新技术产业转移的实践表明，即使是外商直接投资也能给国内企业带来一定的技术溢出效应，关键是国内企业要抓住机遇加强技术学习，提高自身引进创新的能力。对于西部高新区而言，提高自主创新能力是一个长期的过程，在这个过程中，提高技术引进消化吸收能力是非常重要的方面，而通过承接高新技术产业转移则是其重要路径。因为在承接产业转移过程中，引进一个大的项目就会带来资金、技术、人才等要素的聚集，不可避免地会促进本地企业与外来企业、内资与外资的技术人才流动与合作，从而会加强本地企业的技术学习能力。

8.3.1.4　承接高新技术产业转移是促进整个西部地区产业结构优化升级的需要

近年来，随着东部地区要素成本的不断上升，产业向西部转移的规模已经越来越大、途径越来越多。这种产业转移不仅包括传统的劳动密集型产业、资源消耗型产业，而且包括高新技术产业。积极承接产业转移尤其是东部地区的产业转移不仅是西部地区近年来经济快速发展的重要原因，而且对于优化西部地区产业结构、促进西部开放合作也起到了巨大的作用。随着新一轮西部大开发战略的实施和东部沿海产业结构升级的迫切需要，今后东部沿海的产业向西部转移的规模将会越来越大，这对于西部地区扩大开放与合作、促进经济快速发展将是一个很大的机遇。但是，应当看到，对于东部地区而言，最需要转移出去的产业往往是资源消耗大、环境污染重、技术含量低的产业，如果西部地区对这些产业不加选择地承接，将在取得短暂的经济增长的同时可能付出极为沉重的生态环境代价。如何有选择地、有目的地承接国内外产业转移，是西部地区需要认真考虑的问题，而承接东部的高新技术产业转移则是一个极其重要的方向。因为西部地区产业结构的重要特征是以资源消耗型的产业和传统产业为主而高新技术产业发展不足，承接东部的高新技术产业转移恰好能够找到其契合点，这对于优化西部地区的产业结构将起到很大的作用。

8.3.2　承接产业转移要与自身优势和特色产业发展相结合

西部地区与东部相比，尽管在区位、国际联系通道、运输成本等方面具有劣势，但是在某些方面也具有优势：一是生产要素成本上的优势。西部地区资源丰富，在用电、用气上相对比较低廉；西部由于地域辽阔，经济开发程度低，相对在土地成本上具有一定的优势；西部经济不发达、生活水平低，反映在劳动力价格上就更低。所有这些均可降低生产企业的制造成本。二是科技与人才优势。西部成都、西安、重庆、绵阳、兰州等地的高校和科研单位众多，科技人才丰富，能够为高新技术产业发展提供技术支撑，并且这些地区的高新区已经基本形成了创新要素聚集的效应。例如，成都高新区目前聚集了各类人才14万多人，硕士以上学历的人才9 000多人，留学人员600多人，博士2 000多人。西部高新区承接产业转移，就是要与本地的优势相结合，与自身的优势特色产业发展相结合，科学定位承接产业转移的主要方向和重点。把承接产业转移与发展优势特色产业结合起来，不仅可以通过借势壮大优势特色产业，使经济步入快速发展轨道，而且可以通过错位发展，更加彰显自身的优势，形成差异化的竞争优势。因此，西部高新区必须因地制宜、因时制宜，结合自己的实际，在找准自身产业特色和区域特色上下工夫，逐步实现与其他地区的适度错位发展和适度错位竞争。

8.3.3 承接产业转移要处理好引进与创新的关系

多年来，我国大量引进国外先进技术和外商直接投资，推动了许多产业的技术改造和结构调整，取得了很大的成绩。但是实践也反复证明，在一定条件下技术可以引进，而关键、核心技术以及自主创新能力是不可能通过引进得到的，自主创新能力只能通过在不断消化、学习、吸收先进技术过程中得到逐步提高。西部高新区虽然依靠承接产业转移、吸收外来投资来提升自身的产业结构和促进经济发展的作用很大，但如果不注意本地企业与外来企业的互动融合，不注意对外来技术的消化吸收，不把引进外来投资和技术的立足点放在提高自主创新能力上，那么西部高新区就很难具有持续发展的内生能力和植根性，外来企业尤其是外资直接投资企业与高新区内资企业就会形成互不相连的"孤岛"。一旦比较优势发生变化，这些外来投资就会发生新的转移。西部高新区一定要把承接产业转移与增强创新能力结合起来，其关键是要重视本地企业与外来企业的创新合作，积极支持本地中小型企业为跨国大公司进行产业配套，鼓励跨国公司对本地企业的技术溢出，重视人才的引进和培养、创新服务平台的建设和创新环境的营造。

8.3.4 承接产业转移要注意设置一定的"门槛"

对西部高新区来说，承接产业转移不仅仅是为了扩大高新区的经济总量，而且还要为西部地区产业结构升级起到带头示范作用，因而西部高新区承接的产业转移项目的"门槛"就应该要比一般的工业园区要高。西部各个高新区主要应设置以下承接产业转移的前置条件：一是属于高新技术产业领域。西部高新区在过去承接产业转移过程中引进了不少低附加值的传统产业项目，带来了对高新区土地等资源的占用。今后原则上必须引进高新技术产业项目，因为高新区的功能就是发展高新技术产业而不是发展一般产业。二是不能污染环境。西部高新区在承接产业转移的过程中应当坚持走环保和可持续发展之路，在不污染环境、不破坏生态、不浪费资源、不搞低水平重复建设等方面为其他工业园区做好表率。对于有污染的项目，即使有很好的经济效益，也不能引进。西部各个高新区在承接产业转移过程中，要制定和执行比西部其他工业园区更高的环境标准。三是要有比较大的投资强度。高新区的政策、土地等资源毕竟是有限的，不可能无限外延扩张，承接的产业转移项目应当是高投资强度，才能节约高新区的土地等资源，也使高新区的优惠政策支持更为有效。四是要尽可能与高新区的主导产业方向相一致，这样才容易形成产业集群的竞争力。

8.3.5 承接产业转移要抓好环境营造

在面对区域招商竞争非常激烈的条件下，西部高新区要有效承接高技术含量、高附加值、不污染环境的项目，客观上是有很大难度的。因为企业总是选择最佳的区位落户，如果西部高新区没有与其他工业园区形成吸引项目的比较优势，好的项目则很自然地落在别处，这就需要高新区努力创造承接产业转移的比较优势。从过去西部部分高新区创造比较优势的方式来看，更多的是集中在土地、税收等方面的优惠上，与其他工业园区并无本质区别，属于同质化的招商手段。实际上，对于承接高新技术转移项目而言，所需要的环境更多的是产业配套能力、人才支撑和服务能力、风险资本的供给能力、创新创业的文化氛围等，如果在这些方面形成比较优势，将会对外来高新技术投资产生更大的吸引力。西部的成都、西安等高新区在这方面已经走出了一条新路，承接高新技术产业转移项目的势头越来越好。因此，西部各个高新区应转变以优惠政策为主的招商方式，切实在营造创新创业环境上下工夫。西部高新区营造环境的比较优势，主要应抓好孵化园和专业园区的建设，完善投资服务体系、孵化服务体系、投融资服务体系、人才服务体系等。并要努力营造创新创业的文化氛围，形成高新区的文化根植性。

8.4 基于"五大转变"的产业集群竞争力提升路径

产业集群竞争力并不同于群内企业竞争力的简单加总，也不同于区域产业竞争力，是一种基于系统非线性相互作用的自组织能力，基于各要素之间、经济与社会文化之间相互作用的耦合能力，基于专业化分工的协作能力，基于集群学习、知识扩散的创新能力，基于集体声誉的品牌能力。西部高新区要形成高新技术产业集群竞争力，重点是要推进产业集群由一般向特色转变、由"扎堆"向分工协作机制转变、由低端向高端转变、由个体和组织内部向集群学习转变、由生产驱动向创新驱动转变（见图8-4）。

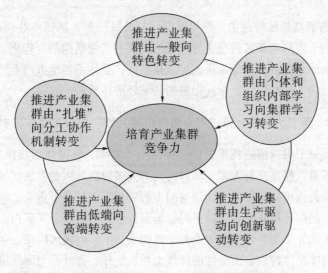

图8-4　西部高新区培育产业集群竞争力图

8.4.1　第一大转变：推进产业集群由一般向特色转变

目前，西部各个高新区对自身的比较优势分析不够，造成主导产业的选择面过宽，每一个产业都有一点，但是同一产业的规模不大、聚集的企业及相关机构不多，大多数高新区对高新技术产业的细分做得很不够，造成许多高新区的主导产业同质化竞争比较突出。今后西部大多数高新区产业的发展应由一般化、雷同化向细分化、特色化发展，关键是找到能够充分发挥资源优势的切入点，充分挖掘区域的自然资源、科技、人才、信息、区位甚至文化层面的各种优势，采取以下转变路径：

（1）西部各个高新区应根据自身的比较优势，从已初步形成的主导产业中挖掘最具竞争力的细分领域，通过重点培育形成特色产业核心竞争力。如果西部每一个高新区均能形成一个细分产业的特色竞争力，就非常成功。

（2）应有意识地把生产要素和创新资源向特色产业聚集。西部高新区政府应把有限的政策、土地、资金等资源运用在特色产业的发展壮大上。西部高新区在招商引资和引智过程中，应通过政策引导，主要把区外的生产要素、创新资源、产业项目集聚在特色主导产业的发展壮大上。

（3）西部高新区应办好特色专业化产业园区。同一产业的相关企业聚集在一起，十分有利于形成公共技术服务体系，发展专业化分工与合作。今后相关的企业均应进入特色专业化产业园区，彻底改变以前那种企业和项目随意乱放的局面。

（4）西部高新区特色主导产业部门应与关联产业、基础产业协调与配套，这不仅有利于西部高新区特色主导产业的发展和产业结构的合理化，而且同时有效地带动地方经济的全面发展，形成高新区产业体系与地方产业之间相互渗透、相互融合、相互协作、相互促进的区域经济体系。

8.4.2 第二大转变：推进产业集群由"扎堆"向分工协作机制转变

专业化分工可以推进技术进步，提高生产效率，获得外部规模经济效应，扩大市场容量，提高交易效率。从目前西部大多数高新区的发展状况来看，同一产业及相关机构初步形成了物理空间上的聚集，但是各个企业之间、企业与有关机构之间的有机联系和互动格局并未形成，大多数高新区区内企业之间的本地化专业化分工与协作很少，业务上的联系并不多；园区内核心企业及跨国企业所需的零配件特别是关键性的部件主要从区外、省外乃至国外进口；中小企业在某些产业环节上为大企业提供专业化供应配套的也不多；同一产业层次的企业同处产业价值链低端环节的现象比较突出；跨国公司与本地企业的关联度低，分工合作很不够。

建立本地化与全球化的分工协作网络，是高新技术产业集群的重要特征，在高新技术产业已经实现初步聚集的基础上，培育产业集群的分工协作机制就成为西部高新区提高产业集群竞争力中的一个突出问题。西部高新区要在"二次创业"过程中真正壮大产业集群实力和竞争力，必须大力发展专业化分工与协作，延长产业链，从而获得专业化分工的规模报酬递增收益。西部高新区培育专业化分工与协作，可从以下几方面入手：

（1）引导西部各个高新区的产业发展由小而全、分散向特色和集中转变。

应以内在机制和产业关联为基础对现有企业进行必要的调整，对于确实不符合高新区产业发展方向，又在未来难以与其他企业形成有机联系的"孤岛"企业，鼓励其迁出高新区。

（2）对西部高新区的产业布局应强调专业化。以前西部各个高新区为了成功引进招商引资项目，在实际操作上往往是按照企业提出的要求随意安排项目地点，造成高新区内的企业分布比较零乱，不利于建立分工协作关系。今后应坚持以分工协作、本地结网形成产业集群来安排项目，对新进入高新区的企业应以产业群为导向，进入相应的专业化园区。

（3）强化产业链招商。今后西部高新区应改变不管能否与现有企业形成有机联系"什么都招"的做法，应以现有产业具有前后联系的项目作为主攻点，充分利用现有产业的价值链吸引外资，让引进的外资能够弥补本地产业集群在核心技术和核心链条上的"缺位"，从而"做粗"和"做长"产业链。

（4）针对目前西部高新区内产业配套能力弱的现状，积极推进中小企业围绕核心企业或龙头企业进行产业整合和产业组织创新，走"弹性专精"的道路；鼓励大企业通过控股、参股、品牌整合、建立战略联盟等多种方式与中小企业形成价值链分工协作体系。

（5）加强跨国公司产业价值链与本地企业价值链的分工合作。西部高新区目前正逐步聚集大量的外商投资企业，但是，外国投资企业与本地企业的联系非常弱，其原材料、技术、产品和市场均在国外，与本地企业基本上没有多大关系。今后必须高度重视跨国公司的本地化进程，积极发展与本地企业的分工合作，积极引入为跨国企业提供产品配套与相关服务的企业，以提高这些企业的当地根植性。

8.4.3 第三大转变：推进产业集群由低端向高端转变

高新技术产业是高技术含量、高附加价值的产业，这是从产业整体而言的，而具体到各个价值链片断的附加值则差异很大。一般而言，产业价值链中的上游研发、设计、检测环节和下游的交易、品牌、售后服务环节是高附加值环节，而生产制造环节的附加值越来越低，特别是低端制造环节。目前，我国已经成为世界高新技术产品的生产制造基地，但我国高新技术产业链在国际分工中基本上处于微笑曲线的最低端，即加工制造和组装环节，而研发、核心技术、品牌、销售渠道等基本上掌握着跨国公司手里，使我国在高新技术产业快速增长的过程中落入了"丰收贫困"、"无核心技术发展"的陷阱。西部高新区作为我国整个高新区的有机组成部分，也要通过重组产业价值模块，实现高新技术产业从低端向高端延伸，提升高新技术产业在全球价值链上的位势和持续的产业竞争力，主要应从以下层面着手：

8.4.3.1 发展总部经济

"总部经济"是指某区域由于特有的区位、品牌、创新、人才、技术、信息等优势，吸引企业将总部在该区域集群布局，将生产制造基地布局在具有比较优势的其他地区，实现企业价值链与区域资源最优空间耦合，以及由此对该区域经济发展产生重要影响的一种经济形态。西部高新区目前发展总部经济的条件逐渐成熟，应当顺势而为，抓住机遇，超前部署，加快发展总部经济，以此提升西部高新区自主创新能力和产业整体竞争力。西部高新区总部经济的发展应依托现有高新技术产业基础，充分发挥创新资源、创新环境和品牌优势，依托高新区所在城市的科技人才和综合竞争力的力量，大力吸引国内外大型企业的研发中心、结算中心、营销中心集聚到高新区。

8.4.3.2 积极培育新业态

当今世界，高新技术产业价值链由分工分离的环节不断集聚而形成效率更高的新业态，同时，高新技术与高新技术之间、高新技术与传统技术之间、高新技术制造业与服务业之间又不断融合，形成新兴业态。西部高新区大力培育新业态，是适应当今高新技术产业发展规律的具体体现，是产业高端发展的重要形式，应大力发展由网络技术和通信技术催生的新兴服务业，如互联网产业、3G 产业等；发展由从高新技术产业价值链上分解出来的产业形态，如研发外包、服务外包、设计、测试、咨询、技术交易等；发展以数字娱乐软件开发为主的文化创意产业，推进软件业价值主体由开发向服务转移，形成基于内容提供商（文化创意公司、软件公司）、服务提供商（ISP、SP）、技术支持商（设备、系统提供）共同形成的"数字化生活"综合服务新业态；推动高新技术与传统服务业的融合渗透，发展电子商务、物联网、电子政务、电子银行、远程教育和远程医疗等服务业态。

8.4.3.3 发展知识密集型服务业

知识密集型服务业是指那些显著依赖于专门领域的专业性知识，向社会和用户提供以知识为基础的中间产品或服务的公司和组织（Miles，1995）。知识密集型服务业在许多方面同普通服务业存在差异，其显著特点是高 R&D、高创新效率、高速增长和高就业，并按其来源分为企业知识密集型服务业和公共知识密集型服务业（Kong. Raelee，OECD，2003）。西部高新区应重点发展研发及服务外包、科技孵化、科技咨询、专业化知识培训、科技投资、现代金融、战略管理、技术转移、法律、审计等知识密集型服务业。通过促进知识密集型服务业在高新区内形成新的集聚，成为西部高新区产业结构升级的重要组成部分和地方经济新的增长点。

8.4.3.4 开发核心技术,重视知识产权和技术标准,提高对产业链的控制能力

要提高产业链的控制能力,主要应在继续引进先进技术的同时,通过政策支持等手段,把关键点放在对引进技术的消化吸收和再创新上,提高关键技术的自主研发以及关键设备的自主设计和生产能力;利用高新技术产业链的相互联系,通过组建产业技术联盟等方式,以高技术大公司为主导,整合和集成相关创新资源,提高西部高新区的集成创新能力,以此提高高新技术产业链的附加价值;鼓励不同企业参与国际标准的修改与制定,参与国家、行业和地方标准的研制。

8.4.3.5 加快低端高能耗产业退出的步伐

由高新区的性质和国家战略的需要,使其应当首先承担起淘汰低端和高耗能产业的历史重任,这虽然对西部高新区短期的 GDP 增长可能会带来一定影响,但长远来说是对西部转变经济发展方式作出的重大贡献。西部高新区应当毫不犹豫地退出现有的高能耗、高物耗、高污染、低附加值以及破坏人文生态环境的行业,限制并淘汰落后工艺与装备,制定和完善相关能耗和污染标准,实行严格的产业准入制度,提高一般加工产业的进入门槛,并建立劣势产业存量资源转移机制,对需要退出的产业实行有序收缩,积极将资本存量向高增长产业部门有效转移,活化宝贵的土地、资金等资源。

8.4.4 第四大转变:推进产业集群由个体和组织内部学习向集群学习转变

集群学习发生于集群创新网络的行为主体之间,是指集群成员和个人以一系列集群共享的制度、规则、程序、规制为基础,通过相互协调行动以寻求解决问题时所产生的知识传递、积累及新知识的产生过程。集群学习对于集群技术能力及集群的创新能力有着显著的关联性,是集群持续创新的关键。由于西部高新区产业集群还处于初级发展阶段,从整体上看,集群学习机制还没有形成。集群学习系统的知识存量比较少、集群学习系统中各主体的学习动力不足,没有形成培训、咨询、中介服务、风险资本的集聚环境,集群成员间的合作互动意识不强,知识流动不活跃,有利于学习的社会文化氛围不够等。

西部高新区建立集群学习机制,应着力扩展集群内产业价值链优势环节的高位势企业和拥有异质优势技术的企业。激励集群内的高位势企业应开展外向型学习,吸收新的信息和知识,提升集群内的技术知识水平,同时鼓励集群中的高位势企业向低位势企业进行技术扩散,拉动整个集群的技术创新和升级。对于集群中的低位势企业,应积极鼓励他们积极引进先进技术和知识,提高自身的知识吸纳能力。要着力完善企业家网络、劳动力网络、投入—产出网络、技术网络这四种相互重叠的网络形式，并适度增加网络的密度。

人才是集群技术知识传播的重要载体，合理的人才流动有助于加速知识流动和扩散。畅通人才的流动路径主要应大力发展集群内的人力资源代理中介和人才市场，鼓励人才流动，大力发展咨询、培训、行业协会等中介服务机构，促进知识的传播，同时应通过推动集群内组织间的合作互动、促进企业的衍生等路径促进知识的流动。

学习规制具有帮助解决由交易或合作无法完成的规范集群学习的作用，保障集群学习的高效运行。西部高新区应重视以集群行业协会为代表的集群社团规制对集群学习的影响，健全规制内容，发挥社团的学习职能，规范集群企业学习行为。同时，社会公允规制往往对集群学习的影响非常关键。所谓社会公允规制，就是集群内中实际存在的被个人和组织都接受的"不成文"的社会规范。西部高新区通过大力培育涵盖伦理道德、社会规范、价值观等内容的社会公允规制，应当视之为规制集群内个人和组织学习行为的重要途径。

8.4.5　第五大转变：推进产业集群由生产驱动向创新驱动转变

具有创新驱动能力是产业集群长期保持国际竞争优势的关键环节及核心竞争力的主要来源。倘若高新技术产业集群缺乏应有的响应变化、应对变化和突破创新的能力，当产业结构发生重大变化时，产业集群的优势往往亦随之异位，成为"被孤立的集群"，其所属集群内的相关产业会纷纷脱离、解散而导致"产业集群的解体"。因此，推进产业集群由生产驱动型向创新驱动型转变，是西部高新区产业集群升级的主要方向，可以使产业集群演化为以创新为目标的集群，主要应从以下两方面着手：

8.4.5.1　提升企业技术创新能力

企业创新的动力和能力是集群创新能力的基础。西部高新区提升企业技术创新能力主要应通过加大企业 R&D 投入、建立企业技术中心、吸引专业人才、更新技术装备、集聚创新资源等而形成企业的技术能力。同时，企业发展应以创新战略为导向，通过源源不断地创造新技术、新产品和新服务赢得市场竞争优势；强化创新管理，推动跨职能部门创新组织之间的合作，对不同类型的 R&D 项目建立不同的流程和项目决策标准；构建企业的"学习文化"，主动向供应商、客户、竞争对手学习以推动企业技术创新。

8.4.5.2　发展产业技术创新联盟

发展产业技术创新联盟重点是围绕解决产业发展的关键技术问题、提升产业核心竞争力，推动企业与大学、科研院所的战略合作，共同从事技术开发、委托技术开发、技术教育培训、技术转让、共建产业技术实验室和技术信息交流平台。应积极发展企业—供应商联盟，利用供应商提供的技术平台，促进企业开发和应用新技术、新产品；发展相同产业链的企业—企业联盟，实现优势资源互补，共同从事技术开发和技术服务；发展企业—客户联盟，达到以市场引领技术创新、以技术创新获得市场竞争优势的目标。随着产业技术创新联盟进一步扩展，就会吸纳风险投资机构、中介组织的参与，并建立战略合作关系，这时产业技术创新联盟就演变为创新集群。

8.5 基于"一大主体＋五大平台"构建的创新系统建设路径

　　构建创新系统，是西部高新区提高自主创新能力促进高新技术产业发展的重要途径。构建高新区创新系统，必须区别于一般的区域创新系统，也不同于以基础研究为主、以大学为主的知识创新系统，而是针对高新区高新技术产业集群的特点，促进构建科技型企业创业、孵化、创新和产业集群升级的创新系统。针对高新区的性质、功能和新时期承担的主要任务，西部高新区构建创新系统，主要应以科技企业孵化器为主体，完善创新要素流动平台、自主创新科技平台、投融资服务平台、中介服务平台、"产、学、研"合作平台五大平台，从而形成支撑自主创新的结构完善、功能强大的服务体系（见图8-5）。

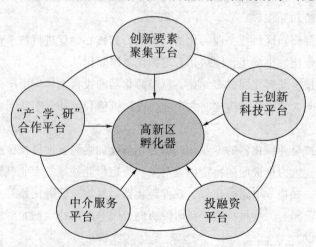

图8-5 西部高新区创新系统构建图

8.5.1 一大主体：科技企业孵化器主体

科技企业孵化器在 20 世纪 40 年代产生于美国，是伴随新技术革命的兴起而发展起来的，如今已成为许多国家孵化科技企业、培育科技企业家、发展新兴产业的重要形式。科技企业孵化器的基本内涵是为处于初创阶段的科技型企业提供承载空间和一系列服务支持的机构，以降低创业者的创业风险和创业成本，使他们在非常脆弱的时期得以生存并成长。构成科技企业孵化器的基本要素有物理空间、系列服务、孵化企业、孵化器管理人员、政策等。

我国科技企业孵化器是随着高新区的诞生而诞生的。经过 20 年的建设和发展，目前西部大多数高新区均建立了以创新中心为基础、涵盖各种类型、具有多种形式、面向各种服务对象的科技企业孵化器，已成为提高科技自主创新能力的关键环节、创新成果产业化的重要载体、促进科技型中小企业发展的强大支撑力量和高新区科技创新体系重要的组成部分。但是，西部高新区孵化器建设和发展还存在一些亟待解决的问题，主要有：部分管理者对孵化器支持科技创新和创业本质的认识不够充分，孵化器的管理体制和运行机制不畅通；孵化器与创新源头的大学与科研院所的结合不够紧密，整合创新资源的能力不足；孵化器与风险资本的结合程度不高，融资能力不足；孵化器的服务功能比较单一，主要是为入孵企业提供以物业、政策为主的基础性常规服务，而以创业企业成长为核心提供全方位的孵化服务不足；孵化器管理人员观念和素质参差不齐，有的科技企业孵化器的管理人员主要来自政府机关部门，缺乏企业管理方面的经验和知识等。

加快西部高新区科技企业孵化器的发展，其核心是促进科技企业孵化器的多元化、专业化、市场化、网络化、虚拟化、国际化。

促进科技企业孵化器的多元化，就是孵化器的投资主体应由单一的政府投资模式，转向大学、科研机构、大企业、民间机构和国外资本共同参与的投资模式。

推进科技企业孵化器的专业化，就是在继续加强综合性科技企业孵化器建设的基础上，大力推进面向特定创业对象和特定行业领域的专业型科技企业孵化器的建设，如集成电路孵化器、软件孵化器、生物医药孵化器等专业孵化器和留学生创业园、大学科技园、科研院所创业园等面向特定创业对象的科技企业孵化器建设。

促进科技企业孵化器的市场化，就是孵化器的运作要符合市场经济的运作规律，在选择孵化对象时坚持市场化的原则，从单纯的注意技术水平向注重技术与市场并举，在孵化器的功能上要由传统的公益性社会组织转变为兼顾盈利性和公益性的经济组织，通过创造新的服务项目来为在孵企业提供增值服务，并获得相应的回报利润。

促进科技企业孵化器的网络化，就是科技企业孵化器之间要形成一个有机连接的网络组织，这个组织不仅包括孵化器，也包括大量的能够帮助创业企业成长的咨询服务机构或相关企业，把所有与企业孵化有关的主体联合起来，实现服务、信息、知识、资金、空间等资源的共享和优势互补。

促进科技企业孵化器的虚拟化，就是通过互联网络平台有效汇集社会资源，为孵化企业提供在线服务。

促进科技企业孵化器的国际化，就是引导有条件的孵化器面向海外，探索、实践和完善国际企业孵化器、留学人员创业园和海外科技园等各种合作模式，支持和鼓励孵化器及孵化企业走出国门，在项目和企业层面积极参与国际合作与竞争，按照国际标准创建高水平的孵化组织。

西部高新区科技企业孵化器建设应以培育科技型中小企业和创新型企业为目标，以制度创新、组织创新为突破，以市场规则为主导，以孵化资金、创业投资为支撑，以信息网络和投融资网络为纽带，集成、整合科技产业化所必需的各种资源，构建市场经济条件下的科技创新孵育体系。应强化技术与资金服务能力，积极创新孵育方式，推广"创业导师＋专业孵化＋创业资本"的孵育模式，形成以提高企业技术创新能力为核心的孵化服务能力和孵化器集群；积极探索将孵化活动延伸至研发阶段实施预孵化，关注有望实现技术突破和形成产业的"种子"；注重各类中介服务机构的引入为孵化提供专业化的服务，注重创业文化氛围的营造；根据孵化企业的实际需求，为孵化企业提供创业增值服务、个性化的定制服务。

在目前种子期企业的金融育成环境仍有待改善的情况下，孵化器应担当"天使投资人"的责任，以提升投融资服务功能。对于所孵化的具有较大发展潜力且具有高成长性的技术项目或初创企业，开展早期的、直接的权益资本投资；积极协助具有专门技术或独特概念而缺少自有资金的创业者创业，提供对于创业企业有价值的企业经营管理经验、市场渠道等辅导型增值服务。同时，开展与银行、投资、咨询机构等相关部门和天使资本的合作，全面强化科技企业孵化器的抚育能力。科技企业孵化器应加强与大学、科研院所开展合作，丰富项目源头；加强国内外交流合作，推动孵化器的国际化发展。

8.5.2 平台之一：创新高端要素聚集平台

知识、技术、人才是最重要的创新要素。由于受发展阶段制约和政府追求单一经济总量产出的行为偏好影响，西部高新区在"一次创业"阶段对资金、项目、土地等一般生产要素的引进和开发比较重视，而对知识、技术、人才等创新高端要素的培育及持续性积累不足，这是一个突出的问题。对西部大多数高新区而言，提升自主创新能力促进高新技术产业发展仅靠自身的知识要素积累肯定是不够的，必须通过优化创新环境、构建知识要素聚集平台，以不断吸引、集聚、整合外界的创新资源和创新要素为高新区服务。引进、集聚、整合创新资源的程度，是高新区发挥其功能和作用大小的重要标志，在很大程度上决定了高新区自主创新的静态能力的高低。从目前西部高新区的实际状况看，绝大部分生产要素和生产型企业的聚集已经基本形成，主导产业已经显现，经济总量已经达到一个相当的规模，这也为西部高新区制定更加优惠的政策聚集创新要素提供了物质基础。因此，在西部高新区进入"二次创业"的全面提升新阶段，以更有力度的措施和更加优惠的政策聚集创新要素已经成为可能。西部高新区构筑创新要素聚集平台主要应包括知识型创新机构聚集平台、创新成果聚集平台、创新创业人才聚集平台、创新创业资本聚集平台等（见图8－6）。

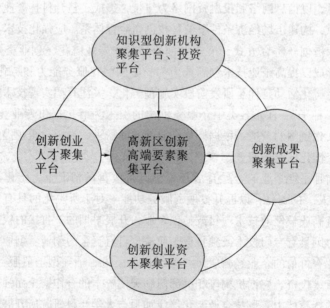

图8－6　西部高新区创新高端要素聚集平台

8.5.2.1　构筑知识型创新机构聚集平台

大学、研究开发机构、培训机构、技术转移中心、重点实验室、标准检测认证机构等知识型机构是一个区域创新系统的重要组成部分。高新区与大学、研究机构等知识型机构的关系有两种：一种是在这些机构并不发生地理空间向高新区位移的情况下，高新区的产业主体与这些机构建立创新合作关系；另一种是这些机构中的一部分直接落户到高新区，并与高新区的产业主体发生创新合作关系。高新区在提高自主创新能力促进高新技术产业发展中，这两种形式均需要。前一种形式使高新区的创新网络外部化，可以延伸到更广阔的区域，甚至全球化。就后一种形式而言，之所以需要知识型机构直接落户在高新区，在于这些知识型的机构可以直接构成高新区创新系统的重要组成部分，形成高新区创新的本地化网络，更容易与高新区的产业和企业发生面对面的接触，促进创新的合作与知识溢出，形成创新文化氛围。从知识型机构的需要来看，随着知识型机构改革的深入和运行机制的转变，应用型的知识型机构与本地产业对接的愿望越来越强烈，而高新区的环境正好可以提供这种对接的平台，因此，只要措施和政策得当，是可以吸引知识型机构尤其是应用型知识机构落户高新区的。

由于高新区物理承载空间有限性的制约以及高新区的性质功能所决定，高新区引入知识型机构，并不是不加选择的、只要是知识型机构都引进来。西部高新区应重点引进能够对主导产业发展直接服务、容易形成创新集群的知识型机构，而对高新区产业集群作用不大的知识型机构，例如基础研究机构等，高新区并无迫切的需要。为使西部高新区引入的知识型机构更具有选择性和针对性，必须结合高新区的产业发展需求进行重点目标锁定，主要引入以下几类：

（1）引入可以从大学母体中分离出来的，与高新区主导产业发展吻合度较高的重点实验室、工程技术中心、测试中心、研究开发基础平台等。

（2）引入主要从事高技术开发的应用型科研机构。

（3）引入国内外大公司的地区总部、研究开发中心、地区营销中心等。

西部高新区聚集知识型机构，可通过共建大学科技园、科研单位创新园、企业创新园、专业孵化器以及共建研发中心、技术转移中心等方式构筑平台，实现知识型机构的引入，还可以通过建立虚拟大学科技园、"产、学、研"合作园等方式构筑平台实现知识型机构的引入。

8.5.2.2 构筑创新技术成果聚集平台

在目前西部的科技成果产出中，尽管企业的主体地位在增强，但高校和科研单位尤其是国防科研单位占有十分重要的地位。西部高新区在推进自主创新促进高新技术产业发展过程中，必须以大学和科研单位作为自身创新与发展的重要技术来源。西部高新区引入创新技术成果，重点应关注列入国家科技攻关计划、国家863计划、重点新产品计划、国家重大科技专项、国家科技支撑计划中可以产业化的应用型科技成果。引入高校和科研单位创新成果的较好方式就是鼓励由高校和科研单位母体分离出来的科技创新人才携带科技成果到高新区创业，建立创新型企业，实现科技成果的产业化。同时，应加强科技成果供求信息服务平台、技术交易市场、技术转移中心建设，促进高校和科研单位的技术转移。

8.5.2.3 构筑创新创业人才聚集平台

西部高新区引入创新创业人才，从人才的类型来说，应重点关注以下几类人才：一是创业家及创业团队。所谓创业家，就是具有战略眼光、思维敏锐、甘冒风险的特殊人群。二是高层次的研发人才。三是创意策划人才。四是高端营销人才。五是高级管理人才。

从人才的来源来说，主要应关注这些人才：一是海外留学人才。海外留学人才一般掌握了国际上最新、最先进的科技成果，具有先进的管理理念和国际化视野，不少海外留学人才还有在国外一些大公司、研究开发机构工作或者创业的经历，拥有国内没有的专利技术和好的项目。大力引入海外留学人员回国创新创业，不仅是促进高新区高端人才聚集、培育内生式高科技企业的重要渠道，也是促进国内高新技术产业与国际联系的桥梁和纽带。二是高校和科研单位母体分化出来的科技人才。高校和科研单位的科技人才往往具有好的科技成果，吸引他们到高新区创新创业，可以形成一个新兴的科技型企业，并可能内生成长为一个高科技大公司。三是从国有企业或者其他大公司分化出来的创新创业人才。

引入人才最重要的是建立和完善公平、公正、公开的人才选拔和用人机制，让各类人才充分展现其才华，并为人才提供生活居住、工作选择、价值创造、信息沟通、知识交流等环境条件。西部高新区应进一步办好大学科技园、留学人员创业园、专业孵化器等聚集人才创业的载体和平台；建立留学人员创业基金、高校科研人员创业基金、博士创业基金、大学生创业基金等；鼓励企业以技术入股、管理人员持股、股票期权激励等新型分配方式，构建以知识资本化为核心的激励机制；制定各类人才的奖励办法，尤其要高酬重奖作出重大贡献的高端人才；妥善解决人才的住房、医疗、子女就学、家属就业等各种实际问题，努力创造让各类人才充分施展才干的良好环境。

西部高新区引入高端人才应与培训实用人才相结合。随着西部高新区主导产业规模的不断扩大和产业向细分化、专业化方向发展，每一细分产业均需要大量的专门人才。而在目前高校的教育体制下，由大学生分配直接进入公司层面，无论从业务水平还是从工作经验来看很难适应公司的发展需要，存在一个从学校到公司的知识转化、工作转换的适应期，这就需要对大学毕业人才进行再培训。西部高新区应加强与高校、职业技术学校、科研院所的合作，建立实用人才培训基地，充分利用高新区所在城市及国内外其他教育资源，建立信息服务、软件及服务外包、金融、科技服务、中介管理等重点领域的人才培训基地，通过长期培养与短期培训、综合培训与专业培训、国内培训与国外培训相结合的方式，培养产业发展需要的实用人才。高新区应充分发挥行业协会的作用，为行业内企业培养各种专业技术人才和管理人才，并依托一批重点企业和重点项目等多种方式培养造就一批高素质的专业实用人才。

8.5.2.4 构筑创新创业资本聚集平台

创新创业资本的活跃是高新技术产业化的强大"助推器"，是世界上一流创新型园区的显著特征和重要成功要素。在美国高技术产业的高速发展中创新创业资本的发达是最主要的促进因素。美国的风险投资机构有近2 000家，每年为大约1万项高技术项目提供资金支持。美国硅谷每年都有成千上万的公司诞生，也有成千上万的公司倒闭，但关键是成功的风险投资为区域内创造了一个崭新的金融环境。硅谷集中了美国1/3以上的风险投资和一半左右的风险投资机构。创业者与风险资本的完美结合，造就了硅谷非凡的创新创业活力，当今世界著名的大公司例如惠普、IBM、英特尔、仙童、苹果、施乐、雅虎、网景等均获得过风险资本的支持。硅谷风险投资之所以异常活跃，与一大批高素质、有丰富管理经验的风险投资家队伍分不开。在硅谷，只要创业者产生一个好的创意、组建一个好的团队、做出一个好的商业计划，就会得到风险投资家的注意乃至青睐。风险投资家在硅谷的社会与业务网络中处于核心位置，不只是提供风险资本，还经常参与到创业公司的计划和策略上。硅谷的公司一般有2～3个投资者，地理上的集聚又促进了风险投资家可以经常会面并交流潜在的业务信息和与新企业的合作。由此可见，风险资本的聚集和活跃是高新区创新创业的重要因素。

总体而言，我国西部高新区的风险投资聚集程度还不高，风险投资家队伍还没有形成，风险投资机制还比较缺乏，风险投资还不活跃。在高新区聚集风险资本，关键是在宏观上要完善我国的风险投资机制，制定风险投资的优惠政策。就目前西部高新区聚集风险资本而言，主要应积极引进国外的风险投资机构和风险资本，利用他们成熟的风险投资运作模式催化国内风险投资的发育，同时，高新区应积极搭建风险资本与创业企业对接的平台，努力寻找创业家与风险投资家相结合的平衡点。

8.5.3 平台之二：自主创新科技平台

高新区自主创新科技平台是高新区自主创新体系的重要组成部分，是科技创新活动的物质和信息保障，是科技创新成果产生和转化的基础和载体，也是科技人才成长的摇篮。西部高新区近年来科技创新平台取得了较快进展，以创业中心为主导的孵化器已成为创业平台的主要形式，以企业技术中心为主的研发平台已成为企业科技竞争力的主要推动力，资源信息共享平台建设也取得了积极进展。但是，西部高新区科技创新平台从总体上还不适应高新区由产业驱动向创新驱动发展模式转变的要求。

西部高新区自主创新科技平台建设应以全面提高高新区自主创新能力、增强高新区主导产业竞争力为核心，以有利于创新、创业发展为主线，坚持重点突破与全面推进相结合的原则，依托高等院校、科研机构、创业中心等孵化机构、企业技术中心等研发机构，探索科技平台建设的多种模式。应充分发挥所在城市的大学及科研院所的资源优势，依托现有的重点实验室、工程技术中心、研发中心、创业中心、生产力促进中心等，按照整合、共享、完善、提高的要求，扩充增量，激活存量，最大限度发挥现有资源的潜能，通过机制创新，形成各方参与科技资源整合和科技平台建设的合力。要注重自主创新科技平台对高新区主导产业的技术源头支持作用、孵化培育作用，对其他产业的技术辐射带动作用。西部高新区自主创新科技平台应突出以下四个重点：

8.5.3.1 创业平台建设

创业平台的建设应着力促进孵化器与创业投资、金融机构、中介服务机构的有效结合，建立多种资金和多种投入主体共同投入、孵化和培育企业的大孵化体系。应整合高新区各类孵化机构，建立"大孵化"战略联盟，通过各类孵化器相互之间广泛开展沟通合作和良性互动，引导各孵化器破除门户界限，实行横向联合，共享信息资源，打造统一的孵化企业网络资源和服务平台。应鼓励民营企业自建孵化器，或者与政府机构共同投入和管理孵化器，为企业提供增值服务、股权投资、公共技术服务等，打造企业成长的生态环境。

8.5.3.2 研发平台建设

研发平台的建设应着力促进高新区企业技术中心的建设，促进企业依靠研发平台进行自主创新和产品升级，促进企业依托技术中心进行产品研发、人才汇聚和成果转化，促进企业技术中心与国内外高等院校、科研院所的结合，形成全方位资源整合机制，减少企业的研发成本，缩短企业开发新产品的周期。要积极引入跨国公司和大型企业的地区研发中心进入高新区，建立园区研发机构与国际研发机构的交流与合作机制，提高引进技术的消化吸收再创新能力。

8.5.3.3　公共技术平台建设

西部高新区应根据自身的特点和主导产业集群，建立软件研发、测试专业技术平台，集成电路设计、验证、测试和 IP 共享平台，信息技术开发平台，创新药物的筛选、质量标准控制、药效及安全性评价、临床研究等公共研发技术服务平台，面向新药研发企业的符合 GMP 要求的中试孵化中心等。公共技术平台建设具有较强的外部性和公益性，政府应当在政策和资金等方面提供支持。

8.5.3.4　科技资源共享平台建设

应充分发挥西部高新区所在城市的科技资源优势，围绕高新区主导产业，收集整理所在城市的科研机构、高校和企业的实验设备、仪器等科技资源，积极引导科研机构、高校和企业相互之间共享实验设备、仪器等科技资源，节约企业创新的硬设施投入。同时，应在高新区内建设科技信息资源共享平台，重点提供科技文献检索、科技咨询、科技评估、科技宣传与传播等增值创新服务。

8.5.4　平台之三：科技投融资服务平台

西部高新区进入"二次创业"新阶段以来，在投融资服务平台、金融中介服务、政策服务体系建设等方面取得了显著成效，基本建立起了多样化、多渠道的投融资服务体系，形成了以政府产业资金、债权融资、股权融资、上市融资等多种方式组合的投融资新格局，为园区建设及企业发展融通了大量资金，有效促进了西部高新区的发展建设。然而，科技型企业尤其是中小企业仍然突出存在利用银行的信贷资金面临抵押障碍，通过资本市场直接融资的企业不多，创新投资发展滞后，创业投资机制尚未形成，利用产权交易、企业债券、私募融资严重不足，科技金融中介服务体系滞后，资金与技术结合的渠道仍不畅通等突出问题。国内外高科技园区发展的实践证明，完善的投融资体系尤其风险投资体系是催生高新技术企业快速成长的强大助推器。加快建立科技投融资服务平台，完善投融资服务体系，是促进西部高新区科技创新创业的重要环节。

总体而言，西部高新区构建投融资服务体系应坚持政府资金引导、社会资本为主、广泛参与原则，构建起以信用建设为基础，以产业发展为支撑，政府资金为引导，社会资本为主体，金融机构参与，中介组织为辅助的多层次、多功能的投融资服务体系，重点建设以下五大平台：

8.5.4.1 建立和完善创业投资平台

西部高新区建立和完善创业投资平台，首先应设立西部高新区创业投资引导资金，并在高新区创新投资引导资金下，建立创业投资风险补贴资金，以此产生"撬动"和放大作用，吸引境内外创投机构入园投资。同时，西部高新区应采取政策支持的方式，组建或引入多类型的创业投资公司到高新区落户。针对处于种子期的初创企业风险特别大、融资特别难的特点，西部高新区应建立创新型企业种子基金，主要用于对创业期（种子前期、种子期和初创期）中小企业的研发项目支持。同时，西部高新区应通过建立天使投资网络或天使俱乐部，举办天使投资论坛、创业成功人士聚会或富人文化沙龙，开展天使投资培训等，帮助初创企业与天使投资人的联系和沟通，吸引天使投资人投资高新区企业。

8.5.4.2 搭建多层次资本直接融资平台

应主要针对高新区不同企业的特点，分别支持其在主板、中小板、创业板和海外市场上市融资。为帮助企业改制上市，西部高新区应建立上市企业后备库，联合券商选拔优秀企业进行重点培养，加强科技型企业对资本市场的认知，加强对科技型中小企业的改制培训和辅导，帮助企业梳理相关工作渠道和研究解决相关问题，积极组织科技型企业瞄准主板、中小板、创业板和海外市场进行上市融资，鼓励具备条件的科技型中小企业进入"新三板"（股权代办转让系统）。要整合企业信用资源，积极推动非上市中小企业集合信托和发债，鼓励企业并购重组或资产股权化。

8.5.4.3 建立和完善银行贷款融资平台

银行信用贷款仍然是科技型中小企业获得流动资金的主要渠道，继续利用和完善银行贷款融资平台对于解决高新技术企业融资难的问题仍具有巨大作用。调动银行信贷投入科技型企业的积极性，关键是解决银行最为关心的稳定利差收入和风险控制问题。为此，高新区应组建和完善科技信用贷款担保机构，包括组建或引入出资主体不同的中小企业信用担保机构，组建或引入主营业务侧重点不同的担保机构；设立中小企业贷款风险补偿基金；建立健全企业贷款和担保风险补偿机制、再担保机制和信用保险机制；完善企业信用贷款担保模式，积极推广中小企业联保或创业企业联保贷款模式。为解决银企之间信息不对称问题，应以政府及有关部门为平台，通过银企互动鼓励企业与金融机构建立长期稳定的合作关系；为解决科技型中小企业抵押物不足的问题，应开展知识产权等无形资产质押贷款试点。探索建立科技银行和社区银行是解决中小型科技企业的创新途径，可在西部先进高新区开展试点。科技银行主要为风险投资机构投资的企业提供商业存贷款服务，为创业投资机构风险基金提供存贷款或参股，以及作为银行风险投资顾问等。社区银行主要充当天使投资者的角色。

8.5.4.4 建立园区企业信用信息平台

信用是市场经济发展的基础，更是金融得以生存和发展的水分和土壤。信用资源的丰缺度彰显一个地区企业的人格品质和信用资本的大小。目前西部高新区信用信息体系建设明显滞后，并且由于各部门各行业之间的信用信息通用性差而导致信用资源的浪费。建立企业信用信息平台，应由高新区牵头，联合银行、高新区内企业等共同组建高新区信用促进会，发挥行业自律组织作用；引入信用评估中介服务机构；建立园区企业信用信息数据资源库和网上信用信息平台，并把政府有关公共扶持政策资源与企业信用体系建设结合起来，促使企业诚信守信；研究设立一套除银行和担保机构都能通用或参考的信用评级指标，按银行机构的评级方式进行企业信用等级评价；积极推动园区与人民银行信用信息共享，以增强区内信用信息的权威性，使之逐步成为打通商业银行和其他金融机构了解区内企业的快速通道，不断提升园区信用产品的价值和功能。

8.5.4.5 建立和完善投融资多功能公共综合服务平台

主要应通过高新区金融聚集区的建设，吸引金融机构、风险投资机构、券商投行部和非上市业务，同时鼓励产权交易中心、评估、会计、律师事务所以及信用、担保、专利服务等服务于企业投融资的主要中介机构入驻，构建为不同成长阶段的企业中小企业和创业者提供完整供应链的创业融资服务的聚集区。

8.5.5 平台之四：科技中介服务平台

社会中介组织是指按照一定法律、法规、规章，或根据政府委托，遵循独立、公开、公平和公正原则，在社会经济活动中发挥服务、沟通、公证和监督功能，承担具体服务行为、执行行为及部分监督行为的社会组织。[①] 科技中介组织是社会中介组织中的一种，主要指以推动技术转移和扩散为目的，在创新主体、创新资源及社会不同利益群体之间发挥桥梁和纽带作用，面向社会开展技术扩散、成果转化、技术评估、创新资源配置、创新决策和管理咨询等专业

---

① 吴开松，颜慧超，何科方. 科技中介组织在高新区创新网络中的作用 [J]. 科技进步与对策，2007 (7).

化服务的机构。

中介服务组织按照不同的标准可分为不同的类型，从中介服务组织对科技活动的参与形式来看，中介服务机构分为五类：一是直接参与服务对象技术创新过程的机构，如生产力促进中心、创业服务中心、工程技术研究中心等。二是利用技术、管理和市场等方面的知识为创新主体提供咨询服务的机构，如科技评估中心、科技招投标机构、情报信息中心、知识产权事务中心和各类科技咨询机构等。三是为促进各种科技资源要素按市场机制进行整合，以实现生产要素优化配置的中介服务机构，如常设技术市场、人才中介市场、科技条件市场、技术产权交易机构等。四是为市场主体加强沟通和联系的行业组织，主要形式有专业协会、行业协会等。五是市场行为的监督机构，主要有知识产权评估机构、律师事务所、会计师事务所、公证和仲裁机构等。

西部高新区在发展过程中遇到的一个非常突出的问题就是：企业与科研单位、高校之间，政府与企业之间，企业与企业之间的信息沟通渠道很不畅，对接程度很差，一方面造成大量的科技资源与人才的浪费，科技成果找不到市场，另一方面企业又很难找到满意的技术、人才和资本，这其中缺少了一个很重要的环节即中介服务平台。长期以来，我们仅从企业与顾客、企业与政府、企业与企业的"二元"角度来考虑，忽略了科技中介组织在企业与顾客、企业与政府、企业与企业之间的沟通和衔接的作用，忽视了科技中介组织"第三元"的作用。

科技中介组织属于知识密集型服务业，是高新区创新网络的组成部分，在促进技术转移和扩散、推进"产、学、研"的深入发展等方面发挥着"黏合剂"的作用，是联结企业、研发机构、大学、政府、金融机构的桥梁和纽带。加强中介服务体系的建设，对于加速高新技术与资本、技术成果与企业、高新技术产品与市场的对接起着十分重要的作用。西部大多数高新区应重点引入产权交易所、知识产权事务所、会计师事务所、律师事务所、生产力促进中心、人才培训中心、管理咨询公司、投资风险评估机构、劳动力市场、仲裁与公证机构等涵盖成果交易转化、投融资、对外贸易、法律咨询等领域的科技中介服务机构，并与孵化器、专业园区相结合，建设社会化、网络化的中介服务体系，引导中介服务机构向专业化、规范化方向发展。同时，应发挥各种专业技术协会和行业协会的桥梁和纽带作用。在西部高新区要使中介服务机构和中介服务平台得到发展，必须着力解决三个问题：

（1）中介服务机构的服务质量问题。有些中介服务机构很难在高新区生存，不是科技型企业不需要它们，而是对它们的服务质量不满意。为了提高高新区中介服务的水平，在对进入高新区的中介服务机构上，不是一味地放松条件，而是要把好准入关，重点引入高水平的中介服务机构。同时，应对中介服务从业人员进行系统的培训和资格认证工作。

二是中介服务机构的诚信和服务规范问题。不讲诚信、服务规范程度差、缺乏公正和透明，是现有一些中介服务机构的突出毛病，造成许多科技型企业对中介服务机构存有一种固有的偏见，遇到难题只想找政府而不愿找中介服务机构。因此，高新区应对中介服务机构的行为进行规范，可采取信用评级的方式向企业公开信用等级，并选择一批服务质量好、运行规范、诚实守信的中介服务机构进行重点支持。

三是提高对中介服务的有效需求问题。有些科技型企业不是不要中介服务，而是有效需求不足。造成有效需求不足的原因是中介服务的费用较高企业难以承担。因此，政府应对企业的一些中介服务需求例如改制上市需求、人才培训需求、知识产权委托代理需求等给予一定的补贴，同时对中介服务机构在税费方面给予优惠支持。

8.5.6 平台之五："产、学、研"合作平台

"产、学、研"分割是目前制约西部高新区创新与产业化功能发挥的重要因素，加强"产、学、研"合作是西部高新区进一步提高发展水平的一项重要任务。产业技术创新战略联盟是完善"产、学、研"合作平台和创新体系的重要形式，是指由企业、大学、科研机构或其他组织机构，以企业的发展需求和各方的共同利益为基础，以提升产业技术创新能力为目标，以具有法律约束力的契约为保障，形成的联合开发、优势互补、利益共享、风险共担的技术创新合作组织。产业技术创新战略联盟是市场经济条件下"产、学、研"结合的新型技术创新组织，建立产业技术创新联盟有利于提高"产、学、研"结合的组织化程度，在战略层面建立持续稳定、有法律保障的合作关系；有利于整合产业技术创新资源，引导创新要素向优势企业集聚；有利于保障科研与生产紧密衔接，实现创新成果的快速产业化；有利于促进技术集成创新，推动产业结构优化升级，提升产业核心竞争力。

西部高新区推动产业技术创新战略联盟的构建，应立足于科技型企业创新发展的内在要求和合作各方的共同利益，通过平等协商，建立有法律效力的联盟契约，对联盟成员形成有效的行为约束和利益保护；应以西部高新区主导产业的技术创新需求为导向，以形成高新技术产业核心竞争力为目标，以企业为主体，围绕产业技术创新链，运用市场机制集聚创新资源，实现企业、大学和

科研机构等在战略层面有效结合，共同突破产业发展的技术瓶颈。

产业技术联盟的主要任务是：组织企业、大学和科研机构等围绕产业技术创新的关键问题，开展技术合作，突破产业发展的核心技术，形成重要的产业技术标准；建立公共技术平台，实现创新资源的有效分工与合理衔接，实行知识产权共享；实施技术转移，加速科技成果的商业化运用，提升产业整体竞争力；联合培养人才，加强人员的交流互动，为产业持续创新提供人才支撑。

为推动产业技术创新战略联盟的发展，西部各个高新区应瞄准高校与科研单位的创新资源，动态掌握企业的技术需求和高校、科研单位的技术供给，为企业与大学、科研单位的沟通建立起协作信息渠道，组织"产、学、研"之间的项目对接。要健全"产、学、研"合作互动的激励机制，对企业、大学、科研机构联合进行的技术创新和成果产业化项目给予优先支持；鼓励高校和科研单位在高新区创办科技园，使之成为吸纳高校和科研单位创新要素的重要载体。

8.6 基于"新型园区形态"打造的高新区建设路径

8.6.1 西部高新区发展新阶段必须构建新型园区形态

西部高新区在"一次创业"时期基本上是将其作为单一的产业开发区来对待的，其开发建设的首要目标是围绕如何招商引资、集聚生产要素、形成主导产业、扩大经济规模而展开，在建设开发模式上大多采用简单而适用的"土地开发、滚动发展"模式。虽然这种模式具有任务集中、重点突出、资源集中的优点，可以迅速形成高新区的主导产业和经济规模，但是这种"单兵推进"模式留下了生活配套不健全、社会服务滞后的"后遗症"。在高新区发展初期企业不多、人口不多的情况下还显露不充分，但随着高新区区域生产要素、企业和人口的不断聚集，这种单一的产业区模式越来越暴露出自身的内在缺陷，与企业发展所要求的配套生产服务得不到满足，与高级人才和劳动力聚集所要求的配套生活服务得不到满足。当前许多高新区企业反映最多、最头痛的问题是需要高新区为它们的员工解决交通、吃饭、居住、商业服务、医疗卫生、子女教育等问题。

在西部高新区提高自主创新能力促进高新技术产业发展过程中，单一的产业区建设模式越来越成为高新区进一步发展的桎梏，必须着眼于区域整体的、全方位的和长期的体系化构建，使高新区成为一个内部和谐、各种关系相互促进、具有自我复兴能力的新型园区形态。

西部高新区构建新型园区形态，就是指以创新为主要驱动力，以高新技术产业和战略性新兴产业为主要产业，以创新驱动型经济为主要经济，科技与经济紧密结合，新的产业园区、创新型园区和科技文化社区相互融合，高新技术产业与现代服务业互动发展，经济、社会、生态、人文和谐交融，新型产业形态、新型经济形态、新型社会形态、新型人文形态、新型园区治理形态等多方面有机协同的复合型园区。

在这种新型园区形态中，虽然创新型经济是主要特征和核心竞争力，但同时创新型经济又不是一个孤立的经济，而是一个具有舒适社区环境、强大社会包容性和社区联合治理机制共同支撑和协同发展的高科技综合社区。所谓舒适的社区环境，是指人文、经济和社会生活的和谐发展，这是吸引和保留创新人才的基础和条件，同时也是孕育创新的重要载体。所谓社会包容性，是一种共生、共赢的社会经济环境，在共同的目标愿景下不同利益相关者、不同机构之间实现优势互补和协同发展，这是促进创新产生的重要社会元素。所谓社区联合治理机制，是指通过不同层次主体的联合实现有效的组织、协调和整合，这是新型园区形态建设的重要制度保障。西部高新区只有积极构建起这种新型园区形态，才能更好地承担"四位一体"的历史任务，从根本上反映高新区是新的产业区、新的创新区、新的科技文化社区"三重空间"属性的基本要求，必将是西部高新区"二次创业"中的又一次跨越。

从现实来看，西部高新区构建新型园区形态已经出现了发展苗头：

（1）高新技术制造业的发展为现代服务业发展提供了巨大需求，高新技术产业分工的深化可不断催生现代服务业新业态成长。

（2）目前许多高新区人口聚集已达到一定规模，对商贸、金融、居住、生活服务等提出了大量的需求。

（3）随着西部高新区环境的不断改善，区位价值比"一次创业"时期得到了大幅度提升，客观要求西部高新区单位土地面积创造更多的附加价值。

（4）不少西部高新区近年来总部经济、科技商务、现代金融、软件及服务外包、文化创意等现代服务业呈加快集聚之势，为城市发展提供了现代产业基础。

（5）西部高新区的水、电、气、交通、通信等硬件基础设施已经比较完善，西部高新区的空间开发已经比较成形，不少高新区已初步形成一个现代化的科技新城的雏形。因此，西部高新区构建新型园区形态也具备了现实基础。

8.6.2 西部高新区构建新型园区形态的重要模式：科技新城

站在宏观和未来发展趋势的角度，西部高新区构建新型园区形态的重要形式就是建设科技新城。所谓科技新城，是区别于工业型城市、旅游型城市、资源型城市的一种以科技进步占绝对支配作用、以高科技产业为主导，兼备生活服务、人居等普通城市功能的新兴城市形态。科技新城首先是一个城，这就意味着要具备一般城市的生活服务、居住、商业、文化娱乐等城市功能，其次，科技是新城的明显特征，这意味着科技新城要有较多的高等院校和科研单位等知识载体的集聚，产业的形成和发展以科技创新为主要推动力。

随着现代科技园区的不断发展，科技园区的城市化是一个重要趋势。科技园区的城市化是指高新技术首先以园区或区域带的形式形成聚集，再通过社区和城市功能的不断完善和发展，进而形成一个紧凑的、独立的单体城市。[①] 世界上许多最初以科技园、科学园、科技工业园等形态存在的高科技园区，如今已经发展成了科技城。例如，英国伦敦附近最初的剑桥科学园，已发展成了著名的剑桥科技城；中国台湾最初的新竹科技工业园，目前发展成了新竹科技城；美国知名的斯坦福科技园，目前已经发展成了长达40多千米的硅谷城市科技聚集带。同时，世界上有的科技园区从一开始就是按照科学城或者技术城的模式规划和建设的，例如日本的筑波科技城、法国的索菲亚·安蒂波利斯科学与技术城等。无论是从科技园区基础上发展起来的科学城、技术城，还是从一开始就以科技城模式规划建设的科技园区，其共同特点均是科学—工业综合体，又以城市形态出现。虽然世界上各国在科学城或者技术城的规划思想和具体目标上有所不同，但均具备研究开发、生产和居住三种功能。

西部高新区大多数是在中心城市的边缘或郊区兴建的，通过空间组织结构的不断扩张和生产要素、人口的不断聚集，为园区提供生活服务的配套体系和城市社区正在形成。从目前的发展态势来看，相当一部分高新区已经明确提出向朝着现代化的科技新城方向规划建设和发展。例如，成都高新区提出了建设以软件及服务外包为主的科技商务新城；重庆提出了依托北部新区建设重庆科技城。由此可见，在西部高新区"二次创业"过程中，通过园区形态的重塑，形成各具特色的现代化科技新城是其重要的方向。

应当指出的是，西部高新区建设科技新城一般需要所在的母城具有较高的

---

① 申小蓉. 关于科技型城市几个问题的思考 [J]. 四川师范大学学报：社会科学版，2006 (3)：42－46.

知识智力密集程度、高等院校和科研院所云集，拥有先进的开发性技术、良好的大工业基础和发达的信息网络等支撑条件，因此西部13个国家级高新区不是所有的都能建设成为科技型新城，今后还将有部分高新区保持高新技术加工区和科技园区、科技工业园区等形态。

8.6.3 科技新城建设重点：推进园区的"七化"

西部各个高新区建设科技新城的具体道路和模式可能有所不同，但共同点都应具备产（以集成电路、软件、计算机、生物医药、新材料、新能源等高新技术产业为主）、研究开发（聚集研究机构、大学）、住（建设舒适的城镇）三种基本功能。根据西部高新区目前的发展状况和建设科技新城的要求，在今后一段时期内建设科技新城的重点是园区的"七化"，即知识化、数字化、商务化、国际化、生态化、宜居化、人文化建设，以此构建科技新城的新型园区形态（见图8－7）。

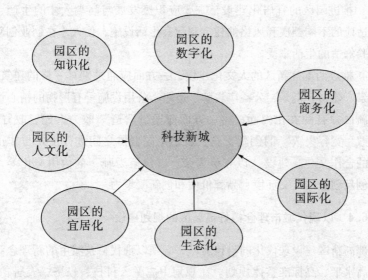

图8－7　科技新城建设路径

（1）推进园区的知识化建设，主要应积极引入高等院校、科研机构等知识载体，引入高端技术人才和管理人才，发展研发及服务外包、文化创意、专业化教育培训、科技孵化服务、法律、科技咨询等知识密集型产业，提高知识服务业在西部高新区中所占的比重。

（2）推进园区的数字化建设，主要应利用数字化网络，实现西部高新区办公的数字化、信息服务的数字化、文献资料的数字化，并实现园区之间、内外部资源之间的互联互通，建设数字化高新区。

（3）推进园区的商务化建设，主要应大力发展总部经济、会展经济、楼宇经济、现代金融、科技商务等，使高新区成为区域科技商务中心。

（4）推进园区的国际化建设，主要应积极引入国际性的大公司和研发机构、地区营销中心，带动园区企业竞争水平的提高；积极推动园区产业链、技术链融入国际化价值链，在国际竞争中获得竞争优势；建立国际信息与技术交流平台、海外孵化园、海外科技园等，促进园区企业与海外企业及有关机构的多层次、多方位合作；积极营造仿真的国际化创新创业环境和人居环境，促进海外高层次人才到高新区创业和发展。

（5）推进园区的生态化建设，主要应严格控制污染企业进入园区，高起点建设环保设施，高质量建设垃圾处理系统，大力推进企业的清洁生产，加强园区道路、厂区、公共场所、景点等地段的绿化工作，促进人与自然和谐相处，建设生态文明。

（6）推进园区的宜居化建设，主要应积极发展与高端人才的生产、生活特点相适应的不同档次和风格的住宅和配套生活设施，使人才在创业创新之余能够体验舒适的生活享受。

（7）推进西部高新区的人文化建设，一方面应通过别具一格的建筑风格、园林风景、雕塑、街景、公益广告牌、道路、公用设施等有形物的精心设计来体现高新区独有的文化内涵；另一方面应通过营造"敢为人先、敢冒风险、容忍失败、宽容失败"的创新文化，鼓励不同群体之间进行正式与非正式沟通交流的合作文化，建设"以守信为荣、以背信为耻"的信用文化等，形成有利于创新创业的人文环境、品牌价值和创新凝聚力。

8.6.4　以现代城市理念搞好高新区的规划建设

西部高新区建设现代化的科技新城，必须以现代科技城市的新理念对高新区进行高水平、高标准整体规划。在规划中应融入科技、经济、人居、自然、人文、生态等有机统一、和谐共处的理念，体现科技新城、国际新城、现代新城、宜居新城、生态新城、人文新城的风貌。

在西部高新区城市建设规划中，核心是抓住"高科技"和"现代城市"相互融合的理念。正如不能把高新区规划建设成一般的工业园区一样，也不能把高新区规划建设成一般的城区。倘若西部高新区未来的城市形态没有体现出高科技特色，出现过度从事商业房产开发的现象，那么西部高新区建设的方向就走向了另一个极端，从而不能更好地承担高新区的功能和历史任务。必须在新兴城市规划中体现高科技及产业化的价值，才抓住了高新区建设新兴城市的根本。

同时，西部高新区科技新城的规划建设应处理好与所在母城在基础设施、产业发展、公共服务、城市建设等方面的关系，既体现自身特色又要与母城相融。由于高新区作为新兴产业基地的发展速度很快，其开发建设进程往往超出了人们的预料。因此，在规划时应充分考虑未来高新区建设可能产生的巨大变化，树立长远眼光、战略眼光、发展眼光，做到规划的可预见性和超前性，在用地规模、布局结构甚至建筑设计方面都要体现出一定的弹性，以适应不断变化的趋势。

在西部高新区建设科技新城中，应同时跟进包括产业发展规划、土地利用规划、生态环境规划、基础设施建设规划、高新区形象规划等在内的专项规划，并应十分注重各项规划的有机统一和协调。适应高新区未来建设科技新城的需要，高新区的产业发展规划不能只包含高新技术产业的发展规划，还包含现代服务业的发展规划，通过高新技术产业与现代服务业的融合互动，形成高新区未来的发展支撑。西部高新区的土地利用规划应充分考虑高技术创新、高技术人才、高技术产业发展的特点，科学确定生产、生活、居住、道路、公共设施、绿化等各种用地的比例及空间配搭，在确定土地的功能分区的同时，应注意各种功能模块的交叉融合。西部高新区的基础设施规划应做到高标准和适度超前，其形象规划应突出高科技创新文化的特色。

总之，以现代城市的理念高水平地搞好西部高新区的规划，是西部高新区科学、有序建设现代化、国际化科技新城的基本前提和基础，必须舍得花大的精力和工夫。西部高新区的规划一经确定后，就应确保其严肃性、有效性、合法性，开发建设必须按照规划的要求推进，不能因人事变动和管理者偏好的改变而随意改变。

9 政府作用：制度创新与政策选择

高新区作为一种有效促进"产、学、研"相结合、发展高新技术产业的普遍模式，是 20 世纪世界各国促进科技与经济相结合的伟大创举。同其他国家科技园区发展不同的是，包括西部高新区在内的我国高新区的发展是在政府强力推动的背景下进行的，在这种推动下，高新区顺利完成了"一次创业"阶段的主要任务，进入了"二次创业"的新阶段，走出了一条具有中国特色的高新技术产业发展之路。面对西部高新区"二次创业"提高自主创新能力促进新兴产业发展的历史任务，同样需要政府的强力推动，但这种推动作用发生的方式、机制、手段必须发生重要转变。

9.1 发挥政府作用的理由

目前，有一种观点认为，西部高新区经过 20 年的建设和发展，已经具备自我发展能力，不再需要政府发挥更大作用给予支持，相反，政府应减少对高新区发展的干预和政策支持。我们认为，如果仅把高新区作为一般的区域来对待，这种观点是有一定道理的，但是，如果把高新区作为特殊功能区和承担国家的重要历史使命、促进地方经济发展方式转变来看，应当继续发挥政府的作用，其理由如下：

9.1.1 创新知识的正外部性

市场机制是现代经济发展资源配置的基本手段。在市场拥有完全信息和产品具有完全私人排他性的条件下，通过市场配置资源可以实现帕累托（Pareto）

最优。但是，现实中的市场信息具有不完全性和有些产品具有外部性。所谓"外部性"，是指一个经济主体的活动对旁观者福利的影响，这种影响并不是在有关各方以价格为基础的交换中发生的，因此其影响是外在的。外部性分为正外部性和负外部性。如果给旁观者带来的是福利损失（成本），可称之为"负外部性"；反之，如果给旁观者带来的是福利增加（收益），则可称之为"正外部性"。私人经济活动付出的成本和得到的收益可称为私人成本和私人收益，而这一活动带给旁观者的额外成本和额外收益就是社会成本和社会收益。在具有外部性的活动下，市场机制就会产生固有的缺陷而无法实现资源的优化配置，即市场失灵。

由技术创新本身的特点所决定，技术创新活动和创新知识具有一定的公共性、外部性，是准公共产品，完全由市场机制作用就会产生市场失灵的状况，从而使技术创新产品供给低于社会的最优水平，所以必须发挥政府这只有形的"手"的作用。正如纳尔逊（Nelson）和温特（Winter）（1982）所指出：创新具有公共品属性，创新活动具有显著的正外部性，创新者不能得到创新活动的全部收益。在产生外部性的主体与受这种外部性影响的主体都是多数的情况下，通过私人谈判解决几乎是不可能的，只有通过政府干预才能解决。创新资本也具有公共品特性，知识一旦创造出来，几乎都能免费使用，这对"搭便车"者产生了强烈刺激，因而政府干预也是必要的。① 有的学者从实证研究的角度也论证了创新投资的社会收益率大于私人收益率。耐德瑞（Nadiri）（1993）的经验结论是，R&D 私人回报率是 20% ~ 30%，而社会收益率大约是 50%。②

技术创新尤其是自主创新是一种投入很大且非常具有难度和不确定性的活动。创新意味着对传统思维模式和传统技术的突破，寻求新的成本更低、性能更好的产品改进和工艺改进路径，但这种改进是否可行，其效益如何，不是一次就可以完成的，通常需要经过若干次试错和试验才能达到被市场接受的理想效果。在创新的过程中，经常会遇到最初的设想很好但经过反复检验后没有被市场接受的现象，从而使创新的努力归于失败。特别是对于重大自主创新来说，由于是对原有技术发展轨道的根本突破，这种创新的难度和不确定性更高，一旦失败将给创新者带来的将是致命打击。对于具有理性行为能力的经济

---

① Nelson and Winter. The Schumpeterian Tradeoff Revised [J]. American Economic Review, 1982.

② Nadiri, M. Ishaq. Innovations and Technological Spillovers [J]. Working Paper 4423. Cambridge, MA: National Bureau of Economic Research, August 1993.

人来说，因具有风险规避的倾向而通常不愿意进行自主创新。

创新产生的新知识、新技术等则具有很强的外溢性。尽管一项创新成果的拥有者可以在专利制度的保护下在一段时间内享受专利带来的垄断利润，但是一旦创新的产品被推向市场，产品的技术知识信息则具有外溢作用，且这种技术知识信息可以呈规模的使用，具有规模报酬效应。作为拥有创新技术的企业来说，总希望创新引致的溢出越少越好、越慢越好，但从全社会讲，这种知识溢出越多、越快就越好。因此，为促进新知识、新技术的创造和扩散，就不能把技术创新的产出完全看成是一种具有排他性的私人物品，而是一种介于公共产品和完全排他性产品之间的产品。

由于技术创新成果的公共商品特性，市场自然引致的创新不一定是社会最优水平的创新。正如阿罗在1962年就指出过，无论是完全竞争还是垄断市场结构下的创新，其创新水平都将低于社会最优水平。斯坦福·马丁（Stephen Martin）和斯科特（John T. Scott）指出：有限的适应性、资金的市场失效、知识产品的外部效益以及其他因素将会导致严格依赖于市场体系的技术创新投入不足。[1] 这就提出了创新的非市场干预，以减少市场自然引致的创新水平与社会最优水平之间差距的问题。

政府是公共利益的代表者和维护者，并拥有强大的资源动用能力和政策制定执行权、征税权，由政府在纠正技术创新市场失灵方面具有明显的交易成本、信息成本等优势，因而政府干预技术创新就成为各国通用的方式。西部高新区在"二次创业"中要实现更多的创新产出而成为我国的知识源、动力源，必须继续发挥政府的支持和引导作用。

9.1.2 自主创新的国家利益

国家利益是指主权国家在国际关系格局中生存与发展需求的总和。国家利益构成的基本要素包括国家领土、国家安全、国家主权、国家发展、国家稳定、国家尊严等。在当今世界，技术已经成为一个国家经济社会发展的核心推动力，对提升国家利益具有战略价值。拥有技术优势，可以牢牢掌握国际经济、政治、外交、军事竞争的控制权和主动权，从而实现国家的最大利益。正如克林顿政府在1993年发布的《科学与国家利益》、《技术与国家利益》等系列报告中所指出的，在过去50多年里，技术是为美国带来高附加值和可持续

---

① Stephen Martin, John T. Scott. The nature of innovation market failure and the design of public support for private innovation [J]. Reseaxch Policy, 2000 (29): 437-447.

发展的"唯一的、最重要的因素"。目前，发达国家基本上具有技术上的绝对优势，全世界 86% 的研发投入、90% 以上的发明专利都掌握在发达国家手里。凭借技术优势和建立在技术优势基础上的国际规则，发达国家及其跨国公司形成了对世界市场特别是高技术市场的垄断，从中牟取大量超额利润。

正因为技术在实现国家利益中的重要性，在当今国际竞争中，技术的竞争尤其是战略高技术的竞争已经成为国际竞争的焦点，利用技术优势掌握和控制事关全局利益的战略资源，已经成为发达国家普遍推行的重要策略。在空间领域，美国凭借高技术优势正在全面实施太空控制战略，俄罗斯、欧盟、日本和印度等国家和地区也均进行了重点部署；在海洋领域，一场前所未有的"蓝色圈地运动"正在占海洋面积 2/3 的深海领域展开，科技上的领先将会直接导致发达国家对海洋资源的占有；在生物领域，发达国家利用技术优势对生物资源的争夺已进入白热化状态，学术界把这种现象称为"生命专利圈地"。同时，发达国家正凭借技术上的优势所带来的便利，加速实施技术标准战略和专利战略，通过技术标准和环保标准的不断变化和升级，以此加大发展中国家的国际贸易成本，使之难以获取国际贸易的比较利益。因此，在当今世界的国际竞争中，技术不仅仅是企业获取竞争优势的核心来源，而且已经成为实现国家利益的核心手段。

国际上技术的竞争实质上是技术创新能力的竞争。任何一个国家的强大的技术优势都不是买来的，而是靠自身创新能力产生出来的。只要拥有强大的自主创新能力就可以不断开发出新技术，形成自主知识产权，并可转化为市场竞争优势。美国是当今世界最拥有技术优势的国家，其核心在于美国形成了强大的自主创新能力。那些与美国有着密切关系的西方国家无一例外地致力于增强自身创新能力。例如，20 世纪 60 年代末即使在美国的极力阻挠下，欧洲四国政府仍然以长达 25 年、先后投入 250 亿美元的巨大投入，造出了自己的"空中客车"飞机，使其今天能够与美国的"波音"飞机平分航空市场。韩国和日本是公认的技术引进成功典范，其成功之处不在于引进了多少先进技术，而在于实现了引进基础上的创新能力形成和赶超，一些关键领域的技术引进与消化吸收投入之比甚至达到 1：12，使本土企业的自主开发能力得到了迅速提升，成就了一批世界知名企业和知名品牌。韩国和日本在初步建立了技术能力之后，适应形势变化适时提出了由技术引进再创新向培育自主创新能力的战略转变，以此可能赢得未来的技术竞争。

我国要在未来的国际竞争中实现"中国崛起"，更应强调提高自主创新能力的国家战略、国家利益、国家意志。作为一个大国，我国有着自身特定的需求，不可能指望发达国家来帮助我国解决自身所面临的重大科学技术问题。发达国家不断针对我国构筑了各种的技术壁垒，使我国今后引进关键技术和核心技术的可能性越来越少、代价越来越高。同时，只有在拥有自主创新能力的前提下，才能争取国际技术合作与转移的主动权，也才能在对外开放中获得更大的收益。但是，搞自主创新是一条艰辛之路，是对国家和全民意志的考验。

为实现自主创新的国家利益必须有政府的强力干预和支持，不是我国才有的特色，而是世界上的普遍模式。例如第二次世界大战后的50年间，美国联邦政府的投入占美国全部研究开发投入的1/2～2/3。美国政府力量对技术进步的直接作用还体现在对国内企业以及高新技术产品的需求上。今天美国的IT、通信、装备工业、航空制造、材料、生物工程等产业，无不脱胎于美国政府乃至军方的研究成果，受益于美国的政府采购。

我国作为当今的后发国家，在自主创新中注定会面临许多风险和不确定性，就应该更加重视发挥政府的作用，为自主创新营造一个有利的投资、消费、财税、金融、政府采购等环境。包括西部高新区在内的整个国家级高新区，作为我国提高自主创新能力的重要载体，在很大程度上直接关系到国家利益的实现程度，必须继续发挥政府的作用形成支持高新区自主创新的浓厚氛围。

9.1.3　高新技术产业的特性

高新技术产业是当今世界的战略性产业。所谓战略性产业，就是对一个国家未来经济发展和综合国际竞争力提升产生重要影响作用的产业。由于高新技术产业体现了当今世界最新、最高技术水平的新兴产业，代表了未来产业发展的方向，是一国技术实力和技术优势的重要体现，关系一国在世界经济政治中的地位。因此，当今主要国家无不把发展高新技术，实现产业化作为保持自身经济、国防、政治、外交实力的重要手段，由此带来了高技术领域空前激烈的国际竞争，以至成为整个竞争的焦点和制高点。

9.1.3.1　高新技术产业是高附加值、高技术含量、高增长性、高收入弹性、高效益产业

高新技术产业与传统产业相比，对自然资源的依赖性很小，而对知识、技术和人力资本的依赖性很大，知识、技术和人力资本是高新技术产业发展的第一投入要素，没有知识技术和高素质的人力资本作支撑，高新技术产业就很难成长起来。高新技术产业由于反映了未来消费水平演变的方向和消费档次的提高，居民收入水平越高，对高新技术产品的需求就越大，即高新技术产业具有

高收入弹性，只不过这种高收入弹性需要高新技术产品去创造、开发和引领而不是简单的适应消费者需求。因需求的强力拉动和技术创新的推动，高新技术产业的增长潜力和增长速度比传统产业要高得多。同时，开发的高新技术成果一旦实现产业化，其经济回报就相当高。例如计算机及通信产业的发展规模在半个世纪的时间里已经成为仅次于钢铁、汽车、化学工业的第四大工业部门，而在利润回报上则远远超过这些传统产业。微软、英特尔等企业的获利能力远比传统的钢铁、汽车、化工企业高。高新技术在后来者没有开发出来之前，其收益是垄断性的，即使后来者模仿掌握，但由于其市场的先期开发、规模经济的先期形成，仍可以继续获得可观的速度效应、规模效应、关联效应。

9.1.3.2　高新技术产业是高投入和高风险产业

由高技术的高智力密集特征所决定，高技术的开发需要大量的资金投入，是资金密集程度非常高的技术。高技术的充分发展无不以巨额投资作为支撑条件，不购置高技术发展所必需的先进仪器和设备，高新技术是根本不可能开发出来的。高新技术产业具有高风险性。由于高新技术是处于技术前沿的高层次新兴技术，其开发往往具有开创性、探索性，加之高技术发展变化快、更新快，因此，高技术开发及产业化比传统产业要承担更大的技术风险、财务风险和市场风险。美国硅谷新创办的高技术企业中，大约有20%～30%会失败和夭折，60%～70%会获得一定程度的成功，只有5%的新企业能大发其财。

9.1.3.3　高新技术产业具有很强的溢出效应、波及效应、关联效应、产业链推动效应

由于现代高新技术大多通过多学科综合、交叉并以群体的形式出现，因而它们之间的相互渗透性和带动性很强，表现在某一高新技术的开发必须在其先导技术的基础和带动下才能成功，而这一技术的开发成功反过来又会促进另一高技术的开发。计算机技术的出现推动了微电子技术的迅猛发展，产生了软件工程技术，其应用又促成了数据库技术的诞生，计算机与通信技术的结合又产生了高速网络技术和信息高速公路，形成了当代微电子计算机—信息技术群。同时，计算机技术又依赖于微电子技术，微电子技术又以半导体材料为先导，半导体材料技术又与超纯技术有密切关系。高新技术带动性和渗透性的另一表现是高新技术与传统技术具有很强的融合性，渗透到传统产业和国民经济的各个领域，可以促进传统产业的高级化和国民经济的信息化。

由上述高新技术产业发展的特点所决定，加之高新技术和产品的更新替代速度非常快，如果仅由市场机制完全自主决定，就必然使之投入不足、发展缓慢，从而坐失良机，损害整个国家的长远利益。因此，充分发挥政府的支持作

用促进高新技术产业的发展，也是各国普遍采用的共同做法。西部高新区是承担高新技术产业发展任务的主要区域，在高新技术产业国际分工中要推进高新技术产业链向价值链高端转移，必须加强政府的支持和引导作用。

9.1.4　西部高新区发展的滞后性和路径转换的艰难性

西部高新区从整体上说大大落后于东部高新区，产业化规模还不大、自主创新能力还不强。在西部地区市场机制还不健全的环境下，为促进西部高新区加快发展，为国家和地方经济发展方式转变作出更大贡献，政府应当发挥更大的作用。同时应当看到：西部地区相当一部分高新区过去所走的一条以 GDP 增长、优惠政策、土地开发、招商引资、项目引进为主的路径，要想使地方政府和园区管理会转换发展路径，需要克服相当大的困难，付出更多的努力。但是，理论和实践表明：路径的锁定并不是必然的，现实中存在许多因素可以摆脱路径锁定状态，例如企业的异质性、企业家的创新行为、企业主动的战略、原有技术发展接近极限等，其中外生变量对摆脱路径锁定状态的作用也十分重要。正如诺斯所指出的，一旦路径进入了锁定状态，往往要借助外部效应，引入外生变量或政权的变化，才能实现对既有方向的扭转。[①] 因此，西部高新区要摆脱低水平路径的锁定状态更需借助政府的力量，这是由政府掌握着庞大资源、具有政策和法律制定权和执行权等特点所决定的。例如，针对"技术引进—落后—再引进—再落后"的技术路径，政府可以加大对企业的自主研发支持、鼓励消化吸收再创新、限制简单的技术引进、制定鼓励自主创新的财税政策等，促进企业由单纯"引进"的技术路径向"引进—吸收—模仿创新—自主创新"的技术路径转变；针对西部高新区存在单一 GDP 增长、招商引资、土地开发等，政府可以通过对高新区的体制创新、政绩评价的创新和考核方式的创新来扭转这一现象。

9.2　政府发挥作用存在的主要问题

西部高新区在短短的 20 年时间里取得快速发展的巨大成绩，在很大程度上说与国家、省、区、市政府和高新区管委会发挥的主导作用分不开。在高新区建设和发展的不同时期，均体现了政府的引导、调控、规划、政策支持、创

---

① 卢现祥. 西方新制度经济学 [M]. 北京：中国发展出版社，1996.

新资源供给等方面的作用，然而，由于高新区的建设和发展涉及中央、地方和园区不同的利益主体，各级政府均能对高新区的建设和发展产生一定的作用，但在这种作用发挥的过程中尚存在一些问题。

9.2.1　从国家层面看政府发挥作用存在的主要问题

国家十分重视高新区在推进我国经济发展方式转变、增强国际竞争力中的地位和作用，在高新区发展的每一个关键时期，均及时指明了高新区发展的正确方向和道路，但是，在国家有关部门发挥作用的过程中，也存在如下问题：

9.2.1.1　国家对高新区的宏观指导"虚化"

国家对高新区的宏观指导一般是国务院提出大政方针，其具体指导和管理的任务主要由国家科技部来行使。作为贯彻国家意志、体现国家要求的国家科技部门，在高新区建设和发展的不同时期，均根据形势发展的需要制定了全国高新区建设与发展的指导意见，并制定了国家高新区建设和发展五年规划。应该说，这些指导意见或者战略规划的指导思想和基本思路是非常正确的，站在了全局、长远、战略角度考虑国家高新区的发展，体现了国家对高新区发展的根本要求。但是，国家科技部门对全国高新区建设和发展的指导仍然只是原则性的，至今为止并没有建立一套可实施的保障机制，致使国家科技部门对高新区发展的指导在很大程度上"流于形式"。各个高新区在经济利益冲动和政绩考核的压力驱动下，往往注重短期就能见效的领域，如招商引资、引进大项目等，而对长期才能见效的科技研发、中小企业孵化培育、创新创业环境营造等，则重视不够。

9.2.1.2　国家对高新区的考核监督"软化"

在国家高新区建立之初，国务院就授权了国家科技部门代表国家行使对国家级高新区的指导和管理职能，其中明确指出有权对其中管理不善或进展缓慢的国家高新区，中止其优惠政策的实行，直至取消其国家高新区的资格落实。但是，由于地方利益的影响、考核监督的办法不完善等方面的原因，至今为止没有一家高新区因管理不善、发展不力而被摘掉"国家级高新区"帽子的。虽然国家科技部根据形势的变化多次修改国家高新区评价指标体系，并试图以此为主要依据对国家高新区进行考核。但是，由于各个高新区的实际情况差异很大，用此套考核指标很难得到各个高新区尤其是区位条件不好、发展缓慢的高新区的认同，由此造成国家科技部对高新区的考核很难进行。相反，为减少矛盾，争取更广泛的支持，国家科技部更愿意在国家级高新区的牌子授予上做"加法"，把一些发展得较好、原来主要由地方管理的省级高新区升格为国家级高新区。而如何建立对国家高新区的考核监督体系，至今仍是一个非常薄弱的环节。

9.2.1.3 国家对高新区的政策优惠"淡化"

在高新区建立之初，国家专门出台了《国家高新技术产业开发区若干政策的暂行规定》，该暂行规定明确了高新区高新技术企业从被认定之日起，减按15%的税率征收所得税；新办的高新区高新技术企业，从投产年度起，二年内免征所得税。这项政策是区外高新技术企业享受不到的，对于高新区聚集和培育高新技术企业起到了很大作用。之后，尽管国家科技部门在有关对全国高新区建设和发展的指导意见或者五年规划中，也包括了一些支持高新区科技创新与产业化的政策，但总的说来，国家有关部门专门针对高新区这个特殊区域的政策越来越少。国家最近几年出台的一系列激励自主创新的优惠政策适合于全国各个地方，并不是高新区才专门享有。随着形势的变化，以前只有高新区内相关创新主体才享有的政策，目前已经普适化，高新区内的政策与区外政策的差异实际上已经不复存在。在这种情况下，为促进高新区发展路径的转型，高新区还需不需要与区外保持一定的政策洼地，国家并无明确的态度。政策的不明朗和科技创新的外部溢出效应，就有可能稳含部分高新区向一般工业园区和开发区演变的风险。

9.2.2 从地方层面看政府发挥作用存在的主要问题

在西部高新区过去的发展过程中，地方政府的指导、支持对高新区建设和发展起到了很大的推动作用，但存在如下一些问题：

9.2.2.1 地方政府对高新区的认识存在一定偏差

其认识上的偏差突出表现在：把高新区作为一般的开发区或者工业园区对待，忽视高新区的特殊功能和发展的特殊环境要求；把高新技术产业作为一般的产业来对待，忽视高新技术产业的特殊规律；把高新区作为一般的行政区来对待，忽视高新区的特殊体制机制要求。由于对高新区的认识存在一定的偏差，必然在实际工作中存在着对高新区的指导、管理、支持和考核以及与一般行政区或者开发区雷同的现象。

9.2.2.2 地方政府对高新区的管理体制与管理授权缺乏稳定性

西部高新区大多采取政府派出机构的管理模式，高新区管委会及有关部门的职权主要靠上级政府及有关部门的授权。上级政府及有关部门授权的充分性和稳定性如何，在很大程度上关系着高新区发展的可持续性。由于高新区所在地的地方政府及有关部门领导经常处于变动过程中，加之政府任期的目标责任制，导致每一位新上任者对高新区发展的要求、指导方式和管理方式存在较大差别。在西部对高新区究竟应采用什么样的体制并无统一规定，如果是靠地方政府来确定，就可能造成上级政府及有关部门对高新区的授权经常处于变化不定的摇摆之中，并使高新区的整个管理体制也经常处于改革变动状态。本来改革是为了解放生产力、调动积极性，但如果改革演变成了不问改革成本与收益的"折腾"，就会影响高新区的发展。

9.2.2.3　地方政府对高新区的政策支持存在一定的偏差

西部地方政府为了支持高新区的发展，一般都出台了比国家更为优惠的政策。不少高新区的地方优惠政策程度之高，基本上达到高新区需要什么政策、地方政府就给什么政策的程度，由此造成各个地方之间、各个高新区之间优惠政策大战的现象十分突出。但是，仔细分析这些优惠政策大战，不难发现大多集中在招商引资、引进大项目的政策优惠上，而有关支持自主创新和培育中小型科技企业的政策，大多数高新区仅是落实国家已有的政策，有些还落实不到位。

9.2.2.4　西部地方政府对高新区的考核存在一定的缺陷

目标考核是上级政府对下级政府考核的通常手法，目标任务的完成情况常常作为官员晋升与年终分配的主要标准。由于地方政府具有自身的利益，更加看重地区的 GDP 增长、产业规模、财税增长等，反映在对高新区的要求上，往往把高新区的 GDP 增长、产业规模、财税增长放在了首位，而对高新区自主知识产权、自主创新能力等方面的贡献，自觉不自觉地摆在次要地位。同时，又把高新区作为功能十分齐全、无所不有的一般行政区，把与自主创新和高新技术产业发展关联度不大的指标也纳入考核体系中。在这种情况下，必然导致高新区政府的行为在很大程度上是满足地方政府的考核指标的要求，这就有可能把高新区发展导入过度追求外延式增长的路径和各个方面都要抓的尴尬境地。

9.2.3　从园区层面看政府发挥作用存在的主要问题

西部大多数高新区的管理模式是以上级政府的派出机构——高新区管委会的形式出现的，行使着由上级政府授权的园区开发、建设和管理职能，是高新区建设的直接组织、实施和管理者，一般要接受国家科技部门和地方政府的双重指导和管理。高新区管委会在上级政府的充分授权下，通过努力探索适应市场经济要求和高新技术产业发展规律的统一、精简、高效的体制机制，形成高新区的制度比较优势，大力助推了高新区的建设和发展进程。但是，由于整个宏观体制的不完善，高新区管委会发挥作用的过程中还存在如下问题：

9.2.3.1　园区政府存在一定的土地开发、招商引资、追求 GDP 增长偏好

包括西部高新区在内的国家高新区在"一次创业"阶段的建设是在国家和地方很少有投入、市场经济体制极不完善、尚未建立政府采购政策、也没有形成风险投资机制的情况下开始的。在这些约束条件下，西部多数高新区不得不采取依靠国家和地方的优惠政策，采取"土地开发、负债经营、招商引资、滚动发展"的模式。这种模式首先通过土地开发积累园区建设的资金，主要用于园区的基础设施建设，以初步形成的基础设施和优惠的政策条件进行招商引资，引入比较成熟的企业入驻，从而实现原始的资本积累和产业资源的聚集，以完成高新区"一次创业"阶段要素和产业资源集聚的任务。但是，在西部大多数高新区已经完成要素聚集任务的条件下，由于地方政府对高新区考核机制的不健全和急功近利，加之高新区政府自身的经济利益冲动，不少高新区的政府目前仍存在过度卖地、盲目招商引资、追求单一的 GDP 增长的倾向，影响了高新区可持续发展。

9.2.3.2　园区政府参与"产、学、研"结合的程度不够

科技园区本是"产、学、研"结合的产物，而要真正推进"产、学、研"结合，没有园区政府的参与和提供平台而仅靠企业或者大学和科研单位其结合是很难的，必然带来高昂的交易成本和制度成本。西部高新区管理部门应是"产、学、研"结合的组织者、协调者和参与者。但是至今为止，不少高新区管理部门对于如何加强"产、学、研"结合，促进高校、科研单位的创新资源进入高新区和促进高新区内企业与大学和科研单位的合作，其工作做得很不够、很不深、很不透，造成"产、学、研"合作进行创新的程度不高。至今为止可观察到一种现象：一方面大学和科研单位的科技成果和人才找不到出路，另一方面企业的技术需求又得不到满足的问题仍然突出存在；西部部分高新区仅仅是工业项目的聚集区而不是"产、学、研"有效结合的平台区和对接区。

9.2.3.3　园区政府对科技创新和中小企业的扶持不够，扶持方式存在缺陷

由于西部高新区政府普遍存在着大企业、大项目见效快，而孵化培育科技型中小企业见效慢的认识倾向，反映在高新区的政策上就是许多高新区的政策具有明显的"嫌贫爱富"而不是"雪中送炭"。一般对大项目、大企业给予了比较优厚的政策待遇，而对科技创新和中小型企业孵化培育关注很不够，造成越是在风险大、处于产业化初期、最需要扶持的初创科技型企业，越得不到政府扶持的现象。目前，西部高新区的资金投入和政策扶持主要集中在成长快、

风险小、效益高的企业上，而对于目前还看不到前景、但可能有很好潜力的科技型中小企业，往往是政策的空白地带。同时，西部高新区管理部门对企业的扶持方式比较简单化，往往通过税收返还、财政投入、科技人员奖励、各种补贴等形式，缺乏针对性和企业的实际需要。

9.2.3.4 园区治理吸收社会力量很不够

西部高新区的治理基本上是由高新区政府说了算，没有形成"产、学、研"和政策专家、行业协会、利益相关者、社区等多方联合参与机制，造成高新区政府的决策、管理和政策措施有时脱离企业的实际需要、各方的信息很不畅通、创新创业文化很难形成等突出问题。

9.3 在高新区创新发展中发挥政府作用的原则与功能定位

9.3.1 政府发挥作用的原则

正如市场配置创新资源存在市场失灵一样，政府的作用也不是十全十美的，如果发挥不当，非常容易产生浪费和无效率。从某种意义上讲，政府是一种自然垄断性组织。根据有关研究，垄断条件下的任何组织都有可能丧失追求成本最小化与效益最大化的能力，从而导致"X 非效率"的发生，这是在竞争条件下受"庇护"的垄断者的基本行为特征之一。政府失灵的存在，说明了政府在发挥支持自主创新中的作用其行为方式要得当。为使政府在促进西部高新区提高自主创新能力促进高新技术产业发展中发挥更好的作用，应坚持如下基本原则：

9.3.1.1 国家战略导向的原则

新时期国家高新区作为我国提高自主创新能力、建设创新型国家的重要组成部分，其未来建设和发展必须服从和服务于国家战略。如果国家高新区未来的建设和发展偏离了国家战略方向，即使高新区的建设速度再快，也从根本上失去了存在的价值和战略意义。政府对国家高新区建设和发展的宏观调控和指导，必须把着力点放在符合国家战略方向上来，并以此作为国家高新区建设和发展绩效的根本标准。对西部高新区也应贯彻这一原则。

政府尤其是中央政府应利用自身掌握的资源和规制的制定实施权力，通过加大对各个高新区科技企业孵化器、公共技术平台、创新服务体系、科技投融资平台等建设的支持力度，促进高新区由招商引资、优惠政策向优化创新创业环境转变；通过鼓励各个高新区加大研发投入、引进高端人才、实施自主知识产权战略、发展新型"产、学、研"联盟、培育创新集群、建设创新基地、发展创新网络等，促进高新区由单一的 GDP 产出向创新产出、自主知识产权产出转变；通过加大对生产要素尤其是土地资源的调控，综合利用经济手段、法律手段和必要的行政手段，有效遏制有些高新区盲目圈地和外延式扩张，促进高新区走向创新驱动型的内生式发展道路。简言之，通过各级政府尤其是中央政府的强力干预和政策支持，促进各个高新区沿着国家战略导向的方向发展。

9.3.1.2 弥补市场失灵原则

由于创新风险的巨大性和创新效益的外部性存在，使得创新有时会出现市场失灵。面对市场失灵，就需要政府从整体利益和长远利益出发、通过各种政策手段来填补市场失灵。这就要求政府要学习市场经济国家对于创新的投入方式及其制度、组织设计，洞察创新过程中的市场失灵环节，与市场形成有效的联合，解决创新中的难题。比如在中小企业创业过程中的"死亡谷"阶段，以及全球价值链上的集群低端锁定（Lock－in）环节，都无法以市场力量自然解决，需要政府进行有效干预。但是，在市场机制能够优化资源配置的创新领域，政府就不要过度介入，不应替代甚至障碍市场机制发挥作用，原则上应以市场失灵为准则。在不同的创新环节，创新的外部性和市场失灵的程度是不同的。对于基础领域、公共技术领域的创新，创新的公共性和外部性强，这时市场失灵的程度比较高，因而需要政府直接的投入和强力干预。然而，对于可以直接产生经济效益的应用型新技术、新工艺开发，由于公共性和外部性大大减弱，更多应发挥市场机制和企业主体的作用。

应当引起注意的是：政府发挥作用的目的不是取代市场，而是促进市场功能的发育。在市场机制不完善而难以有效配置创新资源的情况下，必须明确政府干预的基本目标是促进市场机制的完善而不是扼杀市场机制，如果政府发挥作用时严重干扰了市场机制的发育，就说明存在着政府干预不当的情况。

9.3.1.3 尊重创新主体的产权和创新活动选择原则

企业是高新区提高自主创新能力的微观主体，企业家是创新的决策主体、投资主体，又是利益主体和风险承担主体。在目前高新区企业自主创新动力还不足的情况下，政府可以利用自身特有的创新动员能力、创新资源的配置能力以及创新政策的供给能力驱动企业的创新活动。但是，应避免政府尤其是地方政府和园区管委会为了追求创新的短期政绩，直接干预企业创新活动的决策权，影响企业创新活动的独立性，从而造成创新方向决策上的失误。从实际效果来看，不尊重企业的意愿，由政府行为撮合而成的"产、学、研"联盟、企业集团等组织形式，是很难发挥应有的创新资源整合、创新效率提高的效果的。组织内部也并没有实现对交易费用的节约，组织费用反而非常高。因此，地方政府和园区管委会介入自主创新活动应主要在宏观方向的把握和创造公平的创新环境上，而不应以影响微观创新主体的日常创新决策为基本准则，以真正保障企业的创新决策权。

9.3.1.4 针对性原则

政府尤其是国家有关部门在对高新区建设和发展进行宏观调控和政策支持的过程中，最容易产生的行为偏好就是"一刀切"而可能对各个高新区建设和发展的差异性重视不够。虽然"一刀切"的规制和政策比较简单，有利于规避各个高新区"以情况特殊"为由违背国家意志、偏离国家目标，但是也容易造成规制和政策的不合理、实施的可行性不高等情况。我国各个高新区处于不同的发展阶段，有些高新区已经处于创新突破并向世界一流园区发展的阶段，如北京中关村、上海张江、深圳、西安、武汉、成都高新区等，但是有些高新区还处于要素聚集和产业主导阶段，尤其是西部的一些高新区。同时，东部、中部、西部高新区的情况差别也比较大。在这种情况下，国家应对不同的高新区提出不同的要求，相应配置差异性、针对性的政策作支撑。

从创新性企业对创新政策的需求来看，大、中、小型企业对政府的创新政策的需求是很不一样的。对于大型企业来说，基本上不缺开发新技术、新产品的资金，如果用仅有的政府少量资金支持大型企业自主创新，可能起到的效果甚微，但利用鼓励自主创新的税收优惠政策、加速折旧政策等，就将对大型企业的自主创新起到更大的作用。而对科技型中小企业来说，政府投入一笔创新引导资金并帮助解决它们的融资问题，可能起的作用会更大。因此，政府在支持企业创新活动的过程中也应注意不同创新主体的政策需求，重视其针对性。

9.3.1.5 多方参与原则

过去西部高新区的建设主要是靠政府力量的推动，社会力量的介入程度很不高。西部高新区管委会在促进"二次创业"中作为区域管理者要更有效发挥作用，必须具有多重角色和形成"产、学、研"、行业协会、社区、利益相关者等多方参与机制，积极培育区域领导型企业家、组织边界跨越者、创新资源整合者、区域联合治理者，才能使创新型园区建设取得突出成效。

9.3.2 政府发挥作用的功能定位

政府在高新区建设和发展的不同阶段，其功能定位是不同的。面对西部高新区在发展新阶段推进以提高自主创新能力、建设创新型园区和特色产业园区的任务，政府应当适当调整对高新区发挥作用的功能。我们认为，政府在高新区"二次创业"中的功能定位是创新发展的指导者、创新政策的制定者、创新资源的配置者、创新平台的建设者、创新投资的引导者、创新活动的服务者、创新过程的参与者（见图9-1）。

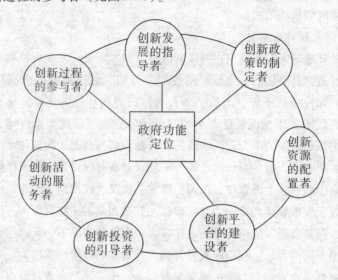

图9-1　政府发挥作用的功能定位

9.3.2.1　创新发展的指导者

对高新区建设与发展进行宏观指导是政府的一项重要职能。在西部高新区过去发展的过程中正因为具有各级政府的宏观指导，加快了西部高新区的建设速度，使西部高新区在短短20年内成为西部高新技术产业发展的主要区域和经济的新增长点。西部高新区在"二次创业"过程中完成国家战略目标和地方目标的状况如何，在很大程度上也取决于政府对高新区宏观指导的科学性、权威性、可实施性。在我国市场经济体制日益完善、高新技术产业发展日益融入世界产业体系的背景下，站在国家和地方更长远发展的角度，如何采用更为有效的手段指导高新区的发展是政府必须要考虑的问题。

对高新区的宏观指导手段包括经济手段、法律手段和必要的行政手段。在经济手段中，包括财政手段、金融手段、税收手段、规划手段等，其中制定高新区发展战略规划是对高新区进行宏观指导的重要方式。政府在设计高新区的战略规划时，应在对西部高新区发展现状、经验及存在的问题进行充分评估的基础上，认真分析国内外形势和高新区未来发展的趋势，科学确定高新区未来发展的指导思想、目标和主要任务，明确创新发展的战略重点、实施步骤以及体制机制保障措施。在法律手段中，应注重高新区立法，把高新区的建设和发展纳入规范化、法制化轨道。在行政手段中，应主要建立高新区的激励和约束机制，完善对高新区的考核，加强对高新区的监督管理，促进高新区的良性发展。

9.3.2.2 创新政策的制定者

制定和实施政策是政府的一项重要权利和职能。政策制定的指导思想和完成的目标不同，其政策的重点、主要内容和实施手段就不同。在高新区"一次创业"过程中，无论是国家和地方政府，均制定了支持高新区发展的一系列政策。例如对高新区高新技术企业的税收政策、促进高新技术商品化与产业化的政策、生产要素供给政策、推进高新区建设的优惠政策等，这对高新区完成"一次创业"阶段的要素聚集和产业发展任务起到了重要作用。但是，面对西部高新区"二次创业"阶段提高自主创新能力促进高新技术产业更好发展的任务，政府政策支持的方向和重点也必须发生相应转变，应主要围绕如何形成有利于自主创新的环境和促进高新技术产业发展壮大而完善一系列政策，通过政策导向的转变，引导西部各个高新区发展路径向有利于国家战略目标和地方发展方向迈进。

9.3.2.3 创新资源的配置者

政府掌握着大量的创新资源，对创新资源如何配置，直接影响着创新的投入产出效率。由于创新资源具有聚集的外部效应，政府如果采取对创新资源进行分散配置的方式，那么可能造成创新活动的实际产出效率不高。目前，西部大多数高新区虽然已经初步形成了创新资源的聚集态势，但其聚集效应还不充分，如仅依靠市场力量配置创新资源将会延缓创新聚集效应发挥作用的过程。政府利用掌握的创新资源，通过实施重大科技创新与产业化计划等，有意识地把创新项目、创新资金、创新人才向高新区配置，这样将会产生很大的引导和示范效应。另外，政府可以利用自身的信息、组织、管理优势和信誉优势，把分散在各处的资金、技术、人才、信息等创新要素进行有机整合形成合力，从而产生创新集群效应。

9.3.2.4 创新平台的建设者

为科技创新创业提供创新平台是优化创新创业环境、促进创新活动的重要措施。由于创新平台的建设具有一定的公共性和外部性，需要政府在一定程度上支持和供给。西部高新区在过去的建设和发展中，由于受发展阶段的制约，政府部门把主要的精力放在招商引资和重大项目的引进上，从而形成了高新区较大的经济产出能力。今后政府应把更多的精力放在科技企业孵化平台、公共技术平台、投融资平台、技术转移平台、信息服务平台、政策服务平台、管理服务平台等方面的建设上，切实为科技企业提供从创业、孵化、成长到成熟的全过程服务，促进科技企业内生式成长。

9.3.2.5 创新投资的引导者

政府的投资引导反映着政府的战略意图，是政府支持产业和企业发展的重要方式。对于高新技术产业和新兴战略性产业，采用政府投资引导是各个国家发挥政府作用的普遍做法。通过政府的投资可以有效撬动广泛的社会资本，产生政府投资的"乘数效应"。在西部高新区提高自主创新能力促进高新技术产业发展中，政府投资包括建立政府性的风险投资引导基金、银行贷款风险保证基金、科技型中小企业技术创新基金、新技术新产品开发基金、"产、学、研"合作基金、重大技术创新基金等。

9.3.2.6 创新活动的服务者

科技企业在创新活动中需要许多创新服务，包括技术服务、融资服务、人才服务、信息服务、产品市场服务、创业指导服务、政策服务等。在市场机制不断完善、产业和创新分工不断细化的条件下，创新和产业发展活动的许多服务环节可以而且也应当通过完善科技中介服务组织的服务功能来提供。但是，由于政府具有良好的信誉并掌握着信息优势，为科技型企业和科技人员提供包括融资服务、技术转移服务、知识产权服务、人才服务、信息咨询服务、创业导师服务、政策服务等在内的创新服务，就可以促进企业创新环境的改善和创新效率的提高。尤其在目前社会化、专业化的中介服务体系还不完善的情况下，政府为企业提供各种创新服务，对于激发科技型企业和科技人员创新创业将起到十分重要的作用。

9.3.2.7 创新过程的参与者

当今科技发展中的重大技术创新，很难由一个企业独立完成，具有非线性和多元主体特征，不仅需要众多企业的参与，而且需要"产、学、研"结合，更要有政府发挥组织协调、规划引导、资源配置等作用。高新区作为"产、学、研"结合的载体，只有把政府的力量与"产、学、研"的力量结合起来，才能更有效促进创新资源的聚集和整合，形成创新的强大动力。政府尤其是地方政府和园区管理部门作为创新活动的参与者，应采取多种方式参与其创新过程，包括：瞄准具有潜在优势的重大科技创新及产业化项目，以企业为主体，组织"官、产、学、研"联合攻关，以促进关键技术和共性技术的重大突破；组织企业、高校、科技机构进行技术和人才对接，促进高校和科研单位的技术和人才向企业转移；组织"产、学、研"各方围绕重大产品技术开发形成产业技术联盟；组织科技型企业与金融机构、战略投资者、风险投资者的对接，促进企业的创新技术与资本的结合。

9.4 促进西部高新区自主创新与发展的制度创新

西部高新区提高自主创新能力促进高新技术产业发展，仅依靠技术本身演进的推动力是不行的，必须实现技术创新与制度创新的相互整合。现代关于技术和制度变迁、技术进步与制度安排之间关系的理论，否认了对生产力决定生产关系的机械式理解，而是相互促进、有机统一的整体。由于高新区是以发展高技术产业为主体的特殊区域，与一般区域比较而言，其制度创新的内容和要求有很大的区别。高新区制度创新活动应当符合高技术产业发展规律，遵循收益大于成本的原则，以提高高新区区域自主创新能力，形成具有竞争力的高新技术产业为主要目的。构建高新区制度创新能力应该是一种最大限度地促进自主知识产权创造并实现产业化的制度构建能力和有效制度体系在园区范围内的实施能力。制度创新理论指出，在制度创新的主体中，有政府、团体、个人三个层次，由于政府推进制度创新具有强制优势、组织优势和效率优势，并且通常是交易成本最低的创新方式。因此，政府在推进制度创新中处于核心层次，是制度的最大供给者。针对西部高新区提高自主创新能力促进高新技术产业发展的基本要求，政府推进高新区的制度创新主要包含以下方面：

9.4.1 改善宏观指导与管理制度

加强对高新区的宏观指导，是高新区不同于一般的经济技术开发区和工业园区本质特征的重要表现，是把高新区引导到反映国家意志、体现国家战略的重要方式。针对以前国家有关部门对高新区宏观指导不力、管理机制不健全、考核机制不合理等突出问题，加强和改善对包括西部高新区在内的国家高新区的宏观指导与管理主要包括以下方面：

9.4.1.1 强化高新区发展规划的指导性、针对性、可实施性和权威性

在国家层面上，应制定专门的国家高新区"十二五"规划，并把国家高新区"十二五"规划纳入国家的有关规划中，同时应要求制定各地高新区"十二五"规划，并要求地方政府在制定"十二五"规划时，把高新区纳入当地的国民经济和社会发展规划、土地利用总体规划、城市总体规划、城市环境

规划等有关规划之中。国家高新区的"十二五"规划的指导思想应强调高新区自主创新能力的提升、高新区创新体系的构建、高新区内生式发展和高新区土地的节约集约用地。高新区新增的土地面积应主要用于高新技术项目用地及建设研发机构、科技企业孵化器、科技企业加速器和相关科技中介服务机构及配套设施。针对以前国家高新区的规划落实不够、针对性不够、随意改动的状况，应强化规划的严肃性、权威性、针对性和规划变动的程序公开性，确保规划落在高新区创新与发展的实际行为上。在"十二五"期间，为了体现对国家高新区区别对待的特点和对西部的支持，让部分先进高新区率先在提高自主创新能力方面起到带头示范作用，可把西安、成都高新区列为国家自主创新示范区，在股权激励、科技金融改革、新型产业组织和民营科技企业参与国家科技重大专项、政府采购等方面制定专门的支持政策。

9.4.1.2 国家科技部建立的以自主创新为核心的考核评价指标体系应考虑西部高新区的实际情况

建立科学的、可操作的以自主创新为核心的考核评价指标体系并切实执行，对于转变高新区的发展模式非常重要。国家科技部已在 2008 年颁发了最新的国家高新区评价指标体系，同时，国家科技部还颁发了创建创新型园区的评价指标体系，主要对国家高新区的知识创造和孕育创新能力、产业化和规模经济能力、国际化和参与全球竞争能力、可持续发展能力等进行考核评价，这是非常必要的。但问题是考核指标体系的可操作性不强、没有考虑各个高新区的适度差异性，更重要的是，应用这些指标体系对高新区进行考核还比较"软化"，认真落实还不够，并缺乏一套用考核的结果对高新区进行激励和约束的机制，从而使每年的考核在很大程度上流于形式，这对高新区发展的指导意义十分有限。

今后应按照增强自主创新能力、优化创新创业环境、集聚高新技术产业、集约利用各种资源、完善配套功能的原则，增强针对性，进一步修订国家高新区评价指标体系。在此基础上，硬化对各个高新区的评估和考核，根据评估考核结果和不同区域发展的实际，调整布局，加强分类指导。对于少数管理不善、提高自主创新能力和发展高新技术产业成效不大的西部高新区要给予警告，同时应积极帮助它们解决存在的问题。

9.4.1.3 在省级高新区升级中应高度关注西部地区

我国自 20 世纪 90 年代初批准 52 个国家级高新区以来，仅在 1997 年批准一个国家级高新区和升级三个省级高新区。目前，我国 56 个国家级高新区的数量基本符合我国发展的需要，但在 2010 年、2011 年升级了 32 家省级高新区为国家高新区。我们认为，关键要由静态管理变为动态管理，建立竞争淘汰机制，让发展水平好的省级高新区进入国家级高新区的队伍，即实行"总量适度控制、定期考核、动态管理、末位淘汰"的管理制度。在此前提下，应积极支持西部地区发展得好的省级高新区升级为国家级高新区。因为"国家级"高新区牌子已成为一种具有很大价值的无形资产，对高新区所在地的地方政府和高新区的管理者将形成强大的激励作用，也对推动西部地区高新技术产业发展起到很大的示范作用。当然也应当正视现实，对目前西部个别高新区环境条件差，长期以来发展滞后，基本没有高新技术内涵的所谓国家级高新区，可以采取退回到省级高新区或者改为经济技术开发区的方式。

9.4.1.4 构建国家与地方政府协同互动机制

国家高新区作为一个国家政策工具，需要通过地方政府的推动和国家利益的贯彻两方面来共同落实，这也是高新区与经济技术开发区、工业园区的本质不同。但是，在对待国家高新区发展问题上，客观地说，国家与地方政府是有目标差异的。国家站在宏观、战略的高度来确定高新区的功能目标，而地方政府更多的是站在地方政府实际需要的角度来帮助本地高新区的发展。如何使高新区发展的国家目标与地方政府目标做到有机协同，就关系到高新区在我国未来经济发展格局中所发挥作用的重要问题。建立国家与西部地方政府在高新区发展问题上的协同机制，对于保证国家高新区健康、可持续发展至关重要，主要表现在以下几方面：

（1）建立国家有关部门与西部地方政府的协调沟通机制。每隔一定时期（例如一年），可由国家科技部召集，西部地方政府和园区主要领导参与，研讨国家高新区创新与发展中的重大问题，交流做法，沟通信息，研讨新情况，解决新问题，取得共识。

（2）国家有关部门在制定高新区的发展战略时，应充分倾听包括西部地方政府和西部各个高新区的意见，尊重各个高新区的实际情况和发展差异，采取分类指导、逐步推进的方针。实际上，目前国家有关部门已对高新区的指导分为三类：一类是建设世界一流园区的试点园区，包括北京中关村、上海张江、深圳、武汉、西安、成都六个园区。二类是创新型园区建设，即将部分中心城市的国家高新区建设成为自主创新能力和产业竞争能力较强的创新型园区。三类是特色园区。这是一个很好的做法，但是，要防止有些高新区以"特色"、"差异性"为名，忽视高新区为国家自主创新能力作贡献的建设目标，将其搞成仅仅是一个产业基地。

（3）西部地方政府应认清国家高新区发展的国家使命，对高新区发展采取科学的指导方式和政策。面对地方政府目标与国家目标的差异，西部地方政府应在满足国家目标的前提下来实现自身的目标。在对高新区的指导和考核上，应与一般的经济技术开发区和工业园区有所区别，把对高新区的科技创新能力、知识产权产出、创新创业环境营造作为考核的主要内容。

9.4.1.4　找准国家与地方协同的对接点

可以通过创新政策的对接、科技计划项目的对接、创新资金的对接、科技平台建设的对接、创新体系建设的对接、考核机制的对接等方式，形成国家与地方联合支持高新区创建创新型园区的格局。

9.4.2　推进高新区立法

目前，包括西部高新区在内的我国大部分高新区实行的是派出机构管理模式，由于不是一级行政区政府，其经济管理职能主要依靠上级政府和有关部门授权，必然造成授权不充分、不稳定、不能得到保护的问题。另一方面，由于没有行政执法权，随着高新区规模的扩大，社会事务的不断增多，面临的大量行政执法问题无法解决。于是有行政执法权的有关部门就在某种程度上不得不向高新区延伸，不仅造成高新区机构不断膨胀，而且高新区与进驻行政机构之间的矛盾也日益增多。

在实践中，西部有些地方所选择的高新区与行政区的"合一"模式，虽然解决了行政执法和与所在行政区发生摩擦的问题，但又在很大程度上可能向传统行政区回归，高新技术创新与产业化所要求的特殊创业创新环境难以保证。在西部高新区发展到目前的阶段，已经把高新区的立法问题摆在了政府的面前。实际上，全国有的地方为了解决高新区的法律问题已经开展了地方立法工作，出台了地方高新区条例，为西部高新区立法提供了很好的借鉴。例如北京、上海、深圳、天津、武汉、河北等许多地方也结合自身实际开展了高新区的立法工作，对于形成有利于创新创业的环境，加快高新区的发展起到了重要作用。因此，西部高新区应加强高新区立法工作，以更好地指导高新区的发展。

从国家层面上说，目前国家统一的高新区法规尚未形成，需要国家在高新区发展新阶段尽快出台国家高新区的法规。国家高新区立法的目的，就是要在法律上明确国家高新区应承担的功能和历史使命，明确国家高新区在我国提高自主创新能力建设创新型国家中、发展新兴战略性产业中的地位，通过调整政企关系，突出市场主体的地位，约束和规范政府行为，从制度上建立企业、大学、研发机构、中介机构与政府的平等关系，不断降低制度成本，在园区内率先建立完善的市场经济机制；强化政府的创业服务职能，建立完善的创业创新支持服务体系，形成一种促进和加快市场主体的健康发展机制，把国家高新区建设成为区域创新系统的核心区域。

9.4.3 构建区域联合治理模式

1997 年，加州大学的弗里曼（Freeman）教授提出了联合治理模型（Collaborative Governance Model），以这一理论为基础形成了一种新的区域发展战略选择，即区域联合治理战略（Reational Collaborative Governance & Stewardship），被广泛运用到区域环境可持续发展、以高新技术为基础的新经济发展（比如，硅谷的风险资本联合网络）、社区民主管理以及区域间的联合发展等领域。

经济全球化和信息网络化带来了区域融合发展的机遇和经济结构快速变化的挑战，区域联合治理能为区域经济的发展建立起弹性的反应机制和内生的创新经济活力；面对日益严峻和复杂化的经济、环境和社会问题，区域联合治理能够形成多方联合的协同发展机制。与传统的发展模式不同，区域联合治理强调了对区域发展的整体视角和长期的发展目标、多个区域和多个组织、多元化的联合网络等，从而在不断的交互运动中发现区域发展的新机遇。

西部高新区在"二次创业"过程中必须改变由单一的高新区管委会主导的模式，建立联合治理与发展的制度。就是通过广泛参与、组织间的协作以及统一协调领导实现区域内多维战略网络的构建，从而能够在更广泛的空间范围内交换信息和资源，促进区域内知识的动态创造。并通过有组织的网络实现知识的有效整合和综合利用，形成不断扩大的知识创新循环。

在联合治理框架下，高新区管理者应当具有多重角色，并要特别重视培育领导型企业家、组织整合者、边界跨越者、联合建设者，并让他们参与高新区的建设、管理和治理过程。领导型企业家具有企业家创新精神和社区创导精神，是高新区变革的"催化剂"，能够发现新的机会、不断为高新区发展创造新的活力因子。组织整合者具有整体性的视角，能够发现区域内连接与合作的需要，帮助不同的利益者实现有效的沟通，为高新区发展树立共同的目标和愿景以及提供整体性的规划方案。边界跨越者能够超越传统的治理边界限制，为高新区发展提供跨区域、跨组织以及跨其他边界的解决方案。他们可能是在不同行政区域、不同组织以及不同网络之间工作的机构或者专业联盟。联合建设者能够构建起联合共建的机制，联合高新区内的领导者、利益相关集团、政策专家以及社区居民各方力量共同推进高新区变革，实现共同的高新区区域发展目标。

建立区域联合治理模式，需要强化高新区创新资源嵌入区域创新系统，在对区域创新资源进行聚集的同时，增强对区域经济创新发展的贡献。应支持和鼓励园区创新资源与区域创新网络实现有机衔接，建立与区域其他经济体的联系、沟通和交流，促进形成创新资源的共享机制；围绕区域的发展，有意识地引导园区创新资源向区域产业集群的辐射，形成对区域产业发展的导向能力和对区域传统产业的改造能力，促进园区和区域经济的协调发展，增强园区创新经济的活力。

9.4.4 创建"官、产、学"三重螺旋机制

由企业的自身积累和创新到"产、学、研"互动创新，已经成为技术创新的普遍趋势。多年来推行"产、学、研"持续有效结合一直是各方探索的重要创新模式，虽然取得了一些成效，但仍然存在一些问题，其中的重要原因是在"产、学、研"结合中政府的定位不清楚。要么排除政府的作用，认为"产、学、研"合作是产业界、大学和科研单位各方自身的事，政府不要干预；要么把政府放在了"产、学、研"各方之上，仅充当领导者和管理者的角色，从而在"产、学、研"合作中进行不恰当的行政干预。三重螺旋（Triple Helix）模型为建立新型"官、产、学、研"关系提供了一种新的视角。

三重螺旋（Triple Helix）模型理论是 20 世纪 90 年代中期兴起于西方学术界的又一创新理论流派。该理论是由美国纽约州立大学普切斯（Purchase）分校社会科学部科学政策研究所研究员亨利·埃茨科维兹（Henry Etzkowitz）、荷兰阿姆斯特丹大学科学和技术动力学系研究人员劳伊特·雷德斯多夫（Loet Leydesdorff）提出来的。该理论通过引入生物学中的三重螺旋概念，着重探讨了政府、以大学（科研单位）为代表的学术界、产业部门等创新主体，借助市场需求纽带，围绕知识生产与转化这个主题，相互连接在一起，形成三种力量相互影响、相互连接又螺旋上升的三重螺旋关系。这三个机构每一方都表现出另外两个的一些能力，同时每一方都保持自己的独立身份。由于三重螺旋模型超越了以往的政府—产业、政府—大学、大学—产业的双螺旋关系模式，克服了以往的"产、学"、"产、学、研"合作模式忽略国家和政府层面考虑的不足，因此自提出以来一直就为学术界和政府所重视。

三重螺旋模型由以下三个部分组成：大学和科研单位等其他一些知识生产机构；产业部门，包括高科技启动公司、大型企业集团和跨国公司；政府部门，包括地方性的、区域性的、国家层面的以及跨国层面等不同层次。这三个系统在履行传统的知识创造、财富生产和政策协调职能外，各部门之间的互动

还衍生出一系列新的职能，最终孕育了以知识为基础的创新型社会。就创新主体而言，三重螺旋模型并不特别强调学术界、产业界和政府谁是主体，学术界、产业界、政府都可以是创新的组织者、主体和参与者。无论以哪一方为主，最终都是要形成动态的三重螺旋，释放整个社会的创新活力。三重螺旋所强调的沟通和期望的网络重叠，以及这些沟通和期望反过来在重塑大学、产业和政府关系上的反作用。

围绕知识的生产和转化这一主题，大学、产业和政府三重螺旋关系的形成要经历四个环节，这四个环节不断地循环，确保了三重螺旋的良性发展和创新动力的持续产生。第一个环节是每条螺旋内部的进化，即发生在每条螺旋线上的角色转换。例如，研究型大学在传统的教学与科研之外增加了第三个职能，即承担起了知识应用的重任；企业除了传统的生产外还开展研发与教育培训活动；政府除了制定规制外还介入风险投资、参与创新活动等。第二个环节是指各螺旋间的相互影响。三条螺旋的相互影响并没有先后次序，而是三位一体的螺旋状发展。政府、大学和企业的相互影响首先体现在三者对自身观念和对他人态度的转变上，由此引发功能结构变化，导致该系统内创新机构和三边网络的产生，到最后大学、政府和产业部门互为角色，即大学借由孵化器成为一种企业，企业则通过企业性大学成为教育者，而政府则通过小商业创新研究（SBIR）和其他项目成为风险投资商。但是，在这种转换过程中，大学、产业、政府的关系是平等的，在制度领域内进行角色互换。第三个环节是通过三条螺旋的相互作用产生新的重叠的组织机构和网络，以此刺激组织的创造性和区域的内聚性。由于制度变革总是落后于现实发展，现有的制度安排不能为三条螺旋的自身进化和协同进化提供活动空间。因此，需要一个更专门的组织综合三方面的需求、利益和目标进行跨领域的沟通和联系。第四个环节是存在于学术界、产业界和政府之间的递归影响，既作用于各自的螺旋体系，也作用于更广泛的社会。知识的商品化不但改变了大学教授对他们研究成果的认识，同时也改变了大学与企业和政府的关系。

三重螺旋提供给每个参与者多种选择手段。每一方面的参与者都是自适应的，每条螺旋内的创新都产生于整个大螺旋体系内，因而会第一时间与其他螺旋产生联系并被选择利用。螺旋产生的经济效益和社会效益也会很快被子系统吸收。三重螺旋用这种动力维持内部功能、结构的进化，很快就能再次形成选择性的特定组合，进而再次吸收能量，整个模型因此获得不断创新的动力。在三重螺旋模型中，大学、产业部门、政府不仅两两互动，而且还有三方面的重叠，孕育出三边网络和混合组织。他们除履行自己的传统职能外，还承担了一些新的职能。比如说，大学除了传统的人力资源培训和开展基础研究外，还可以扮演企业的角色，利用自己的研发成果组建新公司；政府也可以通过资助项目和改善经营环境来支持企业的发展；在一定条件下，企业也可以扮演大学的角色，常常开展具有和大学一样高水平的培训和研究。一些中层的代理机构和小型企业则更是后现代研究系统（The Post - modern Research System）的典型代表。[①] 三重螺旋正是当前很多国家和区域正努力达成的目标。在这样一个跨越了边界的互动模式中，大学、产业、政府三方的互动共同营造出了一个有利于知识生产与转化的创新环境，均积极主动地投入到以知识为基础的经济发展中。

基于三重螺旋理论模型，西部高新区构建"官、产、学（研）"的三重螺旋新型创新互动关系，首先，要对"官、产、学"的职能进行重新定位。即大学不仅仅是教学和科研，而且还可以技术转移、衍生企业等第三方职能；企业不仅仅是生产产品，而且还可以也应当具有研发、人员培训等职能；政府不仅仅是规制与政策的制定者，还应当具备创新参与者的角色。其次，应利用"官、产、学"三重螺旋的相互影响、相互作用机制，以高新区为载体大力培育和催生产生新的重叠的组织机构和网络，例如"产、学、研"合作网络、产业技术创新战略联盟、中介服务网络、边界跨越者、组织整合者、联合建设者等。最后，政府应以重大科技项目的实施，例如中长期科技规划项目、科技攻关项目、新产品试制项目、技术改造项目、火炬计划、科技推广计划等一系列重大项目，通过以"产、学、研"联合参与为必要条件，促进"官、产、学"三重螺旋的形成。

9.4.5　建设虚拟高新区

高新区往往带给人们的是建筑物、道路、绿化、产业载体、孵化器、厂房等地理空间感受。但是，高新区不仅仅是一个物理空间地理系统，而且是一个创新网络生态系统。在高新区有形的地理空间背后，是无形的、无数的、纵横交错的创新网络连接。然而，目前西部高新区内外部创新信息网络连接的程度很低，严重影响了创新资源的利用和有机整合。以实体高新区为基础，利用全球化的信息网络，建设虚拟高新区，应当是西部高新区创新环境建设方式的重要创新。

---

① Rip, Arie, and Barend Van der Meulen. The Post - modern Research System [J]. Science and Public Policy, Vol. 23, No. 6, (1996): 343 -352.

虚拟高新区是以汇聚最新网络科技成果，以三维立体多媒体互动方式，把高新区内多种信息流、工作流、园区各企业发展要素和管理要素融合而成的虚拟现实应用系统。以虚拟高新区的创新理念和创新应用，连接国内和世界各科技园区、大学、科研单位节点，形成资源共享、优势互补及产业联合，逐步成为全球创新网络的节点和亮点。虚拟高新区将真实现实与虚拟现实进行互补融合，融合数字城市、动漫及网游等网络多媒体元素，使其具有丰富多彩的表现形式和方便趣味的操作方式。

虚拟高新区可分为虚拟政府、虚拟孵化园、虚拟大学园、虚拟研究院、虚拟人才市场、虚拟金融街和虚拟园区企业等功能模块，其作用是既满足高新区企业生长的生态环境，又能发挥高新区的管理指导作用，同时为企业提供更好的展示环境和商业机会，使虚拟高新区真正成为区域创新的中央驱动器（CPU）。虚拟政府对应现实空间的管委会管理体系，行使网上管理和服务职能，分为电子政务、政策法规、投资指南、服务体系等功能模块。虚拟研究院对应入园各科研机构，分为院士专家、重点攻关、科技成果等功能模块，为虚拟园区提供高端智力资源和技术攻关。虚拟大学园对应各类大学，分为高层次人才培养平台、重点工程中心平台、博士后工作站平台、科技成果转化平台等功能模块。虚拟国际科学园对应国际高科技园区，分为学术交流、企业互动、技术转移、优势互补、产业联合等功能模块。虚拟人才市场对应现实中的人才交流中心，分为分类人才库、定位查寻、需求发布和岗位培训等功能模块。虚拟金融中心对应现实中的银行、证券、投融资机构，分为虚拟银行、虚拟证券、商业计划评估、风险投资和上市辅导等功能模块。虚拟实验室对应现实中的各公共技术支撑平台，分为应用平台、共性探求、协同开发等功能模块。虚拟检测中心对应现实中的各质量评定及认证体系，分为标准认证、质量认证、评估认证、测试认证等功能模块。园区虚拟企业可分为创业企业、成长企业、上市企业、企业展示、跟踪指导、企业论坛等功能模块。

总之，通过虚拟高新区的建设，促进园区创新主体的信息交流、创新合作、技术转移、资源整合等，将大大节约企业及相关主体的信息成本、搜寻成本、交易成本，从而营造更适宜创新创业的软环境。

9.4.6　建立创新驿站

着眼于科技全球化趋势，西部高新区应当成为全球创新网络的节点和大规模创新协作的平台，运用先进信息技术，建设一个无边界国际化的创新社区，实现西部高新区在全球范围内的创新资源整合，形成区域间联合创新与超越空间的创新组织，而建立创新驿站对于更好地促进大规模创新协作与创新资源的整合、促进技术转移、推动西部高新区创新系统的国际化起着十分重要的作用。

创新驿站（Innovation Relay Centre，IRC）最早发源于欧盟，它是欧盟支持技术创新和鼓励中小企业进行跨国技术合作的网络组织。1995 年由欧盟研发信息服务委员会根据"创新和中小企业计划"资助建立了欧盟创新驿站，旨在促进欧盟跨国的中小企业技术转移与技术创新合作。IRC 帮助企业认识到自己的技术和专业知识方面的潜力，了解企业对新技术的需求并帮助他们在 IRC 网络上对所拥有资源进行出让或者寻找自己所需要技术的合作伙伴，从而建立各公司的技术基地。欧盟创新驿站提供服务主要分为五个步骤，分别是：走访企业、识别技术需求或技术潜力、寻找欧洲合作者、提供进一步的支持和意见、帮助签订合同。从欧盟创新驿站计划的服务步骤来看，几乎涵盖了从技术研发的源头到产业化应用的全部过程，它在帮助欧盟企业将技术需求与技术供给进行匹配的过程中起到了重要的中介作用。到 2009 年该网络已包含了遍布于 30 多个国家的 80 余家创新驿站。在第六个框架计划（2002—2006 年）的支持下，欧盟 71 个创新驿站紧密合作，至少促成 12 500 个技术转移协议，帮助了 55 000 个客户获得他们所需要的技术或者将其研究成果付诸实际生产。[①] 这些创新驿站通过国际互联网连接，互通信息、相互支持，成为欧洲重要的也是最成功的技术合作与转移中介网络。

一个完整的创新驿站网络由创新驿站的组织者、创新驿站分站、科技中介组织组成的网络、专业调查机构、政府资助计划等组成。创新驿站的组织者是中央服务机构，主要负责协调组织内各个主体之间的合作，通过设立中央服务机构或体现集成服务功能的组织加以协调，整合创新驿站分站所具备的资源，为技术的供求方合作提供便利条件。创新驿站分站是具有推动技术转移和整合知识资源功能的组织，是技术供给信息与技术需求信息的传递者，通过将这些信息传递整合到一个网络中，促进技术信息的流转；科技中介组织组成的网络主要负责技术信息的传递以及技术产业化过程中需要的技术评估、投资可行性分析、投融资服务等各项服务；专业调查机构用来负责收集企业的技术需求信息，便于企业表达需求；政府资助计划用来资助技术成果的转化。

创新驿站的基本特征是信息传递接力站和针对技术转移和产业化的资源配

---

① 科技部火炬高技术产业开发中心. 中国增长极——高新区产业组织创新［M］. 北京：清华大学出版社，2007.

置平台，其使命是支持跨区域的技术创新和技术合作，为中小企业获取专有技术提供一系列专业化的支持性服务，其服务内容一般包括：

（1）提供有关创新活动的信息；

（2）根据地方产业、经济和社会结构的需求促进跨区域技术转移；

（3）促进研究成果的跨区域传播和利用；

（4）通过建立跨区域合作和伙伴关系，增强企业采纳新技术的能力；

（5）提供其他有助于促进和推动创新与跨区域技术转移的关键服务。

在西部高新区设立创新驿站网络，开设专门网站并通过组建覆盖国内外的网络化组织，可以提供有关创新活动的信息，促进"产、学、研"合作、天使投资、创业投资及其他金融机构与企业的合作，促进企业之间的交流合作与创新人才交流，是技术转移机制的重要创新。首先，通过进一步整合创新资源，在西部高新区建立区域性的创新驿站网络，将研发资源进一步整合起来，为大学、科研院所的研发成果提供高效转化渠道。在此基础上，西部高新区应实现创新驿站子站之间的网络联结，并建立与中国创新驿站与欧盟、美国、日本等国家和中国香港及台湾创新驿站的广泛联系，促进本地企业参与国际合作。国家高新区应发挥大学科技园、孵化器、科技中介的渠道作用，建立个体之间相互促进的创新驿站网络；鼓励大学、科研院所、企业等创新主体之间建立合作关系，增强相互信任，形成长期网络化的合作伙伴关系；积极推动市场化技术中介组织的规范发展，促进创新驿站个体健康成长，并将这些作为单个驿站的中介机构整合起来，建立相互支持、相互补充的网络。

为有效管理高新区创新驿站网络，应建立一个相应的协调机构来负责创新驿站项目的实施。例如欧盟的各个国家都有一个相应的协调机构（National Coordinators）来负责创新驿站项目的实施。创新驿站主要设在公共机构中，如大学的技术中心、商会、区域发展机构和国家创新机构等。大多数创新驿站是合作建立的，欧盟一般可提供 45% ～ 50% 的经费支持，其余由创新驿站的合作单位分担。为有效实施国家高新区创新驿站网络计划，对各高新区的协调机构的候选者需要进行认真选择，并满足以下条件：在技术转移方面富有经验，尤其是要能够促进跨区域技术转移、获取与传播研究信息、激励企业采用新技术的能力；具有较强的所在地区范围内的工作能力；具有实施研究、技术开发与示范活动项目的经验；具有与该地区或国家相关机构工作的经验等条件。

为促进西部各个高新区之间、西部高新区与全国其他高新区之间创新驿站的连接，应建立各创新驿站之间连接系统。欧盟各国的创新驿站之间是通过商业公告板系统（Business Bulletin System，BBS）系统相连接。商业公告板系统任务包括：

（1）帮助欧盟评价本国的创新驿站的运作情况；

（2）帮助欧盟实施合适的项目，保证创新驿站的工作与该国已有的研究、技术开发与示范活动项目相协调，同时避免不必要的重复项目的实施；

（3）与其他计划的实施进行协调，例如与国家联系点（National Contact Points，NCPs）在同一国的项目实施进行协调。

国家高新区也应建立类似的系统，主要任务是帮助评价本高新区创新驿站的运作情况；帮助国家和地方实施合适的项目，保证创新驿站的工作与国家和地方已有的研究、技术开发与示范活动项目相协调；与其他计划的实施进行协调等。

9.5 促进西部高新区提高自主创新能力促进高新技术产业发展的政策选择

按照新制度经济学的理解，政策本身就包括于制度中，属于制度中的正式规则。由于在我国实际工作中，不少地方往往把制度与政策分开来说更为清晰，因此，本书也采用这一方式。制定政策是政府的一项重要功能，政府制定和实施公共政策的目的是为了弥补不可避免的市场缺陷。在政府制定政策的过程中，不同的政策取向，反映着政策制定者的偏好和需要完成的目标任务。西部高新区在"二次创业"过程中要提升自主创新能力、促进高新技术产业发展、构建创新型园区的新型形态，这意味着原有的发展路径必须做实质上的切换，相应地，政府制定和实施的有关政策措施也必须作出调适和修正。

9.5.1 制定促使创新资源向西部高新区集聚的政策

9.5.1.1 在国家层面上，积极推进国家科技计划的实施与西部高新区的发展紧密结合

国家有关部门在大力推进国家科技重大专项、科技攻关、863等国家科技计划成果和国家创新基金项目在高新区实现产业化过程中，应有意识地向西部高新区倾斜，积极组织西部有条件、有能力的高新区及区内企业、研究机构共同承担国家中长期科技发展规划中确定的重大科技专项；加强信息沟通，及时发布相关指南，帮助西部高新区内的企业了解国家各项科技计划申报的程序和渠道，鼓励更多的科技型企业承担国家科技计划任务和争取科技型中小企业技

术创新基金的支持。同时，应在西部高新区重点布局一批具有国际一流水平的工程类国家重点实验室，支持区内的高新技术企业兴办工程技术中心、企业研究院和组建技术联盟，鼓励国家科研机构、高等院校与西部高新区开展多种形式的研究合作，加快西部高新区科技产业化基础平台和共性技术平台建设。国家科技部门设立的公共技术创新平台建设专项资金，应重点支持地处西部高新区内的大学、研究机构和国家级科技企业孵化机构；设立的科技型中小企业技术创新基金和863产业化引导资金，应对西部高新区内的科技型中小企业技术创新活动和高新技术企业的产业化项目给予倾斜。

9.5.1.2 在西部地方政府层面上，应支持创新资源和高端人才向高新区加快聚集

地方政府应整合高校、科研院所、重点实验室、公共技术平台及大企业、大集团的科技创新资源，支持高新区开展科技创新孵化，促进"产、学、研"结合，形成"资源共享、优势互补、共谋发展"的合作机制；支持高新区科技型企业面向区域内的大企业、大集团开展深层次、跨区域合作；支持高新区创建国家知识产权示范园区，建立优势产业知识产权信息库；整合所在地区的知识产权管理、信息等资源向高新区聚集；积极争取一批国家重大专项、产业化项目及新兴高新技术领域项目定点布局在高新区，并给予相应的政策支持。在创新服务体系方面，地方政府应支持高新区科技企业孵化器建设，在地方科技专项资金、技改专项费、重大产业化项目资金、创新与产业扶持专项资金、产业园区发展资金等相关资金计划中，优先支持高新区企业，并参与高新区创业投资引导资金筹集，支持高新区开展科技支行、中小企业集合债券试点等。地方政府应充分利用所在区域的教育资源，支持高新区产业人才的职业化培养、培训，促进高校启动相关领域的课程改革，以更好适应高新技术产业发展需求；完善优化人才交流机制，充分发挥市场配置人才资源的基础性作用；制定和实施引进、培养国际国内高层次人才的若干突破性激励政策，以多种方式吸引各类高端人才到高新区创新创业，帮助其解决落户、档案、居住、生活、子女入学、家属就业等方面的具体问题。

9.5.1.3 在西部高新区层面上，应树立依靠创新要素与依靠生产要素同等重要的理念

把建设大学科技园、留学生创业园等各类孵化园放在与建设产业园同等重要的位置，把"招商引智"放在与"招商引资"同等重要的地位，制定更有吸引力的政策引进留学生、科技人才、创业人才等创新要素到高新区创新创业。西部高新区应设立创新人才发展基金，在全球吸引研发和创业型领军人

才。对项目带头人主持的研发项目给予一定比例的资助，对高新区企业与大学、科研机构之间的人才交流给予一定经费补贴；对高新区内从业人员参加符合园区产业发展导向的专业技能培训给予适当补贴；对企业员工的专业化认证培训、出国进修与企业发展直接相关的业务培训提供学习补贴；对内资企业人员到外资研发机构的学习和培训给予一定补贴。制订创新型企业家培训计划，建立面向海外人才特别是海外留学人员的人才库、联系形式和网络联系渠道，在高新区创建人才合作培养项目，鼓励和支持跨国公司开展人才联合培养项目，补贴培育和完善人才市场，建立和完善人才中介机构，促进人才的合理流动。同时，采取多种方式加大对大学科技园、留学生创业园等的建设和支持力度，为创新要素的聚集和创业搭建平台。

9.5.2　制定创新集群培育的政策

创新集群体现了科技与经济在产业层次上的融合，是创新驱动型经济发展的关键组织形式。目前，创新集群政策被各国广泛付诸实践，正成为许多国家竞争与创新政策的主要政策之一。比如，法国的"竞争力创新区计划"、比利时的 VIS·弗兰德创新合作网络、丹麦的"能力集群"项目、葡萄牙的集成创新支持项目（PROINOV）、英国的集群发展与创新政策、卢森堡的技术集群战略等。因此，在西部高新区提高自主创新能力促进高新技术产业发展过程中，政府应把培育创新集群作为高新区政策调适的重要方向。为促进创新集群的成长，当前主要应制定如下政策：

9.5.2.1　制定集群公共平台政策

在西部高新区转向建设创新型园区期间，国家、西部地方政府和高新区每年应安排专项资金用于集群公共技术平台的建设和运营补贴。包括：支持高新区内基础性和共性技术的研发、测试和实验平台等科技创新公共平台的建设；建立合作研究中心的政府补助；支持企业根据需求自建或联合建立实验室和扩大公共实验室的规模；组织协调各类研究机构、技术中心、高校以及研究院所的试验设备和仪器对高新区内企业的开放利用；支持公共信息和专业化信息服务平台建设，扩大企业对公共技术资源的使用率。

9.5.2.2　制定集群产业技术联盟发展的政策

西部各个高新区政府应根据优势集群发展的规划导向和方向，每年安排科技发展资金，重点支持能够形成集群技术优势或市场优势的产业技术联盟，包括：开展行业关键技术攻关的研发联盟、形成本地化技术优势的技术联盟和形成市场控制的标准联盟。安排适当资金比例支持企业间广泛开展的交流与合作，提高集群整体的学习能力和创新素质。

9.5.2.3　制定集群升级的政策

西部高新区应适时调整产业政策，根据提高自主创新能力促进高新技术产业发展的要求，把引进新兴战略性产业、具有前沿技术和研发中心的高端产业、知识型服务业、专业化科研机构、企业技术中心和企业总部作为重点。同时，在政策和制度设计上要促进形成外资企业与本土企业联盟合作，对外资机构能否实现与本地高科技产业的结合作为准入条件，促进外资企业本地化的技术溢出，以提升高新区集群水平。

9.5.2.4　制定技术创新与产业集群融合的政策

由于创新集群是创新与产业集群融合互动的产物，是产业链、技术链和价值链的有机统一，因此，在创新集群政策制定上，应把支持技术创新的政策和产业集群政策有机融合起来，在高新技术产业集群集中的区域，相应跟进创新资源的配置和创新的支持政策；在创新资源丰富、创新活力较强的区域，相应跟进高新技术产业基地的配置。

9.5.2.5　制定培育社会中介组织的政策

政府在合作中的中介作用主要体现在集群形成的初始期，而不能长期以政府的介入为主使企业形成依赖。当集群发展到一定规模后，应主要由社会中介组织在促成各种合作中发挥主要作用，如行业协会。因此，政府需要很好研究支持并规范科技中介组织发展的政策。

9.5.3　制定鼓励高新区企业自主创新与创业的政策

科技型企业是高新区创新创业活力的主要源泉。制定鼓励高新区企业尤其是科技型中小企业创新创业的支持政策，是西部高新区提高自主创新能力促进高新技术产业发展的关键。应采取如下政策措施：

9.5.3.1　加大政府对科技创新的投入

政府性资金不仅对企业科技创新具有引导作用，而且可以产生示范效应，吸引各方资金的投入。从目前政府性资金来看，主要包括科技基础设施建设资金和创新型种子资金、科技项目各种配套资金、创业投资引导资金、创业投资资金、重大科技项目产业化资金等，存在的主要问题是各项资金的总额不足、使用机制不规范、使用效率不高。针对西部地区财力比较薄弱的情况，应首先集中在高新区中强化政府对科技创新的投入，硬性规定科技投入增长的速度高于高新区财政收入增长的速度，并优化投入结构、创新投入机制、改善科技投入管理。创新型种子资金是西部高新区非常薄弱的环节，而创新型种子资金对于促进科技创新创业非常重要。应从国家、西部地方政府及高新区科技发展资金中加大创新型种子资金的比例，每年安排一定创新型种子资金专项支持企业创新，主要用于对种子前期、种子期、初创期中小企业的研发项目支持。科技企业创业投资引导资金对于撬动更多的社会资本将起到乘数作用。目前科技企业创业投资引导资金不足，西部有的高新区还没有设立，应从国家、西部地方政府及高新区科技发展资金中加大科技企业创业投资引导资金的比重，用于直接面向创业企业的种子资本投资、面向私募投资者（天使投资人）和创业投资公司，对区内科技企业的创业投资按照一定比例跟进投资。创业投资引导基金可委托若干家有较高管理能力和丰富经验的创业投资公司管理，同时要引入市场机制，发挥科技中介机构的作用。

9.5.3.2　制定调动社会资本投入科技创新的政策

重点鼓励银行、证券、保险、创业投资公司和天使投资人等金融机构加强对创新型企业的金融服务支持。为调动银行支持中小企业科技创新的积极性，可由高新区管委会联合社会资本，设立中小型科技企业担保公司，为园区内的中小型科技企业提供信贷担保和贴息优惠。构建天使投资网络对于推进科技型企业创新创业、促进技术与资本的结合起着十分关键的作用。应以高新区管委会引导，以中介机构为主体，加强与国内外天使投资网络建立广泛的联系，通过举办天使投资论坛、匹配投资介绍会、开展天使投资培训等方式，帮助初创企业与天使投资人联系和沟通，吸引天使投资人投资高新区企业。积极支持高成长性企业上市融资，支持科技型企业用知识产权质押融资。在高新区内拥有自主知识产权的创新型中小企业向金融机构融资时，可以将知识产权质押给政府指定机构，包括科技担保公司等，并由该指定机构为企业提供担保，高新区科技发展资金向指定机构提供专项资金作为担保保证金。

9.5.3.3　认真落实和细化国家有关支持企业创新的有关税收政策

国家为了有效实施《国家中长期科学和技术发展规划纲要（2006—2020年)》，已经制定了若干配套政策，许多政策同样适用于高新区的企业。西部地方政府应当在高新区率先不折不扣的落实并加以细化，包括：企业自主创新投入的所得税前抵扣政策、企业加速研究开发仪器设备折旧政策、高新技术企业所得税优惠政策及计税工资所得税前扣除政策、鼓励高新技术产品出口的税收政策、支持企业加强自主创新能力建设的税收政策等。

9.5.3.4　支持企业形成自主知识产权和提升自主品牌价值

园区管委会应积极争取国家和地方有关部门的支持，抓好一些重大自主知识产权的攻关工作，组建企业技术联盟，共同开发核心技术，突破外国专利的壁垒；争取国家知识产权示范区建设，探索建立知识产权管理服务中心，积极构建知识产权公共服务平台，为企业提供知识产权信息查询、战略咨询、产权评估、代理代办、投诉受理、宣传培训、法律援助等服务。制订自主知识产权支持计划和自主品牌国际化推广计划，对企业申请知识产权、认定驰名商标等给予相应资助。同时，应把支持企业形成自主知识产权与实施标准化战略结合起来，创建国家高新技术标准化示范区。结合国家重大技术标准专项的实施，资助企业参与国际标准、国家标准和行业标准制定，形成有自主知识产权的技术和标准。鼓励企业结成技术标准联盟，推动自主知识产权与技术标准的结合，形成优势产业事实标准。支持企业和行业承办国际和区域标准化组织的高层次标准化活动。应在高新技术企业中选择一批英语水平高、了解整个国际技术和经济发展动态、掌握所属产业和企业在国内及世界上的竞争位置和国外相关产业和企业动向的专业技术人才加以培养，使之成为国际标准化人才。

9.5.3.5　建立政府购买自主创新技术和产品的政策

高新技术及产品具有市场不成熟性的突出特点。对于处于市场初期的高新技术及产品而言，完全依靠市场自发力量形成高新技术及产品的需求，必然将产生有效需求不足的问题，因而市场化初期的需求拉动具有特别重要的意义，而建立政府采购高新技术及产品的政策已成为世界许多国家的常用做法。例如美国军方通过大量采购民间高新技术催生了一大批高技术研发公司的成长。我国目前国家和地方虽然制定了政府采购政策，但其发挥支持自主创新的功能还不理想，应把支持自主创新和新兴技术研发作为实施政府采购政策的一项强制性功能，把高新区作为实施政府自主创新产品采购的重点区域。国家和地方有关部门应建立和完善财政性资金采购自主创新产品制度，采购人用财政性资金进行采购的，必须优先购买自主创新的产品；国家和地方重大建设项目以及其他使用财政性资金采购重大装备和产品的项目，应承诺采购自主创新产品作为立项的条件；对于国内企业或科研机构生产或开发的符合国民经济发展要求和先进技术发展方向并且具有较大市场潜力并需要重点扶持的试制品和首次投向市场的产品，建立政府首购和订购制度。政府对于需要研究开发的重大创新产品或技术，应向全社会确定研究开发机构并签订政府订购合同。同时，充分发挥国防采购自主创新产品与技术的作用，满足国防或国家安全需求的自主创新产品和技术应予以优先采购。

9.5.4　制定促进高新区集约化发展的政策

促进西部高新区由外延式发展向集约式发展转变，是西部高新区"二次创业"的重要任务。地方政府应利用手中的调控手段，制定高新区集约化发展的政策，其中最重要的是制定高新区集约化用地的政策。土地是不可再生的资源，集约高效利用土地，提高单位面积产出，对于人均土地资源相对匮乏的我国来说具有特殊重要的意义。在西部高新区发展过程中，土地将日益成为高新区最为稀缺的资源，有限的土地资源供给要求西部高新区建设必须最大限度地提高单位面积的利用效率，必须从政策上推动西部高新区土地利用由粗放式向集约式转变。

9.5.4.1 政府应建立合理的高新区地价体系

过去高新区为了吸引投资其地价非常优惠，使得土地转让的收入远远不能弥补土地开发的成本，也造成了企业土地利用的无节制。在今后土地资源十分紧张的条件下，政府应从整体上针对不同区位、不同类型的高新区，制定高新区不同土地用途的地价指导意见，并督促西部各个高新区转变土地供给方式，实现由协议转让向拍卖制转变。

9.5.4.2 应鼓励西部高新区对存量土地进行二次配置

西部高新区尽管土地利用总体上是高的，但也在局部的地块存在低效利用的情况。主要表现为有些早期的投资者占用了廉价优质土地资源，但技术含量不高、土地产出低下。因此，政府应鼓励高新区把一些技术含量不高、附加值较低、没有核心竞争力的单纯加工型的产业向周边地区转移，腾出的空间置换为研发能力更强、技术含量更高的新兴战略性产业，通过转移低附加值的产业、盘活存量用地减轻增量扩张土地需求压力。

9.5.4.3 实施高新区新增建设用地与土地集约节约用地情况挂钩的政策

西部高新区经过 20 年的发展，在国家原确定的高新区区域范围内，西部绝大多数高新区可开发的土地均已开发完毕。在西部高新区发展还比较滞后的情况下，国家有关部门应对西部高新区优先审定新增建设用地。对于土地集约利用状况好、已开发的土地已经用完的西部高新区，根据发展的需要应及时增加高新区的建设用地，但必须把高新区新增建设用地与土地集约节约用地挂起钩来，严格规定新增建设用地的投入产出强度、单位面积的投资密度、投资项目的科技含量、建筑密度等指标。同时必须明确国家对高新区增加的土地面积主要用于高新区的科技孵化、中介服务体系、专业园区、新兴战略性产业等项目用地。而对于那些土地集约利用程度低、还有很大潜力内部挖潜或者已征建设用地还未用完的西部高新区，应实施暂不增加新增建设用地的政策。

9.5.4.4 把西部高新区扩区与土地集约节约用地联系起来

西部高新区经过 20 年的发展，许多高新区的开发范围已经突破了原国家确定的范围，但是没有得到国家的确认，造成高新区上报国家科技部门的面积与高新区实际的面积严重不符的现象。根据西部高新区发展的实际调整高新区的区域面积是尊重现实、促进高新区更上一个新台阶的必然选择。但是，国家实施高新区扩区的政策，必须把高新区的土地集约节约状况作为重要依据，并与高新区的整体发展质量、自主创新能力联系起来。只有那些土地集约节约程度高、自主创新能力强、发展质量好的高新区，国家才支持其扩区。

专题报告：西部部分高新区提高自主创新能力与促进高新技术发展个案研究

专题报告一：成都高新区提高自主创新能力与促进高新技术产业发展研究

成都高新区于 1988 年开始筹建，1991 年经国务院批准成为首批国家高新技术产业开发区，2000 年被批准为中国亚太经济合作组织（APEC）科技工业园区，2001 年成为中国西部第一个通过 ISO14001 中国认证和英国皇家 UKAS 国际认证的区域。2006 年成为全国首批"创建世界一流高科技园区"试点园区，2009 年综合排名列全国 56 家高新区第 4 位。成都高新区作为我国 56 个国家级高新区之一，经过 20 年的发展，已完成了"一次创业"时期要素集聚的任务，在西部高新区中处于领军地位，正处于创新突破向更高层次发展的新阶段。进一提升自主创新能力，促进高新技术产业做大做强，为地方经济发展和产业结构升级发挥更大的辐射和带动作用，是成都高新区未来发展的重要任务。

一、成都高新区创新和发展的现状及成效

经过 20 年的发展和积累，成都高新区在经济规模、产业聚集、创新环境建设等方面已经具备了向更高层次发展的基础与条件。

（一）经济规模持续增长

成都高新区成立以来，区内经济持续高速增长。2001—2009 年，成都高

新区 GDP 年均增幅 28% 以上，工业增加值年均增幅 26% 以上。2009 年，成都高新区实现营业总收入 2 270.8 亿元、工业增加值 605.7 亿元、出口创汇 70.9 亿美元、实现净利 147 亿元，分别比 2001 年增加了 6.42 倍、5.43 倍、69 倍多、3.74 倍，产业规模和出口能力大大增强（见表1）。2009 年高新区集中新建区实现财税总收入 114.5 亿元，同比增长 9.3%，对成都市的税收增长贡献达 25% 以上，成都高新区作为成都市乃至四川省经济发展的增长极作用日益显现。在全国 56 个国家级高新区中，成都高新区高新技术企业实现的产业增加值、工业总产值、营业总收入均名列前茅（见表2），已发展成为中西部地区具有较强经济实力的高科技园区。

表1　　　2001—2009 年成都高新区主要经济指标总量变化表　　单位：亿元

年份	总产值	总收入	产品销售收入	工业增加值	出口创汇（亿美元）	净利润	税收
2001	270	290	210	94	1	31	17
2002	334	337	280	99	1	47	17
2003	511	590	421	182	1.2	57	32
2004	604	717	589	190	1.1	61	32
2005	716	850	680	240	4.3	72	47
2006	841	1 053	811	288	8.7	86	49
2007	1 189	1 484	1 244	410	22.3	113	79
2008	1 645	1 982	1 673	520	45.9	133	100
2009	2 006	2 270	1 953	605	70.9	147	108
年均增长速度(%)	28.49	29.33	32.15	26.21	70.35	21.48	26

表2　2009 年成都高新区主要经济指标在全国高新区的位次比较　　单位：亿元

指标	企业数（个）	年末从业人员（人）	营业总收入	工业增加值	出口创汇（亿美元）	上缴税收	净利润
成都高新区	1 398	227 008	2 270.89	605.7	70.9	108.17	147.11
成都高新区占全国高新区的百分比	2.60	2.80	2.89	3.93	3.53	2.71	3.29
排位	9	10	9	5	9	9	7

（二）产业支撑能力增强

经过 20 年的发展，成都高新区逐渐发展并培育出具有国内先进水平、拥有自主研发和发展能力的电子信息、生物医药和精密机械三大主导产业，以及集成电路、软件及服务外包、生物医药、精密机械、通信、光电显示六大产业集群。2008 年，三大产业增加值达 157.5 亿元，占 GDP 的 49.5%[①]，其中：电子信息产业增加值 85.49 亿元，占三大产业增加值的 55%，占成都市同行业的 35%，位居成都高新区三大产业集群之首；三大产业相关企业数达 1 000 余家，占高新区企业数 75% 左右。2009 年，面对"5·12"汶川特大地震灾害的滞后影响和国际金融危机的严峻考验，成都高新区政府与区内企业一道，同心同德、顽强拼搏，成功引进富士康、阿里巴巴、马士基、中建材液晶玻璃基板等一批重大产业化项目，京东方等一批企业相继投产、达产，英特尔、莫仕、索尔思等一批企业把海外或沿海生产线转移到成都高新区，内培企业乘势而进，加速成长壮大。成都高新区已有近 200 家企业产值突破 1 亿元大关，迈进亿元"俱乐部"，并正在向更高的目标发起冲刺，使得三大产业占规模以上工业增加值比重达到 78.6%；软件及服务外包产业实现销售收入突破 300 亿元大关，增长 26.9%；出口 2.1 亿美元，增长 27.8%。

电子信息产业是成都高新区发展最快，产业链条比较完整的信息服务产业集群，经过十多年的培育和发展，基本形成了以信息传输为基础、软件及服务外包为核心、网络通信为特色的信息服务产业体系，形成了以软件服务外包、IC 设计、行业应用及嵌入式软件、通信产业、数字娱乐、信息安全等六大产业方向，产业的纵横向发展不断扩展、延深和相互交错。截至 2009 年年底，已聚集以 IBM 全球外包服务中心、印度威普罗、新聚思、颠峰软件等为主的软件及服务外包各类相关企业及机构 600 余家，销售收入突破 300 亿元，从业人员超过 8 万人。集成电路产业集群已形成了 IC 设计、晶圆制造、封装测试、配套企业等产业链完整的集群。建立了 11 个国家级相关产业基地，聚集了英特尔、友尼森、美国芯源、成芯半导体等 80 多家 IC 企业，并正在形成中国的第三极。2009 年 IC 设计销售收入约 11.5 亿元，增长 30% 以上，聚集企业 60 余家，业务方向涉及射频（RF）、IC、通信、视频消费电子、智能家电、信息安全、功率半导体、IP 核、形式验证等。在光电显示产业集群方面，截至 2010 年年底，成都高新区已成功聚集了 2 条 4.5 代 TFT-LCD 生产线及代表下一代发展方向的主动式 OLED 项目，以及相关的模组代工及 LED 封装、液晶

---

① 按在地原则统计，即集中建设区或小高新区，2008 年成都高新区实现 GDP317.7 亿元。

玻璃基板、液晶电视等上下游项目，在中小尺寸领域具有一定影响力方面，2010 年销售收入突破 100 亿元。2009 年电子信息产业增加值达 100 亿元以上，比 2006 年增加了 2 倍左右，产业规模急剧扩大；相关企业及研发机构等增至 800 余家，比 2006 年增加了 300 多家，外界涌入的企业和机构不断增加，内部企业的衍生能力不断增强，培育打造出具有国家级品牌和国际有名的天府软件园。

生物医药产业是成都高新区仅次于电子信息产业的第二大优势产业，是依托四川道地中药材资源优势和丰富的中医临床经验，运用基因工程和生物技术工程以中药现代化为重点的自主创新能力最强的产业体系。经过十多年发展，基本形成了现代中药产业、血液制品产业、化学合成药产业、核药产业、生物医学材料产业、数字化医疗设备产业等具有一定聚集功能和辐射带动力的产业链条比较完整的产业集群和以地奥、恩威、华神、迪康、康弘、蓉生等以本地企业为主的企业群，并建有国家中药现代化基地、国家生物产业基地、国家科技兴贸创新基地（生物医药）等国家级生物医药相关产业基地。2008 年生物医药产业增加值达 124.62 亿元，企业及相关机构 200 余家。

成都高新区目前在航空检测维修及零部件制造产业、精密电子模具制造产业、电子装备制造产业三大精密机械制造行业集聚了一批重点和特色企业，形成了一定产业基础。航空检测维修及零部件制造产业，以成飞集团、成发集团、成都航空仪表厂、611 所、电子科大、电子高专、成都航院等知名企业和科研院校为依托，集聚了海特、亚美、奥特、航利、富凯、高龙、铁姆肯、西格码、航天光电、思泰、爱乐达、华泰等航空检测维修及零部件制造等一批企业和项目，形成了一定特色和产业基础；精密电子模具制造产业，成都高新区集聚了宝利根、赫比、海普胜、昶力、科昌、天元、中科精密模具等一批企业，建成了国内一流水平的成都模具工业园，为精密电子模具产业提供了良好的发展载体，依托四川大学、西华大学、成都航空学院、成都电子高专、成都高级技工学校等院校，为产业发展提供了强有力的智力支持；电子装备制造产业，成都高新区引进了莫仕、安费诺、安捷伦前锋、东方日立、爱发科等国际知名企业。

（三）创新资源不断聚集

成都智力人才支撑储备丰富，拥有四川大学、西南交大、电子科大、成都中医药大学、中科院成都生物研究所、四川省中医药研究院、四川省中药研究所、四川省机械研究设计院、中国核动力研究设计院、中国工程物理研究院、成都飞机设计研究所等一批国内知名的高等院校和科研单位，有重点研究院所

70 个，企业技术中心 31 个，国家重点实验室、中心、基地 37 个，国家工程（技术）研究中心 13 个。成都市各类专业技术人才 155 万人，列全国大中城市第四，有高校 42 所，在校生 59 万人。成都科研资源涵盖高新区电子信息、生物医药、精密机械制造三大主导产业领域。目前，成都高新区智力资源密集。园区内集聚高学历企业家及各类专业技术人员 14 万人以上，占园区就业人数的 70% 以上，其中硕士以上学历的 9 000 多人，博士以上学历的 2 000 多人，留学人员 600 多人，已经成为中国中西部重要国际化人才高地。2009 年千人拥有的科研活动人员达 270 人；经认定的高新新技术企业 900 多家，占高新区企业的 70% 以上。

（四）自主创新成果显著

进入以自主创新心为核心的二次创业以来，成都高新区通过企业的孵育、人才的引进、资金的多渠道供给、创新创业环境的建设，大力实施自主创新知识产权、标准化和名牌战略等，自主创新能力不断增强。2009 年，成都高新区的专利申请量达到 5 600 余件，其中发明专利 1 200 件，国家知识产权试点园区通过验收，并成为西部首家国家知识产权示范创建园区①。培育出了具有国家级的天府软件产业品牌以及一批具有核心技术的创新型本土企业，如地奥、恩威、国腾、任我行、颠峰等。

（五）创新环境日趋完善

1. 建立了多层次的孵化体系

成都高新区通过政府引导、社会参与的方式，已建成了以创新中心、国家863 软件园等国家级为主要骨干的综合和专业孵化器 25 家，形成了全国最大的多层次科技企业孵化器群体，孵化总面积达 120 万平方米，在全国 56 家国家级高新区中，成都高新区企业孵化能力位居第二。成都高新区高新孵化园被批准为 2007 年度创新基金初创期小企业创新项目服务机构和初创期小企业大学生创业项目服务机构，是西部唯一一家两个 1 档类服务机构，并成为"国务院侨办引智引资重点联系单位"。构建起了以软件及服务外包、生物医药为重点的研发公共技术平台；建立起了国家集成电路设计产业化基地、软件产业基地、生物产业基地、中药现代化基地等 14 个国家级产业化基地和以企业为主体、市场为导向、"产、学、研"相结合的四川省集成电路设计等 8 个产业技术创新联盟，基本形成了企业孵化、研发及产业化为一体的创新创业发展的网

---

① 成都高新区综合排名全国第四 [N/OL]. http://xb.21cbh.com/HTML/2011 - 6 - 9/2MMDAwMDIOMzU2MA.html.

络化多功能服务平台。

2. 构建了多层次、多渠道的融资服务体系

2008 年成都高新成功启动了"ICON 盈创动力"投融资服务平台，聚集包括银行、担保机构、技术产权交易中心、券商、风险投资机构等 70 余家投融资中介服务机构，成立了创业投资引导基金，为成长型企业提供投融资和创业辅导服务创造了良好环境；搭建了天使投资联谊平台，天使投资日趋活跃；建立起了以企业为主的信用信息公开平台，园区的诚信文化和信用资本不断提升。目前初步建立起了以信用建设为基础，以产业发展为支撑，政府资金为引导、金融机构贷款担保与风险投资并重、中介机构参与的多层次融资体系。

图 1　成都高新区创业企业投融资增值服务平台——ICON 盈创动力

3. 形成了比较完善的基础设施和政策体系

基础设施园区的基础设施建设和产业、经济发展呈良性互动态势，通过 ISO14001 中国认证和英国皇家 UKAS 国际认证；整个高新技术产业园区空间规划面积扩展到 87 平方千米，由南部园区和西部园区两部分组成，并对南部科技园区和西部综合产业园区进行了科学合理的产业发展定位与分工。南区主要发展以软件及服务外包、总部经济为重点的生产性现代服务业，西区主要发展生物医药、电子信息、精密机械制造等为主的高新技术制造业，已开发并具有一定产能空间的面积达 30 平方千米。具有比较优势的政策体系日益完善，如设立了高新区高级人才创新创业专项基金，搭建软件人才培训联盟，建立博士后工作站，创办了全国第一家"软件工作室"，成立知识产权服务中心；建立欧盟在中国的首个项目孵化中心，与 23 个欧盟机构合作建设中欧技术商务合作平台。不断深化规范化服务型政府建设，形成了"三段式"企业服务模式，

并积极构建"企业服务呼叫中心"。社会配套和公共设施建设管理的社会化和企业化加快推进，创新创业文化逐步形成。

二、成都高新区创新与发展面临的突出问题和挑战

（一）创新资源的整合力度不够

成都高新区创新与发展成效的大小，在很大程度上取决于对创新资源的整合集聚能力。成都高新区过去在优惠政策和良好创新环境的作用下，集聚了一大批创新资源，但与国内中关村、西安、武汉等先进高新区相比，差距还较大，表现在：

（1）四川省、成都市高校和科研单位虽然可为高新区利用的创新资源非常丰富，但实际上大部分并没有进入高新区，而是游离在高新区之外。例如，高校的大学科技园和科研单位的专业园大部分没有分布在高新区，高校和科研单位的创新成果相当部分没有集聚在高新区并实现产业化，高校和科研单位的人才到高新区创新创业的还不多，高新区与高校和科研单位的联系还比较松散等。

（2）国防科研单位和军工企业民用化、产业化的科技力量与创新成果进入高新区均很不理想。

（3）高新区内部的创新资源整合程度也不高，各个创新主体、各种创新服务体系之间分散、"各自为政"的现象比较突出，相互合作与互动的程度较低。

（二）集群创新还处于起步阶段

总体而言，成都高新区创新网络及创新联盟发展相对滞后，各产业集群的集群内部缺乏有机的内在联系，企业群之间缺乏维系创新发展的纽带，产业之间的合作、联合、联盟等互动机制尚未有效形成，抑制了集群创新活力的发挥，导致集群的内生增长机制不强。高新区内行为主体间交互作用的协作创新机制尚未形成，整体创新能力较弱。

（三）本土企业创新能力总体偏弱

企业技术创新具有高投入、高效益和高风险的特点，有一个长期积累的过程，需要企业具备一定的经济实力和长远观念。成都高新区目前不少企业规模偏小，研发力量和投入薄弱。现有资源大多用于企业的生存和发展壮大，可用于科研和技术创新的投入不多，很多企业基本上没有专门的研发机构，企业科研经费投入占销售收入的比重不高。受社会大环境影响，不少企业的利益短期化倾向明显，缺乏创新的动力和愿望。2009年，成都高新区企业研发总投入

占销售收入的比例为3.4%，离创新型园区5%的目标还有不小差距。

（四）创新环境有待进一步优化

成都高新区一直致力于优化创新创业环境，并形成了良好的基础，但仍滞后于园区发展要求。从企业自主创新外部环境来看，首先是金融环境滞后，表现在风险资本规模偏小，银行信贷缺乏担保中介机构，政府财政资金支持不足等方面；其次，公共技术平台建设仍需加强，目前只有电子信息产业有较好的技术平台，生物医药和精密机械制造产业技术平台建设尚在起步；再次，中介服务体系尚未建立，没有充分发挥中介机构和中间组织的推动作用。最后，创新文化的正式和非正式的沟通网络机制尚未形成，难以构建富有特色的创新文化环境。

三、成都高新区加强自主创新促进高新技术产业发展的主要路径

（一）以区域创新平台建设促进创新集群路径

以建立共享机制为核心，以资源系统整合为主线，充分运用现代信息技术，构建基于产业的、基于高新区特色的各类创新平台，形成以企业为主体、"官、产、学、研、介、资"结合、区内区外互联的园区创新集群网络系统，拓展园区创新的集成空间。

创新网络是系统性创新的一种基本制度安排，网络架构的连接机制是园区微观主体间的创新合作关系。创新平台建设与功能开发，是高新区高新技术产业集群创新网络系统建设的重要探索，也是实现产业集群向创新集群演进的关键所在。成都高新区构建创新平台的思路和途径：

（1）把平台建设作为当地政府的重大专项来推进。研究制定《高新区自主创新平台建设纲要》，明确阶段目标，建立相应的组织机构，推进实施。

（2）打造具有特色的创新平台。围绕园区三大主导产业集群发展需求，根据高新区相关基础和条件，打造富有园区特色的创新平台体系。依托高校科研机构、创业中心等孵化机构、企业技术中心等研发机构，重点建设三大科技平台，即创业平台、研发平台、资源共享平台。

（3）建立多种模式的平台建设机制。按照政府推动和市场机制相结合的原则，由政府进行顶层设计、统筹规划，多部门共同推动，高校、科研机构、中介机构、企业、公众共同建设。根据平台的不同性质，采取政府直接建设、政府主导建设和政府引导推动等不同模式，并通过相关制度来制定建立平台运行管理的共享机制。

（二）三位一体螺旋式的发展路径

通过专业园区、产业基地等空间载体建设和产业政策制度的调整完善，培

育布局合理、分工细化、关联度高、梯次化的产业集群。以提升产业集群的创新能力为指向，构建园区创新体系，形成促进产业集群的创新互动网络和创新环境。产业集群培育、创新系统构建、专业园区建设"三位一体"耦合互动与循环累积，推动着高新区本地化网络的形成和自主创新能力的提高。高新区产业集群和创新体系的本地化网络通过外界的连接，在全球范围内聚集整合创新资源，形成创新的国际化格局。

（1）以专业园和产业基地建设为重点培育园区优势产业集群。以专业园为依托，提高在区域内的产业聚集，发展专业化集中的创新创业、促进研发和形成知识产权、推进行业标准和形成行业技术与品牌优势，提升集群的创新能力。通过组建产业技术联盟，细化专业型特色产业基地，建设配套产业园区和专业化服务平台等措施，进一步提升和做实已有的国家级特色产业基地，新培育一批具有比较优势的特色产业基地。

（2）围绕产业集群建设创新网络，促进创新合作。重点发展研发服务、信息中介服务、技术服务的平台和网络以及企业家协会、专家联谊会等组织网络，促进企业之间、企业与大学、企业与科研机构以及大学、科研机构等之间的联系和合作。

（三）构建动态能力的自主性创新场域路径

以创新资本的集成整合模式提升创新的资本条件，以各种创新制度的建立和完善形成创新的制度基础，以创新惯性和习性倾向系统培育创新文化，推动创新场域——园区自主性的提高。

（1）以高新技术园区创新场域为中心，建立信息流动与扩散机制，促进各种创新主体和创新资本在园区创新场域中的合作与整合。建立"官、产、资"联动机制，建立知识产权交易市场，促进技术的资本化和市场化，加强银行与政府、银行与园区之间的资本整合，积极推进多元化资本市场的建立，探索新的创新支持机制和资助机制。

（2）通过制度创新，塑造自主性创新场域形成的制度基础。构建保障创新主体权利的制度，加大知识产权的保护力度；构建降低创新活动成本的制度，努力降低主体创新活动的信息费用；构建保障主体创新活动顺利进行的制度，完善"产、学、研"合作制度、风险投资制度、科研成果的评价制度等。

（3）积极培育"追求卓越、鼓励竞争、敢于冒险、宽容失败、团结合作、重视回报"的创新习惯，加快园区场域自主创新文化建设，努力在创新主体（科学家、工程师、管理人员、政府官员、技术工人等）中形成共同的价值观念和思维方式。

（4）构建园区的创新场域层级，以有效的方式实现与省内尤其是成都市的其他高新技术产业园区、工业园区的产业合作与功能合作，从战略层面提升成都高新区的主创新场域地位和作用，形成园区在区域创新和经济发展中的领导力。

（四）立体式产业支撑创新路径

建立基于技术预见的产业创新模式，把握新兴技术、新兴产业和新兴业态的发展趋势，响应和引领全球技术和市场变化，推动产业形态向价值链高端攀升。坚持高新技术与现代服务业的"双轮"驱动、融合发展，深化产业分工，增强产业竞争力，提升园区的现代知识经济社区功能。

（1）实施差异化产业创新战略，选择与产业发展特征与产业技术能力相适应的技术创新模式，构建技术、制度与产业组织协同创新机制，形成以模块化生产和网络治理为特色的产业新技术制度系统，特别是对存在着网络化趋势的产业（如电子信息产业）。

（2）积极发展总部经济，带动产业向研发和售后服务的产业价值链高端移动，也为现代服务业发展提供广阔的空间。

（3）完善高新区生产性服务支撑体系。建立高新区生产性服务集聚区，为高新技术企业提供从产品立项到产品营销与服务的全方位支持，促使产业链不断延伸，促进联合的、多层次的、高效的、新型的高新技术与现代服务业的"双轮"驱动发展。

（五）以企业内生发展驱动创新路径

建立适应产业集群中金字塔形企业结构的创新促进机制，分层次促进企业创新发展，形成大、中、小创新型企业优势互补、共同成长的内生动力。从资本、人才、孵化环境入手，促成创新创业企业不断新生、繁衍和大幅度增长；集中资源培育创新型高成长企业，推动其在短期内迅速做大规模；鼓励创新型高技术大公司实施产业领先战略，参与国际化竞争，发挥其带头和辐射作用。

（1）构建层级体系分明的科技创新链。对产业集群中的配套型企业，鼓励其实施"顺轨性"创新，对产品特性或形式、工艺技术进行持续改进，成为专而精的配套"巨人"企业。对产业链中生产成品的企业，鼓励其实施衍生性创新和渗透性创新，力争在某些领域占领制高点。对处于产业链最顶端的核心企业，鼓励其实施技术领先战略，力求突破创新，提高对配套产品科技含量的要求，带动配套企业科技创新能力的提升。

（2）建立不同规模企业的创新促进机制。加强创业园、创业中心和孵化器建设，构建多元化的创新创业资本投入体系，激活中小企业的创新创业；建设高成长企业发展加速器，扶持其发展壮大；打造龙头企业，发挥创新的"极化"作用。

四、对策建议

（一）聚集创新资源

1. 大力实施人才发展战略

进一步完善人才政策，协同园区内各方力量，建立人才培养和引进的长效机制。应运作好人才发展资金，重点用于在全球范围内吸引研发和创业型领军人才；加强高校及科研院所与企业的人力资源互动，鼓励和支持企业与高等院校、科研院所合作培养优秀科技人才和技能人才；建立以创新为导向的人才激励机制，切实落实知识、技术、管理等生产要素参与投资、分配的政策。设立创新人才奖励基金，加大对科技创新人才、科技创新创业领军人物和优秀创新团队的奖励力度。对重点引进和培养的高级人才给予专项资助和生活补贴。

2. 加大高层次知识载体引进力度

结合产业发展需求，大力引进和发展知识、技术和信息等组织和机构，提升高新区的知识消化、吸收和创造能力。继续扩大引进国内外一流的研究机构、培训机构、重点实验室、工程研究院、标准检测认证机构等到高新区落户或创建分支机构。大力促进由研究机构和企业共同举办的合作研究中心，提高园区知识创造的能力并形成知识流动的良性氛围。

3. 建立多元化的科技创新投入体系

从增强自主创新能力和核心竞争力出发，建立符合高新区实际、合理高效的科技投入体系，形成政府引导、企业主体、金融机构及其他社会力量参与的多元化科技投入格局。高新区政府应加大对科技创新的投入，确保财政科技投入增幅明显高于财政经常性收入增幅。同时，应创新财政科技投入管理机制，建立协调高效的管理平台，制定财政科技经费支出绩效评价体系，健全相应的评估和监督管理机制，提高财政科技投入的使用效益。高新区应引导企业和社会各方面加大创新投入，建立以企业为主体、多元化的科技投入体系。充分发挥财税、金融、政府采购等各种政策的调控作用，引导、鼓励、推动企业增加科技投入，促使企业成为科技投入主体；建立健全信用体系和担保体系，发展中介服务体系，搞好科技项目与金融机构的对接，鼓励金融机构加大对科技产业的投入；积极培育科技创新风险投资主体，鼓励企业、金融机构、个人、外商等各类投资者参与风险投资。要不断完善风险投资机制，加大对风险投资的政策扶持力度。

4. 加强区外创新资源整合

成都高新区应加强与高校、科研院所创新资源整合，重点锁定四川大学、电子科技大学、西南交大、成都中医药大学等高校和中科院成都分院、四川省中医药研究院、成都生物制品研究所等科研院所，建立高新区与重点高校和科研单位的长效联系与合作机制，采取多种方式推进"产、学、研"合作。成都高新区应利用四川军工科研企事业单位的科研人才优势，加强与国防科研单位、军工企业创新资源整合，重点锁定中国核动力研究设计院，中国工程物理研究院，中电集团10所、29所、30所，成都飞机设计所等国防科研单位和军工企业，跟踪和吸引它们开发的一批军民结合的科技创新成果和项目，找准高新区与国防科研单位和军工企业的对接点，促进将军工科技创新成果引向产业化。同时，应加强成都高新区与省内尤其是成都相关园区的整合，将省内尤其是成都市内各类工业园区或专业园区以合理的形式整合到成都高新区创新型园区的过程中来，形成整体品牌优势，协同战略，协调政策，进行有效的资源组合和分工合作，形成各具特色、良性联动的"一区多园"产业格局。

(二) 鼓励企业创新创业

1. 推进产业创新，促进优势产业向价值链高端移动

应通过政府采购、资金倾斜、搭建平台等手段推进新业态快速成长，成为高新区创新引领经济发展的增长点和推动器。大力发展由网络技术和通信技术催生的新兴服务业（如互联网产业、3G产业等）、由从高新技术产业价值链上分解出来的产业形态（如研发外包、服务外包、设计、测试、咨询、技术交易等）、以数字娱乐软件开发为主的文化创意产业，推进软件业价值主体由开发向服务转移，形成基于内容提供商（文化创意公司、软件公司）、服务提供商（ISP、SP）、技术支持商（设备、系统提供）共同形成的"数字化生活"综合服务新业态。适应高新区建设的需要，大力发展金融保险、现代物流、技术研发、信息服务、工业设计、文化创意、品牌营销等知识密集型服务业，促进生产性服务业与高新技术制造业之间的有机融合。推动高新技术与传统服务业的融合渗透，发展电子商务、电子政务、电子银行、远程教育和远程医疗等服务业态。积极探索以技术预见和技术路线路推动产业创新模式，支持企业实施技术路线图战略，以重大科技专项选择为抓手引入技术预见和技术路线路，提高科研投入的创新绩效。

2. 培育创新型新兴企业

所谓创新型新兴企业，即指从高校、科研单位、大公司等母体中分离出来的，由科技创业人员或创业团队创办，处于初创阶段的科技型企业。创新型新

兴企业数量的多少，是衡量高新区创新活力和创新潜力的显著标志。成都高新区培育创新型新兴企业，主要应从资本、人才、孵化环境入手，营造良好的生态环境，促成创新创业企业不断新生、繁衍和大幅度增长，并提高其成功率。

（1）积极鼓励各类高层次人才创业。重点吸引高校、科研单位的高层次创新创业人才和海外留学生携带高新技术开发成果入园创业，在生物医药、软件等重点优势领域，鼓励学科带头人创办学科型公司。建立健全企业家创业全过程、全方位支持服务体系，帮助其成长。

（2）继续办好各类孵化器。重点以高新孵化园为载体，以成都高新区技术创新服务中心为核心，促进集成电路、信息安全、软件、数字娱乐、生物医药等各类专业孵化器发展。整合政策、资金、技术、信息、中介等资源，构建"创业导师＋专业孵化＋天使资金"的孵育模式，鼓励区内孵化器与大学、科研院所开展合作，丰富项目源头，加强国内外交流与合作，推进孵化器的多样化、多元化、网络化、国际化发展，提高孵化器服务的水平和质量。

（3）制订实施"创新型新兴企业培育"计划。每年可筛选300～500家创新型新兴企业作为重点孵化培育对象，整合孵化器、风险投资、银行等各方资源，帮扶新兴企业渡过初创困难期。

（4）以科技中小企业创新基金为引导，积极吸引海内外资本投资，大力发展种子基金和天使投资等创业投资，引导它们投资于创新型初创企业。通过对科技型初创企业的资金支持，培育和孵化具有自主知识产权的高新技术项目。

3. 扶持企业技术创新

（1）实施技术创新引导计划，利用开放型经济优势及外资企业丰富的技术资源，采取配套协作、合作开发、购买专利等方式，大力引进优势产业主导技术、关键技术，通过二次开发、技术集成力求实现一批关键技术的集成和突破。

（2）推动外资企业技术外溢，支持外资企业建立本土化的科技团队和科研机构，鼓励独立或联合投资建设实验室、工程技术中心和研发中心。推动本地企业和外资企业互动发展，重点鼓励和支持双方在项目开发、技术转移、人才培养等方面开展更加深入的合作。

（三）促进创新型企业加速成长

1. 加快科技企业加速器建设

为满足高成长企业空间和配套服务需求，分别建设科技企业加速器的试点区和科技企业加速器示范区。遴选一批技术领先、市场前景广阔、拥有自主知识产权的高成长创新型科技企业，实行重点指导、重点支持、重点服务，集中资源推动其在短期内迅速做大规模，在电子信息、生物医药等优势产业领域内形成区域特色创新点。

2. 打造国际国内龙头企业

加快跨国、跨地区、跨行业的大集团大公司的成长，提高国际国内市场竞争能力。以优化地方科技资源配置为杠杆，积极引导大企业承担国家计划、技术创新平台建设计划攻关计划、火炬计划等国家科研项目，加大对大型龙头企业的科技立项配套，提升大企业的研发能力。依托攀成钢、地奥集团、30集团、国腾集团等支柱产业及特色产业集群中的龙头企业，引导和支持建立以大型龙头企业为核心的产业技术联盟、国家或国际产业标准联盟以及市场战略联盟，协调和集成各方力量，实现产业关键技术的突破和自主标准的建立，发挥其带头和辐射作用。

（四）促进创新集群发展

1. 建立相互依存的产业体系，引导高新区产业集聚的发展

以产业关联为依据，建立相互依存的产业联系，形成一种"技术生物链"。对新建区内的产业布局要坚持以分工协作、本地结网形成产业集群来安排项目，对新进区的企业，明确以产业集群为导向。对于高新区已有的产业发展要重视相关产业的网络体系的建立，努力形成大、中、小企业密切配合，专业分工与协作完善的网络体系。通过产业环节的分解或鼓励其母体公司内的科技人员和企业家分离出来自办公司，从而衍生出一批具有紧密分工与协作关系的关联企业。通过新公司的衍生，促进产业内部分工，构建相互依存的产业联系。尤其是要积极为进入高新区的跨国企业提供产品配套与相关服务，以提高这些企业的当地植根性。

2. 加快创新公共技术平台建设

围绕高新区三大主导产业，即电子信息产业、生物医药产业、精密机械产业对技术创新的需求，构建完善的公共技术创新平台。

（1）扩大现有软件公共技术平台规模，丰富 IC 设计、数字娱乐、信息安全、软件外包等的内容，形成"1＋5"公共技术平台体系（即以软件公共技术主平台为支撑，包括 IC 设计、数字娱乐、信息安全、软件外包、3G 移动互联网公共技术等内容的共性技术平台体系）。

（2）构建完善的生物医药公共技术平台体系。加快 GLP 中心临床前实验研究平台和天河 GMP 中试中心的建设；充分发挥创新中心的作用，建立科学的生物医药平台管理体系，整合区内的平台资源，为企业的新药研发提供技术

支撑和服务体系。

（3）充分利用和整合全市技术创新资源，积极争取全市拟新建的、与高新区主导产业密切相关的公共技术创新机构布局。积极引导高新技术企业与大学、科研院所按照现代企业制度的要求或联合协作的方式，合资、合作兴办各类技术创新机构。通过与民营企业合作，采取企业出资、企业管理，创业中心以场地、资金入股等形式，共同搭建技术共享平台。

3. 加快综合信息平台建设

以高新区网站为基础，由高新区控股，按照现代企业制度的要求，通过资本运作，成立信息服务公司，建设信息服务平台，重点提供科技文献检索、科技咨询、科技评估、科技宣传与传播等增值创新服务。首先将高新区相关部门、单位和企业独立的网站、分散的信息资源整合集成起来。在此基础上，与政府相关网站、其他科研院所相关网站和其他信息中介服务网站联网，在更大区域和范围内实现信息平台的网络化和信息资源共享。

4. 构建完善的金融服务平台

着力打造创业投资、银行贷款融资、多层次直接融资、企业信用信息和综合融资服务五大平台，形成多功能、复合型、全方位、网络化的金融服务体系。创业投资平台的建设应在已设的创业投资引导资金基础上，增设创业投资风险补贴资金，鼓励风险投资机构投资区内企业；根据投资主体多元化和市场化运作原则，组建或引入多类型的创业投资公司或基金；充分利用政府创业投资引导基金，设立和完善创新型企业种子基金、扩大科技型中小企业创新基金规模及其使用范围；积极吸引和培育天使投资者；建立成都高新区创业投资同业公会（协会）等为初创企业创新创业营造一个多层次、多功能的创业投资平台。银行贷款融资平台应建立和完善科技信用贷款担保机构，构建多类型、多功能、多主体具有国际先进理念的信用担保机制；完善企业信用贷款担保模式，不断创新金融品种；建立再担保机制或信用保险机制，为信用贷款担保构筑第二道安全防线；探索建立科技银行和发展社区银行，为大部分中小企业信用贷款创造条件和可能。多层次直接融资平台的建设应根据高新区产业发展重点，培养重点企业上市资源储备库，实时跟踪、引导和组织企业改制进入中小板、创业板，并积极申请进入海外创业板，打入国际市场；加强企业改制培训、辅助，完善企业内部治理结构，积极争取进入新三板；整合企业信用资源，积极推动非上市中小企业集合信托和发债，鼓励企业并购重组或资产股权化。企业信用信息平台应通过完善行业自律组织——信用促进会，建立园区企业信用信息数据资源库，加强与银行征信体系的合作，增强信用信息的权威性，建立起公开、可采信的信用信息平台，为企业投融资创造良好的信用环境。公共综合融资服务平台建设应依托"盈创动力"，完善其功能，为高新区企业提供一条龙的投融资服务；加快建立和完善金融后台服务中心，为金融机构提供支撑和服务；设立中小企业技术服务中心和科技型中小企业金融服务中心或投融资促进中心，为企业提供技术和资金服务平台。

5. 促进产业技术联盟的形成与发展

成都高新区根据集群发展的规划导向和方向，每年安排科技发展资金，重点支持能够形成集群技术优势或市场优势的产业技术联盟，包括开展行业关键技术攻关的研发联盟、形成本地化技术优势的技术联盟和形成市场控制的标准联盟。同时，应加大对科技合作与交流的服务力度，建立有效的工作机制，完善政策支撑，加大资金投入。加快对外科技人才的交流与培养，加强国际科技信息交流。

（五）优化园区环境建设

1. 加强创新基础设施建设

高起点高标准规划，加强创新基础设施建设，吸引社会投资力量，加速创新载体开发速度，大幅提升高新区科技创新的承载力。加大生态环保投入力度，结合人文历史积淀的保护和开发，打造人文历史、生态环境与创新创业三者良性互动的和谐新城。

2. 加强园区的创新文化建设

加强创新文化建设和区域品牌内涵建设，形成具有地方特色的园区创新文化。借助科技企业协会、商会等民间机构、民间团体力量引导"产、学、研"之间加强交流、沟通，积极开展研讨会等多种形式交流活动，利用不同平台，为高新区不同个体之间提供知识、信息交流机会。通过会展、媒体宣传、先进人物评选、创新创业大赛等多种形式扩大成都高新区创新文化的影响。大力营造"鼓励创新，宽容失败"的创新氛围，努力提升园区创新活力。

3. 加大知识产权保护力度

制定和实施促进知识产权发展的战略，建立和完善知识产权专门化管理机构和服务机构，建立知识产权信息化服务平台，制定具有园区特点的促进知识产权的形成和保护制度，提高园区实现知识价值的能力。设立知识产权资助专项资金，加大对企业自主知识产权的开发扶持力度，重点对发明专利、优势产业的核心专利和有出口能力企业的 PCT 专利申请、成果转化进行资助，减轻企业支出成本和费用，提高自主开发和知识产权保护的积极性。完善知识产权保护机制，建立版权、工商、法院、检察院等相关部门知识产权保护联动机制，共同打击知识产权侵权行为。

4. 继续深化高新区管理机制改革

总结高新区过去管理体制好的经验，完善的重点是向"政务、事务、服务"相分离的方向改革，把知识性、专业性、可以市场化的服务工作交给中介机构，同时，对区内要压缩管理层次、减少审批事项、简化办事程序、撤并不需要独立设置的部门和机构。应积极争取成都市政府职权内的管理工作实行园区内事务园区内解决，充分发挥省市政府授予高新区对科技资源的调控配置主导功能；建立高新区与省市政府及相关职能部门快速协调机制，加强省市政府及相关职能部门与高新区的协调力度。

专题报告二：西安高新区提高自主创新能力与促进高新技术产业发展研究

1991 年 3 月，经国务院批准，西安国家级高新技术产业开发区正式成立。多年来，西安高新区各项指标增长迅猛，综合指标位于全国 53 个高新区前 5 位，西安高新区多次被评为国家先进高新技术产业开发区。1997 年 9 月经国务院批准，率先加入了亚太经合组织（APEC）科技工业园区网络；2001 年 2 月被列入我国"十五"期间重点建设的五个国家示范高新区之一；2002 年 12 月被联合国工业发展组织评为六个"中国最具竞争活力的城市区域"之一；2003 年 12 月被国家统计局、中国诚信建设组委会评为"中国 50 家投资环境诚信安全区"；2004 年 8 月被国家环保总局、科技部授予中西部地区第一个 ISO14000 示范区；2005 年 11 月被国家知识产权局授予"国家知识产权试点园区"；2006 年被国家列为重点要建设成"世界一流科技园区"的六个高新区之一。

一、西安高新区建设和发展的演变过程

西安高新区的建设和发展经历了两个阶段：1991—2002 年的"一次创业"阶段；2003 年至今为"二次创业"阶段。

（一）一次创业阶段

西安高新区选址在城市建成区的西南外缘①（见图 1）。西安高新区东北方向是西安市高等院校和科研院所集中分布的科教文化集中区，西安高新区的主体范围由东北方向向西南方向的城郊地区延伸。这种布局方式，一方面使得西安高新区能够充分利用西安丰富的高新技术人力资源，另一方面又拥有广阔的土地资源，可以为西安高新区的持续发展提供可供支配的空间地理承载能力。

西安高新区整体上分为集中建设区和政策区两个部分。高新技术产业发展集中建设区（图 1 深颜色区域），这是狭义上的高新区，其规划思路、建筑景

---

① 王战和. 高新技术产业开发区建设发展与城市空间结构演变研究 [D]. 东北师范大学博士学位论文，2006：90-92.

观都区别于城市的其他区域，主要用来组织和布置各种高新技术产业活动；高新技术产业发展的政策区（图1浅颜色区域），将紧邻的高等院校和科研院所等智力资源密集分布的区域囊括其中，在区域内实行优惠的高新技术产业发展政策，以推动科技智力资源向现实的科技生产力转化，形成紧密的"产、学、研"关系。

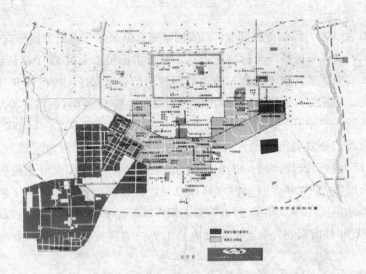

图1　西安高新区"一次创业"区位图

资料来源：王战和. 高新技术产业开发区建设发展与城市空间结构演变研究. 东北师范大学博士学位论文，2006.

　　1991年国家科委对西安高新区审定的总面积为22.35平方千米，其中集中新建区面积为3.2平方千米，政策区面积为19.15平方千米，原计划10年建设完成的3.2平方千米的集中新建区5年就建设完成。1997年又规划建设了6.8平方千米的二期工程，到2000年时项目就已布满；1998年电子园划进高新区4.17平方千米；2000年西部大开发战略实施以后，西安高新区又规划建设了4.62平方千米的长安科技产业园；2001年新区启动14.98平方千米，创业园、西安软件园、环保科技园、交大、西工大科技园等五个国家级科技园和光电子园、医药工业园、新材料园等专业园区相继成立。12年的"一次创业"期间，西安高新区这样一个地处内陆腹地、没有区位优势的国家级高新区依靠体制创新、技术创新和市场化建设机制，立足当地资源，实现了快速的内生式增长。

1991 年西安高新区的总收入和工业总产值分别为 2.1 亿元和 1.3 亿元[①]，到 2001 年这两项指标已经分别达到 386.9 亿元和 275.3 亿元，10 年分别增长了 184 倍和 212 倍，年均增长速度高达 68.5% 和 70.8%。

（二）二次创业阶段

2001 年 9 月，在全国高新区所在城市市长座谈会上，科技部部长徐冠华指出：经过 10 年的开发建设，全国一批发展较好的高新区"一次创业"已基本完成，应当适时转入到提升自主创新能力的"二次创业"发展阶段[②]。同时，陕西省和西安市也要求西安高新区进行"二次创业"，以进一步发挥和放大西安高新区的带动和辐射作用。随后，西安高新区在经历了 1 年多深入调研后，开始实施以"外部资本化"为抓手的"二次创业"，并在体制创新、创新体系建设、产业集群发展、要素专业化集聚等方面取得了显著成效。

2003 年启动的"二次创业"（见图 2），相对于"一次创业"的规划面积又有了进一步的突破，规划的新建面积达 78.4 平方千米的四大主功能区，并

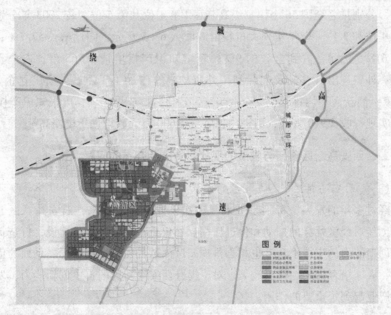

图 2　西安高新区"二次创业"区位图[③]

① 甄东，冯立奇. 创造西部神话——西安高新区十年回首 [J]. 西部大开发，2001（9）.

② 景俊海. 努力把西安高新区建设成为世界一流的高科技园区 [J]. 中国高新技术企业，2006（4）.

③ 西安高新区电子政务网. http://www.xdz.gov.cn/lm_infos.jsp? urltype = tree. TreeTempUrl&wbtreeid = 12299.

在西侧控制发展用地 55 平方千米。其中四大主功能区包括：53.35 平方千米的新型工业区，将以引进国内外制造企业、留住孵化成功的科技企业为重点，重点发展体积小、重量轻、附加值高，特色独具的高技术产品制造业，成为拉动西安经济的引擎、培育税源的基地；9.5 平方千米的国际软件园，建成世界知名、中国最大的软件出口和服务基地，使软件产业成为西安最具发展潜力和竞争优势的朝阳产业；12.68 平方千米的创业研发园，成为西安科技资源优势向经济优势转化的最大平台和孵化中小科技企业的"摇篮"，成为体现西安及高新区技术创新优势和核心竞争力的重点区域和重要标志；2.87 平方千米的中心商务区，成为配套功能齐全、市场氛围浓郁、现代特色明显的城市新区，使其成为集办公、服务、中介、会所、商住等多功能为一体的现代化商务区。

经过上述多方面的努力，西安高新区"二次创业"已取得了显著的成就，就是在 2008 年受到金融危机影响的情况下，西安高新区经济发展依然保持 30%以上的增速。实现在册口径营业收入 2 410.6 亿元、工业总产值 1 546.5 亿元，分别排名全国 56 个国家级高新区①第 4 位和第 5 位，较 2007 年分别提升了 4 位和 3 位。全年实现大口径财政收入 63.3 亿元，同比增长 57.7%；增加值 618.5 亿元，占到全省的 9%；新增知识产权申请 7 765 件，占全省的 75%；外贸进出口总额及实际利用外资均占全省的 1/3 左右；新成立企业 2 786 家；高新区平均每天成立企业 8 家，转化科技成果 3 项，申报知识产权 21 件，实现税收 2 910 万元，引进内外资金 4 600 万元，均创历史新高②。

二、西安高新区创新与发展的现状、特点及存在的问题

（一）西安高新区创新与发展的现状

经过多年的发展，特别是进入"二次创业"阶段以来，西安高新区非常重视创新对经济社会的推动和促进作用。不仅重视园区的硬件建设，打造提高自主创新能力的支撑平台，也相当重视园区的软件建设，出台了一系列的创新计划、人才培育计划、优惠政策，对于提升西安高新区的自主创新能力，发展优势产业起到了重要的作用。

---

① 我国国家级高新区在 2006 年之前很长时期是 53 个，2007 年宁波高新区升级为国家高新区；2009 年泰州医药高新区和湘潭高新区一起升级为国家级高新区，因此到 2009 年国家级高新区为 56 个。

② 西安高新区管委会. 抢抓发展机遇、坚持改革创新：努力把西安高新区建设成为世界一流科技园区 [R]. 2009 年国家高新区发展战略（兰州）研讨会交流材料.

1. 经济快速发展

2002—2009 年，西安高新区的营业总收入、工业总产值、实现净利润、实缴税金和在册出口创汇等几项主要经济指标的完成情况相当良好，保持了30%以上的高速增长态势（见表1）。

表1　　　　2002—2009 年西安高新区主要经济指标完成情况

单位：亿元、亿美元

指标＼年份	2002	2003	2004	2005	2006	2007	2008	2009	年均增速（%）
营业总收入	481.2	626.5	849.8	1 103.7	1 380.0	1 887.5	2 410.6	3 136.6	30.7
工业总产值	318.4	402.1	510.5	747.5	957.7	1 316.3	1 546.5	2 016.2	30.2
实现净利润	21.4	27.0	33.3	51.5	65.4	108.7	123.1	147.2	31.7
实缴税金	18.1	25.4	34.0	35.7	46.5	139.4	157.7	169.7	37.7
在册出口创汇	2.1	3.3	4.2	11.1	14.6	10.0	18.4	25.4	42.8

（资料来源：西安高新区网站统计数据）

其中，出口创汇 2005—2009 年间增长最快，2009 年是 2002 年的 12.08 倍，实缴税金 2009 年是 2002 年的 9.37 倍，其他均为 2002 年的 6 倍以上（见表2）。

表2　　　　2002—2009 年西安高新区主要经济指标增长倍数

	营业总收入	工业总产值	实现净利润	实缴税金	在册出口创汇
增长倍数	6.52	6.33	6.88	9.37	12.08

2. 产业集群式发展较为突出

西安高新区通过产业培育工作与招商引资工作的联动，在电子信息、装备制造、生物医药三大产业领域，形成了集成电路、通信、软件、汽车四大支柱产业集群。以集成电路、通信设备、软件为主的电子信息产业优势明显；以电力设备、制冷设备、能源技术、仪器仪表制造为主的装备制造产业集群发展稳健；以中药提取和生物制药为基础的生物医药产业发展迅猛；从研发设计、芯片制造、封装测试到半导体材料及集成电路设备制造为一体的完整的集成电路产业链不断壮大；以自主创新品牌小轿车和变速箱等汽车关键零部件为特色的汽车产业正在迅速崛起。

3. 一大批高新技术企业快速成长

为促进优势产业的发展，西安高新区实施了多项产业发展专项资金扶持政策和龙头企业、名优产品的扶持计划，促进产业规模快速壮大，促进骨干企业不断上规模、上水平、上效益。到 2008 年西安高新区营业收入过 100 亿元的总部类企业有 4 家，过 50 亿元的企业 9 家，过 10 亿元的企业 32 家，过亿元的企业 210 家，数量均居全国高新区前列。企业规模的迅速扩大，使西安高新区的总收入保持了每年 30% 以上快速增长的态势。高新区内诸如比亚迪、法士特、大唐电信、东盛科技、海天天线、西电捷通等一批企业已成为在全国各行业很有影响力的典型代表。

4. 创新平台建设成效显著

在园区分类建设方面，西安高新区重点打造了"六大功能园区"作为吸纳、聚集世界科技产业资源的创新平台和产业环境。其中创业研发园连续多次被评为全国最好的科技企业孵化器之一；在 2006 年西安软件园已成为全国四个、西部唯一的国家软件产业"双基地"；新型工业园成为实施西安市工业振兴计划的重要载体；电子工业园成为全国最大的电子连接器生产基地；为技术创新和科技产业发展提供商务环境的 CBD 已吸引了一批境内外知名企业。另外，还以高校及科研机构为依托，建立了包括 4 个大学科技园在内的 19 个不同领域的专业孵化器及综合孵化器，孵化器总面积达到 78 万平方米以上，成为全国孵化面积较大、服务功能较全、企业成活率较高的企业孵化器集群之一。

5. 创新要素不断聚集

针对西安人才众多但高级人才不足、结构不合理的问题，西安高新区通过实施"百名院士创新创业计划"、"高端人才引进计划"、"留学人员创业计划"、"创新型科技企业培育计划"、"企业标准化计划"、"知识产权保护计划"，并陆续出台了 20 多项相关配套政策。2006 年，西安高新区就已引进参与创新创业的院士 24 名，引进留学人员 600 多名，留学人员企业 415 家，列入国家发改委、科技部、信息产业部的企业技术创新项目总数均居全国高新区前列。2009 年西安高新区从业人员总数已达 27.5 万人，其中大专以上 18.8 万人，有中高级职称人员 7.4 万人。

6. 一流的园区环境正在形成

西安高新区坚持以国际化科技园区为方向，运用市场化的城市运营手段，按照"整体规划、组团开发、多元融资、规模发展"的建设开发模式，着力建设国内一流、西部最佳的园区环境。为使西安高新区成为聚人气、聚知识、聚资本、聚企业的投资沃土和创业乐园，不断优化区域基础设施功能，建成了高标准的路网、通信、供水、供电、供气、公园、医院、学校、住宅等基础配套设施，绿化覆盖率达到40.36%，实现了清洁生产，大气与环境质量不断改善。2004年西安高新区在西部率先被国家环保总局、国家科技部授予西安高新区 ISO14000 国家环境保护示范区。同时，进一步提高城市管理水平，推进市政建设精细化，市政设施管理、维护网格化，不断提高园区市政配套品质。注重"数字高新"建设，大力推进循环经济示范区建设。

7. 对当地经济社会的带动作用明显

对当地经济社会的带动作用明显表现为：

（1）西安高新区的发展模式得到推广借鉴。西安高新区与雁塔区和长安区合作，建立了电子工业园和新型工业园；与莲湖、新城等区合作，成立了3个行政区科技园。作为高新区发展空间的延伸和拓展，这些园区享受高新区的政策优惠和各种服务，实行总体规划，集中成片开发，基础配套和市政设施建设一次到位，并与周边区域贯通，加快了共建区的城市化进程，带动了区域经济发展。

（2）辐射带动作用不断加强。西安高新区内有超过千家企业把生产基地放在区外，省内有上万家企业为高新区内企业提供产品配套。高新区很多企业按照"两头在内，中间在外"的模式发展（即将产品研发和销售放在高新区，将产品生产放在周边区县），带动了省域经济发展，促进了陕西省产业结构的优化升级。

（二）西安高新区创新和发展的主要特点

1. 依靠体制创新释放制度推力

西安高新区成立以来，着重进行管理体制的创新。西安高新区的管理体制属于政府委托管理型模式，在实践中逐步形成了以下三个管理层次[①]：决策层，即高新区建设领导小组；管理层，由高新区管委会和高新区咨议委员会组成；经营服务层，包括建设开发公司、创业服务中心和各专业园区以及中介服务机构。西安高新区的这种管理模式集中了政府与市场两方面的优势资源，对推动西安高新区的发展起到了重要的作用。高新区建设领导小组集中了省市政府成员，既可以最大限度地利用上至陕西省、下至西安市的政策资源，同时也减少了行政部门之间的协调成本；管委会作为市政府的派出机构，享有充分的经济管理权限，有利于高新区的高效运作，同时高新区咨议委员会的存在保证了各项决策的科学性和合理性，同时也减少了政策推进过程中的运行阻力；而经营服务层则因其具有高度的市场化水平，既为园区科研人员和生产企业提供

---

① 张克俊. 成都与西安高新区的比较研究［J］. 中国科技论坛，2003（7）.

了高效优质的服务，同时也大大降低了行政费用。

在"二次创业"阶段，西安高新区继续坚持体制创新，利用陕西省、西安市支持西安高新区建设世界一流园区的良好机遇，发挥省市共建、共管机制的效用。在省市两级政府的支持下，西安高新区不断改善投资环境，大力推进园区体制机制创新，进一步优化内部管理体制：按照建设世界一流科技园区的客观需要和发展规律，对高新区内的体制、机制、制度进行优化创新，健全部门间协调配合机制；不断完善"一站式"服务模式，推行服务承诺制、行政公示制、首问责任制、过错追究制等制度；完善各类公开办事制度，提高工作透明度和公信力；提高机关办事效率，建立行为规范、运转协调、廉洁高效的机关工作运行机制。

2. 依靠技术创新形成驱动力

西安的科技教育资源在全国中心城市中居于领先地位，拥有数量众多的大学、科研机构。西安高新区非常重视这部分资源的开发利用，在与科研院所、大学共建专业科技园方面的成绩相当突出。2000年以来，根据科研院所和大学加快改革步伐的要求，西安高新区开始大规模地与一批重点大学和研究院所共同建设专业科技园区和大学科技园区。如光电子科技产业园、新材料科技产业园、西安交通大学科技园、西安电子科技大学科技园、西北工业大学科技园，以及2000年以前就已经创办的国家级软件园、国家级留学人员创业园、国家环保科技产业园、电子信息产业基地，至今西安高新区已建有10个专业园区。

在"二次创业"阶段，西安高新区认识到仅仅依靠分散的单个企业的技术创新，已经无法支撑西安高新区"世界一流科技园区"的建设，必须依靠创新体系建设推动西安高新区整体创新能力的提高。

（1）通过市场化的方式，做大科技创新、企业孵化、融资服务、产业发展等平台，促进投资主体多元化。注重发挥西安高校密集、科研院所众多、人才资源丰富的优势，积极贯彻落实全民创业各项政策措施，进一步激发科技人员创新创业的热情。加大对创新创业的投入和科技成果产业化的支持力度，大力推进"百千万科技创新创业计划"。

（2）构建以企业为主体、孵化器为支撑、研发机构为源头的技术创新体系。引导创新要素向企业聚集，进一步加大对企业研发投入的支持力度，鼓励企业进行原始创新、集成创新和引进消化吸收再创新，支持企业申报国家、省、市各类产业扶持计划，支持企业承担国家重大高技术攻关项目，不断提高核心竞争力。

3. 创新开发机制，实施"内部市场化"战略

实施"内部市场化"战略，推进企业化运作是西安高新区创新开发机制的主要特点。通过企业化运作，西安高新区形成了"政策扶持、贷款起步、负债经营、滚动发展"的开发建设机制，突破了"小财政、大建设"造成的资金限制，探索出了一条运用市场配置资源、建设科技产业园区的新路子。1991—2000 年，西安市政府先后出台了涉及土地开发与管理、产业发展、人事劳动等 14 个方面 20 多项政策，全方位支持西安高新区的开发与建设，从政策上对西安高新区给予了重大扶持。为了实施"内部市场化"战略，西安高新区管委会在创立的同时，成立了西安高科集团公司，负责园区的资金融通、土地开发、基础设施配套、市政设施建设维护和部分高科技项目投资。以土地为资源，以房地产开发为手段，通过"贷款起步、负债经营、滚动发展"的方针，实现了高新区的快速启动和滚动发展，创出高新区管委会负责规划管理和高科集团公司组织成片开发，基础配套、产业发展、社区发育同步推进的建设机制，较好地解决了高新区建设资金的市场运作和基础设施配套问题。

4. 促进优势产业以集群化的方式发展

为了提升西安高新区的竞争力，西安高新区在"二次创业"阶段高度重视以优势产业为核心的产业集群的培育。按照"主业突出、多业联动"的原则和"分工明确、条块结合、齐抓共管、形成合力"的产业促进机制，大力发展特色优势产业，积极培育促进新兴业态。西安高新区围绕电子信息、装备制造、生物医药、新材料、汽车制造等主导产业，通过运用市场机制、优化发展环境、完善产业配套、建设产业联盟、破解资金瓶颈、帮助企业开拓市场、申报国家计划等有效措施，促进高新技术产业集群"裂变式"发展。积极发展创意产业和现代服务业，为高新技术产业发展提供有效的支撑服务。同时，大力发展软件及服务外包产业，全力打造"西安软件"和"西安 BPO"国际品牌。进一步完善产业政策，以创意产业社区和"意之源"文化创意产业交易展示中心为基础，大力发展创意产业，并积极推进国家级动漫产业基地的申报。

5. 以专业园区建设为载体促进要素专业化聚集

在西安高新区建设和发展过程中，尤其是在"二次创业"过程中，在规划布局上注重整体规划、功能化分区、组团发展，在建设上把推进专业化园区建设作为重要抓手。西安高新区先后建成了光电子科技产业园、新材料科技产业园、西安交通大学科技园、西安电子科技大学科技园、西北工业大学科技园以及国家级软件园、国家级留学人员创业园、国家环保科技产业园、电子信息

产业基地等十多个专业化园区，从而促进了创新要素的专业化聚集，对于促进创新主体间的分工与合作、减低交易成本起到了很大作用。

6. 坚持开放合作促进园区跨越式发展

西安高新区把"引进来"与"走出去"结合起来，加强与国际国内著名园区之间的交流与合作，积极推进关中高新技术产业带建设；与陕北能源化工基地开展形式多样的对接活动及项目开发工作，积极探索与陕南各市、县的合作模式；多渠道开拓国际市场，培育壮大外贸出口主体，鼓励和支持具有资金、技术、管理优势的企业走出去，带动技术、设备、商品和劳务出口，大力提高园区经济外向度。同时，西安高新区在"引进来"方面，积极创新招商引资理念，创新外资利用方式，发挥外资在推动自主创新、产业升级、区域协调发展等方面的积极作用；积极发挥各驻外办事处的作用，不断加强招商信息网络建设。西安高新区经过多年的探索，已经改变了"什么都招"的粗放式引资模式，通过构建项目技术含量、市场前景、经济效益、环境影响等方面的评估机制，正在实现由全面招商向选商、优商转变。

(三) 西安高新区创新与发展过程中存在的主要问题

1. 企业自主创新动力仍需加强

西安高新区尽管"二次创业"以来企业的自主创新动力大大增强，但是仍有不少企业热衷于对技术和生产线的引进，而对于技术的消化吸收不足，用于自主研发的科技投入相对偏低。2009年西安高新区的科技活动经费支出为75.67亿元，在全国56个国家级高新区中排名第7位，比同属西部的成都高新区低73.21亿元。另外，西安高新区的经济产出效益不高也是发展过程中面临的难点。2009年西安高新区的总资产和企业数量均排名第3位，但是当年净利润却只有147.1亿元，排第6位。这说明，激励创新的机制体制并未完全有效建立起来。

2. 高新区与高校、科研单位创新资源的整合仍不够

陕西省和西安市是我国西部地区科技实力很强的省市，拥有不少知名大学和国家级科研机构，科技人才济济。西安高新区在过去的发展中对加强高新区与高校和科研单位的合作方面做了大量工作，也取得了突出成效，然而从总体上看，本地的科研优势潜力在高新区还没有完全发挥出来。尤其是高新区如何整合军工科研单位和国家级的大院大所，使之更好为地方经济发展服务，还面临条块分割、军地分割等体制机制障碍。

3. 创新成果与资本和产业化渠道的对接程度仍需提高

高新技术成果产业化的实质是高新技术成果与资本和产业化渠道的"无

缝"对接。由于西安市地处西部内陆地区，市场经济不是很发达，民间的商业投资意识还比较薄弱，在这种环境下，西安高新区虽然初步建立了多层次的投融资服务体系，但是与大量需要转化的科技成果相比还显得比较滞后，尤其是创业投资体系发育还远远不够。另外，由于缺乏科技成果与资本对接的平台和信息网络，造成有好的科技成果找不到渠道转化而有资本又找不到好的科技成果的现象，科技成果与资本和产业化渠道的无缝对接还远远没有做好。

4. 创新服务体系的运行机制需要进一步完善

西安高新区目前基本构建起了以孵化器为载体，以公共技术平台、投融资平台、中介服务平台、管理服务平台、信息服务平台等为支撑的创新服务体系，但是，这种体系的运行机制还不完善，本应具有的功能还没有充分发挥。例如有不少专业孵化器还只是停留在为孵化企业提供房租、物业管理等低层次的服务阶段，而对于如何针对企业的特点提供个性化、细分化、专业化的创业服务还做得很不够。

5. 产业集群机制比较脆弱

西安高新区目前基本上形成了优势主导产业，也在按照产业集群的思路促进产业竞争力的提高。但是，不少人仍然存在把有关企业在地理空间上放在一起就是产业集群的观念，由于缺乏集群的文化作支撑和社会资本的缺失，使得同一产业内企业的"扎堆"现象比较突出，企业之间有机联系、专业化分工与协作机制还不很发达，远未形成"生态群落"。

三、西安高新区优势产业与产业的细分方向选择

根据西安市资源、技术和产业特色优势及经济和社会发展的要求，结合国家、陕西省高新技术产业发展规划，西安高新区今后应重点发展电子信息产业、软件产业、生物技术产业、新材料产业，加快发展现代服务产业等产业。西安高新区优势高新技术产业及产业的细分方向如下：

（一）电子信息产业

重点发展集成电路产业，积极发展通信设备、电子元器件产业。要充分发挥西安高新区集成电路设计的科研和人才优势，围绕集成电路设计、半导体材料制造、芯片制造和封装测试的产业链展开对集成电路产业的招商、服务和产业扶持工作。要大力吸引芯片生产龙头企业，带动配套企业入驻，使西安高新区成为国内一流、国际知名的集成电路产业基地。充分发挥已拥有的新一代移动通信核心技术的自主知识产权优势，加快3G技术的产业化，打造中国新一代移动通信产业基地，形成西安最具自主创新能力的产业。要大力引进国际国

内知名通信企业，完善通信产品链和产业配套体系，尽快促进新一代通信产业集群的形成。发挥西安高新区电子连接器产业的优势，完成国家电子元器件产业基地审批和建设，形成中国最著名的电子连接器产业集群。

（二）软件业

西安高新区应尽快改变多数软件企业规模小、产品分散、行业协作差、市场竞争力弱的状况，使西安高新区的软件产业率先成为西安最具国际竞争力的优势产业。优先推进嵌入式系统和多媒体系统软件开发，大力发展商务流程外包（BPO），使其成为西安高新区软件产业发展的特色。积极开发 CAD/CAM、工业过程控制、管理信息系统、信息服务、金融财税、教育娱乐及多媒体、信息安全保密与病毒防治等应用软件。探索数字内容产业发展模式，重点建设软件产业基地、软件出口基地、工程研究中心、重点软件企业软件开发平台技术升级等项目，使西安高新区成为软件研发、自主版权软件产业化和软件出口加工服务及商务流程外包（BPO）基地。

（三）生物技术产业

发挥陕西"中国生物基因库"优势和生物技术优势，坚持生物技术的战略方向，挖掘秦岭药系的经济潜力，以中药合成与提取为特色，发展中药产业和生物医药制造业。积极采用先进适用的生物工程技术对化学制药、生化制药进行技术改造，提高生物工程药物的开发和创新能力，力争在基因工程、药物筛选、生物芯片、生物育种和生物制剂等方面有所突破。运用生物工程技术和现代中成药技术改良现有药物品质和传统中草药，推进中药研制生产现代化，不断开发各类新特中药及天然药品，培育制成一批具有自主知识产权的高效新药，构建全国新型中药、新药加工制造基地和重要的药品科研创新基地。发展化学原料与制剂、中药创新药物、医药中间体、医疗用品与器械、生物制品、保健品等。

（四）新材料产业

重点研发和生产超导材料、电子信息材料、功能材料、纳米材料、高纯金属材料、超细金属材料、新型金属箔材及异型材、非晶、单晶合金、稀土材料、高性能特种合金材料、特种粉末及粉末冶金制品、无机电子材料、光学纤维、特种合成纤维、特种橡胶及阻尼材料、液晶材料、新型精细化工产品、生物医学用高分子材料、高性能绝缘、隔热材料等，建设国家级新材料产业示范基地和研发孵化基地。

四、对策建议

西安高新区经过 20 年的发展，实现了从无到有、从小到大、从弱到强的一系列跨越，探索了一条在内陆地区发挥自身优势、扩大对外开放、发展高新技术产业的成功路子，成为我国体制机制灵活、人才资本密集、创业创新活跃、科技产业发达、现代气息浓郁的先进高新区。西安高新区正处在新的发展起点上，今后的主要任务是建设世界一流高科技园区，为完成国家赋予的"四位一体"的历史使命作出贡献。为此，应采取如下对策措施：

（一）整合高校和科研单位的科研资源与创新要素

西安高新区在"二次创业"过程中的战略目标是打造"中国科技创新中心、建设世界一流科技园区"，其核心是推进以提高自主创新能力为核心的"二次创业"，实现高新区的内生式集约发展。在全国56个国家级高新区中，西安高新区所在的西安市在科技、人才等方面具有独特的优势，是全国绝大多数高新区不能比拟的。西安高新区有条件依托高校和科研单位走出一条内陆高新区提升自主创新能力之路。

为提高西安高新区的自主创新能力，要锁定本地的重点高校和科研单位，分析这些高校和科研单位可为高新区利用的创新资源，重点关注可以产业化的科研成果、创新型人才和可为高新区服务的实验室、工程技术中心、测试中心、研究开发基础平台等。采取共建大学科技园、科研单位创新园、专业孵化器等方式，加强市场导向型、以项目为纽带的"产、学、研"合作，组建"产、学、研"技术联盟，促进高校和科研单位的创新资源与创新要素以多种形式为高新区服务。应建立"产、学、研"协调的组织机构、加强高层互访和人员交流、完善科技人才供求信息服务平台等，构建高新区与重点高校和科研单位的长效联系与合作机制，促进高校、科研单位的科技优势与高新区的产业化优势的互补和对接。要支持和引导各大科研院所的科技力量进入企业和企业集团，与企业共建技术开发实体，合作建设一批高水平的工程研究中心和工程实验室。充分利用西安市现有的雄厚的科研力量和丰富的科技资源，搭建运行高效的科学文献、科学数据、科学仪器等创新资源共享平台。制定具体的资源共享管理细则，明确资源供给方、资源使用方的权利和义务，既使创新资源提供方可以通过创新资源使用权的让渡获得相应的经济回报，又使资源使用方可以节约高昂的资源购置费用。

（二）抓好专业园区载体建设

专业园区是指围绕高新技术产业中某一细分领域，相关企业、机构在某一相对狭小的地理空间上集中，并形成良好的区域创新氛围和共生的产业链条关系的区域。① 通过发展专业园区，更能够有效发挥聚集效应，促进高新技术细分产业的发展，同时，有利于集约化用地、推行设施管理、提高细分产业的品质。西安高新区专业园区的建设应根据高新区主导产业定位，在进一步明确产业的细分方向之后，确定专业园区建设的种类、细分产业定位和空间布局，重点完善创业研发园、国际软件园、电子工业园、新型工业园、出口加工区、中央商务区等专业园区的功能。要按照专业园的细分产业定位来引进各种专业要素和企业，对于经营内容与专业园区定位不符合的企业就不能引进，从而促进专业要素的聚集。在专业园区的建设过程中，应加强配套服务设施的建设、积极引进专业化的服务机构、强化设施管理、注重生态环境建设，全面提升专业化园区的品质，为企业提供专业化的优质服务。

（三）培育龙头企业，鼓励大中小企业共生发展

大企业、大项目对产业集群的形成具有强大的带动作用，西安高新区应瞄准国内外的知名大公司、大集团，抓住产业转移的机会，与自身比较优势相结合，引进投资规模大、关联度强的龙头项目，同时扶持和培育一批优势产业中的龙头企业，使之成为产业集群的核心。为有效弥补本地产业集群在核心技术和核心链条上的"缺位"，形成产业集群，西安高新区在招商过程中应把引进与现有产业具有前后联系的外资作为主攻点，充分利用现有产业的价值链吸引外资，拉长本地产业集群的产业链，实现外资企业与本土企业之间的融合。针对西安高新区产业配套能力弱的现状，要积极依托骨干企业发展配套产业、服务业及下游产业，延伸产业链条，把单一产业变成产业群，实现产业集聚。要适应高新技术产业价值链不断分解又不断融合的规律，鼓励高技术大公司把一些不需要的业务外包出去，专长于研究开发和产业价值链上的高端环节形成竞争优势；鼓励母体公司内的科技人员和管理人员分离出来创办企业，形成一批具有紧密分工与协作关系的关联企业。要切实改善中小企业的生存环境，鼓励中小企业走"弹性专精"的道路，围绕核心企业或龙头企业进行产业整合和产业组织创新，形成竞争优势。

（四）完善投融资服务体系，搭建高新技术与资本对接的平台

西安高新区应站在创建世界一流高科技园区和建立区域金融中心的高度，坚持政府资金为引导、社会资本为主体，市场化运作的原则，完善投融资服务体系，着力打造创业投资平台、银行贷款融资平台、多层次直接融资平台、企

---

① 科技部火炬高技术产业开发中心，北京市长城企业战略研究所. 中国增长极——高新区产业组织创新 [M]. 北京：清华大学出版社，2007.

业信用信息平台和综合融资服务等平台，形成多功能、复合型、全方位、网络化的服务体系。西安高新区应在已设的创业投资引导资金基础上，增设创业投资风险补贴资金，鼓励风险投资机构投资区内企业；根据投资主体多元化和市场化运作原则，组建或引入多类型的创业投资公司或基金；充分利用政府创业投资引导基金，设立和完善创新型企业种子基金、扩大科技型中小企业创新基金规模及使用范围；积极吸引和培育天使投资者；建立高新区创业投资同业公会（协会）等为初创企业创新创业营造一个多层次、多功能的创业投资平台。为推进科技型企业利用多层次资本市场，应建立重点企业上市资源储备库，实时跟踪、引导和组织企业改制进入中小板、创业板，并积极申请进入海外创业板，打入国际市场；加强企业改制培训、辅导，完善企业内部治理结构，积极争取进入新三板；整合企业信用资源，积极推动非上市中小企业集合信托和发债，鼓励企业并购重组或资产股权化。要建立和完善科技信用贷款担保机构，构建多类型、多功能、多主体具有国际先进理念的信用担保机制；完善企业信用贷款担保模式，不断创新金融品种；建立再担保机制或信用保险机制，为信用贷款担保构筑第二道安全防线；探索建立科技银行和发展社区银行，为大部分中小企业信用贷款创造条件和可能，积极推进科技保险创新试点工作，努力降低企业研发及产业化风险。

（五）完善区域创新网络

区域创新网络是否运行良好，是一个地区提高自主创新能力、促进创新成果推广和应用的关键因素。

（1）推动企业真正成为自主创新的主体。西安高新区应围绕电子信息产业、软件产业、生物技术产业、新材料产业等重点产业，采取政策引导、平台促进、重点扶持、辐射带动等方法，促进以企业为主体的自主创新体系建设，使西安高新区的高新技术企业不断提高自主知识产权的比例。

（2）科技中介服务机构是科技成果供需双方的重要沟通平台，西安高新区应扶持和培育骨干科技中介机构，搭建科技中介信息平台，指导和推进资质认证和信誉评价，研究制定有利于科技中介机构快速发展的税收优惠政策，加强从业人员和管理干部的培训，发挥行业协会的作用等，使技术创新成果得以迅速的产业化和市场化。

（3）进一步出台促进孵化器建设与发展的政策，鼓励社会特别是大学、研究所和科技企业进入高新区自建联建等科技企业孵化器，形成以综合孵化器为基础、专业孵化器为核心的孵化器集群。

（4）加强公共平台建设。中小企业实力有限，开展技术创新所需要的设备不可能每个企业都买，这样做既不经济，也无能力。高新区应支持建立一批专业性的公共技术平台，对于激发中小企业的创新活动非常有益。

（4）培育创新文化。西安高新区应积极学习硅谷、中关村及先进科技园区的经验，以发展先进文化为总要求，大力营造有利于创新创业的文化氛围，提倡"敢为人先、敢冒风险"的创新、竞争精神，在科技创新方面形成"容忍失败、宽容失败"的科学的文化环境，结合本地区文化实际，通过整合，创造一个新的、适合本地区文化土壤的高科技发展模式。营造信用文化对于西安高新区形成创新互动与合作的机制非常重要，应形成以道德为支撑、产权为基础、法律为保障的社会信用制度体系，营造信用高新区、信用政府、信用企业、信用中介、信用个人体系。

专题报告三：重庆高新区提高自主创新能力与促进高新技术产业发展研究

重庆高新区是 1991 年 3 月经国务院批准的国家级高新区，是国家科委和国家体改委确定的全国五个综合改革试点开发区之一。重庆高新区管辖面积 73 平方千米，包括石桥铺高科技开发园区、二郎科技新城园区和北部新区高新园区。经过 20 年的建设，重庆高新区已成为重庆市发展高新技术产业和改造提升传统产业的基地，是重庆经济发展的增长极和重庆都市发达经济圈的核心区。

一、重庆高新区建设与发展的主要做法

重庆高新区作为我国 56 个国家级高新区之一，与其他高新区一样，起步是非常艰难的，从 30 万元启动资金、1 辆长安面包车开始创业，在政府的支持和引导下，坚持体制机制创新，逐步把昔日的城郊农村建设成为人才聚集、创业活跃、产业兴盛、环境优美、和谐稳定、人气兴旺的高新技术产业基地。重庆高新区的建设和发展历程可分为"一次创业"阶段和"二次创业"阶段。

（一）"一次创业"时期

1991—2001 年这 10 年是重庆高新区的"一次创业"时期。"一次创业"时期的主要任务是围绕尽快形成集聚生产要素和产业发展的环境而开展各项工作。

在园区建设方面，主要是进行起步区——石桥铺高科技开发园区开发建设，同时启动二郎科技新城园区和北部新区高新园区的建设。石桥铺高科技开发园是重庆高新区的起步区，占地 3 平方千米，经过"一次创业"的开发建设，已是重庆高新区的科技成果孵化、科技市场交易、大型会展、商务办公、中介服务及生活配套区域，是重庆最发达的商贸中心之一。园区内拥有重庆经营规模最大、人气最兴旺的电脑（数码产品）市场、通信产品市场、汽车摩托车配件市场、机电市场、五金工具市场、建材市场。其中泰兴电脑大市场、赛博数码广场、赛格电子市场等三家专业电脑市场，集中了全市 70% 以上的电脑硬件、软件销售商家，营业总面积近 5 万平方米，已成为全市规模最大、档次最高、交易最活跃的电脑市场。二郎科技新城是重庆高新区的拓展区，是

重庆市西部大开发十大重点工程之一，占地 10 平方千米。二郎科技新城从 2000 年开始建设，道路主骨架现已基本形成。其东北紧连石桥铺高科技开发园，西至上桥片区，南至大渡口新城，是配套完善的以高新技术产业开发为主的综合性科技新城，规划用地规模 1 096.9 公顷，规划总建筑面积 983.7 万平方米，人口规模 11.5 万人。北部新区高新园位于北部新区南端，园区建设于 2001 年 4 月正式启动。按照总体规划，园区将布局建设"重庆光电产业基地"、"重庆软件产业基地"、"重庆医疗器械产业基地"和"重庆新材料产业基地"。园区内规划布局了未来新重庆的中央商务区、使领馆区和交通、通信枢纽。

在孵化器和专业园建设方面，重庆高新区成立不久就组建了专门的科技成果孵化机构——创新服务中心。该中心以科技成果转化、扶持创新型中小企业、培育科技企业家为己任，依托重庆雄厚的科技资源，努力营造适宜中小型科技企业的创业环境。多年来，该中心围绕科技企业的技术创新，向在孵企业提供资金扶持、技术产权交易、项目申报、人才培训等综合配套服务，具体落实国家和高新区给予企业的各项优惠政策，积极帮助科技企业申报国家科技创新基金，邀请专家对企业进行专门培训，并通过电视、报刊等媒体广泛宣传等。为使资金有限的中小科技企业以极低租金获得高品质的办公、科研和生产场地，高新区还建成了以"金、木、水、火、土、天王、海王""七星"和留学生创业园为代表的科技孵化楼，并相继建成功能齐全、配套完善的软件园、留学人员创业园、生物生化制药技术开发园、二郎高科创业园、北部新区高新园"星"系列科技大厦等专业园，面积 150 万平方米，规模居全国前列。

在投融资服务体系建设方面，高新区管委会与金融机构联合发起成立由高新区科技企业自愿参加的互助性质的信贷担保基金，银行以"存一贷十"比例为入会企业提供贷款。同时，高新区管委会从本级财政收入中逐年拿出一定资金建立产业发展基金，委托重庆科技风险投资公司发放。从 1992 年开始，高新区管委会通过其全资国有控股公司对中小科技企业进行股权式投资。1992 年底，经市政府批准组建成立重庆科技风险投资有限公司，1995 年开始操作政府托管基金 5 500 万元。高新区产业发展基金在建立时政府注资 1 500 万元，2000 年公司增资扩股，注册资本增加到 2 亿多元。重庆高新区科技创业投资包括投资科技型企业、公共技术平台、中介服务机构、科技创业孵化器等。同时，重庆高新区制定了符合自身特点的投融资发展策略：政府对科技创业投融资进行引导，主要担当两个角色：一是成为引导民间资金投向中小科技企业的"媒人"；二是成为促成科技创业投融资合作的"服务员"。为培育多元化创业投资主体，重庆高新区重点对民营创业投资基金、引进外资创业投资机构、合伙创业投资公司和个人投资四种民间投资形式给予了支持和鼓励。

重庆高新区经过"一次创业"10年的发展，到2001年底已注册企业近4 000家，其中经认定的高新技术企业174家，日本、美国、德国、法国、意大利、新加坡等国家及中国香港和台湾地区的"三资"企业300余家，已孵化培育一大批具有自主知识产权的高科技产品；建成了重庆生物生化制药技术开发园、软件园、出国留学人员创业园等专业园区，初步形成了电子信息、生物工程和新医药、新材料、机电一体化四大主导产业。到2001年，共有在孵企业200余家，孵化项目500多个，主要集中在电子信息、新医药、医疗器械、智能仪表、新材料等产业；一批企业经过孵化培育，迅速发展壮大，涌现出了重庆力帆、重庆宗申、重庆信威、和记奥普泰、南华中天、宏声新思维、海浪科技、海扶技术、华邦制药、赛诺制药、重庆杜克等一批知名科技企业，培养了尹明善、左宗申、张松山、杜长春、王智彪等全国知名的企业家。由于在培育自主创新科技产业方面成绩突出，重庆高新区被科技部评为全国先进高新区。

重庆高新区科技企业迅速发展，不仅带来主要经济指标快速增长，而且为国家创造了大量税收，同时有力地促进了地方经济发展。其主要经济指标中，营业总收入（技工贸总收入）、工业总产值、税收分别由1991年的1.27亿元、1.12亿元、0.047亿元增长到2000年的192亿元、152亿元、9.9亿元，成为重庆市经济增长最快的区域。

（二）"二次创业"时期

2001年以后，我国高新区进入了"二次创业"新的发展阶段。"二次创业"的战略思路是国家科技部在2001年全国高新区武汉会议上首次提出的，其核心思路是推进高新区发展模式由粗放型向集约型转变。在2005年，国务院为高新区的"二次创业"明确了"四位一体"的发展定位。根据这一精神的指导，重庆高新区进行了以集聚创新资源、打造创新环境、提升创新能力、提高核心竞争力为主要内容的"二次创业"。

1. 政府出台若干政策法规和措施，支持高新区"二次创业"

2001年以来，重庆市政府相关部门及高新区管委会出台了支持高新技术产业发展的系列政策法规。包括：《关于加快重庆高新技术产业开发区建设与发展的意见》、《重庆市科学技术奖励办法》、《重庆市推进高新技术产业化的若干规定》、《重庆市关于贯彻国务院鼓励软件产业和集成电路产业发展的若干政策的实施意见》、《重庆市重大科技成果转化项目认定办法》、《重庆市高新技术产业化贷款风险担保资金管理暂行办法》、《重庆市事业单位技术要素参与分配试行意见》、《重庆市高新技术产业化项目管理暂行办法》、《重庆市技术成果出资入股管理办法》等，为高新区在新阶段发展高新技术产业提供了有效的政策支撑。同时，重庆市人大颁布了《重庆市科学技术投入条例》、《重庆市技术市场条例》、《重庆市促进科技成果转化条例》等地方性法规，为高新区发展高新技术产业提供了有力的法律支撑。

2. 集聚科技资源提升核心竞争力

重庆高新区区域内无大专院校，是发展的"先天不足"。为突破这一瓶颈，提升高新区的知识技术含量，重庆高新区采取了"四条措施"：

（1）大力引进科研机构。先后引进了重庆市应用技术工程研究院、计量质量检测研究院、电力工程研究院、煤炭科学研究院、药品检测所、特殊质量安全检测中心、重庆交通规划勘察设计院、机动车尾气检测中心、中兴通信西南研发生产基地、微软技术中心、霍尼韦尔工程技术中心等专业研发机构。

（2）投资建设科研平台。连续建设了超声医疗国家工程研究中心、多肽中试实验生产中心、集成电路设计中心、动漫设计中心、信息服务外包公共技术平台。

（3）支持企业建设研发中心。例如支持力帆集团技术中心成为国家级技术中心，使该公司专利拥有量4 061项，每年以3~6个发动机产品和更多的摩托车新产品投入市场，其发动机品种之多居全国之首；支持宗申集团投资4亿多元建设了国家级技术中心，宗申集团检测中心成为国家实验室；投资30亿元启动的"赛科·龙"计划是国内摩托车行业规模最大的自主研发计划，拥有600多项技术专利。

（4）与大专院校和科技企业合作，实施人才集聚工程。例如与重庆正大软件集团联合创建了重庆正大创新学院；与重庆大学合办了光电子研究生分院；与重庆邮电大学合办了研究生分院。

3. 完善科技风险投资体系

重庆高新区在借鉴国际上先进科技园区科技投融资体系的基础上，结合重庆实际创立了"五个创业基金"（信贷担保基金、产业发展基金、股权式风险投资、重庆市重大高新技术产业创业投资基金、信用促进会），从而形成了比较完整的科技投融资体系。高新区每年科技风险投入达2亿元，打造有国家级创新服务中心，并成功孵化出了一大批科技企业。通过孵化，已有5家企业成长为重庆工业50强，另有5家50强企业与高新区紧密关联。例如重庆机电产业的领军者——力帆集团和宗申集团，就是1992年在重庆高新区风险投资扶持下从小到大成长起来的，目前已成为年销售收入超过 100 亿元，集发动机、摩托车、汽车的研发、生产、销售为主业的大型民营科技企业。这两个企业壮大起来后，逐步把生产基地辐射到周边区县，带动了重庆整体经济的发展，并推动重庆成为全国摩托车生产基地，体现出了高新区对重庆经济的总体贡献。

4. 大规模建设产业楼宇

重庆高新区投入 30 亿元建设了标准厂房、"星"系列科技孵化楼、留学生创业园、高新园拓展区等约 152 万平方米的高品质、低租金的产业楼宇群，已初步形成三类产业楼宇：

（1）产业孵化类楼宇，约 111 万平方米，集中了海扶、信威、山外山、禾兴江源、前沿生物、神州龙芯、瑞笛恩、正大软件、金算盘等集研发生产一体的科技企业；

（2）总部基地型产业楼宇，约 21 万平方米，集中了重庆移动、西部航空、化医控股、中国农行西南信用卡中心、重庆轮船（集团）有限公司等企业总部；

（3）产业配套型楼宇，约 20 万平方米，建设了专家公寓、单工宿舍、商业服务等配套设施。

重庆高新区的产业楼宇群目前已有包括软件创意、生物医药、通信技术、汽车技术、光机电一体化以及新材料与节能环保等 450 家科技企业、约 5 万工作人员入住。其中，产业孵化和总部基地型产业楼宇已入住企业 400 家，形成了约 100 亿元产值。2008 年，高新区又在已建成的百万平方米"星"系列产业楼宇群以西整体启动建设一个新的百万平方米规模的产业楼宇集群。

重庆高新区经过几年的"二次创业"，创新要素集聚和创新能力明显提高，经济持续快速发展，主导产业的竞争力进一步增强，创新创业环境不断优化。到 2008 年，重庆高新区区内企业已达 1.58 万家，其中科技企业 4 000 家，生产型企业 1 172 家，高新技术企业 197 家，"三资"企业 300 家；已实施科技成果转化近千项。GDP 达到 266 亿元，工业总产值 653 亿元，工业增加值 165 亿元；是国家级软件产业基地、生物医学工程产业基地、科技兴贸创新基地和高新技术产业标准化示范区；引入了霍尼韦尔、富士通、微软等 8 个世界 500 强企业（项目），形成了仪器仪表、新医药及器械、软件创意、电子制造、汽摩配套等五个重点产业，其产值占区内工业总产值的 90% 以上。新兴的软件创意产业集聚了全市十大重点软件企业和全市 80% 以上的软件企业，全区通过"双软认证"的企业 100 家；仪器仪表产业是科技部的全国试点产业集群，2008 年增长 72.5%；汽摩产业和电子及通信设备制造业已形成了设计、制造、销售的完整产业链。

二、重庆高新区的主要特色

通过 20 年的发展，重庆高新区逐渐形成了自己的建设风格和产业特色。

（一）以重庆老工业基地为依托，民营内资企业为主体

重庆是一个以国有企业为主导的内陆重工业城市，由于地处西部，地理条件不是很好，引进技术和外商投资有些难度。但是重庆市具有科技实力雄厚、大工业基础好等特点，重庆高新区利用本地的这些优势，走出了一条以老工业基地为依托发展高新技术产业之路。形成了以民营内资企业为主体，并拥有自主知识产权的一系列创新型企业集群。目前，重庆高新区的工业贡献率 70%是民营企业，如信威通、宏信、海扶、宗申、力帆、华邦等优秀民营企业。这些民营企业利用重庆老工业城市的特点，发挥老工业基础的优势，走拥有自主知识产权的科技产业发展之路。这是重庆高新区最大的特色。

（二）以仪器仪表、汽车制造为龙头形成产业链

重庆市在工业自动化仪表与系统、科学仪器、医疗仪器、各类测量仪器仪表以及相关的传感器、元器件和功能材料等领域，综合研发和生产能力居全国前列，具有较大的发展潜力和区域优势。汽车摩托车产业、汽车零部件产业、摩托车整车及零部件产业等是重庆现代制造业的突出特色，摩托车及零部件产业在国内市场竞争力突出，2006 年重庆摩托车占全国市场份额 35%，发动机占 50%以上。重庆高新区利用这些优势，在仪器仪表产业拥有了一批包括四联集团、巴山仪表厂、耐德工业等一批龙头企业，形成了比较完善的产业链。培育了一批以嘉陵、建设、宗申、力帆、隆鑫等为代表的摩托车及零部件企业，形成了相关的上下游产业链；汽车及零部件产业形成了以长安集团为龙头的产业链。

（三）以楼宇工业为主体的园区生产基地

由于自然条件和地理区位的原因，重庆高新区基础设施建设不可能大面积扩张。为此，重庆高新区结合自身产业发展特点，大力发展楼宇工业。楼宇工业就是以城区楼宇为载体，依托中心城区密集的人才流、资金流、信息流、物流等资源，从事产品设计、技术开发、技术服务和加工制造等经营活动的聚集区。楼宇工业作为现代都市型工业的新形态，具有占地少、税源稳、效益好等优势。目前，重庆高新区北部新区高新园"星"系列现代化楼宇工业已建成约 100 万平方米，其中海王星科技发展大厦、金星科技发展大厦、火星仪器仪表产业大厦、水星科技大厦和木星科技大厦已相继投入使用。重庆高新区楼宇

工业规模可以满足 1 000 家以上科技型中小企业办公、生产需要。在"十一五"末期，重庆高新区楼宇工业建筑总面积将达到 200 万平方米，楼宇工业将实现产值 400 亿元。重庆高新区楼宇工业中现代的规划和建筑理念，不仅为入住的企业提供了优越的环境，而且成为重庆新经济的引擎，新都市风貌的一道亮丽的风景线。

（四）产业基地与科技新城同建

近年来，传统的科技园区逐渐暴露出一些问题，例如由于缺少合理的城市配套和有机的城市形态，功能单一，厂房密集，管理人员与产业工人都居住在园区之外或市中心，园区在夜晚成为"空城"，一方面造成城市设施浪费，一方面造成土地资源的浪费。在重庆高新区的发展规划中，一开始就吸取了其他一些工业园区"白天机器轰鸣，晚上空无一人"，造成土地和资源浪费的经验教训，提出了"产业基地与科技新城同建"的发展理念，把科技、产业、生态、环保、和谐等要素，融合进科技产业城市、山水园林城市、现代时尚都市的建设中。为此，重庆高新区坚持集约使用土地，高标准建设城市，大手笔构建基础设施，建设环保、生态的人居环境，发展第三产业和专业市场，实施数字化城市管理，注重社会事业的全面进步。重庆高新区区内有 8 个开放式公园、8 个生态湖，新建区人均绿地达到 110.9 平方米，是一座集科研、产业、生态、人文为一体的"生态科技商务区（EBD）"，是展示新重庆形象的窗口。如果说石桥铺高科技开发园和二郎科技新城是产业基地与生态新城同建这一理论的早期实践，那么，北部新区高新园——重庆 EBD 就是这一理论的升级：强调科技产业、生态新城、人本环境的全面和谐，并使城市资源得到最大化的利用。

三、重庆高新区发展中存在的问题

（一）与国内一流园区相比规模不大，发展水平不高

重庆高新区作为我国 56 个国家级高新技术产业开发区之一，无论从规模还是从发展水平上都距国内一流高科技园区有较大差距。2009 年重庆高新区总收入 862.9 亿元，是成都高新区的 38.0%；工业总产值 612.0 亿元，是成都高新区的 29.3%；工业增加值 184.3 亿元，是成都高新区的 30.4%；净利润 36.8 亿元，是成都高新区的 24.5%；上缴税费 48.4 亿元，是成都高新区的 44.7%；出口创汇 64.7 亿美元，是成都高新区的 91.2%。从产业发展水平看，其拥有的技术创新水平、专利转化能力、国际合作水平等都还较低，高新技术企业效益不高和产业发展精细化程度还不够。

（二）高新区的投融资体系有待进一步完善

重庆高新区虽然已经形成一套为企业服务的投融资管理办法，但是，作为内陆高新区，由于受整个内陆城市金融体系不完善、资本市场发育程度低的影响，重庆高新区要真正形成比较完善的投融资体制还有一定差距，表现为：科技型企业利用银行的信贷资金仍面临贷款担保抵押的困难；通过资本市场直接融资的企业不多；创新投资发展滞后，创业投资机制尚未形成；利用产权交易、企业债券、私募融资严重不足；科技金融中介服务体系严重滞后，资本与科技成果的对接机制不完善等，因而企业尤其是中小型科技企业融资难的问题还没有得到根本解决。

（三）产业链缺损，没有形成产业自身发展的内在机制

目前，重庆高新区只有汽车、摩托车产业逐步形成了产业链，而在光电显示、通信、生物医药、精密机械领域都只是企业的简单聚集，尚未形成完整的产业链。更重要的是，在高新区内，企业之间的联系还不够紧密，分工和协作体系还不发达，还没有培育出很强的产业集群内在"植根性"。

（四）资源整合效率不高，科研成果难以转化为生产力

重庆市人才资源丰富，人力成本较其他省市优势明显。全市有各类专业技术人员 56 万人，其中高中级专业技术人员 19 万多人，有市属以上独立科研机构 78 个，各类国家级和市级重点实验室、工程技术中心、企业开发中心 17 个，具有较强的科研和技术开发能力。50 多所高等院校能够为高新技术产业发展提供人才需求。同时，重庆人力资源成本要比东部发达地区低，其中，软件人才成本比东部发达地区低 30% ~ 40%。但是，这些创新要素的整合效率不高，"产、学、研"联合开发的有效机制还没有很好地建立，一方面大多数企业缺乏技术和产品的储备，另一方面科研单位许多好的科技成果找不到转化和产业化的机会而束之高阁。

四、对策建议

重庆高新区在未来的一段时期内，应以建设"创新型科技园区"为契机，努力把重庆高新区建设成为一个集"科技产业核心区、新兴产业孵化区、改革创新示范区、都市风貌展示区、现代产业辐射区"为一体的具备核心竞争力优势的发展高地。为此，应采取如下对策措施：

（一）提升产业发展水平，促进主导产业加快发展

重庆高新区应重点打造"1 + 3 + X"产业体系，即：打造电子信息第一支柱产业，做大做强高端装备制造、生物医药和现代服务三大优势产业，同步发

展现代物流、文化科技、节能环保、新能源、新材料等相关产业。并要高度重视在这些产业中的细分领域培育新业态，发展新兴集群，形成竞争优势。同时，要进一步做大做强优势企业和优势项目，发挥对产业集群的带动作用，主要应做大做强超声聚焦刀、艾滋病疫苗、SCDMA等具有核心竞争力的自主创新项目；做大做强格力空调、信威通信、禾兴江源、渝江压铸等具有市场竞争力的企业集团。

从产业空间布局来看，东部石桥铺高新区、二郎高新区改造提升重在"腾笼换鸟、提升品质"发展服务业。全面清理工业企业，选择性淘汰和"退二进三"。充分挖掘石桥铺IT数码卖场的增长潜力，通过改造升级和新布局引进的方式，改变单一市场销售模式，发展科技交易、科技产品博览、科技产品体验等关联行业，推进科技产品销售、展示和体验一体化发展，打造"长江上游IT数码中心"；充分发挥二郎主城核心区和科研院所多、环境品质优的优势，推进金融、研发、技术支持等前后向产业协同发展，采取楼宇产业等方式大力发展总部经济和科技孵化，打造二郎总部经济区，形成"高尚住宅、高端商务、高档市场"城市综合体，再造一个"重庆总部城"。西部白市驿、含谷、金凤拓展开发区重在"筑巢引凤、做大做强"。

（二）建设高新区新型创新服务平台

重庆高新区应运用政府力量，将市场和相关的要素、资源有机整合起来，以市场需求为导向，运用市场手段，构建有利于推动自主创新的各种资源共享平台。具体来讲就是要打造五个平台，聚集创新要素，即：公共技术平台——汇聚一批公共技术中心和行业技术中心；企业研发平台——每年加大投入，至少扶持企业设立10个以上研发中心，并形成行业技术标准；科技中介服务平台——培育一批科技评估、技术标准、技术经纪、技术转移、知识产权代理等专业机构；成果转化平台——继续加强楼宇工业建设，加强"产、学、研"合作，吸引高等院校智力资源，促进科技成果转化；创业投融资平台——形成不同性质经济参与科技风险投资的机制。通过创新型平台的建设，汇聚智力资源，整合项目和聚集人才。

（三）创新投融资体系

（1）要完善风险投资机制，建立真正意义上的风险投资机构，促进风险投资在高新区健康发展。

（2）高新区要积极筹备创投公司、基金管理公司、股权投资基金和产业投资基金，鼓励企业设立创业投资基金，促进大学和科研机构人员创新创业，推动"产、学、研"融合发展。

（3）依托高新区组建促进中小企业发展的"重庆市中小企业再担保公司"和"重庆风险投资银行"，引导金融机构创新金融品种，为中小企业提供融资渠道。

（4）要认真研究、培养和确定几家基本符合上市要求的高科技公司（电子信息产业），通过国际券商的规范"包装"到国内外公开上市募集资金，并在高新区精选一批有发展潜力的高科技公司，按上市要求进行规范培育，使它们能在几年内到中国"二板"市场或在海外上市。并积极争取科技部和证监会支持把重庆高新区纳入全国首批"新三板"扩大范围试点。

（5）制定加大吸引社会资本、民间资本等的政策，构建社会资本进入高新区的有效机制，以改变高新技术投资单一的不合理结构。

（6）由政府搭台，有关部门和企业参与，并采取开放合作的方式，举办各种形式的高新技术产业贸易投资洽谈会，吸引更多外地、外国资本参与重庆高新技术产业建设。

（四）建设西部一流生态科技商务园区

重庆高新区根据重庆的地理特点坚持产业基地与生态新城同建的理念。这一理念指导着重庆北部新区创新发展思路，决心打造中国西部第一个生态科技商务区——重庆 EBD[①]。这种城市理念源于西方后工业时代生态城市理念、城市边缘组团化和科技园区发展等多元的叠合与拓展，是一种全新的城市形态和产业园区形态。重庆 EBD 位于北部新区高新园，面积约 50 平方千米。为了集约使用土地，更好地利用园区的城市设施，EBD 应在抓好高新技术企业技术开发的同时，高标准、高质量地抓好生产环境和生活环境的规划布局，使工业区、生活区和服务区既相对分离，又紧密连接，以生态建设促进投资环境和人居环境的改善，构筑可持续的 21 世纪和谐城市新形态。

---

① EBD 是英文 Ecology Business District 的缩写，即生态商务区，意指兼顾人本与环境，以现代产业、商务为主导的生态新城区。

专题报告四：昆明高新区提高自主创新能力与促进高新技术产业发展研究

昆明市是云南省的经济、政治、科技、文化中心，聚集了大部分科研和人才资源，产生了不少有价值的科技成果，但是，在计划经济体制下，这些科研成果多数与其他地区一样，放在实验室里得不到转化和产业化。20世纪80年代末90年代初，为迎接世界新技术革命的挑战，贯彻邓小平同志的"发展高科技，实现产业化"的指示精神，国家启动了发展高新技术产业的"火炬计划"，而建立国家级高新区则是实施"火炬计划"的重要组成部分。昆明市抓住这一重大机遇，利用昆明市自身的科技人才等有利条件，在1992年积极争取建立了国家级高新区。昆明高新区建区以来，从无到有、从小到大、从弱到强不断发展壮大，成为了创业者的摇篮、投资的热土，高新技术产业化的基地及孵化基地，自主创新能力提高和优势产业发展的实验田，昆明市乃至云南省对外开放的窗口和新的经济增长点。

一、昆明高新区建设和发展过程

为抓住发展高科技，实现产业化的机遇，1992年4月，昆明市政府下发《关于同意"昆明五华高新技术产业开发区"更名为"昆明高新技术产业开发区"的批复》。1992年8月，昆明高新区举行新区启动奠基典礼。1992年11月，国务院下发《关于增建国家高新技术产业开发区的批复》，① 同意包括昆明在内的25个城市建立国家高新技术产业开发区，昆明高新区升级成为国家级高新区。从此，昆明高新区成为了54个国家级高新区中的一员，是云南省唯一的一家国家级高新区。经国务院批准，昆明高新区的总体规划面积9平方千米，首期开发规划面积为5平方千米。昆明高新区建设和发展十余年来，呈现出明显的阶段性特征，可划分为初创阶段、快速发展阶段、"二次创业"阶段。

---

① 李琳. 昆明高新区大事记 1992—1997 [J]. 中国高新区，2007（8）.

（一）初创阶段（1992—1994 年）

1. 昆明高新区在困惑中发展，在探索中前进

在昆明高新区建区之初，有赞成者，当然亦有很多反对者。反对者认为云南旅游资源丰富，大力发展旅游业比发展高新技术产业更有优势，而且云南地区处于西部落后地区，缺乏发展高新技术产业的人才、科技资源和工业化基础。高新区到底应怎么发展？出路在哪里？昆明高新区高新技术产业发展的依据是什么？面对一系列的困惑和问题，时任昆明高新区管委会的领导认为"昆明高新区是一个新生事物，没有现成的模式，但我们可以在讨论和实践中创造出一种模式，只要符合我们高新区发展的模式都是可以探索的"。为探寻适合高新区的发展之路、管理模式，汲取其他高新区的先进经验，管委会领导参观浦东、漕河泾、张江、苏州、常州、青岛、威海、大连和西安等高新区后，形成了《学习先进经验，加快我区发展》的考察报告，获得了三点非常重要的启示：第一，建立一套市场体制下的精干、高效的运作机制胜过依赖国家的优惠政策。第二，只要不脱离当地生产力发展水平，不影响经济可持续发展，只要有市场的产业，就可以放手发展。第三，依托云南的自然资源优势和产业比较优势大力发展生物医药产业和电子信息产业。[①] 通过一系列的考察和实践活动，昆明高新区在运行的机制和体制、产业发展方向方面有了较明确的思路，为以后高新区的创新和发展奠定了基础。

2. 依靠土地、优惠政策进行招商引资，促进生产要素在园区内的集聚

1992 年以后，昆明高新区获得了政府批予的土地，开始实行以地招商。通过出让土地获取资金，发展和建设高新区，昔日的荒山野岭，出现了一排排整齐的现代化厂房，高新区的面貌大有改观。一时间吸引了大量的想进入园区的企业，促进了生产要素在园区内集聚，拓展了高新区的发展空间。但是，企业和企业之间联系分散、产业配套能力差、产业关联度低，传统的产业在高新区内还占有较大的比重。同时，由于缺少招商引资项目的一些原则性标准和规范，对招商引资项目进行考察和审核的力度不够，一部分企业也造成了高新区环境污染、经济损失和资源浪费等问题。

（二）稳步发展阶段（1995—1998 年）

1. 高新区的发展得到了云南省各级政府的大力支持和重视

云南省各级政府为了支持高新区的发展，相继发布了一系列政策和决定。1995 年，中共昆明市政府印发《关于加快三个开发区（高新区、经开区、滇

---

① 耕夫，元弓，李新. 精心构筑"云药"基地 [J]. 中国高新区，2003（4）.

池区）开发建设的几点意见》。1996 年，中共昆明市委、市政府下发《关于加快昆明高新技术产业开发区建设的决定》。同年，昆明市政府发布《昆明高新技术产业开发区管理办法》。1997 年，中共昆明市委办公厅、市政府办公厅下发《关于印发〈昆明高新技术产业开发区机构改革方案〉的通知》，昆明高新区工委、管委会设立 2 办 7 局，有关单位派出机构 5 个。[①] 在一系列相关政策和决定的支持下，高新区的外部环境得到优化，大大促进了高新区的建设和发展。

2. 招商引资的思路有了一定的转变

在这期间高新区一方面限制高能耗、高物耗、高污染的企业进入园区，保护好高新区的生态环境；另一方面继续加大招商引资的力度，提出了环境招商理念。即通过治理环境和改善环境吸引投资项目，建立和健全各项社会配套设施，吸引企业入驻园区。此阶段成功引进了云南铜业有限公司、锡业股份有限公司、南天电子信息产业集团股份有限公司等。但此阶段对产业链招商和产业集群招商观念淡薄，企业和企业之间联系分散，产业之间的关联度低。

3. 高新技术产业发展缓慢

高新区发展主要是依赖外来的投资，内生机制还远未形成。高新技术产业比重低，高新技术产业发展环境、产业配套能力差，各类产业大都处于价值链的中低端。产业分工较低、产业竞争能力不强，制造产业、加工产业是高新区发展的重点。创新创业环境差，各类孵化器、工程中心、技术研究中心还没有建立起来。

（三）二次创业阶段（1998—2006 年）

1. 创新创业环境得到极大改善

经过二次创业的发展阶段，昆明高新区各类专业性孵化器、高新技术产业基地和创新平台相继建成。1998 年，高新区组建云南软件园。1999 年，成立云南省大学科技园。2001 年，建立昆明现代生物制药产业园区。2002 年，成立云南留学人员创业园。2004 年年底，昆明高新区公共型保税仓库一期工程建成并投入使用，二期工程于 2005 年 4 月完工。2005 年，昆明高新区国家高新技术产品出口基地顺利揭牌。截至 2006 年，昆明高新区已建设完成了八个创新和产业化基地：高新区创业服务中心、云南软件园、云南省大学科技园和云南留学人员创业园、昆明现代生物制药产业园、高新区公共型保税库、昆明国家高新技术产品出口基地、高新区生态环保科技基地、电子、汽车市场。至

---

① 李琳. 昆明高新区大事记 1992—1997 [J]. 中国高新区，2007（8）.

此，昆明高新区的创新能力、科技成果转化能力、中小企业孵化能力得到了大大提升。

2. 招商引资工作思路趋于成熟

1998—2000 年期间，高新区确定环境招商和策划招商并举的招商思路，新建成的昆明现代医药产业园、云南软件园、大学科技园、创业服务中心、留学人员创业园五大园区，极大地促进了昆明高新区的招商引资工作。在此阶段，云南白药、昆明制药、滇虹制药、香港龙润集团、香港积大制药、生物谷灯盏花等一批大企业进入高新区。在经历了以地生财、以地招商、环境招商、策划招商、诚信招商经验的基础上，高新区逐步实现了招商引资工作的"四个转变"：由自行招商为主，向注重以外引外和委托招商转变；由坐等招商为主，向走出去招商转变；由传统招商方式为主，向注重网上招商等现代方式转变；由政府招商为主，向注重国内外中介招商转变（昆明高新区招商引资再创历史新高，《昆明日报》，2007 年 4 月）。2004 年，昆明高新区采取"走出去、请进来"的招商方式，成功地引进了现代新昆明建设第一个新型工业化支撑项目——云南美的客车基地、广电网络传媒集团、天盟农资连锁等项目。2005 年，高新区在总结过去招商引资项目的基础上，招商思路又有了新的突破，即"五个转向"：从吸引分散的投资项目和资金转向引进集团式的投资项目；从吸引一般粗加工组装项目转向引进产业基地项目；从吸引劳动密集型产业项目转向引进技术、资金密集型生产项目；从吸引中小型企业、项目为主转向引进知名品牌企业、项目为主；从吸引企业直接投资办厂转向使引进企业更多地采用控股、参股和并购方式投资，力图体现"三高"，即产品档次高、技术含量高、管理水平高。① 2006 年，高新区又提出"理性化招商、人性化招商、点击式招商"等新思路。所谓"理性化招商"即理性思考，不盲目引进，不贪大贪多；"人性化招商"即站在对方的立场，换位思考；"点击式招商"即以点带面，以大带小，形成连锁反应，引进一个，带动一片。实现由招商引资向招商选资的转变，提高引资质量和实效性。在以上思路的引领下，成功引进了世界 500 强企业美国百事公司，嘉吉公司，世界最大的铜、锌供应商比利时优美科公司。

3. 保障高新区发展的各项政策、法规日益完善

云南省各级政府以"发展高科技，实现产业化"为宗旨，积极制定各项

① 云南日报网. 昆明高新技术产业开发区 6 倍增速是怎样实现的 [OL]. http://www.yndaily.com，2007 - 01.

政策，采取各项措施，营造高新区技术产业发展的宏观环境，保障高新区持续、快速、健康的发展。1998年，云南省委、省政府下发《关于加快高新技术产业的决定》。2001年，昆明高新区管委会公布《昆明高新技术产业开发区2001—2005年信息化和信息产业发展规划纲要》。2006年4月，制定《昆明高新技术产业开发区招商引资优惠政策（试行）》和《昆明高新技术产业开发区关于优化环境、自主创新、跨越发展的若干优惠政策（试行）》；同年9月，《昆明高新技术产业开发区条例》正式颁布实施。①

4. 产业主导特征明显，创新突破阶段逐渐显现

经过二次创业阶段的快速发展，昆明高新区产业主导特征十分明显，大型高新技术企业开始逐渐占据高新区产业发展的主导地位，主新企业把各种生产要素重新进行整合，形成稳定的主导产业和具有上、中、下游结构特征的产业链。高新区也有意识重点选择了具有比较优势和特色产业进行重点培育，以抓大育小的方式，靠政策和优质的服务，逐步培育形成了新材料技术、生物技术、生态环保技术、光机电一体化技术、高效农业技术、电子信息技术六大高新技术产业群。六大产业集群成为了带动当地产业结构调整、产业结构优化升级和转变经济增长方式的强大引擎。高新区内企业的创新活动明显增加，企业自主创新能力明显增强，创新文化逐渐形成，涌现了不少具有自主知识产权的企业和产品，逐步形成了以云南的高校、科研机构、高新区重点实验室、云南大学科技园以及中介机构为依托的创新平台，高新区的创新能力显著提高。但同时园区内研究和发展主要依靠外部研究机构和研究性大学，企业自主创新的主体地位还不突出，高新技术产业核心竞争力还不是很强。

（四）继续发展阶段（2006年年底至今）

1. 昆明高新区的首期开发工程建设完成

截至2006年年底，昆明高新区已完成国务院批准的9平方千米规划面积中首期开发的5平方千米建设任务。从2006年年底开始，高新区又进入了一个新的发展阶段，正在掀起余下的4平方千米和现代昆明新城高新技术产业基地起步区1.5平方千米的开发建设热潮。高新区拥有了更广阔的发展空间。首期1.5平方千米2 148亩土地的征地工作已完成（昆明高新区招商引资再创历史新高，《昆明日报》，2007年4月）。云南省电力装备产业基地、云南华侨工业园、生物多样性可持续发展——昆明国家生物产业基地、国家级示范生态园、广东商业城等一批重点项目进入昆明新城高新技术产业基地实施。

---

① 李琳. 昆明高新区大事记1992—1997 [J]. 中国高新区，2007 (8).

2. 招商引资工作进一步科学化、合理化

高新区进一步创新招商引资思路，促进相同产业领域在高新区内集群发展，不同产业领域和环节融合发展，降低成本，共享资源，提高集群创新能力。2007年，高新区大胆实践"裂变式、套娃式、管家式"等招商引资新方式。"裂变式招商"主要着眼于具有影响力、拉动力的品牌企业，重在以内引外的招商思路。通过以企业带动企业，在广度、深度上扩大招商引资的力度，使区内产业结构进一步优化和提升。"管家式招商"则重在"情"上，用亲情般的责任心、诚心，对企业投资发展负责。"套娃式招商"着重于招商引资项目的紧密性和连续性，完善和拉升产业链，形成外部型经济。该阶段成功引进另一世界500强企业——微软公司。

3. 制定"289"工程的中长期奋斗目标

"289"工程的具体内容是：实现两大目标、建设八项重点工程、完善九大保障体系。① 两大目标是：在未来5年时间内，努力实现规模扩张和内涵式发展，确保各项主要经济指标不低于年均20%的增长速度，对昆明市国民经济的GDP、工业增加值、税收等贡献率达到10%以上。八项重点工程是：高新区建成区（西区）产业聚集提升创新发展工程、"现代新昆明"新城高新技术产业基地开发建设产业支撑工程、招商引资网络化和数字化城市管理平台建设工程、辖区内城乡一体化建设工程、六大产业和八大基地建设规模质量档次提升工程、环境建设和能力升级工程、园区特色文化发展建设工程、社会事业配套建设工程、失地农民培训和再就业工程。九大保障体系是：创新和完善体制、机制运行体系；建立以企业为主体的技术创新体系；制定和完善强有力的政策支持体系；建立功能完备的投融资和退出支持体系；建立和健全农民的社会化保障体系；建立公平竞争和健全的法制市场体系；建立全方位的服务支持体系；建立和健全现代信息管理体系；建立高效务实的行政组织保障体系。

通过"289"工程的实施，力争在六个方面实现创新和突破。一是在大力提高自主创新能力上取得新突破；二是要在培育和壮大科技型中小企业群体上取得新突破；三是要在招商引资上取得新突破；四是在增长方式和开发建设上取得新突破；五是要在体制和机制创新上取得新突破；六是要在政策和环境创新上取得新突破。

4. 建设生态型园区

为进一步改善园区环境，提升城市品位，昆明高新区采取政府投资为主，

---

① 昆明高新技术产业开发区管委会. 以创新为动力 以发展为目的努力实现昆明高新区既好又快地发展 [R]. 2007.

企业和社会投资为辅的多元化城市建设模式，2008—2009 年共投入资金 7 400 多万元用于园区的绿化建设，先后编制了《昆明高新技术产业开发区生态环境建设与保护"十二五"规划》、《昆明高新技术产业开发区"十二五"国家生态工业示范园发展规划》等环保专项规划。

二、昆明高新区创新和发展状况

（一）昆明高新区取得的成效

1. 各项经济指标稳定增长，发展势头良好

昆明高新区这个地处祖国西南边疆的"微型"开发区，建区十余年以来，从 20 万元贷款起家到截至 2008 年年底，累计实现总收入 2 362.05 亿元，工业总产值 1 953.86 亿元，增加值 449.86 亿元，出口创汇 28.2 亿美元，税收总额 123.04 亿元。2009 年实现总收入 702 亿元，增加值 128.94 亿元，税收 37.6 亿元，利润总额 33.5 亿元，出口创汇 12.6 亿美元，相当于前 17 年累计总额的 3 倍。

2. 六大高新技术产业集群初步显现

近年来，昆明高新区推动产业发展由大而全、小而全向集中优势发展特色产业转变。选择具有比较优势和特色产业进行重点培育，以抓大育小的方式，靠政策吸引和优质服务，先后培育形成了新材料技术，生物技术、生态环保技术、光机电一体化技术、高效农业技术、电子信息技术六大高新技术产业群。截至 2008 年年底，昆明高新区的进区企业已达 3 300 多家，其中，总收入上100 亿元的企业 1 家，上 10 亿元的企业 8 家，上亿元的企业 28 家，上千万元的企业 39 家；科技型企业 2 402 家。

3. 企业自主创新能力明显增强

到 2008 年累计承担国家、省、市级重点科研项目 380 多项，其中国家级项目 50 多项；涌现出一批拥有自主知识产权的企业群体，培育了一批创新能力强、高成长的中小企业，高新技术企业有 156 家，占昆明市高新技术企业数的 80% 以上。平均每个高新技术企业拥有 3 项以上专利，其中 80% 以上的核心专利实现产业化。科技型企业占企业总数的 80% 以上。拥有自主知识产权的产品占高新区产品总数的 80% 以上。

4. 区域创新体系初步形成，创新创业环境日益改善

昆明高新区建区以来，先后创办了高新技术创业服务中心、大学科技园、软件园、高新技术产品出口基地、高新保税库、国家生物产业基地、国家稀贵金属新材料产业化基地、国家生态工业示范园等 13 个国家级创新基地以及工

业资源循环利用工程技术中心等5个国家级工程技术中心，园区孵化场地面积达到51.5万平方米，以企业为主体，市场为导向、"产、学、研"结合的区域自主创新体系初具规模。

5. 高新区成为了全省创新创业人才集聚中心

昆明高新区为了引进和培养具有国际竞争力的科技人才，制定了较完备的人才引进和人才培养战略。一是出台了《昆明高新区关于加强高层次人才队伍建设实施意见》，进一步明确了高层次人才的引进方式和相关待遇等措施，在高层次人才落户、配偶安置、子女入学、住房等方面都制定了优惠的配套政策和服务措施。二是设立了高新区人才培训专用资金，重点资助企业管理和技术人员到国外进行培训。三是加快高新区人才公寓的建设，解决引进人才的后顾之忧。高新区专门建成了人才公寓，人才公寓中配有电脑、宽带、电视等一切必需的生活设施，实行宾馆式的服务。四是设立了"博士津贴"。① 通过一系列措施，很多国内高新技术人才和国外留学人员到高新区创业和发展。目前，昆明高新区逐渐成为了国内外、省内外各类创业人才的理想之地，成为了全省智力最密集、创新创业活动最活跃的区域。到2009年末，昆明高新区内集聚从业人员461 717人，大专以上人员28 624人，中高级职称人员8 231人，科技活动人员7 881人。

6. 基本建立了精简、高效的管理体制和运行机制

昆明高新区积极探索发展高新技术、促进高新技术产业化的管理模式，实施适合昆明高新区创新发展的管理机制和运行机制。现在，昆明高新区的计划、财政、规划、土地、劳动人事等管理权限基本落实。在高新区内一系列工作始终坚持"小机构、大服务"职能，实行封闭式、开放式运行，逐步实现了"一个窗口对外、一站式办公、一条龙服务"的运行机制，简化和优化了办事程序，提高了办事效率和行政效率。建立了完善的人事任免制度，按照公平、公正、开放竞争原则，打破"铁饭碗"，推行全员聘任、聘用制、实现双向选择、择优上岗的用人机制。同时，形成了"多换思想少换人，换了思想不换人，不换思想就换人"的创新工作思路。始终以建设法制、诚信、服务型政府为目标。通过一系列完善的管理体制和运行机制，营造了高新区优质的服务环境、提升了高新区服务水平，提高了高新区运行效率，为高新区创新和发展提供了基础保障。

---

① 科技部. 创新：昆明高新区的发展灵魂 [R]. 2005 (8).

7. 创新文化氛围和团队精神日益增强

经过十多年的努力，昆明高新区逐步形成了以创业文化、企业文化、进步文化等多方面园区特色文化体系。在创新文化方面，重点培育"敢闯敢试、勇于创新、大胆突破、鼓励成功、宽容失败"的文化内涵；在企业文化方面，重点倡导形成表现企业各自特点个性的集"产品研发、品牌创新、技术水平、自主知识产权"为一体的文化品质。在进步文化方面，重点是塑造代表先进生产力的"发展第一、速度第一、效益第一"的速度文化。以多样化的文化为基础，凝练了"特别能创新、特别能开拓、特别能务实、特别能贡献"的团队精神，初步形成了"知识孵化卓越、科技创新未来"的文化氛围。

（二）主要特色

1. 率先推出"一园多校"的建园模式

由于云南省高校比其他地区高校综合实力要相对弱一些，因此，昆明高新区的国家大学科技园采取的是"一园多校"模式，而没有像有些地区（多是发达且高校综合实力强的省份）采取"一校一园"的模式，在全国率先推出的这种"一园多校"、"联合式、开放式、网络式、虚拟式"的建园模式，为西部广大的落后地区提供了一个成功范例。昆明高新区先后在云南大学、昆明理工大学、云南师范大学、云南农业大学、昆明医学院、云南中医学院、大理学院、云南财经大学等高等院校设立了科技园分部。通过在全省各高校的科技园分部，国家大学科技园整合了云南省各高校的科技资源，并借助于国家大学科技园的孵化资源优势，将科技成果迅速转化为现实生产力，为昆明市、云南省发展高新技术、促进科技成果转化作出了重要贡献。

2. 高新区的产出效率比较高

2007 年，昆明高新区就实现每平方千米总收入 92.7 亿元的产出效率，位居全国高新区第二位、西部高新区首位，人均创造总收入 139 万元，人均创造增加值 25.3 万元，均高于全国高新区的平均水平。①

3. 特色产业基地建设较为突出

昆明高新区通过"一区多园、园区专业化"的建设模式，已经逐渐显现出特色产业基地的竞争力。例如，昆明现代生物制药产业园目前已有铭鼎药业、云南白药、滇虹药业、生物谷盏花、昆明制药、三九白马、香港龙润集团、香港积大制药、昆明医学院、云南省药监局等一批项目入园实施。目前，

---

① 昆明高新区欲实现八大超常突破 [OL]. 中国高新技术产业导报，中国创新网，2008 年 3 月.

云南省政府确定的重点扶持的十大医药企业已有八家落户高新区，这表明高新区对全省医药产业的发展起着重要的集聚作用，是云南省实施建设"绿色经济强省"战略的重要组成部分。云南软件园是国家科技部认定的29家"国家火炬计划软件产业基地"之一，集聚了180余家从事软件开发、系统集成、信息服务、信息设备制造的企业。

4. 具有较为完善的创新孵化体系，创新孵化能力较强

昆明高新区与内陆的成都、西安高新区一样，具有较为完善的创新孵化体系，创新孵化能力较强。建区十余年来，高新区先后形成了国家级创业服务中心、国家级云南软件园、国家级云南省大学科技园、云南留学人员创业园、昆明现代生物制药产业园、生物科技创新园、云南省新材料孵化器、生产力促进中心、国家生物产业基地、云南生物技术创新中心十大创新基地和平台。一个区域拥有这么多的创新资源，在全国并不多见，孵化了当地的科技成果、取得了具有自主知识产权的产品、促进和培育了中小科技型企业的成长与发展。

5. 高新技术转化和高新技术企业成长主要以本地企业为主

由于昆明高新区在吸引国际上跨国公司投资的综合环境条件上不仅竞争力较东部沿海高新区差，而且与内地的西安、成都高新区在产业配套、经济活力等方面相比也有差距，因此，昆明高新区在吸引外资尤其是引进世界500强企业方面比较弱。但是，昆明高新区在依靠本地科技资源进行科技成果转化、依靠本地企业发展高新技术产业方面表现得较为突出。已成长起来的高新技术企业，主要是以本地的高新技术企业为主，其技术依托主要以本地的大专院校和科研机构为主，同时，也不排除与国内的大专院校和科研机构合作。

6. 善于根据形势变化调整招商引资思路

昆明高新区建区以来，先后经历了以地招商、环境招商、策划招商、诚信招商、理性化招商、点击式招商，到现在的"裂变式、套娃式、管家式"的招商，不断发展和创新招商引资思路，招商引资工作成效显著。招商引资的经验也被其他地区学习和效仿。目前累计引进内外资合计300多亿元，项目1 600多个。2008年，昆明高新区实际引进内外资项目691个，实际到位内资187.52亿元人民币，实际到位外资1.72亿美元。经过十多年的努力，共有进区企业3 573家，其中：规模以上企业共106家，总收入上100亿元的企业1家，上10亿元的企业8家，上亿元的企业38家，上千万元的企业84家，吸引了来自美国、俄罗斯、英国、德国、法国、日本、澳大利亚等23个国家和中国香港、台湾等地区，以及北京、上海、广东、深圳、江苏、浙江等省市的客商进区兴业；成功引进世界500强百事可乐、嘉吉集团、美国微软公司、德

国巴斯夫和国内 500 强娃哈哈集团等一批投资规模大、科技含量高、产业拉动强、产业聚集程度密集、发展前景好、具有重大影响的项目。

（三）存在的主要问题

1. 产业承载空间受限

理论和实践表明：一个产业要真正形成产业集群的竞争优势是需要多种条件的，其中一个基本条件就是要有一定的空间载体。高新技术产业尽管具有节约土地的特征，但形成产业集群也必须具有一定的承载空间。目前，昆明高新区总规划面积仅为 9 平方千米，而北京中关村科技园区规划占地面积达到 217 平方千米，上海张江科技园区开发区面积是 42.1 平方千米。昆明高新区首期开发面积 5 平方千米也低于中西部高新区的新建区平均面积 10.3 平方千米。

2. "产、学、研" 结合松散，人才缺乏

昆明高新区与当地的实验室、科研机构联系仍比较松散，大学、科研机构是高新技术产生的源头，是科技资源、科技人才的密集区。无数事实表明，高新区与大学、科研机构互相依托、互相促进形成 "产、学、研" 互动关系是高新区创新和发展非常重要的一种方式，也是大学、科研机构的科技成果转化为现实生产力的有效途径。云南有一系列省、国家重点实验室和研发中心乃至联合国粮农组织确认的国际合作研究中心，创新资源丰富，特别是生物创新资源是很多其他省份无法比拟的，但是科研机构的创新成果也没有得到有效配置。目前，昆明高新区还未完全与当地这些国家、省级重点实验室和研发中心形成一种有效、紧密的联系，最新创新成果没有得到及时的引进和转化。

3. 产业优势不突出

园区以前的产业发展缺少科学规划，没有真正形成产业集群，优势产业、特色产业不突出，除生物医药和新材料产业以外，其他产业集聚尚未形成。昆明高新区和其他西部高新区一样，在建设初期，投资环境差，很多企业不愿入驻，因此当时高新区的主要任务就是把企业吸引进园区。通过外部企业的投资，改善高新区内部环境。但这种招商引资行为也导致了企业之间联系不甚紧密，仅仅是生产要素的空间聚集，企业之间的协作能力和配套能力差。到目前为止，光机电及信息产业等还远远未形成大的产业规模，发展相对缓慢。

4. 投融资体系很不完善

目前对昆明高新区内高新技术企业提供资金支持的主要有国家科技型中小企业技术创新基金、云南省高新技术产业发展基金、昆明市科技型中小企业技术创新基金以及政策性银行的信贷资金等，这些政府主导式资金对发展高新技术、促进高新科技成果转化起了非常重要的作用，但毕竟它的覆盖面是有限

的，很多中小科技型企业由于高新技术产业自身高风险、高投入的性质以及达不到政府设定的一系列条件（比如处在种子期的项目）而得不到这些资金的支持。截至2008年，昆明市高新区内还没有一家风险投资公司，风险投资融资机制尚未建立，技术与金融资本对接很弱。

5. 中介服务体系不发达

目前，昆明高新区内虽然已入驻律师事务所、会计事务所等机构，但还未与高新区内企业形成密切合作关系。管理咨询公司、猎头公司等其他专业化中介组织还未入驻园区。管理咨询公司、猎头公司等一些专业化机构的缺失、缺位，在一定程度上影响了高新区的创新创业环境。

6. 产业配套环境比较差

目前，昆明市已经形成了比较完备的产业体系，但与东部沿海地区相比还有差距，产业配套环境较差，包括产业配套能力较弱、产业规模偏小、产品品种少、产品质量难以保证、可供选择的产品有限。这在一定程度上不利于昆明高新区的高新技术企业形成完整的产业链，不利于其与外部企业形成良好的产业分工。同时，产业配套环境差，也增加了昆明高新区高新技术企业的运行成本，包括企业的采购成本、生产成本、营销成本等。

三、昆明高新区创新与发展的环境条件分析

（一）国际国内形势变化为高新技术产业提供了更为广阔的发展空间

未来十五年是高新技术产业"继续做大做强"的历史机遇期，是战略性新兴产业培育发展的成长期。新能源技术、低碳技术、信息技术、生物技术、新材料技术的迅猛发展和交叉融合正孕育新一轮的科技革命和产业革命，将带动世界高新技术产业和战略性新兴产业进入历史性突破时期，为实现我国战略性新兴产业局部跨越发展创造了条件。在世界范围内资源重新配置、发达国家加快向发展中国家转移中低端产业的大趋势下，原来具有比较优势的资源型产业将迎来更大的发展空间，能够通过引进、消化发达国家先进的加工制造技术以及资金和管理经验，在引进消化的基础上实现再创新。与发展中国家相比，云南的信息技术、农业和生物科技等高新技术与周边的缅甸、老挝、越南、柬埔寨相比，仍具有比较优势。云南有条件保持与这些国家合作和投资的优先地位，能够在扩大对外投资中实现成熟技术的对外转移和扩大高新技术产品的出口，在壮大云南高新技术产业发展的同时，实现云南高新技术产业结构调整和优化升级。同时，"十二五"期间还将是中国—东盟自由贸易区建设、泛珠三角区域经济合作加快发展的关键时期。

（二）各级政府高度重视高新区的创新和发展

近年来，从国家到地方都高度重视高新区的发展。各级政府积极制定规划、政策和采取措施营造优化国家高新区的创新创业环境。2007年由科技部、国家发展与改革委员会、国土资源部、建设部联合发文《关于促进国家高新技术产业开发区进一步发展 增强自主创新能力的若干意见》。目前，国家科技部正在制定国家高新区"十二五"发展规划和高新区培育战略性新兴产业的实施意见。中共云南省委、省政府在《第十二个五年规划纲要》、云南《"十二五"高新技术产业规划》中也把提高自主创新能力、发展高新技术优势产业作为"十二五"时期的主要任务，并对昆明高新区的发展做出了明确定位，在资金支持等方面给予了优惠政策。中共昆明市委、市政府把高新区发展作为"现代新昆明"建设的重要支撑，积极帮助高新区解决发展空间不足和管理体制不顺等问题，推动高新区"二次创业"的进程。

（三）云南经济转型为发展优势高新技术产业提供了重大的契机

长期以来，云南省产业发展主要建立在自然资源开发的比较优势上，产业结构不合理，产业的核心竞争力不强，产业分工地位较低，整体上处于产业价值链的中低端。人口、资源、环境矛盾日益凸显。经济增长和人民生活改善对资源环境要求不断提高，资源环境价值明显上升。[①] 粗放型经济发展模式必然导致与资源、环境承载能力的矛盾不断加剧。为促进云南经济转型，在云南"十一五"规划中确定了大力发展高新技术产业的战略思路，指出了高新技术产业是21世纪云南省培育的新的增长点、有效解决产业结构性矛盾的需要，是应对未来可能出现的资源危机、重大自然灾害等诸多问题的需要。同时在云南"十二五"规划中必然把发展战略性新兴产业放在推进经济结构转型更加突出的位置。目前，昆明高新区集聚了云南省一半以上的高新技术企业，昆明高新区在承担云南经济转型历史使命的同时，也必然迎来重大的发展机遇。

（四）云南经济、科技、社会的快速发展，为高新区发展提供强有力的支撑

近年来，云南经济保持了迅速发展的势头。2009年全省国内生产总值达到6 168亿元，人均GDP达到13 536元，人民生活正在由"生存型"向"发展型"升级转型。工业化、信息化、城市化进程进一步加快，多样化需求进一步增加。从科技方面来看，2008年云南省国有独立研究与开发机构107个，高校科技机构74个，企业技术开发机构293个，共有国家工程技术研究中心1

---

① 《云南省"十一五"高新技术产业发展规划》。

家、国家重点试验室 2 家、省重点实验室 18 家，国家级企业技术中心 10 家、省级企业技术中心 107 个；从事科技活动人员 7.4 万人，研究与试验发展活动（R&D）人员 2 万人；科研机构、高等院校、企业等单位科技活动经费支出达 88.1 亿元，R&D 经费支出达 31.6 亿元；政府科技拨款 17.7 亿元，占地方财政支出的比重为 1.2%；全社会共申请专利 4 089 件，其中拥有发明专利 133 件；规模以上工业企业专利申请量为 632 件，其中发明专利申请为 300 件；共签订各类技术合同 891 项，成交额 5.2 亿元。① 随着云南经济社会的快速发展，以及科技经费投入的增长、自主创新人员的增加和科技产出水平能力的提高，将为昆明高新区发展高新技术产业、提高自主创新能力提供强有力的支撑。

（五）云南具有较优越的区位优势

云南具有优越的区位优势，向东可与珠三角、长三角经济圈相连；向南延伸，可通过建设中的泛亚铁路东、中、西三线直达河内、曼谷、新加坡和仰光；向北可通向四川和中国内陆腹地；向西可经缅甸直达孟加拉国吉大港沟通印度洋，经过南亚次大陆，连接中东，到达土耳其的马拉蒂亚分岔，转西北进入欧洲，往西南进入非洲。② 同时，随着泛珠江三角区域经济合作不断深化和中国—东盟经济合作的不断增强，云南在国际国内区域合作的战略地位和作用日益凸显。目前，云南已经成为中国与南亚、东南亚多个重大区域合作（GMS、10＋1、10＋3、9＋2 等）的关键地区。独特的区位优势，为云南充分利用两种资源、两个市场，加快高新技术产业的合作提供了国际、国内平台，为高新技术产品提供了更加广阔的市场。

（六）昆明作为高新区的直接依托区域，有良好的高新技术产业发展的外部环境

昆明"夏无酷暑、冬无严寒、四季如春"，有"春城"的美誉，是人们生产、生活的最佳场所。良好的气候条件也吸引了来自全国各地的人才到昆明创业、创新。昆明作为云南省的省会，是云南的经济、科技中心。2009 年，昆明市实现生产总值 1 808.65 亿元，占全省 GDP 的 30%；R&D 经费支出 11.10 亿元，占全省 R&D 经费支出的 53%；科技活动经费支出 28.91 亿元，占全省经费支出的 58%；专利申请受理量专利申请 2 994 件，获专利授权 1 914 件。1 946 件，占全省的比重为 63%，发明专利申请量 666 年，占全省申请量的

---

① 《2008 年云南省科技统计公报》。
② 构建第三亚欧大陆桥 [OL]. 云南日报网, http：//www.yndaily.com.

66%；从事科技活动的人员数 4 822 人，占全省科技活动人员的 90%。① 同时，昆明从事科技活动单位数 337 个，每万人口中专业技术人员数 383 人，每万人口中 R&D 人员数 25 人，R&D 人员数 15 255 人。由此可以看出昆明积聚了云南大部分的科技创新资源，是云南省科技创新活动最活跃的区域。昆明这种经济、科技上的优势，为高新区发展高新技术产业提供了良好的外部环境。

（七）昆明高新区发展生物、新材料等主导产业具有独特的优势

从生物产业来看，云南具有丰富的生物资源和基因资源，享有"生物资源王国"和"生物基因宝库"之称，在全国可利用的药用植物约 4 700 多种中，云南占 2 600 多种；在全国可利用的香料植物约 500 种中，云南占 360 多种。云南具有发展生物产业的优势科技创新资源，有涉及生物资源开发的国家重点实验室 1 个、省部共建国家重点实验室培育基地 1 个、国家工程研究中心 1 个、联合国粮农组织确认的国际合作研究中心 1 个、省级重点实验室 14 个、工程中心 3 个，中科院、农业部、中国医科院、中国林科院等在云南省也建有部分生物类重点实验室、工程中心；全省初步建立了高素质的生物资源开发创新人才队伍，其中研究人员 3 700 多人，具有高级职称以上的有 540 人。省内的 140 个科研机构中有 76 个从事生物资源研发工作，265 名中青年学术和技术带头人中有 40% 以上从事生物资源开发创新工作，9 名院士中有 4 人从事生物资源方面的研究工作，102 个省级重点学科中有 1/3 以上与生物产业相关。② 建立了"万种植物园"、药物非临床安全性评价中心（GLP）、"中国西南野生生物种质资源库"、"国家昆明高等级生物安全灵长类动物实验中心"、"农业生物多样性国家工程研究中心"、"西南生物多样性实验室"一批研发平台。同时，云南省已明确把生物产业作为未来优势特色产业发展的重中之重，努力实现云南生物资源大省向绿色经济强省的跨越。

从新材料产业优势来看，云南具有丰富的矿产资源，有"有色金属王国"的美誉。已发现可用矿产 150 余种，占全国已发现矿产种类的 93%，其中保储量的潜在价值可达 3 万亿元，其中燃料矿产约占 40%，非金属矿产约占 52.7%。已探明储量矿的矿种有 86 种，矿产地 2 700 处，在保有储量矿产中，有 13% 的矿种居全国前列，有 2/3 的矿产在长江流域及南部地区占重要位置（《中国省市概览》）。丰富的矿产为昆明高新区发展新材料产业提供了充分的原料来源。其中占云南矿产大部分的非金属矿产中的硅酸盐、硫酸盐、磷酸

---

① 由 2006 年昆明市科技统计指标相关数据计算得出。

② 张兴华. 生物多样性可持续利用——昆明生物产业基地建设 [OL]. 中国药都网，2007.

盐、硼酸盐以及氧化物、卤化物等，是发展新型无机非金属材料的主要原料。新型的无机非金属材料具有特殊的性能和用途，是生物医学现代新技术、新产业、传统工业技术改造、现代国防所不可缺少的物质基础。

因此，根据云南科技和产业的优势，并结合高新区目前的高新技术和产业发展的基础、现状及特征，昆明高新区未来的优势高新技术和产业领域应是生物医药技术及产业、新材料技术及产业。

四、主要思路及对策

昆明高新区应经过十余年的努力，高新区建设已成为实施国家自主创新战略的重要组成部分、国内乃至国际上知名的生物产业基地和新材料技术产业基地、集聚云南创新资源的载体、推动云南产业结构调整和转变增长方式的强大引擎、云南省和昆明市科技创新的辐射中心和落实科学发展观的示范区。到2015年，昆明高新区的自主创新整体水平将达到全国中上水平，进入西部国家高新区的前列；打造出具有国际竞争力、自主知识产权高新技术产品，特别是生物技术产业、新材料技术产业产品要在国内、国际市场上占有一定的市场份额。为此，应采取如下基本思路：

（一）坚持创新引领高新区发展的方针

坚持以自主创新为立区之基，强区之本。把增强自主创新能力作为调整产业结构、转变增长方式的中心环节，以创新带动昆明高新区的跨越式发展。应推动高新区内企业成为自主创新的主体，进一步支持高新区内大型企业集团自建或与省内外科研机构、大学合作建立重大技术研究中心、重点实验室、工程实验室、博士后流动站等研究开发机构，完善企业集团提高自主创新能力的基础条件，搭建高新区内中小企业科技创新的公共技术平台、投融资服务平台，引导各类企业提取足额技术开发费用，加大技术创新投入。要积极进行管理体制和机制创新，提高高新区的运行效率。通过一系列的创新活动，使昆明高新区逐渐形成创新资源集聚、创新文化氛围浓厚、创新成果不断涌现的高新区，成为国家实施自主创新战略的核心基地、云南省和昆明市的科技创新中心和辐射中心。

（二）把昆明高新区建成国际国内知名的生物产业基地

昆明高新区具有发展生物产业的突出优势，目前，昆明高新区已经形成了一定规模的生物产业集群。产业主导与创新突破的特征已经初步显现，但相对于昆明高新区的区位优势（云南省被称为"生物资源王国"和"生物基因宝库"以及众多的生物资源实验室和生物的科技人才）来说，昆明高新区的生物产业还有很大的发展空间。昆明高新区在以后的创新和发展的过程中，应把生物产业定位于高新区内的主导和特色产业，大力发展生物技术，争取把昆明高新区建成在国内乃至国际上知名的生物产业基地。为实现此目标，昆明高新区今后在招商引资的过程中要着力引进与生物产业协作、配套能力强、拥有先进生物技术的企业，加大对高新区生物产业的资金扶持力度，专门制定对生物企业的优惠措施，包括税收优惠、行政缴费优惠等系列的优惠措施，积极地与云南省境内的生物实验室、科研机构、研发中心形成密切的合作关系，鼓励拥有生物科研成果的科研人员到高新区内创业，大力引进国内、国外的生物技术人才并积极与国外的大的生物企业进行技术合作，建立生物技术产业风险投资引导资金。鼓励和支持高新区内大的生物技术产业集团建立生物技术风险投资公司。

（三）走专业园区与产业集群发展道路

昆明高新区作为西部的高新区，与东部的高新区相比产业化基础较为薄弱，产业结构层次较低，自主创新资源相对贫乏，不适合发展与东部高新区"雷同"的高新技术产业，否则不利于昆明高新区综合竞争能力的提升。昆明高新区正确的发展思路是：充分挖掘、依托、利用云南自然资源、科技、人才甚至是文化层面上的优势，在云南传统特色产业的基础上，提升特色产业发展的技术水平和档次，做大做强特色产业，形成特色产业集群。具体来说就是走专业化园区的发展道路，全力打造昆明高新区的生物产业集群和新材料技术产业集群。同时，昆明高新区也要积极创造条件，努力在招商引资、优惠政策制定、专业服务平台搭建、创业孵化、专业化的地理空间规划中有意识的促成生物产业集群、新材料产业集群的发展，重点推动它们在物理空间上的集聚，形成产业集群效应。加强引进、消化、再吸收国内国际上的生物技术和新材料技术，奠定产业集群发展基础，使昆明高新区成为有地区特色的高新技术产业园区。

（四）整合集聚云南和昆明的创新资源和产业资源

整合集聚云南创新资源和产业资源，对昆明高新区提高自主创新能力和发展优势高新技术产业具有重大的意义。整合集聚云南的创新资源和产业资源，应把握以下几点：

（1）继续实施和完善"一园多校"的资源整合机制。通过云南省大学科技园，把云南省主要高校的科研力量、创新成果、创新人才整合到高新区。开展多渠道、全方位的与高校合作，包括共建研发机构、共建人才基地、区内设立博士后工作站、共享精密仪器等，促进云南省高校创新资源在高校区内的集聚。

（2）鼓励和支持高新区区内的大企业、大集团通过兼并、收购、重组高新区外的小企业，促进优势资源向高新区内企业的集聚。如在生物产业资源整合中，鼓励和支持大的生物产业集团兼并、购买区外小生物企业，把小企业纳入生物产业化的进程中。通过这种方式，不仅集约整合了区外生物产业资源，而且延长了生物的产业链，使产业链条的中低端向区外转移，逐步使高新区成为创新中心。

（3）推动区内企业与区外企业建立基于技术创新的产业联盟。如建立云南生物产业联盟、云南新材料技术产业联盟。通过这种方式，有效地获取区外先进的科研成果、先进的生产技术。

（4）基于特色产业的关键技术，与区外的科研机构组建科技创新联盟。通过特色产业技术创新联盟平台，积极与区外的国家重点实验室、工程技术中心、专业技术创新中心，加强技术合作、技术交流、科技成果共享等方式进一步拓展高新区的技术来源渠道，促进区外特色产业技术在高新区内部集聚。

（五）营造比较优势，积极承接高新技术产业价值链转移

产业转移是经济发展中的必然现象，东部沿海及国际产业受到产业结构调整、产业升级的外部环境影响，以及受到当地劳动力成本上升和资源条件制约，产业加紧向拥有相对廉价劳动力和丰裕自然资源的西部地区转移。昆明高新区应抢抓国内国际大规模产业转移的重大机遇，依托、营造和利用区内生物技术及产业和新材料技术及产业的比较优势，大力宣传和打造昆明高新区为西部地区知名的生物技术及产业和新材料技术及产业的承接载体，以及加紧出台和颁布承接国内国际生物产业及新材料产业价值链转移的优惠政策，优化昆明高新区承接环境，积极承接东部沿海地区及国外生物技术产业和新材料技术产业转移，进一步促进高新技术优势产业聚集，完善产业配套，促进产业创新，提高昆明高新区优势高新技术产业的自主创新能力和核心竞争力。

（六）加强昆明高新区的开放合作

昆明高新区应加强开放与合作：

（1）加强与云南省境内省级高新技术开发区和国家级、省级经开区合作，合作内容包括共同推动管理体制和机制创新，优化创新创业环境；共同推动技术创新，促进高新技术产业发展；共同推动招商引资，提高园区对外开放水平；共同促进园区间高新技术产业链对接和优势资源互补，共谋发展。

（2）昆明高新区还应该进一步加强与国内外其他发达高新区的合作和交流，促使昆明高新区与发达高新区接轨，增强昆明高新区的竞争力。昆明高新区应积极参与东部发达高新区和国外高新区的产业分工和资源调配，吸纳国内外发达高新区在昆明高新区内设立技术研发中心、技术合作中心等技术合作组

织，加强昆明高新区的开放合作水平。

（3）昆明高新区要进一步挖掘自身潜力，发挥其作为云南省重要特色产业基地、创新资源积聚、创新活动活跃的高新技术产业平台优势，充分利用"两个市场、两种资源"，整合国内外的高新技术特别是生物产业和新材料产业所需的资本、技术、人才、市场等资源，促进昆明高新区优势高新技术产业在更宽领域、更高层次上融入全球的分工与合作。

（4）进一步深化"走出去"战略，加大高新技术产品出口和积极引进国外先进技术的步伐，积极参与国际市场分工与经济大循环，不断提升昆明高新技术产业的外向度和国际竞争力。

（七）进一步优化高新区的创新创业环境

（1）完善高新区内投融资体系。要按照高新技术企业成长的规律，加快建立高新区内高新技术企业成长规律相一致的创新融资、担保、贴息等机制，形成包括政府引导资金、种子资金、风险投资基金、商业信贷等多元的投资主体。要引导高新区内优势高新技术企业利用海外创业板市场、国内主板市场等资本市场融资。积极协助符合条件的高新技术企业发行企业债券，积极创造条件成立政策性科技投资公司。鼓励国内外风险投资机构及各类投资主体在高新区设立风险投资机构；鼓励区内大型企业发展创业投资公司；鼓励保险公司加大产品和服务创新力度，为科技创新和科技成果转化提供全面的风险保障，鼓励风险投资机构参与区内创业公司的经营管理活动。

（2）制定完备的人才激励和培养机制。人才是自主创新的"灵魂"，是提高自主创新能力的关键。高新区要完善人才激励机制，制定较完备的有利于鼓励自主创新的人才奖励和评价制度。实施高层次创新人才培养工程，围绕促进高新区优势产业发展的关键技术、产业发展的核心领域、重大创新项目的实施，吸引集聚一批高层次的技术和管理人才，培养和造就一批创新能力强、管理水平高的科研人才队伍。

（3）营造改善高新区内的创新创业环境。包括：充足的水、热、电、气供给，四通八达的交通网络，整洁、舒适、干净的外部环境，综合的服务支撑体系和服务设施，完备的创新中心、实验中心、孵化基地、产业化基地，完善的第三方中介机构，浓厚的创新文化氛围，规范高效、竞争有序、服务优良的管理体制和运行机制，稳定的支持高新技术企业的政策等。

（4）进一步提高孵化器的使用效率。要按照"精选项目、优化资源、重点孵化"的工作思路，对市场前景好、成长性好的企业给予重点的孵化服务，对一些长期孵而不化的项目，坚决予以清理，提高孵化器的使用效率。

专题报告五：包头稀土高新区提高自主创新能力与促进高新技术产业发展研究

"中东有石油，中国有稀土"，而包头的稀土资源已探明工业储量占到中国的87%、世界的62%，因而包头稀土高新技术产业开发区（以下简称高新区）就成为全国57个国家级高新区中唯一以发展稀土产业为特色的高新区。总结包头稀土高新区创新与发展的成效、经验、存在的问题，找出园区稀土特色产业发展之路，有利于西部乃至全国高新区在未来发展过程中更好地建设高新特色园区。

一、包头稀土高新区建设和发展成效

包头稀土高新区成立于1990年，1992年被国务院批准为国家级高新区。包头稀土高新区规划面积15.53平方千米，2008年全部实现了供电、供热、供气、给水、排污、道路、通信、煤气等"八通"，建成了较为完善的基础设施保障体系和配套服务体系，是稀土高新区高新技术产业的集中区。同时，按照"一区多园"的规划模式，还建有希望工业园区，规划面积12平方千米；万水泉新区，规划面积66平方千米。包头稀土高新区先后被国家知识产权局、国家科技部、国家外经贸部等部门确定为"国家级实施知识产权制度示范园区"、"国家级稀土新材料成果转化及产业化基地"、"国家'十五'863计划成果产业化基地"、"高新技术产品出口基地"、"加工贸易梯度转移重点承接地"、"国家科技兴贸出口创新基地"等，先后通过了ISO9000质量管理和ISO14000环境管理国际认证。包头稀土高新区经过二十年的发展，初步建立了适应市场经济要求和高新技术产业发展的具有活力的体制机制，经济发展已全面进入全国国家级高新区的中游行列，集聚了包头市最前沿、最先进的科技要素和大量的高新技术人才，成为包头市高新技术企业的聚集区，正朝着建成"中国稀土谷"快速迈进。

（一）经济综合实力显著增强

"十五"期间，包头稀土高新区主要经济指标增长速度一直保持在30%以上，工业总产值、技工贸总收入、工业增加值、财政收入的年均增长速度分别为54.84%、48.5%、52.33%、44.09%。到2009年，包头稀土高新区实现总收入908.07亿元，是2001年的17.079倍，年均增长42.27%；实现工业总产值927.7亿元，是2001年的19.33倍，年均增长44.81%；实现工业增加值277.23亿元，是2001年的18.33倍，年均增长43.85%；实现净利润28.2亿元，是2001年的7.05倍，年均增长27.65%；上缴税费27.07亿元，是2001年的9.23倍，年均增长31.97%。由此可见，自21世纪以来，包头稀土高新区实现了经济的快速发展，经济综合实力显著增强（见表1、图1）。

表1　　　2001—2009年包头稀土高新区主要经济指标纵向比较　　单位：亿元

年份 主要指标	2001年	2009年	2001—2009年均增长 （%）
企业数（个）	231	571	11.98
年末从业人员（人）	32 575	109 273	16.33
总收入	54.1	908.07	42.27
工业总产值	47.98	927.7	44.81
工业增加值	15.12	277.23	43.85
净利润	4	28.2	27.65
上缴税费	4.13	38.07	31.97
出口创汇（亿美元）	1.01	5.58	23.82

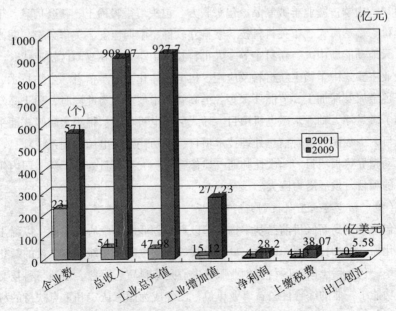

图1　2001年与2009年包头稀土高新区主要经济指标对比

（二）以稀土为主的特色产业集群正在形成

包头稀土资源得天独厚，这是包头稀土高新区创新发展最有利的先天条件。包头稀土高新区充分发挥稀土资源丰富的优势，围绕打造稀土新材料及应用产业集群，延伸稀土产业链条，突出稀土资源就地转化优势，以加快稀土产业发展步伐为主线，积极引进技术水平高、发展后劲足、技术含量高的稀土项目相继入区，使稀土产业呈现出健康良好的发展态势。截至 2008 年年底，包头稀土高新区规模以上稀土企业达到 26 家，实现产值 44.5 亿元，占高新区规模以上工业企业总产值的 17%，占全市稀土产业工业总产值的 45%。尤其稀土永磁材料、储氢材料以及抛光材料等三种稀土功能材料已形成规模，实际产量分别占全国的 6%、9.8% 和 30%，稀土产业集群效应初步显现，产业链得到进一步延伸和发展。

（三）已初步聚集了一批企业和项目

截至 2008 年，包头稀土高新区有注册企业 1 500 多家，美国、英国、德国、法国、西班牙、韩国、加拿大、日本、蒙古、印度等国家及中国香港和台湾地区均在此投资。其中有稀土企业 67 家、上市公司投资企业 19 家、外资企业 43 家。经自治区认定的高新技术企业 23 家，占全自治区的 71.9%，占包头市的 90% 以上。包钢稀土高科、和发稀土、罗地亚稀土、瑞鑫稀土、华美稀土、昭和稀土、三德电池、天娇清美等一大批国内外知名骨干企业先后在高新区落户。内蒙古海业羊绒制品、包头联方、包头市玺骏稀土、新联信息、金名计算机、亨达海天、中关村科技、蒙科立软件、中期恒安、英华荣泰、曙光科技、天地动能新中大、新科宇等一大批科技型中小企业在高新区快速成长。这些企业主要集中于稀土新材料及应用、机电一体化、电子信息、生物技术、铝铜有色金属及深加工、节能环保等各类高新技术产业。与此同时，稀土高新区聚集了磁悬浮无轴承永磁电机项目、环式启动电机项目、稀土永磁吸式插头插座项目、少数民族语言信息处理技术项目、零功耗待机电源控制系统项目、纳米脉动超导热板项目、一次性肺通气显像管等一大批项目处于国际、国内领先水平的项目，发展潜力巨大。

（四）初步建立了科技创新孵育体系

包头稀土高新区目前已基本构筑起以科技创业服务中心为主体，以稀土专业孵化器、大学科技园、留学人员创业园等为支撑的多功能、多层次的孵化创新体系。包头稀土高新区科技创业服务中心是集科贸、服务、培训与科技交流多种功能于一体的综合性公益事业单位，已经成为国家认定和重点扶持的科技企业孵化器之一，在全国 500 多家孵化器综合排名中进入前十五名。在 2008

年，包头稀土高新区科技创业服务中心拥有孵化场地面积7.53万平方米，实现总收入797.4万元，服务性收入388.4万元，孵化基金总额1 200万元；在孵企业数411家，人员15 573人；累计毕业企业数135个，平均毕业时收入650万元，当年毕业企业数18个，收入达千万元的企业数5个；承担国家级科技计划项目数53个，批准知识产权数34个，创业导师21人。在科技创业服务中心毕业的企业中，内蒙古海业羊绒制品有限公司已发展成为高新区羊绒行业的领头军，包头联方高科技有限公司也已发展成为海归派企业的典型代表，包头市玺骏稀土有限责任公司的高性能稀土铜合金被列为国家示范项目工程，包头市蒙稀磁业有限责任公司生产的稀土永磁高性能辐射环及多级环用于神舟五号飞船。内蒙古软件园、内蒙古留学人员创业园、稀土企业孵化器等专业孵化器也成功培育了一批亮点企业和项目，例如内蒙古软件园的新联信息、金名计算机、亨达海天；内蒙古留学人员创业园的联方高科、英华融泰、博特科技；包头稀土企业孵化器的鑫源永磁电机、神胜电器等。

与此同时，包头稀土高新区围绕壮大稀土特色产业，先后与中国工程院、清华大学等科研院所和高校建立了长期的合作关系，实现了人才、技术资源共享；与内蒙古科技大学联合成立内蒙古科技大学稀土学院，为包头稀土产业的发展培养专业后备人才；建立了永磁电机、永磁材料研发、储氢材料、研磨材料等13个稀土工程研究开发中心，稀土超磁致伸缩等新材料及器件的研究与开发已接近国内甚至国际先进水平。目前，稀土高新区区内企业累计实施火炬计划项目63项，累计申报并立项国家创新基金项目26项，拥有专利技术300多项。

（五）"一区多园"的建设开发格局正在形成

包头稀土高新区由建成区、希望工业园区、滨河新区三部分组成，总面积约120平方千米，总人口约12万。其中位于市区南侧的建成区面积15.54平方千米，全部实现了"八通一平"，建成了完善的基础设施保障体系和配套服务体系，引进了北方股份、韵升强磁、稀奥科镍氢动力电池、山东药玻、伊利股份等大批高新技术企业。位于昆都仑河东岸、包兰铁路两侧的希望工业园区面积12平方千米，已入驻了东方稀铝、华鼎铜业等大型企业，正在形成以铝、铜、化工为主导的循环经济产业园区，重点发展配套产品和深加工项目，延伸产业链，打造国家级铝、铜等有色金属高新技术产业基地。位于黄河北岸的滨河新区面积88平方千米，即将建成内蒙古西部地区环境优美、独具特色的"创新型生态新城"。位于建成区南侧的稀土应用产业园占地4平方千米，大力发展以稀土深加工、稀土新材料、稀土应用器件和稀土终端应用产品为主，相关配套产品为辅的高新技术产业。此外，包头稀土高新区还采用开放式合作办"区中园"的方式，与我国东部的开发区例如江宁开发区合作建立了"稀土高新区江宁工业园区"，目的在于发挥江宁开发区点多面广、产业实力雄厚、招商引资能力强、管理和服务水平高等方面的优势，扩大稀土高新区经济总量和培育新的产业增长点。

二、包头稀土高新区存在的主要问题

（一）经济实力仍不强

2008年包头稀土高新区营业总收入排名第34位，工业总产值排名第28位，工业增加值排名第19位，净利润排名第46位，上缴税额排名第40位，出口创汇排名第36位。2009年国家高新区升格为56个后，包头稀土高新区营业总收入排名第32位，工业总产值排名第23位，工业增加值排名第22位，净利润排名第45位，上缴税额排名第38位，出口创汇排名第40位（见表2）。由此可以看出，包头稀土高新区目前的经济总量处于全国中游位置，然而反映经济效益和经济外向度的指标如净利润、上缴税额、出口创汇等则处于中下游水平。在发展到56个高新区后包头稀土高新区工业总产值和出口创汇比2008年分别下降了3位和4位，即2009年其他指标都比2008年在全国高新区的排序中有所上升，但工业增加值和出口创汇比2008年相对下降了1位和2位。

表2　　　2008—2009年包头高新区主要经济指标的全国排名情况

单位：排名位次

年份	营业总收入	工业总产值	工业增加值	净利润	上缴税额	出口创汇
2008	34	28	19	46	40	36
2009	32	23	22	45	38	40

注：2009年是56个高新区，2007年是54个，以前是53个，由国家火炬计划统计资料计算编制。

（二）产业链还不完善

从现状来看，包头稀土高新区的产业链仍很不完善。尽管稀土是包头高新区具有独特和垄断优势的资源，但是就稀土产业链而言，产业价值链短和价值链的核心环节缺失的问题比较突出，稀土产品比较雷同，缺乏具有核心竞争力的产品。大多为技术含量低、附加值低的原料型初级产品，上游产品占大多数，中下游产品及高附加值产品不足，高纯稀土产品、新型功能材料、应用产品及元器件等方面的开发应用落后。同时，产业链上各个企业相互合作比较少，没有形成一种良性互动的机制，大部分企业还只是简单实现了地理上的"扎堆"。

（三）自主创新能力不足

首先从科技活动经费投入情况看，2009年包头稀土高新区科技活动经费支出总额投入规模很小，仅占全部国家级高新区科技活动经费支出总额的0.66%，在全国56个国家级高新区中位于第45位；R&D经费支出总额仅占全部国家级高新区R&D经费支出总额的0.54%，在全国56个高新区中位于第43位。其次，从科技活动人员数来看，2009年包头稀土高新区科技活动人员数相对不足，仅占全部国家级高新区科技活动人员数的0.87%，在全国56个高新区中位于第30位。就稀土产业而言，对高纯稀土产品、新型功能材料、应用产品及元器件等方面的自主创新及开发应用程度较低，缺乏具有核心竞争力的产品支撑，影响企业竞争的实力和持续发展的后劲。

（四）仍没有完全摆脱外延式的发展模式

包头稀土高新区作为以稀土资源开发为主要依托的高新区，利用稀土资源优势、土地优势、政策优势，通过大力进行招商引资引进项目和企业来壮大产业实力，是稀土高新区经济快速发展的重要原因。然而，稀土高新区在经济总量快速增长的同时，经济效益并没有实现同步增长。2009年，包头稀土高新区实现工业总产值927.7亿元，是2001年的19.33倍，年均增长44.81%；实现工业增加值277.23亿元，是2001年的18.33倍，年均增长43.85%；实现净利润28.2亿元，是2001年的7.05倍，年均增长27.65%；上缴税费27.07亿元，是2001年的9.23倍，年均增长31.97%。但是包头稀土高新区工业产值利润率却没有相应上升，而是有所下降，由2001年的8.34%下降到2009年的8.21%。这反映出稀土高新区目前粗放经营的现象还没有较大改观。与此同时，稀土资源综合利用率低，稀土矿中含有的其他有价元素如铌、钍等还未回收开发，稀土精矿品位还有待进一步提高；原材料生产企业环境污染还比较突出，稀土企业上游产品生产过程中产生的废气、废水、废渣等缺乏有效的治理办法，成为制约稀土产业持续发展的紧迫问题。

三、包头稀土高新区促进以稀土为主的产业创新发展条件分析

（一）稀土是一种战略资源

稀土是21世纪的战略资源，它与高新技术产业革命有着密切关系，在现代科技与经济发展中起着重要作用。镧、铈、镨、钕、钇等17种稀土元素由于原子结构特殊，电子能级异常丰富，具有许多优异的光、电、磁、核等特性，加之化学性质十分活泼，能与其他元素组成品类繁多、功能千变万化、用途各异的新型材料，被称为"现代工业的维生素"和神奇的"新材料宝库"。稀土已广泛应用于冶金、机械、石油、化工、玻璃、陶瓷、纺织、皮革、农牧养殖等传统产业领域，可以显著改善产品性能和增加产量。事实表明，一个国家的稀土开发应用水平，尤其是在高新技术领域中的应用，与其工业技术发达程度成正比。美国的稀土用量一直居世界第一位。日本、英国、法国、德国等工业发达国家都缺乏稀土资源，但它们的稀土用量都很大并拥有世界一流的稀土应用技术。这些国家都把稀土看成对本国经济和技术发展有着至关重要作用的战略元素。美国认定的 35 个战略元素和日本选定的 26 个高技术元素中，都包括了全部稀土元素。

基于我国拥有得天独厚的稀土资源以及稀土在国民经济发展中所占的重要战略地位，几代党和国家领导人对稀土开发应用都十分重视。方毅同志七次亲临包头指导稀土开发；邓小平同志指出"中东有石油，中国有稀土"，说明了其重要的战略意义；1999 年初，江泽民同志视察包头时指出"搞好稀土开发应用，把资源优势转化为经济优势"，为稀土事业的发展进一步指明了方向。

（二）包头稀土资源得天独厚

中国是世界第一稀土资源国。根据有关资料，全球已探明的稀土资源工业储量约 9 260 万吨 REO，其中中国储量为 6 588 万吨 REO，占世界的 71.1%。内蒙古包头市则享有"世界稀土之都"，其中主要集中在包头白云鄂博矿。包头白云鄂博矿稀土工业储量 5 738 万吨 REO，占全国的 87.1%、世界的 62%；白云鄂博矿的稀土资源以轻稀土为主，资源集中、品位高、便于开发和管理；铈、镧含量丰富，市场紧俏的镨、钕占资源总量的 21% 左右，极具开发价值；与铁矿等矿产共生，采矿、选矿成本低，具有不可比拟的价格优势。

（三）本地稀土专业人才较为丰富

包头市共有科研开发机构上百个，其中国家级科研院所 2 个——包头稀土研究院和中国兵器工业部五二研究所，高等院校 3 所，各类专业技术及管理人才 10 万人，具有丰富经验与熟练技术的产业工人 50 余万。世界最大的稀土专业研究机构——包头稀土研究院位于包头稀土高新区，同时，园区建立了国家稀土冶金及功能材料工程研究中心、稀土永磁电机研发中心、稀土永磁材料研发中心等 16 个稀土工程研究开发中心，专业科技人员近 2 000 名，占我国稀土科技人员总数的 1/3 以上。包头稀土高新区还与内蒙古科技大学联合创建了稀土学院，并与中国科学院、中国工程院、清华大学等机构建立了长期合作关系，实现人才、技术、资源共享。

与此同时，包头市是内蒙古自治区乃至我国少数民族地区最大的工业城市。经过 50 年的建设，特别是改革开放以来，包头市经济飞速发展，产业结构不断调整，基础产业得到加强，形成了以钢铁冶金、稀土冶金及应用、机械制造、有色金属、纺织、电子、化工、能源等行业为主的、门类齐全的工业体系，为发展稀土产业提供了完善的配套协作能力。

（四）已形成稀土产业聚集效应

包头稀土高新区已经形成了稀土产业发展的六大产业链，稀土各领域产业在"稀土→新材料→元器件→终端应用"的链条上日益丰富。宁波韵升、日本昭和、日本三德、美国 OEC 等一大批国内外知名的稀土企业已落户稀土高新区，已形成了以"稀土高科"为龙头的稀土企业集群。同时包钢、包铝、一机集团、北重集团、东方稀铝等一大批具有巨大稀土应用潜力的特大型企业已经或正在落户稀土高新区，为稀土高新区发展稀土产业起到了巨大的推动作用。形成了世界稀土看中国，中国稀土看包头的产业格局，为发展稀土产业提供了坚实的物质基础。美国欧文尼克公司、法国罗地亚公司、日本三德金属株式会社等一批知名企业的入驻，为包头稀土高新区打造世界级稀土产业集群奠定了基础。包头稀土高新区现已形成以和发、韵升、稀澳科等骨干企业为主、众多中小稀土企业配套的稀土企业群，产业集聚效应初步显现。

（五）具有一定的投资环境优势

包头稀土高新区作为国家级高新区，具有一定的投资环境优势，对稀土高新技术产业开发区新区发展稀土产业起到了巨大的推动作用。

（1）形成了较为完善的基础配套设施。高新区区内全部实现了道路、通信、煤气、供水、供电、供暖、供气、排污"八通"，建成了园林式科技生态园区，形成了较为完善的基础设施保障体系和配套服务体系。

（2）形成了比较健全的政策支持体系。2006 年包头稀土高新区经修订整合优惠政策有 12 项，主要涉及鼓励技术创新、奖励企业和企业家、加强知识产权保护、吸引人才、鼓励招商引资等领域，基本上形成了完整的政策支持体系。

（3）形成了比较完善的资金支持体系，例如设立了贷款担保公司、高新区与银行等金融机构建立良好合作关系、积极引进风险投资等融资机构、与国家开发银行内蒙古分行积极开展中小企业打捆扶持贷款的合作、与内蒙古产权交易中心合作共建股权投融资服务平台等。

（4）形成了孵化创新体系和中介服务体系；四是园区生态环境良好。先后通过了 ISO9000 质量管理和 ISO14000 环境管理国际认证。

（5）树立了"诚信"的政府形象。表现为不仅制定了各种优惠政策，而且落实兑现程度比较高，政府比较讲诚信。同时，与许多国家级高新区一样，制定了"首问负责制"、"主动引领制"、"管委会各部门公开承诺制度"、"一站式服务"等服务制度。

四、包头稀土高新区促进稀土产业创新发展的战略思路

稀土资源是包头高新区的独有优势，稀土产业经过多年的建设和发展，初步形成了从选冶、分离、深加工、新材料到应用产品的较为完整的工业体系，已经成为全国乃至世界最大的稀土原材料生产基地和供应基地，正在发展成为全国乃至全球重要的稀土功能材料的生产与应用基地。加快包头稀土产业的发展，对中国和世界稀土产业的发展将起着十分重要的作用，这也是包头稀土高新区存在和发展的根本。把包头稀土高新区建设成为全国乃至世界最大的稀土原材料、新材料和稀土应用产品的生产基地以及稀土科研开发与人才培养基地，建成中国的"稀土谷"，是国家的战略需要。为此，应采取如下战略措施：

（一）坚定不移地走集群发展之路

当今世界最有竞争力的产业往往以集群的形式出现，产业集群这种有效的组织形式，已经成为许多地区经济增长最积极、最活跃的因素。产业集群有利于实现专业化分工和协作，节约交易成本；有利于延伸产业价值链，形成相互支撑的配套产业体系；有利于共享基础设施和原材料、技术、劳动力、信息、产品等专业化市场，形成外部规模经济；有利于促进知识溢出和互动创新，增强创新的动力和压力；有利于形成集群品牌价值，使之成为聚集外部创新要素的强大"磁力"。随着全球范围内产业整合的日益深入，稀土新材料的开发生产加快向稀土原料的供应地集聚是必然趋势，日、美、法等国家和地区的相关企业已将自身的稀土产品与新材料生产线向中国转移，稀土产业链在我国有不断集聚的势头，而作为稀土最为集中的供应地则是实现国内外资源集聚的最佳地。因此，抓住机遇，打造世界级的稀土产业集群品牌，是包头稀土高新区实现跨越式发展的必然选择。包头稀土高新区要真正形成世界级的稀土产业集群竞争力，应从以下几方面着手：

1. 完善稀土产业链

一个产业的产业链完善程度决定着一个产业集群的规模和影响力。包头稀土高新区完善稀土产业链，主要应实现稀土产业由粗放型向集约型、由数量型向效益型、由生产稀土初级产品向深加工终端应用产品的转变，增加产品的附

加值，提升技术档次，逐步形成"稀土原料→中间产品→稀土新材料→功能元器件→终端应用产品"的完整的稀土产业链，扩大高附加值稀土产品在国内的应用量。重点要努力打造以下五大产业链，即：以稀土永磁材料和各种电机为核心的产业链；以稀土储氢材料及各种动力电池、电动车等应用产业为核心的产业链；以稀土发光材料及应用器件生产为核心的产业链；以稀土催化、抛光、功能陶瓷等新材料及稀土在化工、建材领域应用为核心的产业链；以稀土以及有色金属材料深加工及其元器件生产为核心的产业链。

2. 调整产品结构

目前，包头高新区稀土产业中上游产品占55%以上，而且产品比较趋同，仍属原料型产业，对国际市场依赖性大。未来调整产品结构的重点是发展稀土永磁材料、储氢材料、抛光材料、发光材料、催化材料等稀土功能材料，稀土铝合金、稀土铜合金、稀土镁合金等特种合金材料，稀土永磁电机、稀土镍氢动力电池、稀土铅酸水准电池、汽车尾气催化器、稀土节能灯等稀土应用产品，同时发展稀土材料在终端产品中的应用，如用于稀土电动工具、电动自行车、电动汽车等。通过产品结构的调整和优化升级，促使稀土产业走向产业发展的高端。

3. 发展专业化分工与合作

专业化分工与协作能够降低交易成本。目前，包头稀土高新区的稀土产业专业化分工与合作发展得还很不够，已在高新区聚集的企业大多还只是实现了地理空间上的简单的聚集，甚至是"扎堆"。造成这种状况的原因是企业的数量还不多，政策上的鼓励和引导还不够。今后，稀土高新区应继续坚持招商引资和内培企业相结合的方式，有效扩大区内企业聚集的数量。在招商引资的过程中，除了要引进大项目、大企业之外，更应重视产业链招商，引进有利于填补稀土产业链中缺失环节的企业和项目，形成完整的产业链。同时，要建立企业之间的专业化分工和良好互动机制，根据产业细分领域的不同，以稀土产业龙头企业为核心，中小企业和高校、科研单位等有关机构参与，政府搭桥，整合资源，建立稀土永磁材料、稀土储氢材料、稀土发光材料等产业技术联盟，推动上下游相关企业的战略合作，使高新区稀土企业之间形成高度分工、相互社会化协作的互动关系，形成高新区良好的产业集群效应。

4. 建设好稀土专业化园区

建立特色产业集群，走特色产业发展之路，做强产业群、做长产业链。必须以专业化园区建设作为为产业集群发展的载体，进而形成稀土特色产业基地，这对于实现稀土产业要素的合理配置，吸引资金、人才、科技成果，加速发展稀土产业步伐具有重大作用。包头稀土高新区应紧紧围绕"稀土原材料的制造"、"稀土新材料的生产"和"稀土应用产品的生产"等建设内容，走"一区多园"模式，规划建设"稀土新材料及其应用产品"专业化园区，使之成为产业集群培育的有效载体，成为聚集资金、技术、人才、项目的聚集地。要鼓励稀土企业进入专业化园区集中聚集发展，形成聚集聚集效应和规模经济效应。

（二）坚定不移地走应用开发之路

稀土本身作为工业的"添加剂"，其使用量并不大。据有关方面的估计，未来几年内全球对稀土的需求将以每年5%～10%的速度增长，5年后总需求量预计仅超过13万吨。如果仅把眼光盯在"稀土"本身上，就会严重限制整个产业的规模。然而，稀土的应用范围又很广，是许多高新技术产业和传统产业不可缺少的"元素"，因此，集中力量抓好稀土产业的应用开发，在若干高新技术领域实现产业化，在几个主要传统应用领域实现规模效益，是突破稀土产业规模瓶颈的关键，也是促使高新区稀土产业向纵深发展以及实现总量扩张的有效途径。实际上，无论是延伸稀土产业链，还是调整稀土产品结构，其实质是要在稀土的应用上下工夫。例如，稀土与铝结合可以发展稀土铝，产品质量能够大幅度提高，并且具有广阔的市场前景；稀土产业与机电一体化产业是天然的产业协作和融合关系，稀土产业发展到中下游产业，大部分是机电一体化产品，比如永磁电机、风力发电机等。根据包头拥有国家大型企业内蒙古一机集团、内蒙古北方重工集团，高新区内有北方股份、阿特拉斯等工程机械生产企业和配套企业等方面的基础和优势，要加快发展稀土永磁电机、稀土动力电池、电动车、高性能稀土纳米润滑油、纳米级稀土抛光新材料等应用产品，发展机电一体化产业。同时，加快稀土在钢铁、有色、建材、化工以及农牧业等主要传统领域中的应用开发步伐，突出发展稀土在钢和铝生产中的应用，尽快实现规模效益，带动传统产业的发展。这是稀土产业向中下游产业延伸的必然选择。

（三）坚定不移地走创新引领发展之路

创新是永恒的主题，创新是发展的不竭动力。包头稀土高新区的稀土产业发展的动力和生产力同样也来自于自主创新。目前，稀土产业面临国内外市场对稀土资源需求带来的新的挑战，如何有效的发挥高新区稀土产业整体优势，在激烈的市场竞争中立于不败之地，最关键的是要增强自主创新能力。稀土高新区应围绕以稀土为主的特色主导产业，大力进行技术创新、制度创新、文化创新、组织创新，进一步完善多层次、多形式、多功能的技术创新体系，全面增强稀土高新区的原始创新、集成创新和引进消化吸收再创新能力，提高稀土高新区的核心竞争力。

（1）稀土高新区应强化企业的自主创新主体地位，进一步完善政策支撑体系，大力支持稀土、铝铜、机电一体化等重点产业领域的企业建立工程技术研发中心，鼓励有条件的企业建立博士后工作站，鼓励企业实施知识产权战略和品牌战略，积极申请专利争创驰名商标，使企业真正成为研发投入、创新活动和创新成果的主体。

（2）应围绕发展优势特色产业，合理选择创新路线。从高新区的现实来看，在一定时期内更多的应依靠集成创新和引进消化创新，重要的方面是整合国内外稀土科技、人才资源，直接引进、集成和应用最先进的技术，发展具有自主知识产权的核心技术；支持包头稀土研究院等科研院所与各稀土企业研发中心进行技术攻关，在稀土应用的关键技术上取得突破；发展"产、学、研"合作，组建"产、学、研"联盟，形成由大学、科研机构以及稀土高新技术企业组成的比较强大的科技创新群体；支持稀土新材料与钢铁、铝铜等大宗材料开展集成创新，拓展稀土应用领域，发展稀土钢、稀土铝等新产品，提高产品附加值。

（3）完善孵化创新体系，推进孵化器与风险资本、创业导师和中介服务的有机结合，创新孵化模式，切实提高孵化创新水平。针对许多科技型中小企业的技术创新需求，建立稀土产业技术公共服务平台，为中小企业提供创新服务。

（4）要重视抓好现有稀土企业的技术改造，充分发挥已有稀土企业经济存量，不断提高稀土企业技术装备水平、提高工艺水平和扩大生产能力。

（5）重视实施专利战略和技术标准战略。加大稀土铝及稀土钢延伸产业、重型汽车、工程机械、稀土功能材料等专利的申请，以具有自主知识产权、有自主创新的高新技术产品为切入点，积极鼓励和支持企业制定技术标准，参与国家和国际高新技术产业技术标准制定，并与国内外科研院所、大学共同开展技术标准研究和制定工作。

（四）坚定不移地走开放合作之路

包头稀土高新区要打造世界级的"稀土谷"，必须要有国际眼光、战略思维，站在全国经济、世界经济的角度来对待包头稀土高新区的开放合作。这有利于高新区在更宽领域、更广程度汇集各方创新资源，提高稀土产业发展的起点和档次，做大做强稀土产业发展规模，塑造稀土产业的世界级品牌。目前，包头稀土高新区正在与南京江宁开发区合作建设"稀土高新区江宁工业园区"，在实施开放合作方面迈出了重要一步，有利于东西部地区之间的优势互补，优化稀土高新区的产业结构，加快稀土高新区建设步伐，提高稀土高新区的管理和服务水平，扩大稀土高新区的经济总量。今后，稀土高新区应花大力气搞好"稀土高新区江宁工业园区"建设，建成一个崭新的工业合作园区，使之成为稀土高新区新的增长极。在此基础上，应进一步开展更广泛的开放合作，在联合科技创新、联合人才培养、协同攻关、联合建设孵化器、联合创办产业园区等方面开展深度合作，提高开放合作的层次和水平。要搭建开放合作的平台，通过举办每年一次的国内稀土产业论坛，每几年举办一次国际稀土产业论坛等形式，将最新的前沿信息、最先进的技术汇集起来，形成稀土产业发展新的动力。要利用日、美、法等发达国家和地区的相关企业将自身的稀土产品与新材料生产线向我国有不断集聚的机遇，增强招商引资的针对性和时效性，创建优化的环境，积极推进国际稀土产业转移。

（五）坚定不移地走循环发展之路

目前，包头稀土高新区的稀土产业、铜铝产业的粗放经营现象仍然比较突出，稀土资源综合利用率低，原材料生产企业环境污染还比较严重，在相当程度上仍没有摆脱传统工业发展模式，这种发展思路是不可持续的。必须贯彻可持续发展战略，用"资源→产品→再生资源"的循环经济理念对稀土产业园区、希望工业园区等专业化产业园区进行规划设计，对传统工业体系进行改造和升级，积极延伸产业链，发展产业配套能力，注重资源的综合利用与循环利用。积极采用低能耗、低排放、高效节能的高新技术装备和工艺技术，淘汰落后的高污染高耗能生产工艺技术，构成高新区循环经济体系。应积极组织实施"钢铁固体废物控制利用"、"稀土产业三废的综合治理"、"再生铝综合利用"、"钍的提取及应用"、"兆瓦级风力发电装置及控制系统关键技术"、"太阳能电源及装置技术"等科技项目，开展钢铁、铝业、稀土等领域的循环经济应用技术研究。要科学配置和有效开发利用稀土资源，加强对白云鄂博资源的综合利用工作，加强对包钢尾矿坝稀土资源的保护，特别是要加快对排入尾矿坝稀土矿选矿新工艺的研发。在满足环保要求的基础上鼓励企业对非放射性稀土废料和稀土尾矿开展回收利用，开发二次资源，提高资源利用率。

五、主要政策措施

（一）加强宏观指导与调控

实现把包头稀土高新区建设成为中国乃至世界的"稀土谷"目标，不仅仅是高新区自身的事情，而且是包头市、内蒙古乃至国家的事情，尤其在涉及宏观指导与协调方面，稀土高新区自身的权力十分有限，需要包头市、自治区乃至国家更高层面的调控和引导。为了实现高新区稀土产业发展的目标和战略任务，实现高新区稀土产业跨越式发展，国家、自治区以及包头市对高新区的稀土产业的人才引进、土地使用、资金扶持和招商鼓励等方面要给予足够的政策倾斜，切实解决好制约高新区稀土产业发展过程中的困难和问题。国家科技部等部门应大力支持"稀土新材料成果转化及产业化基地"建设步伐，强化基地建设的统筹规划、指导协调和管理服务，利用掌握的技术、人才、资金、项目和政策等资源，凡是涉及稀土产业发展与创新领域方面的技术、项目等，均应向包头高新区稀土产业基地"聚焦"，以充分发挥基地的示范带动作用和集聚吸纳功能。

作为自治区和包头市政府，应继续对稀土矿山、冶炼分离生产实施总量控制，科学规划，适度控制稀土精矿生产总量，并以内蒙古稀土（集团）公司为龙头，加大稀土原料生产企业的重组和整合。对浪费资源、能耗高、污染严重、质量效益差的小型稀土企业进行治理整顿，淘汰落后的生产能力；对现有稀土矿冶炼分离企业加大技术改造力度。发挥出口配额的宏观调控作用，在配额分配过程中注重发挥行业管理部门、稀土行业协会和集团的作用，通过配额调控不断引导稀土企业加快重组。要鼓励企业通过市场运作加强与国内外及地方强势应用企业在稀土深加工、新材料与应用方面的合作与重组，鼓励企业向开发区集中建设。凡在包头稀土高新区通过合资、合作等多种方式建设符合国家稀土产业政策的项目，享受稀土原材料优先供应及有关税收的优惠。同时，要充分发挥稀土行业协会在政府与企业之间的桥梁与纽带作用，加强稀土行业发展趋势、投资、市场供求、价格和技术进步等方面的分析研究，建立和完善稀土市场信息发布制度；协助政府做好行业准入标准的制定与实施；制定行规行约，加强稀土行业自律。

（二）完善科技创新体系

应以市场为导向，以提高企业创新能力为核心，构建企业为主体、科技服务为中介，政府、企业、高校、科研院所、金融密切结合的科技创新体系，形成与市场经济相适应的科技创新机制。应大力支持重型汽车、永磁电机等优势领域创建国家级工程技术研究中心；支持内蒙一机集团、北方股份、包头铝业集团等大型企业创建国家级企业技术研发中心；支持内蒙科技大学、稀土研究院等建立个国家重点实验室；支持一批稀土功能材料、永磁电机、镍氢动力电池等国家"863"计划成果产业化基地的建设，加快知识产权示范园区建设，完善创业孵化服务体系建设。应创建稀土产业、电子信息产业、机电液一体化产业、生物、现代铝产业等高新技术领域专业孵化器，继续完善孵化器、大学科技园、留学生创业园区的建设，以促进中小型科技企业的孵化成长。为加快高新技术企业科技能力建设，应在稀土新材料领域建立稀土功能材料元器件专业技术公共服务平台、在机电液技术领域建立机械设计专业技术网络平台以及在电子信息、生物技术、环保及节能等领域建立各具特色的公共服务平台。同时，应利用国内外高新技术资源优势及网络平台建立企业高新技术难题需求库、高新技术成果数据库、市内外科研院所及大学专家库，实现资源共享。

稀土高新区应进一步加强"产、学、研"合作的高度、宽度和深度，使"产、学、研"合作从单个项目合作对接延伸到整个科技产业的对接合作，从与国内科研院所和大学的"产、学、研"合作拓展到国际间科研院所、大学的对接合作，从"产、学、研"合作的企业扩大到共建高新技术产业化基地（园区）和共建工程中心、企业研发中心等。要积极争取与国内外科研院所、大学或高新技术企业集团共建稀土新材料或电子器件、生物技术的高新技术产业化基地（集团）；与优势企业共建工程中心或者企业研发中心，组建高新技术产业化联盟。以科技计划重大项目为切入点，为企业和大学、科研院所搭建一个高新技术研发→人才培养、引进人才→成果转化→产业化→创新→再研发→新的产业化链的高新技术发展平台。要探索建立与国内外科研院所和大学"产、学、研"合作的新模式，构建长效机制，不断深化"产、学、研"合作的层次，形成高新技术产业化"产、学、研"的企业集群。同时，以"产、学、研"合作项目为载体，培养和锻炼一批高新技术产业学术带头人队伍。

（三）完善产业融资体系

科技投入是促进稀土等高新技术产业发展、提高稀土产业竞争力的必要条件。稀土高新区应尽快形成以政府投入为引导，企业自筹为主体、金融贷款为支撑、风险投资为关键、吸收外资和社会融资为辅助的多渠道、多层次、多元化的稀土产业融资体系。要建立稀土产业发展基金，逐步加大地方财政对稀土产业引导资金及开发应用资金的投入，引导社会各方面和银行资金支持稀土重大项目建设、企业技术改造及新产品和新工艺的开发。同时要积极争取国债资金和火炬计划、西部新材料行动计划、国家产业化示范项目的资金支持；制定鼓励企业、社会对高新技术企业投融资的政策，积极引导企业增加对高新技术产品的研发投入，定期发布高新技术项目指南。要重点研究高新技术企业风险投资机制，可采用"官助民营"运营方式，建立高科技风险投资专项资金和管理公司，通过风险投资机构介入高新技术成果产业化活动，鼓励和引导社会资金进入高新技术领域；支持符合条件的优秀的高新技术企业集团在国内外上市融资。稀土高新区应积极搭建投融资平台，联合稀土企业、银行、孵化器、投资服务机构等，促进高新区稀土产业与外部资本的对接。

（四）打造人才聚集高地

高新区稀土产业能否具有强大竞争力和自主创新能力，能否成为世界上最有影响力的稀土产品供给基地，其决定要素在于能否聚集一大批掌握先进技术的高端人才和大量的实用人才。而解决人才问题关键在于创建有利于吸引和激活人才的环境。企业是使用人才的主体，聚集人才首先企业应当把人才作为驱动企业发展的第一要素，改革用人和薪酬制度，建立包括运用股权、期权在内的多种形式的激励机制，充分体现科技人才和经营管理人员的创新价值。作为政府，应对在稀土应用技术、产品开发和推广应用先进实用技术上作出贡献且对稀土产业有重大影响的科技人才和管理团队给予奖励；要在抓好"稀土学院"后备人才培养的同时，充分利用国内如中科院、清华大学、北京科技大学、吉林大学、浙江大学等科研院所、大学的高层次科技人才优势，采取汇集国内外智力的人才"柔性流动模式"，使国内外人才本土化、本地人才国际化，吸引国内外各类稀土优秀人才；鼓励和支持企业与国内外科研院所、大学采取多种形式共建科技人才培养培训基地、博士后流动工作站、培养人才和从事科研项目工作基地。要大力培养适应稀土产业发展需要的实用人才和产业工人，对稀土企业培训员工的费用，政府应给予一定补贴。

（五）加快科技中介服务体系建设

鼓励中介组织发展，加快科技中介服务体系建设，促进稀土等高新技术产业发展，要重点采取以下措施：

（1）转变政府职能，加紧研究制定促进中介组织发展的有关政策，为科技中介机构发展营造良好的环境条件。

（2）加快公共信息平台建设，促进科技中介机构快速发展。整合政府部门、科研单位、信息分析研究机构的信息资源，建立区域性公共信息网络。

（3）培育和规范科技中介市场，建立专项中介基金，完善市场竞争机制。

（4）完善科技中介机构内部管理体制，提升服务功能。要加强对从业人员的思想品德教育，完善业务知识培训。加强科技中介机构与科研机构、高等院校、其他中介机构的联合与协作。

（5）组织和引导专业技术力量，发展科技中介机构。鼓励国有企业、民营企业与科研单位联合兴办科技企业孵化器和生产力促进中心，盘活存量资产。

（6）要完善科技中介服务门类，提高服务质量。要建立起有利于各类科技中介机构健康发展的组织制度、运行机制和政策法规环境，培育服务专业化、发展规模化、运行规范化的科技中介机构，造就一支具有较高专业素质的科技中介服务技术队伍，满足稀土高新区各类科技创新活动的需要。

（六）坚持管理创新

适应包头高新区稀土产业超常规发展的要求，必须进行管理创新，构建全新的管理体系。

（1）继续深化高新区管理体制改革，实行封闭式管理、开放式运行的管理体制和运行机制。要全面落实中共包头市委、市政府赋予高新区的各项权限，市直各部门、各单位不能够在稀土高新区及区内企业进行任何形式的收费、罚款、摊派，不直接下达各项指令性指标，不强令参加各种收费性学习班、培训班。稀土高新区要试行建立"无费区"，即区内企业特别是高新技术企业，除国家法律法规明确规定的费用和用于生产的成本性费用以外，不再交纳其他任何行政管理性费用，逐步实行税外无费。

（2）推进高新区管理方式向服务型转变，构筑服务型管理平台，努力做到主动服务、延伸服务。实行首问责任制、限时办结制、责任追究制，为推动高新区稀土产业提供全面优质的服务环境。

（3）搭建金融服务、中介服务、科技服务、人才服务、招商引资等服务平台，促使国内外稀土企业向高新区集中，使高新区形成产业集中、土地集约、管理集成的发展格局。

（4）组建稀土高新技术产业信息平台，加强稀土信息体系化建设，加强稀土信息综合集成，完善稀土信息共享机制，建立稀土综合决策信息支持系统，及时反馈稀土产业发展动态，为稀土企业发展和技术创新提供信息服务和指导作用。

（七）实施产业优惠政策

包头稀土高新区稀土产业的发展是高新区的生命线，是所有产业发展的核心，决定着包头稀土高新区的存在价值和在全国高新区中的影响力，因此在一定时期内为稀土高新区稀土产业的发展营造明显的"政策洼地"是十分必要的。要在稳定现有政策的基础上，在优惠税率、免税期、投资税收抵免、加速折旧、退税等税收政策方面要体现对发展稀土产业的支持，使优惠政策有利于提高核心产业导向的明晰程度，为稀土产业快速发展注入活力。包头高新区在土地使用方面应向稀土产业倾斜，确保稀土重大项目的建设用地供应；在水、电、煤、气等方面确保企业需要。高新区应在建立稀土产业发展资金的同时，对所能掌握的科技型中小企业创新基金等优先向稀土产业倾斜。要组织力量研究制定促进稀土产业技术创新和稀土产业发展的配套政策，努力营造符合稀土企业长远利益需求的政策体系和制度环境。

专题报告六：兰州高新区提高自主创新能力与促进高新技术产业发展研究

兰州高新区始建于 1988 年 8 月，1991 年 3 月成为我国首批 27 个国家级高新技术产业开发区之一，2008 年其政策区面积为 18.62 平方千米，新建区面积为 10.56 平方千米。兰州高新区经过多年来的建设和发展，经济发展实力大大增强，成为兰州市重要的经济增长点，初步形成了新材料、生物医药、电子信息、先进制造、节能环保等优势产业，营造了较好的科技创新创业环境，为进一步发展打下了基础。面对国家高新区发展新阶段承担的"四位一体"新任务，兰州高新区必须进一步理清发展思路，在提高自主创新能力促进优势高新技术产业发展上狠下工夫，形成创新集群的竞争优势。

一、兰州高新区建设和发展状况

（一）取得的成效

兰州高新区的建设和发展历程大致可以分为两个阶段：1991—2001 年为起步创业阶段，2002 年至今为"二次创业"阶段。在起步创业阶段，兰州高新区紧紧围绕"发展高科技，实现产业化"的建区宗旨，不断优化软硬投资环境，积极探索新型的管理体制和运行机制，以政策优惠、土地开发、招商引资为手段，聚集了一批人才、技术领先的产品和项目。高新技术产业的发展基地、高新技术产品的出口基地、高新技术企业的孵化基地的雏形初步形成，发展高新技术产业的环境初步显现。根据国家科技部的要求，兰州高新区从2002 年起进入了"二次创业"阶段，主要任务是推进高新区发展方式的转变，进一步优化创新创业环境，集聚创新资源，提升高新区自主创新能力；进一步推进优势特色产业的发展，做大做强产业规模，提升产业竞争能力和可持续发展能力。兰州高新区经过二十年的建设和发展，已取得了明显成效。

1. 主要经济指标实现了较快增长

兰州高新区自建立以来，主要经济指标均实现了较快增长，尤其是进入21 世纪以来，经济规模迅速扩大。从建区到 2010 年，兰州高新区主要经济指标年均增长 30% 以上，其中，营业收入从 2.58 亿元增长到 860 亿元，增长 333倍；生产总值从 0.65 亿元增长到 150 亿元，增长 231 倍，占全市 1 100.39 亿元的 13.63%；工业增加值从 0.62 亿元增长到 122 亿元，增长了 197 倍，占全市 529.18 亿元的 23.05%；税收从 0.14 亿元增长到 15.4 亿元，增长 110 倍。

2. 孵化器建设基本形成体系

通过不断地努力和创新建设，兰州高新区的孵化器建设走出了一条自己的路，基本上形成了由大学科技园、科技创业服务中心、专业孵化器等组成的多元化、多层次的孵化器体系。近几年来，兰州市科技局先后投入 170 万元建成"兰州大学国家大学科技园"；投入 70 万元建成"兰州市城关区科技创业服务中心"；投入 20 万元建成安宁区"兰州科技产业孵化园"；投入 50 万元建成甘肃联创科技孵化园；投入 50 万元和七里河区政府、兰州理工大学共建兰州科技创业孵化器；并帮助建成西固科技企业孵化器。目前，兰州已有 15 个企业孵化器正式挂牌，在孵企业 1 058 家，孵化面积达 37 万平方米，已毕业企业264 家。开园半年的兰州高新技术创新园，已吸纳 34 家科技型企业入驻，引来投资约 3 亿元。

3. "产、学、研"合作推进自主创新与成果转化取得积极进展

甘肃拥有一大批高校和科研院所，包括：独立的科研开发机构 260 余所，国家重点实验室 6 个，国家、省级工程研究中心 6 个，高等院校 17 所。其中，在兰州的国家部委、中科院、省市属科研机构达 137 个。兰州高新区通过邀请中科院兰州分院、各个研究所的领导和专家到高新区参观，召开院地合作座谈会、构建协作机制等，寻求"产、学、研"合作的途径；加强与甘肃省教育厅、各大专院校合作，对国家、省列为重点的学科跟踪服务，扶持院校加快科技成果转化；积极支持园区内的企业与高校和科研院所建立合作关系或技术开发中心。在推进"产、学、研"合作的机制和政策导向下，兰州高新区目前已有多户企业与国内外院所建立了合作关系。如甘肃紫光以清华大学为依托，寻求源源不断的技术支撑；南特数码与兰州交通大学共同建立了实习基地；联创科技与兰州大学共同建立了计算机科学博士生流动站。这些企业借"外脑"搞科技创新和新产品的开发，让高校、科研院所或以技术入股、或人员兼职、或技术转让、或项目负责等多种形式进入企业，联合进行新产品开发或技术攻关，以解决制约企业发展的深层次技术、产品和管理等问题，形成了一批具有自主知识产权、高附加值、高技术含量的产品。

4. 聚集创新高端要素的能力明显增强

截至 2006 年年末，兰州高新区企业就已获得国家火炬计划项目 101 项、省级火炬计划项目 57 项、国家重点新产品计划 64 项、国家中小企业创新基金项目 29 项、创业项目 13 项，省中小企业创新基金项目 23 项、省市科技攻关

项目 12 项，累计获得国家各类资金资助 8 500 万元。区内有 13 家企业成立省级企业技术中心。2009 年年末，区内企业人力资源总量达 75 805 人，其中，中高级职称从业人员达到 10 420 人，从事科技活动的人员达 5 464 人。总之，兰州高新区通过完善的服务、优惠的政策、健全的机制、优美的环境，有效地激活了本地的科技资源，形成了技术创新能力和资源聚集能力。

5. 初步建立了投融资服务体系

在兰州由于当地政府财力有限，区域融资环境较差，企业获取资金的渠道不畅，资金匮乏已成为制约中小型科技企业创新发展的重要因素。为此，兰州高新区采取了一系列措施完善对科技企业的投融资服务：

（1）组织企业积极申报国家和省创新基金。

（2）设立科技型中小企业创新基金，发挥了基金的引导和放大作用。据统计，兰州高新区企业承担的创新基金项目吸引资金与创新基金投入比为 11：1，共计吸引各类资金 24 300 万元。

（3）加强银政、银企合作，建立科技创新融资担保、贴息等机制。

（4）引导企业上市。截至 2010 年 7 月，已有三星石化、远望谷和海默科技三家企业公开上市。目前，兰州高新区已初步建立了"高新区地方创新基金 + 高新技术成果 + 高新区风险投资 + 民间资本"联合支持科技项目产业化的有效途径。

6. "一区多园"的建设开发格局形成

兰州高新区经过多年的建设和发展，由多个园区组成的"一区多园"的格局基本形成，主要有：

（1）核心区。以兰州高新区东区为主体，包括政策区、新建区共 12.26 平方千米，重点建设创新创业服务综合园区、骨干企业示范基地和总部经济区，主要包括：科技企业孵化中心、兰州软件研发中心、区域性研发和转化中心、骨干企业示范中心等。

（2）安宁高科技园。位于安宁区，规划面积 1.53 平方千米。该园区按照产业关联发展的原则，重点发展先进制造、节能环保等高新技术产业。同时发挥兰州交通大学科技园的科技成果转化和科技企业孵化的功能，建设集孵化、产业化为一体的具有鲜明产业特色的科技园区。

（3）大学科技园。以兰州大学国家大学科技园为主，兰州理工大学科技园（位于彭家坪新区）和兰州交通大学科技园（位于安宁高科技园）为辅，以实体和虚拟园区相结合的组织形式，加快大学科技成果产业化进程。

（4）和平贵金属产业园。位于榆中，规划面积 8.5 平方千米。该区域重点发展贵金属新材料深加工、机电一体化和节能环保工程设备制造产业。

（5）西固石化科技园，以石油化工产业为先导，重点发展新型建材、精细化工、燃气发电为主的新兴产业。

（6）空港循环经济产业园。规划面积为 11.13 平方千米，重点发展新材料、生物技术及新医药、电子信息、先进制造、农产品深加工及物流。

（7）盐场堡地区及九洲生物医药产业基地。

（8）彭家坪产业基地。该基地将建设成为以高新技术产业为主体，集研发、生产为一体的新型高新技术产业基地。

7. 基本形成了高新区建设和发展的政策环境

为了促进高新技术产业园区的快速发展，甘肃省制定了《关于促进科技与经济结合发展高新技术产业的决定》，兰州市政府制定了《兰州国家级开发区若干政策规定》等一系列支持高新区发展的优惠政策，这些政策包括：市场准入政策、税收优惠政策、鼓励投资政策、金融、信贷政策、出城入园企业搬迁优惠政策、空港城产业园区优惠政策、人才引进政策等，对高新区的发展起到了推动作用。为促进兰州高新区的可持续发展，兰州市在西部地区还较早出台了《兰州高新技术产业开发区条例》，对高新区的性质、功能、管理体制、投资经营等作出了规定，为高新区的长远发展提供了法规保障。

（二）存在的突出问题

由于区位、经济基础、历史文化等多方面的原因，兰州高新区目前也存在一些突出问题，表现在：

1. 经济规模较小

兰州高新区纵向相比，发展速度基本都保持了每年 30% 左右的增长速度，但横向与其他国家级高新区相比，发展速度不快，经济总量仍然居后。2009 年，兰州高新区拥有企业 451 家，在西部 13 个高新区中排名第 6 位；实现总收入 650.7 亿元，在西部高新区排名第 7 位；实现工业总产值 516.3 亿元，在西部高新区排名第 8 位；实现工业增加值 106.5 亿元，在西部高新区排名第 10 位；实现净利润 24.3 亿元，在西部高新区排名第 9 位；实际上缴税额 42.3 亿元，在西部高新区排名第 6 位。由此看出，兰州高新区的经济规模与西部其他高新区相比还有较大差距。

2. 创新能力比较薄弱

2009 年，兰州高新区 R&D 经费支出仅为 1.78 亿元，科技活动经费支出也只有 5.46 亿元，科技活动人员仅 5 464 人，在西部国家级高新区中均排在 10 位以后，创新资源的投入能力明显不足。同时，高新区与高校、科研机构的联系还不密切，"产、学、研"联盟形式松散。

3. 产业布局比较分散，产业聚集力比较低

由于兰州"两山加一河"的地域限制，可供高新区开发的土地资源十分匮乏，高新区内大部分区域已为建成区，没有大规模成片的可开发区域，加之没有科学、详细的建设规划及产业规划，土地功能定位模糊，造成目前兰州高新区的产业布局比较混乱，处于产业发展的分散和杂乱阶段；兰州高新区在产业选择上比较多，而每一个产业集聚的企业并不多，规模不大，具有优势的主导产业的实力并不强；区内各个园区的产业专业化和细分化特征并不突出。

4. 企业数量少、规模小、融资难度大、盈利能力弱

目前兰州高新区内的企业有 1 000 多家企业，以民营企业居多，高新技术企业只有 400 多家，大部分都是利用本地资源和科技优势发展起来的，由于受到资金、技术、管理、市场等瓶颈因素的制约，社会资源、科技资源、人力资源、行政资源、经济资源（如资金）等外部资源对企业的支持程度不够，造成企业规模较小、盈利能力弱，大部分企业利润率较低。

5. 创新环境亟待改善

创新环境亟待改善主要表现为孵化器建设、风险投资机制建设还需要大大加强；中介服务体系还不发达；创新文化氛围不够浓厚，企业的创新意识还不够强。

二、兰州高新区创新与发展的环境分析

（一）兰州高新区创新与发展的有利条件

1. 兰州的中心地理位置优势

兰州是甘肃省省会，在大西北处于"座中四联"的位置。兰州是大西北的交通通信枢纽，陇海、兰新、兰青、包兰四大铁路干线交汇于此，兰州西货站是西北地区规模最大、技术最先进的货运站和新亚欧大陆桥上重要的集装箱转运中心，公路有六条国道在这里交汇，辐射周边地区的高速公路有四条已竣工通车。新扩建的兰州中川机场与国内 30 多个城市直接通航，黄河兰州段航运正在开发之中，通信水平居全国先进行列。兰州是黄河上游资源富集区的中心，境内探明的有黑色金属、有色金属、贵金属、稀土等 35 个矿种，极具潜在经济开发价值。兰州水力资源丰富，以兰州为中心的黄河上游干流段可建25 座大中型水电站，现已建成刘家峡、八盘峡、盐锅峡和大峡等水电站。兰州是黄河上游重要的工业城市，现已形成以石油化工、有色冶金、机械电子、医药、建材为主体，与西北资源开发相配套、门类比较齐全的工业体系，成为我国重要的原材料和重化工基地。由于兰州市在我国西北部的重要地位和辐射

力度，兰州高新区势必也是大西北的重要创新基地，经济发展的增长点，对周围的各种资源必定有一定的集聚作用。

2. 甘肃资源丰富，有一定的工业基础

甘肃省是一个矿产资源十分丰富的省份，省内有多个城市和企业是因矿而生的。在"三线建设"时期，国家曾大力发展甘肃省的工业。例如，甘肃玉门是新中国第一个门类齐全、设施完备的大型现代石油工业基地；甘肃金昌的金川镍矿是仅次于诺列尔斯克、萨德伯里的世界第三大硫化铜镍多金属矿，20世纪60年代初，国家在此建设金川公司，使其成为集采、选、冶、化工、机械制造及工程建设于一体的特大有色化工联合企业。20世纪50年代中期，中国第一个大型露天铜矿诞生在甘肃白银，曾创造出多个"中国第一"。因此，甘肃有着一定的工业基础。兰州高新区地处甘肃省政治、经济、文化中心，有着得天独厚的优势，可以背靠大甘肃的资源和工业基础制定自己的发展目标和规划，从而得到又好又快的发展。

3. 国家加强自主创新和发展战略性新兴产业的政策机遇

我国已经把增强自主创新能力上升为国家战略，明确指出：增强自主创新能力是科学技术发展的战略基点和调整产业结构、转变增长方式的中心环节，要大力提高原始创新能力、集成创新能力和引进消化吸收再创新能力，促使经济增长由主要依靠资金和物质要素投入带动向主要依靠科技进步和人力资本带动转变。在国家实施提高自主创新能力的国家战略中，国家高新区是完成这一战略的重要组成部分，必将得到国家更多的支持。同时，在"十二五"时期，国家将大力发展战略性新兴产业，而作为国家高新区则是发展战略性新兴产业的有效载体。作为国家级高新区之一的兰州高新区，可抓住新一轮西部大开发、国家支持自主创新和战略性新兴产业发展的机遇，大力推进高新区的"二次创业"，掌握发展的主动权。

（二）兰州高新区创新与发展面临的挑战

目前，兰州高新区的发展状况、产业规模和综合实力等，在国内外市场竞争中处于较弱的地位。随着国际国内市场一体化进程的加快，东部地区持续强劲的发展势头尤其是东部产业转型和升级的步伐不断加快，对创新高端要素的吸纳能力将会进一步增强，西部的资金、人才、技术继续流向发达地区的趋势将会更加突出的存在。从兰州高新区所处的区位条件看，兰州高新区处于甘肃兰州这个欠发达地区，存在不沿边、不沿江、不沿海的区域劣势；远离经济中心，辐射能力差，交通运输能力差的交通劣势；产业结构及布局不合理的经济劣势；土地奇缺，地价奇高，自然资源匮乏，人才流失严重的资源劣势，这些因素是兰州高新区面临的重大挑战。

1. 经济基础薄弱

甘肃省的基本省情是：自然条件差、经济总量小、人均水平低。2009 年，甘肃国内生产总值为 3 380 亿元，仅占全国的 0.92%，人均 GDP 为 12 853 元，不到全国平均水平的 50%，总体经济规模有限，经济基础薄弱，人均收入水平低，城市化水平只有 30% 左右。基础设施是经济发展的决定性硬件条件，甘肃作为资源输出地区，对交通等基础设施的依赖性很强，而甘肃却是全国基础设施发展最慢的区域之一，基础设施建设滞后于国民经济增长速度，总体规模狭小，布局极不均衡，部分基础设施建设甚至低于西部平均水平。这种状况已经严重地影响了甘肃优势产业和整个区域经济的发展，对甘肃经济增长极点——兰州高新区也起到了极大的束缚作用。

2. 人才流失严重

甘肃省由于经济和发展环境差，人才流失一直十分严重。国家统计局的一份统计报告显示：2000—2004 年，甘肃省共流失专业技术人员近 2 000 人[①]，2008 年还出现甘肃农业大学 45 名教职工集体离职的现象。目前，甘肃人才规模综合指标在全国居 24 位，科学家和工程师人数居 21 位，科技人员和研发人员居 22 位，人才资源的有效供给不足，高层次创新人才流失严重，难以满足重点领域、重点项目发展的需求[②]。大量中高级人才的流失，给兰州高新区的发展带来比较大的压力。并且甘肃由于教育基础薄弱，人才培养环境较差，从业人员受教育程度整体偏低，技术熟练程度不及东部平均水平，这是兰州高新区发展的一个重要瓶颈。

3. 发展中的环保问题严重

自然生态环境恶化一直是甘肃经济社会发展面临的重要问题。2007 年 7 月 3 日，国家环保总局通报了对四大流域水污染严重、环境违法问题突出的 6 市 2 县 5 个工业园区实行"流域限批"，兰州高新区被列入"限批"行列。当时，国家环保总局对兰州高新区 24 家单位进行了检查，仅甘肃中粮可口可乐饮料有限公司、耐驰（兰州）泵业有限公司、兰州中富容器有限公司等十家单位进行了环保审批。[③]

---

① 新华网. 透视甘肃人才流失现象 [OL]. 甘肃频道，http://www.gs.xinhuanet.com/news/2006 - 04/26/content_6847448.htm，2004 - 26.

② 佚名. 改变创新人才流失现状 甘肃打造高层人才创业"强磁场" [OL]. http://rsj.nc.gov.cn/Item/6407.aspx.

③ 佚名. "流域限批"之下的兰州高新区 [N]. 甘肃经济日报，2007 - 07 - 11.

事后，兰州市采取了一系列积极的整改措施。2007年10月，国家环保总局做出决定，解除对兰州高新区建设项目环境影响评价文件的限批。虽然事件已经过去了，但是留下的影响是深刻的，说明了兰州高新区在环保方面存在诸多问题，包括政策、批准机制、检查机制、行动机制等方面。这对兰州高新区以后的招商引资、引进技术等方面都造成了一定的障碍。

三、兰州高新区优势高新技术产业选择与细分方向

根据兰州市资源、技术和产业特色优势及经济和社会发展的要求，结合国家和省高新技术产业发展规划，兰州高新区应确定如下几个重点发展的产业：

（一）新材料产业

依托兰州独特资源优势，通过原始创新和集成创新，开发高附加值的新材料。加快新材料的应用及产业化，研发新型合金材料、复合材料、稀土材料、新型高分子材料、新型建材等产品。重点支持和发展围绕稀土材料、精细化工材料、有色稀有金属材料、电子功能性材料、新能源材料、生态环保材料、高性能结构材料、新型建筑材料、纳米材料等拥有自主知识产权的产品进行产业化。重点细分产业包括：记忆合金产业、坡缕石材料综合开发产业、20万吨铝箔生产线及附属铝材深加工产业、有色稀有金属新材料产业、精细化工材料产业、大磁致伸缩材料产业。

（二）生物技术产业

依托中央在兰州研究机构的技术优势，发挥中药材资源优势，加快新（特）药产业化，主要发展基因工程、发酵技术、转基因动植物育种、动物及人防疫与治疗疫苗、特色新药、特色中成药和民族药等特色产品；以当归、党参等特色资源为原料具有地方资源优势和自主知识产权的生物制剂、疫苗和基因工程药物的技术项目。重点细分产业包括：动物及人用疫苗产业、新（特）药产业、特色中成药产业、绿色农药产业、动物胚胎分割及移植产业。

（三）电子信息产业

充分利用现有的技术基础，紧跟国内外信息技术发展趋势，重点研发生产移动通信网与设备、数字无线接入网系统设备、集成电路加工设备、计算机及外部设备、半导体专用设备和仪器、军事电子装备及军用电子器件、软件等技术产品。以电子信息产业为基础发展现代服务业。兰州高新区要形成的重点细分产业包括：数字音视频产业、电子专用设备产业、特种电子产业、应用软件产业、数字成像设备产业、光纤及电力线通信产业。

（四）先进制造业

以信息化改造传统制造业，推动生产设备数字化、生产过程的智能化和企

业管理信息化，促进制造业研发设计、生产制造、物流库存等水平的提升。通过智能集成制造系统、高速精密加工设备及绿色制造等技术的研发和应用，为传统制造产业升级提供重要的基础技术和设备；重点支持和发展先进制造技术与设备、新型电机及电器产品、新型节水灌溉设备制造与应用等技术产品的开发与生产。兰州高新区要形成的重点细分产业包括：新型采暖设备产业、板式蒸发器产业、石油化工设备和新型建材生产设备产业、非动力核技术仪器仪表产业、真空镀膜成套设备产业、以信息化改造传统制造业项目、焊接式水轮转子生产项目、多线锯切割机生产项目、铝锭连铸机生产项目。

（五）节能环保产业

重点开展风力发电机设备、太阳能光伏发电产品、保温涂料、保温中空玻璃、天然气热电冷三联供技术的开发应用。大力发展环保技术与环保产业，开展以大气、水、土壤、噪音、固体废弃物污染治理为重点的综合防治关键技术及相关设备、烟气脱硫与除尘一体化技术产品、净水剂技术的研发、水处理设备等的研发生产。重点细分产业包括：兆瓦级风力发电机产业、硅材料太阳能电池板产业、可更换卡式电池组电动公交车产业、环保节能型建筑材料生产项目、水处理环保设备生产项目、全生物降解环保包装材料生产建设项目。

四、兰州高新区要积极推进发展思路的转变

国家科技部提出的高新区"二次创业"过程中要推进"五个转变"的思路，对兰州高新区未来的发展也具有很强的指导作用。但是，兰州高新区目前发展的阶段和区域特征决定了在推进发展思路转变的过程中应具有自身特色，切不可完全照搬。兰州高新区未来承担的重要任务是提升自主创新能力、产业竞争能力、辐射带动能力和可持续发展能力，要成为兰州市的重要经济增长极、高新技术产业化的重要基地、推进兰州市场化进程的试验区、实现新型工业化的试验场。针对兰州高新区目前建设和发展的情况以及未来承担的任务，兰州高新区应着力推进以下"六个"转变：

（一）在技术导向上，由单纯培育新兴高新技术产业向培育新兴高新技术产业和改造提升传统产业并重转变，形成两类产业共同发展的新格局

兰州高新区的建设和发展虽然取得了巨大成效，但是与沿海发达省市的高新区相比差距巨大，就是与西部的成都、西安、重庆等高新区相比，也表现出巨大的差距。目前兰州高新区还处于比较低的要素集聚与产业发展的阶段，还没有完成"一次创业"阶段的要素集聚、扩大规模的主要任务。因此，兰州高新区在"二次创业"过程中还需要追加完成"一次创业"阶段没有完成的

任务。针对这种情况，兰州高新区应该在发展高新技术产业的基础上，同时改造提升传统产业，把新的知识、新的理念、新的技术渗透到传统产业中去，特别是要注意改造提升机械制造业、有色冶金业、石油化工业等，这些传统产业都是当地的特色优势产业，也是当地经济的主导产业、支柱产业，他们的提升是当地经济提升的根本。兰州高新区作为当地经济的增长极，要积极吸纳省内传统产业进入高新区进行改造提升，通过高新区的政策、技术、人才等优势，将全省的高新技术企业和传统企业聚集到高新区，做大总量。

（二）在项目选择上，由以招商引资项目为主向获得自主知识产权项目与招商引资项目并重转变，形成内外项目互补发展的新格局

自主创新不仅包含原始创新，也包含了集成创新和引进消化吸收再创新。引进消化吸收再创新既是自主创新的重要内容，也是技术进步的一种基本模式。这种技术进步的模式主要不是依赖本国创新活动，也不完全是对引进技术的简单模仿，而是注重形成"二次创新"的能力。今后兰州高新区在招商引资、引进内外资项目过程中，必须明确招商引资的目的不应该仅仅在于引来资金，更重要的是"招商引智"，引来技术并消化吸收，获得自主知识产权，这样才能在竞争中变被动为主动，使得招商引资与自主创新相互促进，形成内外项目互补发展的新格局。因此，兰州高新区在招商引资过程中一定注意不要简单地引进生产能力，尤其不要引进低技术含量、低附加值、高污染的项目，而要注重引进项目的高技术含量、高投资强度，对环境没有污染。要在引进大公司、大集团的制造生产能力的同时，鼓励这些公司带来技术研发机构，鼓励外来企业对当地企业的技术溢出。

（三）在企业扶持上，由抓标志型企业向抓标志性企业和成长型企业并重转变，形成企业规模结构呈"雁形"发展的新格局

企业是产业的组成细胞，一个产业是由许多规模不同的同行业企业构成的，产业的发展最终要由企业来实现。就高新技术产业而言，最有效的市场结构是垄断竞争型的市场结构，这样的市场结构既有标志性的大企业带动，又有若干中小型企业作为支撑，呈现出一个企业规模的梯队，这样的企业结构会出现活力，制造一种你追我赶的动力机制，从而使得产业获得一个稳定高速发展的机会。兰州高新区在发展优势特色产业过程中，企业的规模结构可以遵循"雁形发展模式"，即一个产业里面既有作为"领头雁"的标志性企业，也有作为"雁身"的成长型企业。因此，在政策上就不能仅盯住大企业"扶优扶强"，而应采取"扶优扶强"与中小科技型企业培育并举的途径，从而形成梯队型的政策支撑体系。

（四）在产业发展上，由单纯追求经济规模向打造产业集群转变，形成特色产业集群发展的新格局

企业内部规模经济并不是增加收益的唯一源泉，在追求企业内部规模经济的同时，还可以追求外部经济，而形成产业集群就可带来明显的外部规模经济效应。在产业集群内，各个企业高度集中在一起，人际间接触的面较广、频率较高，知识的传播速度快。由于地理位置邻近，高技术企业可能共有一个供应商、同一家顾主，获得批量采购原材料和共享劳动力市场的外部规模优势。同时，通过企业间的频繁接触，那些与生产有关的信息、技术、管理方法和企业组织形式等方面的创新和成果会迅速地共享和效仿，集群内的高技术企业很容易在研究开发、人力资源信息等方面获得外溢效应。目前，兰州高新区内企业盈利水平不强除了企业规模小、技术水平不高等原因外，没有形成优势特色产业集群也是重要原因。企业还只是初步实现了地理空间上的"扎堆"，企业间的有机联系没有建立起来，分工和协作体系不发达，基本上还没有形成本地的专业化配套能力，企业所需零部件需要到很远的外地去采购，无疑大大增加了企业的成本。因此，兰州高新区今后应以产业集群的思路培育产业竞争力。

（五）在产业布局上，由"独立大队"型的园区分布向"联合舰队"型的园区布局转变，形成分工明确、协调发展的新格局

园区其实就是产业集群的载体，在一定的地域空间内群集大量企业，以产业群集聚或产业集聚获得外溢效应。由于兰州高新区受到地理条件的限制，在建设开发中搞集中的、"独立大队"型的园区分布就比较困难，而走"联合舰队"型的园区布局针对本地实际的必然之路。但是应当明确的是：这些园区之间不应该是独立的，那些与生产有关的信息、技术、管理方法等应该能够在园区之间自由流动。同时，各个园区不能重复建设，每个园区都有自己的功能和特色，实现专业化分工，做到优势互补和相互支撑。因此，兰州高新区应以大园区为主体，小园区作配套，在大园区内细化若干特色产业基地的方式进行园区布局，这样，整个高新区才能做到有重点的全面发展。

（六）在产业环境上，由政策优惠向完善区域创新体系转变，形成以区域创新体系的优化促进高新技术产业发展的新格局

在兰州高新区建设的初期，为了扩大园区规模和影响，实现园区的快速发展，只要有企业愿意来都欢迎。为了吸引更多的企业来园区投资，在土地、税费等政策上给予了很多优惠，这个时候几乎是对投资者"来者不拒"，对投资者的项目选址等要求也尽可能满足。但是，这样就造成了目前园区内企业杂乱无章，产业布局、企业分工等不合理的现象。当园区发展到了一定的阶段和形

成一定的集聚规模之后，就应该注重以完善的产业链、健全的创新服务体系、浓厚的创新创业氛围、集聚效应等产生的内在吸引力吸引投资者而不仅仅是表面上的优惠政策，从而实现由"招商"向"选商"转变。

五、主要对策与建议

兰州高新区依托兰州市、甘肃省的科技力量，已经形成了一定的自主创新能力和优势高新技术产业。在此基础上，应该从以下几个方面入手进一步推进高新区自主创新能力的提高和优势特色产业的发展：

（一）整合创新资源，聚集创新高端要素

一般来说，创新资源包括：人才、风险资金、知识资源等。兰州高新区位于祖国的大西北，在地理上来说不具备吸引人才、资金等的优势。但是，兰州市有自己的一批科研队伍，有大批的科研单位和研究所，也建立了风险投资机制，同时在省市范围内还建有各种开发区和工业园区，完全有能力把这些要素整合在一起，实现创新与产业发展功能的最大化。应积极推进高新区对省、市两级开发区的整合，按照资源共享的原则，打造以高新区为核心区，其他产业园区为依托的高新技术产业带，形成"一区多园"的发展格局。同时对已整合挂牌的园区要加强研究，做好规划，调整优化产业结构，推进产业升级，从而打造"专而优、精而尖"的特色园区。高新区要加强与大专院校、科研院所的沟通与联络，做好与区内企业的衔接工作，力争在引进国家、省级研发机构和科研中心以及科研工作项目上取得新突破。兰州高新区应树立依靠人才增强区域竞争优势的观念，从完善人才政策、加强人才引进、强化人才培训、推进人才服务等方面入手，建立起完善的服务于企业发展的人才支撑体系，有效盘活人才存量，抓紧培养和引进紧缺人才，形成人才的集聚效应。

（二）加快培植企业自主创新能力

（1）突出企业的科技创新主体地位，建立全过程、多样化、持续性的扶持政策体系，支持骨干企业和民营科技企业加快技术创新，尤其是核心技术的创新，引导鼓励他们自主研发新技术和新产品，靠专利、技术等站稳市场，实现产业扩张。要通过对专有技术、精巧技术、特殊技术、核心技术的掌握，逐步提高企业的造血功能和自我发展的能力，促进高新区由投资拉动向创新驱动模式转变。

（2）大力实施商标战略和品牌战略，引导更多的高新技术企业积极、自觉、主动地争创中国名牌和驰名商标，并在创品牌的过程中不断进行技术创新、管理创新，完成量变到质变的跨越，形成企业的核心竞争力。

（3）加强科技与金融的结合，建立多元化的投资机制，大力引进和发展风险投资和创业投资，使投资方式从单一直接投资扩展为直接投资、参股基金、跟进投资、基金管理、融资担保、技术交易市场等多种方式，为成长型科技企业迅速壮大提供强大的资金支持。

（4）积极引导和鼓励建设各种所有制形式的科技企业孵化器，促进孵化器的主体多元化、功能专业化、形式多样化，完善科技成果转化体系建设。

（5）进一步培育创新集群，积极组织大专院校、科研院所与企业共同创建产业关键技术领域研究室，共建研究开发机构，重点解决行业内共性技术难题，开展集成创新和引进消化吸收再创新工作，推动建立重点产业关键领域的技术创新联盟。

（三）抓好专业园区建设，搭建聚集创新和产业资源载体

专业园区是专业化创新要素和产业细分发展的集聚地，是获得产业集聚外溢效应的重要阵地。目前，兰州高新区在专业园区的建设方面做得很不错，多个环境优美、设备先进的专业园区已经投入使用，但是要注意不要重复建设。各个园区应该合理分工，在产业的细分上下工夫，依据各个专业园区不同的发展特点及产业规划，建设发展高新区专业产业基地，形成合理的产业结构，搭建聚集专业化创新要素和产业资源的载体。例如：可依托兰州装备制造业的雄厚基础，把彭家坪新区建设成大型装备制造业的生态园区；依托"两兰"（兰炼、兰化）的优势，延伸产业链，把西固石化产业园建设成西北最大的石化基地、石化原材料及产品集散地、国家级新材料产业基地；依托金川集团有限公司是中国最大的镍钴生产基地的实力，把金川工业园建设成国内最大的镍、铜、钴等稀有贵金属的大型有色冶金、化工联合基地。兰州高新区应有效聚合资源，制定吸引同类企业进入园区的政策，引导布局分散的中小企业逐步集中到专业化园区进行改造升级，形成上下游关联度大、带动作用强的产业链条，打造专业化产业集群的竞争优势。

（四）加强高新区招商引资方式创新，积极承接产业转移

承接产业转移仍然是促进兰州高新区快速发展的重要方式之一，但是承接产业转移应该与本地的实际情况和产业特色相结合。面对国内外产业转移的新情况、新特点、新趋势，兰州高新区必须在招商引资策略上实现"四个转变"：由单纯注重境内招商向境内、境外招商并重转变；由单纯注重引进跨国公司向同时注重引进配套协作企业转变；由单纯依靠"走出去、请进来"向同时注重"以商招商、以外引外"招商方式转变；由政府招商向专业招商、节会招商、园区招商、委托中介机构代理招商等现代方式转变。

（五）加快投融资体系建设步伐，着力提升企业融资能力

兰州高新区应按照"政府引导、企业运作、社会参与"的思路，加快兰州高科创业投资担保公司的运作步伐，继续发挥政府资金导向作用，通过担保成功企业的示范带动作用吸引商业银行、非银行金融机构和民间资本参与企业的发展。要优化风险投资环境，积极探索"高新区＋高新技术成果＋风险资本"联合支持科技项目产业化的有效途径和形式，鼓励和支持企业引入风险投资。要加强与深圳创新投资公司等风险投资机构的合作，扶持一批成长潜力大、科技含量高的项目发展壮大。高新区应采取信用担保、贷款贴息等多种方式加强银企合作，对投资大、技术先进、回报率高的高科技项目建立项目信息库和推荐制度，积极向金融机构推介，引导银行贷款支持中小型科技企业的发展。同时，要抓住创业板市场为中小企业融资的机遇，精心筛选项目，坚持"培育一批、成熟一批、上报一批、上市一批"的思路，争取一批科技型企业在创业板上融资，利用资本市场做大做强。

（六）进一步优化高新区的创新创业环境

（1）进一步转变发展观念，完善管理服务和投资软环境建设，修订和完善服务企业的配套政策和工作机制。

（2）不断提高园区的产业配套能力，进一步增强高新区产业承载功能，努力建设宽容失败、鼓励成功的人文环境，使高新区成为创业人才的集聚地，不断促进一大批科技创业家脱颖而出。

（3）加强高新区管理体制创新，形成运行机制高效、由多方参与的管理体制。

（4）围绕高新技术企业的创业特点和需求，大力扶持和发展中介服务机构，吸引省内外的科技中介机构入驻高新区，以形成完善的中介服务平台，形成"科技中介超市"。

（5）结合高新区实际，修订和完善相关政策，形成与国家和省市政策的相互补充，增强政策的吸引力和投资者的信心，吸引更多的高新技术企业来高新区落户。

（6）打造优质高效的政府服务体系，加强在技术研发、成果转化、重大技改等方面扶持和引导，降低高新技术企业的创业成本和门槛，努力为企业提供全天候、全方位、全过程的优质服务。

参考文献

[1] RIDDEL M, SCHWER R K. Regional Innovative Capacity with Endogenous Employment: Empirical Evidence from the U. S. [J]. The Review of Regional Studies, 2003, 33 (1): 73 - 84.

[2] GUAN I. Innovative Capability and Export Performance of Chinese Firms [J]. Technovation, 2003 (9).

[3] C FREEMAN, L SOETE. The Economics of Industrial Innovation. London and Washington, 1997.

[4] BURGELMAN R A, MAIDIGUE M A, WHEELWRIGHT S C. Strategic Management of Technology and Innovation, New York: John Wiley. 1995.

[5] D L BARTON. Core Capability & core Rigidities: A Paradox in Managing New Product Development, Strategic Management, Jan. 13, 1992.

[6] ELSON SZETO. Innovation capacity: working towards a mechanism for improving innovation within an inter - organizational network, 2000, Vol. 12, Iss. 2; 149.

[7] ROMER P M. Endogenous Techonogical Change [J]. Journal of Political Economy, 1990, Vol. 98, No. 5, Partii. pp. S71 - S102.

[8] LUCAS R. On the Mechanics of Economic Development [J]. Journal of Monetary Economics, 1988, Vol. 22, pp. 3 - 42.

[9] XIAOKAI YANG, J BORLAND. A Microeconomic Mechanism for Economic Growth [J]. Journal of Political Economy, 1991, Vol. 99, No. 3, pp. 460 - 482.

[10] GOODMAN E, BAMFORD J. Small Firms and Industrial Districts in Italy [M]. New York: Routledge, 1989.

[11] SCOTT A. New Industrial Spaces: flexible production organization and

regional development in North America and Western Europe [M]. London: Pion, 1988.

[12] K NIELSEN, B JOHNSON. Institutions and economic change, Edward Elgar Publishing Limited, 1998, P. 15 - 16.

[13] PETER GWYNNE. Directing Technology in Asia's Dragon. Research - Technology Management, Mar1993, 12 - 15.

[14] COOKE P, SCHIENSTOCK G. Structural competitiveness and learning regions [J]. Enterprise and Innovation Manage - ment Studies, 2000, 1 (3): 265 - 280.

[15] AUTIO E. Evaluation of RTD in regional systems of innovation [J]. European Planning Studies, 1998, 6 (2): 131 - 140.

[16] AUTIO E. Evaluation of RTD in regional systems of innovation [J]. European Planning Studies, 1998, 6 (2): 131 - 140.

[17] COOKE P, URANGA MIG, ETXEBARRIA G. Regional systems of innovation: an evolutionary perspective [J]. Environment and Planning, 1998, 30: 1563 - 1584.

[18] ISAKSEN A. Building regional innovation systems: a possibility of endogenous industrial development in the global econo - my [J]. Canadian Journal of Regional Science 2001, 1: 101 - 120.

[19] COOKE P, HANS JOACHIM BRAZYK H J, HEIDENREICH M. Regional Innovation Systems: The Role of Governance in the Globalized Word [M]. London: UCL press, 1996.

[20] WEBER A. Theory Of the location of Industries. Trans C J. Friedrich. Chicago: University of Chicago Press, 1929.

[21] LASCH A. The Economics of location. Yale University Press, New Haven, CT, 1939.

[22] OHLIN B. Interregional and International Trade. Cambridge: Harvard University Press, 1957.

[23] MARSHALL A. Principles of Economics: An Introductory (9th Ed). London: Macmillan, 1890.

[24] GRANOVETTER M. Economic Action and Social Structure: The Problem of Embeddedness, American Journal of Sociology, 1985 (191), P481 - 510.

[25] VALERIE ILLINGWORTH. The enguin Dictionary of Physics [M]. Beijing: Foreign Language Press, 1996. 92 – 93.

[26] GORDIJIN J, AKKERMANS J M. Value Based Requirements Engineering: Exploring Innovative E – commerce Idea [J]. Requirements Engineering Journal, 2003 (2).

[27] KRUGMAN P. Development, Geography, and Economic Theory [M]. Cambridge, MA: MITPress, 1995.

[28] COOKE SCHIENSTOCK. Structural Competitiveness and Learning Region [J]. Enterprise and Innovation Management Studies. 2000 (3): 265 – 280.

[29] HILL E, BRENNAN J. Amethodology for identifying the drivers of industrial clusters: The foundation of regional competitive advantage [J]. Economic Development Quarterly, 2000, 14.

[30] BARABASI A L, ALBERT R. Emergence of scaling in random networks [J]. Science, 1999: 509 – 512.

[31] CAPELLO R. Spatial transfer of Knowledge in High – Technology Milieux: Learning Versus Collective Process [J]. Regional Studies, 1999, 33: 353 – 365.

[32] ROBERT CAPELLO. Spatial transfer of knowledge in high technology milieu: learning versus collective learning process [J]. Regional Studies, 1998, 33 (4): 353 – 365.

[33] NELSON, WINTER. 1982, The Schumpeterian Tradeoff Revised [J], American Economic Review.

[34] NADIRI, M ISHAQ. 1993, Innovations and Technological Spillovers, Working Paper 4423. Cambridge, MA: National Bureau of Economic Research, August.

[35] BURT RONALD. Structure Holes: the social of competition. Cambridge [M]. MA: Harvard University Press, 1992.

[36] PORTER M E. Clusters and New Economics of Competition [M]. Harvard Business Review, 1998. 11.

[37] CAMAGNI R. Local "milieu", uncertainty and innovation networks: towards a new dynamic theory of economic space, in Camagni R. (Ed.), Innovation networks: Spatial perspectives [M]. London: Belhaven, 1991: 121 – 142.

[38] LORENZ. Collective learning process and the regional labor market, un-

published research note, Europe Network on Networks, Collective learning and RTD in Regionally - clustered High Technology. SMES, 1996.

[39] STEPHEN MARTIN, JOHN T. Seott. The nature of innovation market failure and the design of public support for private innovation. Researeh Poliey, 2000 (Vol. 29): p437 - 447.

[40] W B ARTHUR. Positive feedbacks in the economy, Scientific American, Vol. 262, February 1990, pp. 92 - 99.

[41] RIP ARIE, BAREND VAN DER MEULEN. The Post - modern Research System [J]. Science and Public Policy, Vol. 23, No. 6, (1996): 343 - 352.

[42] C FREEMAN. Technology Policy and Economic Performance: Lessonss from Japan, London Printer, 1987.

[43] R R NELSON. National Systems of Innovation: A Comparative Study, Oxford: Oxford University Press, 1993.

[44] J R BOUDERVILLE. Problems of Regional Development. Edinburgh university Press, 1966.

[45] ROBERT CAPELLO. Spatial transfer of knowledge in high technology milieu: learning versus collective learning process [J]. Regional Studies, 1998, 33 (4): 353 - 365.

[46] NELSON, WINTER. 1982, The Schumpeterian Tradeoff Revised [J], American Economic Review.

[47] NADIRI, M ISHAQ. 1993, Innovations and Technological Spillovers, Working Paper 4423. Cambridge, MA: National Bureau of Economic Research, August.

[48] RIP ARIE, BAREND VAN DER MEULEN. The Post - modern Research System [J]. Science and Public Policy, Vol. 23, No. 6, (1996): 343 - 352.

[49] 熊彼特. 经济发展理论 [M]. 叶华, 译. 北京: 九州出版社, 2007.

[50] 科斯, 等. 财产权利与制度变迁 [M]. 胡庄君, 等, 译. 上海: 上海三联书店, 1994.

[51] 保罗·克鲁格曼. 地理和贸易 [M]. 张兆杰, 译. 北京: 北京大学出版社, 2002.

[52] 波特·M. E. 国家竞争优势 [M]. 李明轩, 邱如美, 译. 北京: 华夏出版社, 2002.

［53］C 弗里曼，L 苏特. 工业创新经济学 ［M］. 华宏勋，等，译. 北京：北京大学出版社，2004.

［54］杰弗里·M. 霍奇逊. 演化与制度 ［M］. 任荣华，张林，洪福海，等，译. 北京：中国人民大学出版社，2007.

［55］科技部火炬高技术产业开发中心，北京市长城企业战略研究所. 中国增长极——高新区产业组织创新 ［M］. 北京：清华大学出版社，2007.

［56］王缉慈，等. 创新的空间：企业集群与区域发展 ［M］. 北京：北京大学出版社，2001.

［57］傅家骥. 技术创新学 ［M］. 北京：清华大学出版社，1998.

［58］张建军. 中国西部区域发展路径——层级增长极网络化发展模式 ［M］. 北京：科学出版社，2009.

［59］杨平. 创新使命 ［M］. 上海：上海科学出版社，2006.

［60］吴殿庭. 区域分析与规划高级教程 ［M］. 北京：高等教育出版社，2004.

［61］卢现祥. 西方新制度经济学 ［M］. 北京：中国发展出版社，1996.

［62］钟坚. 世界硅谷模式的制度分析 ［M］. 北京：中国社会科学出版社，2001.

［63］孙迈松. 高新区自主创新与核心竞争力 ［M］. 北京：中国经济出版社，2006.

［64］赵海东. 资源型产业集群与中国西部经济发展研究 ［M］. 北京：经济科学出版社，2007.

［65］陈力华，等. 组织行为学 ［M］. 北京：清华大学出版社，2005.

［66］腾堂伟，曾刚，等. 集群创新与高新区转型 ［M］. 北京：科学出版社，2009.

［67］陈家祥. 中国高新区功能创新研究 ［M］. 北京：科学出版社，2009.

［68］陈秉钊，范军勇. 知识创新空间论 ［M］. 北京：中国建筑工业出版社，2007.

［69］楚尔鸣，李勇辉. 高新技术产业经济学 ［M］. 北京：中国经济出版社，2005.

［70］赵玉林. 高技术产业经济学 ［M］. 北京：中国经济出版社，2004.

［71］盛昭翰，蒋德鹏. 演化经济学 ［M］. 上海：上海三联书店，2002.

［72］韩伯棠，等. 我国高新技术产业园区的现状及二次创业研究 ［M］.

北京：北京理工大学出版社，2007.

[73] 徐顽强. 区域创新与科技中介服务体系建设 [M]. 北京：人民出版社，2007.

[74] 钟书华. 科技园区管理 [M]. 北京：科学出版社，2004.

[75] 科技部火炬高技术产业开发中心. 中国火炬统计年鉴 2009. 北京：中国统计出版社，2010.

[76] 周元，王维才. 我国高新区阶段发展的理论框架 [J]. 经济地理，2003 (4).

[77] 辜胜阻. 加强自主创新　实现高新区的二次创业 [J]. 中国科技产业，2005 (5).

[78] 徐志坚. 增强自主创新能力是国家高新区"二次创业"的关键 [J]. 中国科技产业，2005 (8).

[79] 唐风泉，王昌林. 全球制造业转移与高新技术产业开发区的发展 [N]. 科技日报，2002 - 12 - 24.

[80] 巫英坚，李楠林. 高新区二次创业与区域创新体系 [J]. 中国科技产业，2004 (8).

[81] 曾建平，王秀萍. 建立区域持续创新体系是高新区"二次创业"的核心任务 [J]. 高科技与产业化，2006 (1).

[82] 陈汉欣. 新世纪中国高新区的新成就及其"二次创业"任务剖析 [J]. 经济地理，2006 (4).

[83] 宋捷. 对国家高新区功能定位及当前必须解决的问题的几点思考 [J]. 中国高新区，2007 (1).

[84] 张天维，胡莺. 新兴产业的战略性体现、相关问题及对策 [J]. 学术交流，2010 (7).

[85] 王德禄. 中国高新区的自主创新道路 [J]. 中国科技产业，2006 (8).

[86] 吴林海. 科技园区研究：一个新的理论分析框架 [J]. 科学管理研究，2003 (5).

[87] 曹俊文，徐莉. 科技园区技术创新能力评价研究 [J]. 江西师范大学学报：哲学社会科学版，2004，37 (3).

[88] 肖健华. 中国科技园区域创新能力的智能评价 [J]. 系统工程，2005 (8).

[89] 韩小改，曾旗. 高新区创新创业能力的综合评价 [J]. 价值工程，

2005（5）.

　　［90］董秋玲，郗英，常玉. 多层次灰色评价法在西部科技园区技术创新能力评价中的作用［J］. 科技管理研究，2006（4）.

　　［91］关伟. 大连高新园区技术创新能力评价研究［J］. 辽宁师范大学学报：自然科学版，2006，29（2）.

　　［92］冯卓. 我国高新区自主创新能力评价研究［J］. 沈阳师范大学学报：自然科学版，2008，29（2）.

　　［93］刘友金，黄鲁成. 产业群集的区域创新优势与我国高新区的发展［J］. 中国工业经济，2001（2）.

　　［94］胡珑瑛，聂军. 我国高技术园区产业群形成机制及其对策研究［J］. 中国科技论坛，2002（4）.

　　［95］于新锋，杜跃平. 集群与科技园区发展［J］. 中国科技论坛，2003（2）.

　　［96］谢永琴. 产业集群理论与我国高新区发展研究［J］. 生产力研究，2004（10）.

　　［97］王缉慈. 产业集群和工业园区发展中的企业邻近与集聚辨析［J］. 中国软科学，2005（12）.

　　［98］李强. 我国高新区产业聚集实证研究：生产要素集中与规模收益递增［J］. 科学学与科学技术管理，2007（5）.

　　［99］刘会武，等. 国家高新区产业聚集度的测算与分析［J］. 科技管理，2007（5）.

　　［100］李凯，任晓艳，向涛. 产业集群效应对技术创新能力的贡献——基于国家高新区的实证研究［J］. 科学学研究，2007（3）.

　　［101］尹建华，苏敬勤. 高新技术集群化与协同管理研究［J］. 科学学与科学技术管理，2002（9）.

　　［102］谢张军，黄凯. 产业集群机制缺失与高新区发展［J］. 中国科技产业，2002（6）.

　　［103］余竹生，王晓波，李绩才. 我国高新技术产业开发区集群化发展战略初探［J］. 港口经济，2003（6）.

　　［104］俞凯华. 基于产业集群的高新区发展导向研究［J］. 科技进步与对策，2006（1）.

　　［105］黄建清，郑胜利：国内集群研究综述［J］. 学术论坛，2002（6）.

　　［106］李华晶，张玉利. 高管团队特征与企业创新关系的实证研究［J］.

生产力研究，2006（5）.

　　［107］朱涛. 企业自主创新的动力机制及速度模型的构建［J］. 中州大学学报，2009（4）.

　　［108］方玉梅. 高新区创新能力形成机理研究［J］. 科技管理研究，2010（12）.

　　［109］王春法. 国家创新理论体系的八个基本假定［J］. 科学学研究，2003（10）.

　　［110］顾新. 区域创新系统的内涵与特征［J］，同济大学学报，2001，12（6）.

　　［111］于凌宇，魏秉国，冯玉萍. 电子信息产业发展新趋势与科学发展新规律［J］. 濮阳职业技术学院学报，2009（10）.

　　［112］秦智. 区域环境背景下的高新技术产业开发区主导产业选择分析［J］. 发展战略，2006（2）.

　　［113］吴开松，颜慧超，何科方. 科技中介组织在高新区创新网络中的作用［J］. 科技进步与对策，2007（7）.

　　［114］申小蓉. 关于科技型城市几个问题的思考［J］. 四川师范大学学报：社会科学版，2006（3）.

后　记

　　该书是由张克俊同志主持的国家社科基金项目的最终成果。能够在今天出版这样一本数十万字的学术专著实属不易，如果没有国家社科基金和省社科院的资助是根本不可能完成的，感谢上述有关方面的支持！该书的主要成果是全体课题组成员集体智慧的结晶，参与编写人员及具体分工如下：张克俊，负责全书的组织协调、提纲审定、修改统稿，并撰写总体报告的第1章、第4章、第8章、第9章；唐琼，撰写总体报告的第2章、第3章、第5章、第6章、第7章；何飞，撰写专题报告一；胡俊波，撰写专题报告二；王晓红，撰写专题报告三；王加栋，撰写专题报告四；胡晶晶，撰写专题报告五；孙琳，撰写专题报告六。此外，梁灏、王磊、黄柱、高丹、姬飞等分别对南宁、乌鲁木齐、绵阳、桂林、宝鸡等西部高新区进行了个案研究，形成了专题报告，但由于版面有限，这些成果没有收录在本书中，对此表示十分的歉意。在此，对所有课题组成员的辛勤劳动和严谨的科研精神表示最诚挚的感谢！

　　该书的研究和写作要十分感谢我院的老专家林凌，他不仅是知名的经济学家，而且历来关心中青年学者的成长，80多岁高龄了还专门为本书作序，并对本书作出了积极评价，充分体现了一个老专家、老前辈对中青年科研人员的热情关怀和殷切期望。四川省社科院的领导、院科研处等部门对本书的形成做了大量的管理工作。在本书的写作过程中还得到了丁任重教授、陈永忠研究员、邓翔教授、劲云飞教授、徐承红教授、陈健生教授等专家的指点，他们对本研究也给予了不少有益的建议。四川省科技厅高新处田云辉、江为民、程毅敏、赵敏等同志和成都高新区科技局的林涛、熊平、谭钧录、杨旭、张明、周鹏等同志，为本书的写作提供了调研条件和资料帮助。值得一提的是，本书的出版得到了西南财经大学出版社的大力支持，有关编辑同志承担了十分繁重的校正、修改、规范任务。在此，向所有关心和支持本书出版的单位、专家学者和有关同志表示最衷心的感谢！

作者

2011 年 11 月 1 日